O Guia de Investimentos

O Guia do
PAI Rico

O GUIA DE INVESTIMENTOS

— *Edição Revista e Atualizada* —

APRENDA A GANHAR DINHEIRO
INVESTINDO COMO OS RICOS

ROBERT T. KIYOSAKI

ALTA BOOKS
GRUPO EDITORIAL
Rio de Janeiro, 2017

O Guia de Investimentos – Aprenda a Ganhar Dinheiro Investindo Como os Ricos
Copyright © 2017 da Starlin Alta Editora e Consultoria Eireli. ISBN: 978-85-508-0098-1

Translated from original Rich Dad's Guide to Investing by Robert T. Kiyosaki. Copyright © 2012 by Robert T. Kiyosaki. ISBN 978-1-61268-020-0. This edition published by arrangement with Rich Dad Operating Company, LLC., the owner of all rights to publish and sell the same. PORTUGUESE language edition published by Starlin Alta Editora e Consultoria Eireli, Copyright © 2017 by Starlin Alta Editora e Consultoria Eireli.

CASHFLOW, Rich Dad, Rich Dad Advisors, ESBI, e Triângulo B-I são marcas registradas da *CASHFLOW Tecnologies, Inc.*

Todos os direitos estão reservados e protegidos por Lei. Nenhuma parte deste livro, sem autorização prévia por escrito da editora, poderá ser reproduzida ou transmitida. A violação dos Direitos Autorais é crime estabelecido na Lei nº 9.610/98 e com punição de acordo com o artigo 184 do Código Penal.

A editora não se responsabiliza pelo conteúdo da obra, formulada exclusivamente pelo(s) autor(es).

Marcas Registradas: Todos os termos mencionados e reconhecidos como Marca Registrada e/ou Comercial são de responsabilidade de seus proprietários. A editora informa não estar associada a nenhum produto e/ou fornecedor apresentado no livro.

Impresso no Brasil — 2017 — Edição revisada conforme o Acordo Ortográfico da Língua Portuguesa de 2009.

Publique seu livro com a Alta Books. Para mais informações envie um e-mail para autoria@altabooks.com.br

Obra disponível para venda corporativa e/ou personalizada. Para mais informações, fale com projetos@altabooks.com.br

Produção Editorial Editora Alta Books **Produtor Editorial** Claudia Braga Thiê Alves	**Gerência Editorial** Anderson Vieira **Supervisão de Qualidade Editorial** Sergio de Souza	**Produtor Editorial (Design)** Aurélio Corrêa **Editor de Aquisição** José Rugeri j.rugeri@altabooks.com.br	**Marketing Editorial** Silas Amaro marketing@altabooks.com.br **Vendas Corporativas** Sandro Souza sandro@altabooks.com.br	**Vendas Atacado e Varejo** Daniele Fonseca Viviane Paiva comercial@altabooks.com.br **Ouvidoria** ouvidoria@altabooks.com.br
Equipe Editorial	Bianca Teodoro Christian Danniel	Ian Verçosa Illysabelle Trajano	Juliana de Oliveira Renan Castro	
Tradução (1ª edição) Maria José Cyhlar Monteiro	**Copidesque** (atualização) Carolina Gaio	**Revisão Gramatical** (atualização) Thamiris Leiroza	**Diagramação** (atualização) Luisa Maria Gomes	

Erratas e arquivos de apoio: No site da editora relatamos, com a devida correção, qualquer erro encontrado em nossos livros, bem como disponibilizamos arquivos de apoio se aplicáveis à obra em questão.

Acesse o site www.altabooks.com.br e procure pelo título do livro desejado para ter acesso às erratas, aos arquivos de apoio e/ou a outros conteúdos aplicáveis à obra.

Suporte Técnico: A obra é comercializada na forma em que está, sem direito a suporte técnico ou orientação pessoal/exclusiva ao leitor.

CIP-Brasil. Catalogação-na-fonte.
Sindicato Nacional dos Editores de Livros, RJ

K68p   Kiyosaki, Robert T., 1947-
O guia de investimentos: aprenda a ganhar dinheiro investindo como os ricos / Robert T. Kiyosaki; tradução de Maria José Cyhlar Monteiro. — Rio de Janeiro: Alta Books, 2017.

Tradução de: Rich dad's guide to investing
ISBN: 978-85-508-0098-1

1. Finanças pessoais. 2. Investimentos. 3. Ricos. I. Título.

02-0274   CDD – 332.024
                                        CDU – 64.031.2

Rua Viúva Cláudio, 291 — Bairro Industrial do Jacaré
CEP: 20.970-031 — Rio de Janeiro (RJ)
Tels.: (21) 3278-8069 / 3278-8419
www.altabooks.com.br — altabooks@altabooks.com.br
www.facebook.com/altabooks — www.instagram.com/altabooks

Conselho do pai rico sobre investimentos

Anos atrás, perguntei ao meu pai rico:
"Que conselho o senhor daria a um investidor mediano?"
Sua resposta foi: "Não seja mediano."

O objetivo deste livro é fornecer informações gerais sobre investimentos. Contudo, leis e práticas quase sempre variam entre países e estão sujeitas a mudanças. Visto que cada situação real é singular, orientações específicas devem ser adaptadas às circunstâncias. Por isso, aconselha-se ao leitor que procure seu próprio assessor no que diz respeito a uma situação específica.

O autor tomou precauções razoáveis na preparação desta obra e acredita que os fatos aqui apresentados são precisos na data em que foram escritos. Contudo, nem o autor, nem a editora, assumem quaisquer responsabilidades por erros ou omissões. O autor e a editora especificamente se eximem de qualquer responsabilidade decorrente do uso ou da aplicação das informações contidas neste livro. Além disso, o objetivo dessas informações não é servir como orientação legal relacionada a situações individuais.

A Editora Alta Books não se responsabiliza pela manutenção e conteúdo no ar de eventuais websites, bem como pela circulação e conteúdo de jogos indicados pelo autor deste livro.

A Regra 90/10 do Dinheiro

Muitos de nós ouvimos falar da regra 80/20. Em outras palavras, 80% do nosso sucesso decorrem de 20% dos nossos esforços. Essa ideia formulada pelo economista italiano Vilfredo Pareto em 1897, também é conhecida como "A Lei do Menor Esforço".

Meu pai rico concordava com a regra 80/20 para o sucesso em todas as áreas, exceto para a do dinheiro. Nesse caso, ele acreditava na regra 90/10.

Ele observara que 10% das pessoas tinham 90% do dinheiro. Destacava que, no mundo do cinema, 10% dos atores ganhavam 90% do total, o que também acontecia com os músicos.

A mesma regra 90/10 se verifica no mundo dos investimentos, daí a sua advertência ao investidor: "Não seja mediano."

Um artigo recente do jornal *The Wall Street* confirmou suas observações. Ele afirmava que 90% das ações das empresas dos Estados Unidos eram detidas por apenas 10% dos investidores.

Este livro explica como alguns desses investidores ganharam 90% da riqueza, e como você pode fazer o mesmo.

Agradecimentos

Em 8 de abril de 1997, *Pai Rico, Pai Pobre* foi publicado. Nós imprimimos mil exemplares, pensando que aquela quantidade duraria pelo menos um ano.

Dezenas de milhões de tiragens depois, sem um dólar gasto em publicidade formal, o sucesso de *Pai Rico, Pai Pobre* e de *Independência Financeira* continua a nos impressionar. As vendas são impulsionadas principalmente pela propaganda boca a boca, o melhor tipo de marketing.

O Guia de Investimentos é um agradecimento a você por ajudar a tornar *Pai Rico, Pai Pobre* e *Independência Financeira* tão bem-sucedidos.

Esse sucesso nos proporcionou muitos novos amigos, alguns dos quais colaboraram na elaboração deste livro. Nós gostaríamos de fazer um agradecimento pessoal a você pela sua contribuição.

Nós queremos, também, agradecer especialmente aos membros da equipe incrível da *Rich Dad*.

— **Robert e Kim Kiyosaki**

Outros Best-sellers da Série *Pai Rico*

Pai Rico, Pai Pobre

Independência Financeira

O Poder da Educação Financeira

Filho Rico, Filho Vencedor

Aposentado Jovem e Rico

Profecias do Pai Rico

Histórias de Sucesso

Escola de Negócios

Como Ficar Rico sem Cortar os Cartões de Crédito

Quem Mexeu no Meu Dinheiro?

Pai Rico, Pai Pobre para Jovens

Pai Rico em Quadrinhos

Empreendedor Rico

Nós Queremos que Você Fique Rico

Desenvolva Sua Inteligência Financeira

Mulher Rica

O Segredo dos Ricos

Empreendedorismo Não Se Aprende na Escola

O Toque de Midas

O Negócio do Século XXI

Imóveis: Como Investir e Ganhar Muito Dinheiro

Irmão Rico, Irmã Rica

Como Comprar e Vender Empresas e Ganhar Muito Dinheiro

SUMÁRIO

INTRODUÇÃO
O que Você Vai Aprender Lendo Este Livro 1

PARTE 1
VOCÊ ESTÁ PRONTO MENTALMENTE PARA SER INVESTIDOR?

Capítulo 1
Lição do Investidor #1
Em que Devo Investir? 15

Capítulo 2
Lição do Investidor #2
Assentando as Bases da Riqueza 31

Capítulo 3
Lição do Investidor #3
A Escolha 39

Capítulo 4
Lição do Investidor #4
Que Tipo de Mundo Você Vê? 43

Capítulo 5
Lição do Investidor #5
Por que Investir É Confuso? 49

Capítulo 6
Lição do Investidor #6
Investir É um Projeto, Não um Produto ou Processo 57

Sumário

Capítulo 7
Lição do Investidor #7
Você Está Planejando Ser Rico ou Pobre?.. 63

Capítulo 8
Lição do Investidor #8
Ficar Rico É Automático, Se Você Tiver um Plano e Segui-lo 71

Capítulo 9
Lição do Investidor #9
Como Encontrar o Plano Adequado para Você?... 79

Capítulo 10
Lição do Investidor #10
Decida Agora o que Você Quer Ser Quando Crescer................................. 85

Capítulo 11
Lição do Investidor #11
Cada Plano Tem um Preço 93

Capítulo 12
Lição do Investidor #12
Por que Investir Não É Arriscado? 101

Capítulo 13
Lição do Investidor #13
Em que Lado da Mesa Você Quer Se Sentar? 107

Capítulo 14
Lição do Investidor #14
Regras Básicas dos Investimentos... 115

SUMÁRIO

Capítulo 15
Lição do Investidor #15
Reduza o Risco com a Proficiência Financeira..............................131

Capítulo 16
Lição do Investidor #16
Proficiência Financeira Simplificada..147

Capítulo 17
Lição do Investidor #17
A Magia dos Erros 169

Capítulo 18
Lição do Investidor #18
Qual É o Preço de Se Tornar Rico? 177

Capítulo 19
A Charada 90/10...187

PARTE 2
QUE TIPO DE INVESTIDOR VOCÊ QUER SE TORNAR?

Capítulo 20
Solução da Charada 90/10 201

Capítulo 21
Categorias de Investidores.. 205

Capítulo 22
O Investidor Comum...213

Sumário

Capítulo 23
O Investidor Qualificado 217

Capítulo 24
O Investidor Sofisticado 231

Capítulo 25
O Investidor *Insider* 243

Capítulo 26
O Investidor Ideal 249

Capítulo 27
Como Enriquecer Lentamente 253

Capítulo 28
Mantenha Seu Emprego Formal e Ainda Assim Fique Rico 263

Capítulo 29
O Espírito Empreendedor 267

PARTE 3
COMO CONSTRUIR UM NEGÓCIO SÓLIDO?

Capítulo 30
Por que Criar um Negócio? 273

Capítulo 31
O Triângulo D–I 277

Sumário

Capítulo 32
Gestão do Fluxo de Caixa 293

Capítulo 33
Gestão da Comunicação 299

Capítulo 34
Gestão de Sistemas 307

Capítulo 35
Gestão Jurídica 315

Capítulo 36
Gestão de Produtos 319

PARTE 4
COMO É UM INVESTIDOR SOFISTICADO?

Capítulo 37
Como um Investidor Sofisticado Pensa 329

Capítulo 38
Análise de Investimentos 347

Capítulo 39
O Investidor Ideal 359

Capítulo 40
Você É o Próximo Bilionário? 381

Sumário

Capítulo 41
Por que as Pessoas Ricas Vão à Insolvência?... 405

PARTE 5
DAR UM RETORNO

Capítulo 42
Você Está Preparado para Dar um Retorno?..421

CONCLUSÃO
Por que Não É Mais Necessário Dinheiro para Ganhar Dinheiro?.......... 429

Introdução
O QUE VOCÊ VAI APRENDER LENDO ESTE LIVRO

A Securities and Exchange Commission (Comissão de Títulos e Câmbio dos Estados Unidos) define um investidor comum como a pessoa física que tem:

- Renda individual anual a partir de US$200 mil
- Renda por casal anual a partir de US$300 mil
- Patrimônio líquido a partir de US$1 milhão[1]

A SEC estabeleceu essas exigências para proteger o investidor mediano de alguns dos piores e mais arriscados investimentos do mundo. O problema é que essas exigências também impedem que o investidor mediano participe de alguns dos melhores investimentos do mundo, e foi por essa única razão que o conselho do meu pai rico para este tipo de investidor foi: "Não seja mediano."

Começando do Nada

Este livro começa com a minha volta do Vietnã, em 1973. Faltava menos de um ano para que eu pudesse dar baixa do Corpo de Fuzileiros Navais. Isso significava

---

[1] No Brasil, o equivalente mais próximo da SEC é a CVM (Comissão de Valores Mobiliários). A CVM, porém, tem poderes mais limitados que os de sua congênere americana. Por exemplo, os fundos de renda fixa no Brasil são de responsabilidade do Banco Central, enquanto a SEC tem controle sobre todos os fundos mútuos do mercado americano. Os critérios utilizados pela CVM para definir pessoas físicas como investidores qualificados são os seguintes: investidores individuais que possuam carteiras de valores mobiliários e/ou cotas de fundos de investimento de valor superior a R$250 mil ou pessoas físicas com patrimônio superior a R$5 milhões comprovados através da declaração de bens apresentada por ocasião da última declaração de Imposto de Renda. (N. E.)

1

Introdução

que em menos de um ano eu não teria emprego, dinheiro ou ativos. Portanto, este livro começa em um ponto que muitos leitores reconhecerão: aquele em que começamos do nada.

Tudo o que eu tinha em 1973 era o sonho de algum dia ser muito rico e me tornar um investidor que tivesse condição de investir como os ricos; isto é, naqueles investimentos dos quais poucas pessoas ouvem falar, que não aparecem na imprensa financeira nem são oferecidos nos balcões dos corretores. Este livro começa quando eu não tinha mais do que um sonho e a orientação do meu pai rico para me tornar um investidor.

Portanto, quer você tenha pouquíssimo dinheiro para investir ou tenha uma boa soma à disposição, quer você saiba muito ou pouco sobre investimentos, este livro deve interessá-lo. Escrevi do modo mais simples possível sobre um tema muito complexo. Ele foi redigido tendo em mente quem deseja se tornar um investidor mais informado, sem levar em consideração o dinheiro que tem em mãos.

Se este for o seu primeiro livro sobre investimentos e você estiver preocupado com a sua possível complexidade, por favor, não se aflija. Tudo o que peço é que esteja disposto a aprender, e que leia este livro com a mente aberta. Se houver trechos que não entenda, prossiga até o final. Mesmo que você não entenda tudo, se ler até o final, acabará por saber mais coisas sobre investimentos do que muitas pessoas que atualmente estão aplicando no mercado; apenas acompanhe todo o caminho até a conclusão. De fato, a leitura de todo o livro lhe permitirá conhecer muito mais do que algumas pessoas que são pagas para orientar investidores. Este livro começa pelo mais básico e avança para o mais complexo, sem se deter em pormenores e complicações. Sob muitos aspectos, este livro começa simples e continua simples, mesmo ao tratar de algumas estratégias de investimento elaboradas. Ele conta a história de um homem rico guiando um jovem, com ilustrações e diagramas para esclarecer o tema, às vezes confuso, do investimento.

A Regra 90/10 do Dinheiro

Meu pai rico gostava da descoberta do economista italiano Vilfredo Pareto da regra 80/20, também conhecida como Lei do Menor Esforço. Contudo, quando se tratava de dinheiro, meu pai rico pensava que a regra 90/10, na qual 10% das pessoas ganham 90% do dinheiro, era mais adequada.

Pessoalmente, fico preocupado, porque mais e mais famílias dependem de suas aplicações para o seu sustento futuro. O problema é que, embora mais pessoas estejam investindo, pouquíssimas têm proficiência financeira. Se ou quando o mercado cair, o que acontecerá com esses novos investidores? O governo federal dos Estados Unidos garante a poupança contra perdas catastróficas, mas não garante nossos investimentos. É por isso que quando perguntei a meu pai rico: "Que conselho o senhor daria a um investidor mediano?", a sua resposta foi: "Não seja mediano."

Como Não Ser Mediano

Tomei consciência dos investimentos quando tinha apenas doze anos. Até essa idade, este conceito não passava pela minha cabeça. Meus interesses eram beisebol e futebol, não investimentos. Já ouvira a palavra, mas não lhe dei atenção até perceber o poder de investir. Lembro que estava caminhando ao longo de uma pequena praia com o homem a que chamo de meu pai rico e seu filho, Mike, meu melhor amigo. Meu pai rico estava nos mostrando um terreno que acabara de adquirir. Apesar de ter apenas doze anos, percebi que meu pai rico acabara de comprar uma das propriedades mais valiosas da nossa cidade. Sabia, já naquela época, que uma propriedade na orla do litoral valia mais do que terrenos distantes da praia. Meu primeiro pensamento foi: "Como é que o pai do Mike pode dar-se ao luxo de comprar um terreno tão caro?" Fiquei lá, plantado, enquanto a água do mar lavava meus pés descalços, olhando para aquele homem com a mesma idade do meu pai verdadeiro, que acabara de fazer um dos maiores investimentos financeiros da sua vida. Estava espantado com a ideia de que ele pudesse comprar um terreno daqueles. Sabia que meu pai ganhava muito, porque era um alto funcionário do governo com um ótimo salário. Mas também sabia que ele nunca poderia se permitir comprar um terreno na orla. Então, como é que o pai do Mike podia fazer isso, se o meu pai não? Mal sabia eu que a minha carreira de investidor profissional começava nesse momento em que percebi o poder que a palavra "investimento" carrega em si.

Cerca de quarenta anos depois daquele passeio à beira-mar com o pai rico e seu filho, Mike, muitas pessoas me fazem as mesmas perguntas que comecei a me fazer naquele dia.

Introdução

Nas aulas de investimento que dou, as pessoas perguntam o mesmo que eu perguntava a meu pai rico:

- "Como posso investir quando não tenho dinheiro?"
- "Eu tenho US$10 mil para investir. Em que você recomendaria que eu investisse?"
- "Você recomenda que eu invista em imóveis, fundos mútuos ou ações?"
- "Posso comprar imóveis ou ações sem dinheiro algum?"
- "É preciso ter dinheiro para ganhar dinheiro?"
- "Investir não é arriscado?"
- "Como obter retornos altos com riscos baixos?"
- "Posso investir com você?"

As pessoas estão começando a perceber o poder oculto na palavra investimento. Muitos querem descobrir como adquirir esse poder para si. Depois da leitura deste livro, espero ter respondido a muitas dessas perguntas e, se não tiver esclarecido todas as suas dúvidas, espero que você se sinta motivado a buscar até achar as respostas que lhe convêm. Há quarenta anos, o mais importante que o pai rico fez por mim foi chamar a minha atenção para este tema. Minha curiosidade surgiu quando percebi que o pai do meu melhor amigo, um homem que ganhava menos que o meu pai verdadeiro, pelo menos quando se comparavam seus contracheques, podia investir naquilo em que só os ricos investem. Percebi que meu pai rico tinha um poder que meu pai verdadeiro não tinha, e eu também queria tê-lo.

Muitas pessoas receiam ter esse poder, se distanciam ou até são vitimadas por ele. Em vez de correr desse poder ou condená-lo, dizendo coisas como: "Os ricos exploram os pobres", ou "Investir é arriscado", ou "Não estou interessado em ficar rico", eu fiquei curioso. Foram a minha curiosidade e o meu desejo de adquirir esse poder, isto é, meus conhecimentos e habilidades, que me lançaram em uma longa trajetória de indagações e aprendizado.

Investir Como uma Pessoa Rica

Embora este livro possa não lhe proporcionar todas as respostas técnicas que deseja, sua intenção é oferecer uma ideia de como muitas das pessoas que se tornaram ricas por si próprias ganharam dinheiro e alcançaram grandes fortunas. Parado na praia, aos doze anos, olhando para o terreno recém-adquirido pelo pai rico, a minha mente se abriu para um mundo de possibilidades que não existia no meu lar. Percebi que não era o dinheiro que tornara o pai rico um investidor de posses, mas sua forma de pensar, praticamente oposta à do meu pai verdadeiro. Notei que precisava entender o modo de pensar do pai rico se eu quisesse ter o mesmo poder financeiro. Descobri que se pensasse como ele, seria rico para sempre. Caso contrário nunca seria realmente rico, por mais dinheiro que tivesse. Meu pai rico acabara de investir em um dos terrenos mais caros da nossa cidade e não tinha dinheiro. Percebi que riqueza era uma forma de pensar e não a quantidade de dinheiro que se tem no banco. É essa forma de pensar dos investidores ricos que quero passar para você neste livro.

A Resposta do Pai Rico

Parado na praia, quarenta anos atrás, finalmente reuni a coragem para perguntar: "Como é que o senhor conseguiu comprar esses 4 mil metros quadrados de terreno à beira-mar, se meu pai não consegue?" Meu pai rico pôs sua mão em meu ombro e me deu uma resposta de que jamais esqueci. Andando junto ao mar que se agitava na areia, ele começou a me explicar os fundamentos das suas ideias sobre dinheiro e investimento. Sua resposta começou assim: "Eu também não posso comprar este terreno. Mas meus negócios podem." Nesse dia, andamos uma hora pela praia; de um lado, seu filho, do outro, ele. E as minhas lições sobre investimento começaram naquele momento.

Há poucos anos, eu estava dando um curso de três dias sobre investimentos em Sydney, na Austrália. A primeira metade do curso discutia os prós e os contras de se montar um negócio. Finalmente, impaciente, um participante levantou a mão, e perguntou: "Vim para aprender como investir. Por que o senhor está perdendo tanto tempo com negócios?"

Minha resposta foi: "Há duas razões. A primeira é que, em última análise, nós investimos em negócios. Se você investir em ações, está investindo em um negócio. Se comprar um imóvel, como uma loja, ela é um negócio. Se adquirir um título, também está investindo em um negócio. Para ser um bom investidor, primeiro, você precisa entender de negócios. A segunda razão é que a melhor forma de investir é fazer com que seu negócio faça o investimento por você. A pior forma de investir é fazê-lo como pessoa física. O investidor mediano conhece pouco de negócios, e, em geral, investe como pessoa física. É por isso que dedico tanto tempo aos negócios em um curso sobre investimentos."

Introdução

E é por isso que neste livro falaremos sobre como montar e analisar um negócio. Também tratarei do tema do investimento por meio de negócios, porque foi assim que meu pai rico me ensinou a investir. Como disse há quarenta anos: "Eu também não posso comprar este terreno. Mas meus negócios podem." Em outras palavras, a regra de meu pai rico era: "Meu negócio aplica em investimentos. A maioria das pessoas não enriquece porque investe como pessoa física e não como dono de negócios." Neste livro, o leitor verá por que a maioria dos 10% que detêm 90% das ações é dona e investe por meio de seus negócios, e como é possível fazer o mesmo. Neste livro, eu chamo essas pessoas de "investidores 90/10".

Mais adiante, aquela pessoa entendeu por que eu estava destinando tanto tempo aos negócios. E, no decorrer do curso, os alunos começaram a perceber que os investidores mais ricos do mundo não aplicam em investimentos, a maioria desses 90/10 cria seus próprios investimentos. A razão pela qual há bilionários na faixa dos vinte anos não é porque eles aplicaram em investimentos. É porque criaram investimentos, chamados de negócios, que milhões de pessoas desejam comprar.

Quase todos os dias, ouço pessoas afirmarem: "Tenho uma ideia para um produto que pode vender milhões." Infelizmente, a maioria dessas ideias criativas nunca se transformará em fortunas. A segunda parte deste livro se concentrará em como os 10% transformam suas ideias em negócios de milhões, e até bilhões, de dólares nos quais outros investidores aplicam. É por isso que meu pai rico dedicou tanto tempo para me ensinar a montar e a analisar negócios nos quais investir. Portanto, se você tem uma ideia e acha que ela pode enriquecê-lo, e quem sabe ajudá-lo a entrar no clube 90/10, a segunda metade do livro é para você.

Compre, Espere e Reze

No correr dos anos, meu pai rico ressaltou que investir tem significados diversos para diferentes pessoas. Atualmente, ouço as pessoas dizendo coisas assim:

- "Acabei de comprar quinhentas ações da empresa XYZ a US$5 por ação, o preço aumentou para US$15, então vendi. Ganhei US$5 mil em menos de uma semana."

- "Meu marido e eu compramos casas velhas, reformamos e revendemos com lucro."

O Guia de Investimentos

- "Eu negocio commodities futuras."
- "Tenho mais de um milhão de dólares no meu fundo de aposentadoria."
- "Seguro como dinheiro no banco."
- "Tenho um portfólio diversificado."
- "Estou investindo em longo prazo."

Como dizia meu pai rico: "Investir tem significados diversos para diferentes pessoas." Embora as afirmações acima reflitam tipos diferentes de investimentos e procedimentos, meu pai rico não investia da mesma forma. Ele dizia: "A maioria das pessoas não é investidora. Elas são especuladoras ou jogadoras. Têm a mentalidade de 'compre, espere e reze para que o preço aumente'. Vivem na esperança de que o mercado esteja em alta e no medo de que caia. Um verdadeiro investidor ganha dinheiro quando o mercado sobe e quando cai; faz dinheiro ganhando ou perdendo, comprando ou vendendo. O investidor mediano não sabe como fazer isso, e é por essa razão que a maioria dos investidores é mediana e se situa entre os 90% que ficam com apenas 10% do dinheiro."

Mais do que Comprar, Esperar e Rezar

Para meu pai rico, investir era mais do que comprar, esperar e rezar. Este livro tratará dos seguintes assuntos:

1. *Os dez controles do investidor que podem reduzir os riscos e aumentar os lucros.* Meu pai rico dizia: "Investir não é arriscado. Perder o controle é arriscado."

2. *As cinco fases do plano do pai rico para me orientar na trajetória desde o ponto em que não tinha nada até aquele em que invisto com muito dinheiro.* A primeira fase do seu plano foi me preparar mentalmente para me transformar em um investidor rico. Essa é uma fase simples, embora muito importante, para quem deseja investir com segurança.

Introdução

3. *As normas tributárias para os diferentes investidores.* No livro Independência Financeira, tratei dos quatro tipos diferentes de pessoas encontradas no mundo dos negócios. São elas:

E são os Empregados; A, os Autônomos ou pequenos empresários; D, os Donos de grandes negócios; I, os Investidores.

Meu pai rico me incentivou a investir a partir do quadrante D, porque a legislação tributária nos Estados Unidos é mais favorável. O pai rico sempre dizia: "A legislação tributária não é justa, é feita por ricos para ricos. Se você quer ser rico, precisa usar as mesmas leis que eles usam."

Uma das razões pelas quais 10% das pessoas controlam quase toda a riqueza é porque apenas 10% sabem como usar a legislação tributária.

Em 1943, o governo federal dos Estados Unidos eliminou quase todas as brechas tributárias dos assalariados. Em 1986, o governo federal americano eliminou as vantagens de que as pessoas do quadrante A, tais como médicos, advogados, contadores, engenheiros e arquitetos, desfrutavam previamente.

Em outras palavras, outra razão pela qual 10% dos investidores ganham 90% do dinheiro é porque somente 10% de todos os investidores sabem como investir a partir dos diferentes quadrantes para tirar partido das variadas vantagens tributárias. O investidor mediano muitas vezes investe a partir de um único quadrante.

4. *Por que e como um verdadeiro investidor ganha dinheiro independentemente de o mercado estar em alta ou em baixa.*
5. *Diferenças entre investidores fundamentalistas e técnicos.*

6. *Cinco tipos mais elevados de investidores.* No livro *Independência Financeira*, tratei dos cinco níveis de investidores. Este livro classifica os dois tipos superiores de investidores (profissional e capitalista) nos cinco níveis a seguir:

    - O investidor comum
    - O investidor qualificado
    - O investidor sofisticado
    - O investidor *insider*
    - O investidor ideal

    Ao final da leitura deste livro, você conhecerá as diferentes habilidades e os conhecimentos exigidos para cada um desses investidores.

7. *A diferença entre não ter muito dinheiro e ter muito dinheiro.* Muitas pessoas afirmam: "Quando tiver ganhado bastante dinheiro, meus problemas financeiros terão terminado." O que elas não percebem é que ter muito dinheiro é um problema quase tão grande quanto não ter o suficiente. Neste livro, você aprenderá a diferença entre os dois tipos de problema financeiro. Um é o de não ter dinheiro. O outro é o de ter demais. Poucas pessoas reparam que ter muito dinheiro pode ser um grande problema.

    Uma das razões pelas quais tantas pessoas quebram depois de ganhar muito dinheiro é que elas não sabem como lidar com esse fato.

    Neste livro, você aprenderá como começar com a questão da insuficiência financeira, como ganhar muito dinheiro e, então, como lidar com o problema de excesso dele. Em outras palavras, este livro não só irá ensiná-lo a ganhar dinheiro, mas também a mantê-lo. Como dizia meu pai rico: "De que adianta ter muito dinheiro, se você acaba perdendo-o todo?"

    Um corretor amigo meu me disse, um dia: "O investidor mediano não ganha dinheiro no mercado. Já vi muitos investidores ganhando dinheiro em um ano para perdê-lo no ano seguinte."

8. *Como ganhar muito mais dinheiro do que apenas os US$200 mil, o patamar mínimo de renda para começar a investir como os ricos.*

Introdução

Meu pai rico me disse: "Dinheiro é apenas um ponto de vista. Como você pode ficar rico se acha que US$200 mil é muito dinheiro? Se quiser ser um investidor rico, precisa ver que US$200 mil, o patamar mínimo para categorizá-lo como um investidor comum, é apenas uma gota no balde de água." E é por isso que a Parte 1 deste livro é tão importante.

A Parte 1, que visa prepará-lo mentalmente para ser um investidor rico, apresenta um pequeno teste mental ao final de cada capítulo. Embora as questões do teste sejam simples, elas se destinam a fazê-lo pensar e, quem sabe, a discutir suas respostas com as pessoas com quem convive. Foram as perguntas, feitas pelo pai rico, que me levaram à reflexão e as que me ajudaram a encontrar as respostas por que procurava. Em outras palavras, muitas das respostas pelas quais eu procurava, em relação a investimentos, já estavam dentro de mim.

O que Torna o Investidor 90/10 Diferente?

Um dos aspectos mais importantes deste livro são as diferenças mentais entre o investidor mediano e o 90/10. Meu pai rico me disse muitas vezes: "Se você quer ser rico, descubra o que todo mundo está fazendo, e então faça justamente o contrário." Ao ler este livro, você verá que a maioria das diferenças entre os 10% dos investidores que ganham 90% do dinheiro e os 90% que ficam com apenas 10% não está naquilo em que eles investem, mas, sim, no que pensam. Por exemplo:

- A maioria dos investidores diz: "Não arrisque." Os investidores ricos assumem riscos.

- Grande parte dos investidores diz: "Diversifique." Os investidores ricos mantêm um foco.

- O investidor mediano tenta minimizar o endividamento. O rico o aumenta a seu favor. O investidor mediano tenta diminuir as despesas. O rico sabe como aumentá-las para que elas o enriqueçam.

- O investidor mediano tem um emprego. O rico cria empregos.

- O investidor mediano trabalha arduamente. O investidor rico trabalha cada vez menos para ganhar cada vez mais.

O Outro Lado da Moeda

Assim, um aspecto importante da leitura deste livro é observar quantas vezes seus pensamentos estão do lado oposto dos pensamentos do pai rico. Meu pai rico dizia: "Uma das razões pelas quais tão poucas pessoas enriquecem é que elas pensam de um único jeito. Pensam que há uma única maneira de avaliar ou de fazer algo. Enquanto o investidor mediano pensa: 'Vá pelo caminho seguro, não se arrisque', o rico estuda como melhorar suas habilidades para assumir mais riscos." Meu pai rico chamava a isso de "pensar nos dois lados da moeda". Ele dizia: "O investidor rico deve ter uma mentalidade mais flexível que a do mediano. Por exemplo, embora ambos os tipos de investidor precisem pensar em segurança, o investidor rico tem que analisar também como assumir mais riscos. O investidor mediano pensa em reduzir seu endividamento; o rico, em como aumentá-lo. O investidor mediano vive com medo das quedas do mercado, o rico espera as suas quedas. E, embora isso possa parecer ao investidor mediano uma contradição, é justamente o que torna rico o investidor rico."

No decorrer da leitura, preste atenção às contradições entre a mentalidade desses dois tipos de investidor. Como o pai rico dizia: "O investidor rico está muito consciente de que toda moeda tem dois lados. O mediano só vê um lado. É o lado que ele não vê que o torna mediano, e que enriquece o investidor rico." A segunda parte deste livro trata do outro lado da moeda.

Você Quer Ser Mais do que um Investidor Mediano?

Este livro é muito mais do que uma obra que trata de investimentos, dicas quentes e fórmulas mágicas. Um de seus principais objetivos é oferecer uma oportunidade de ter uma perspectiva ampla a respeito de investimentos. Ele começa com a minha volta do Vietnã, em 1973, quando eu me preparava para começar a investir como um investidor rico. Nesse ano, meu pai rico começou a me ensinar como adquirir o mesmo poder financeiro que ele, um poder que vislumbrei pela primeira vez aos doze anos. Olhando aquele investimento feito pelo pai rico há quarenta anos, percebi que, em investimentos, a diferença entre o meu pai rico e o meu pai pobre era muito mais profunda do que a simples divergência no montante que cada um deles tinha para investir. A diferença estava principalmente no desejo profundo de uma pessoa de ser muito mais do que apenas um investidor mediano. Se você tem esse desejo, leia este livro.

Parte 1

VOCÊ ESTÁ PRONTO MENTALMENTE PARA SER INVESTIDOR?

Capítulo 1
LIÇÃO DO INVESTIDOR #1
EM QUE DEVO INVESTIR?

Em 1973, voltei ao lar depois de servir no Vietnã. Estava feliz por ter sido mandado para uma base perto de casa e não para alguma outra na Costa Leste. Depois de me instalar na Base Aérea dos Fuzileiros Navais, liguei para meu amigo Mike e marcamos um almoço com o seu pai, o homem a quem chamo de meu pai rico. Mike estava ansioso para me mostrar seu filho e sua nova casa, de modo que combinamos de almoçar lá no sábado seguinte. Quando a limusine de Mike veio me pegar no alojamento dos solteiros da base, percebi o quanto as coisas tinham mudado desde que concluímos o ensino médio em 1965.

"Bem-vindo ao lar", disse Mike quando entramos no hall de sua bela residência, e nesse instante observei o piso de mármore. Mike sorria de orelha a orelha, enquanto carregava no colo o pimpolho de sete meses. "Estou feliz por ver que você voltou inteiro."

"Eu também", respondi enquanto olhava as brilhantes águas do Pacífico que banhavam a areia em frente à casa. Era uma casa espetacular. A construção de um andar, de estilo tropical, revelava toda a graça e o charme do modo de viver, antigo e novo, do Havaí. Magníficos tapetes persas, vasos com altas plantas verdejantes e uma ampla piscina cercada, em três de seus lados, pela residência. O oceano banhava o quarto lado. Tudo muito aberto, ventilado, em todos os detalhes a graça do modo de viver da ilha. Era a imagem de minhas fantasias sobre uma vida de luxo no Havaí.

"Apresento-lhe meu filho, James", disse Mike.

"Oh", disse como que despertando de um sonho. Devia estar com o queixo caído, pois ficara embasbacado com a estontante beleza do ambiente. "Que graci-

Capítulo 1

nha!", falei como sempre que vemos uma criança. Mas, enquanto fazia sinais e caretas para o neném que me olhava curioso, minha mente ainda estava em choque ante as mudanças verificadas nesses oito anos. Eu estava morando no velho alojamento militar, dividindo um quarto minúsculo com mais três jovens aviadores bagunceiros, enquanto Mike morava em uma propriedade que valia milhões de dólares junto de sua deslumbrante esposa e seu filhinho.

"Entre", continuou Mike. "Papai e Connie estão esperando a gente no pátio."

O almoço, fantástico, foi servido por uma empregada uniformizada. Sentei desfrutando a refeição, o cenário e a companhia, enquanto pensava em meus colegas da base aérea que provavelmente a essa hora estariam fazendo a refeição no alojamento. Como era sábado, o almoço na base era sanduíche e sopa.

Depois de pôr em dia a conversa, brincando e lembrando-se dos velhos tempos, o pai rico falou: "Como você está vendo, Mike se saiu muito bem investindo os lucros da empresa. Ganhamos mais nestes últimos dois anos do que nos vinte anos anteriores. Há muita verdade no velho ditado de que o primeiro milhão é o mais difícil."

"Então os negócios vão bem?", perguntei, na tentativa de que a conversa prosseguisse e revelasse como suas fortunas tinham aumentado tão radicalmente.

"Os negócios vão muito bem", disse o pai rico. "Com todos esses aviões 747 trazendo turistas de todo o mundo, a economia só pode crescer. Mas nosso grande sucesso está alicerçado nos investimentos, mais do que em nossas empresas. E quem cuida dos investimentos é o Mike."

"Parabéns", falei para o Mike. "Muito bom."

"Obrigado", retrucou este. "Mas o mérito não é todo meu. O que na verdade está funcionando é a fórmula de investimentos do papai. Estou aplicando o que ele nos ensinou sobre negócios e investimentos nestes anos todos."

"Deve estar dando bons resultados", falei. "Incrível, você está morando no melhor bairro da cidade. Lembra quando a gente era pobre e tinha que andar à beça para chegar à praia?"

Mike riu. "E como! E lembra como o pessoal rico queria pôr a gente para fora? Agora eu sou o cara rico que quer mandar embora os garotos. Quem diria que a gente agora estaria vivendo...?"

Mike parou de repente quando percebeu o que estava falando. Percebeu que enquanto ele estava lá, eu morava do outro lado da ilha, na velha base aérea.

"Desculpe-me", disse ele. "Eu... não foi isso o que eu quis dizer..."

"Não tem do que se desculpar", sorri. "Estou feliz por você. Feliz porque está tão rico e bem-sucedido. Você merece porque se esforçou por aprender a conduzir os negócios. Em pouco tempo darei baixa dos Fuzileiros Navais."

Meu pai rico, sentindo a tensão entre Mike e eu, nos interrompeu, e disse: "Ele fez melhor do que eu. Estou orgulhoso dele. Estou orgulhoso de meu filho e minha nora. Eles são um grande time e conquistaram tudo o que têm. Agora que você voltou da guerra, é a sua vez, Robert."

Posso investir com você?

"Eu adoraria investir com você", falei ansioso. "Enquanto estava no Vietnã, poupei US$3 mil, e gostaria de investi-los antes que acabe gastando esse dinheiro. Posso investir com o senhor?"

"Bom, vou lhe dar o nome de um bom corretor", disse o pai rico. "Tenho certeza de que ele o orientará bem e, quem sabe, lhe dará alguma boa dica ou duas."

"Não, não é isso", falei. "Quero investir no que o senhor está investindo. Por favor. Conheço o senhor há tantos anos. Sei que está sempre trabalhando ou investindo em alguma coisa. Não quero procurar um corretor. Quero fazer algum negócio com vocês."

O silêncio caiu na sala enquanto eu esperava que o pai rico ou Mike dissessem alguma coisa. Ao silêncio, seguiu-se a tensão.

"Falei algo de errado?", perguntei finalmente.

"Não", respondeu Mike. "Papai e eu estamos investindo em alguns projetos empolgantes, mas acho que seria melhor que você procurasse um corretor e começasse a investir com ele."

Mais silêncio pontuado pelo tilintar de pratos e talheres enquanto a empregada tirava a mesa. Connie, a mulher de Mike, se desculpou e levou o neném para outro cômodo.

"Não entendo", falei. Voltando-me para o pai rico, continuei. "Todos esses anos trabalhei com vocês. Trabalhei quase de graça. Fui para a faculdade como o senhor falou e lutei pela pátria como é dever dos jovens. Agora já tenho idade suficiente e alguns dólares para investir, parece que o senhor duvida quando digo que quero investir no que o senhor está investindo. Não entendo. Por que este gelo — o senhor quer me escorraçar? Não quer que eu fique rico como o senhor?"

"Não é nada disso", falou Mike. "E a gente nunca escorraçaria você, nem desejaria que não ficasse rico. É que as coisas são diferentes agora."

O pai rico acenou com a cabeça, concordando em silêncio.

Capítulo 1

"Gostaríamos que você investisse no que estamos investindo", disse finalmente o pai rico. "Mas iria de encontro à lei."

"De encontro à lei?", ecoei incrédulo. "Vocês estão fazendo algo ilegal?"

"Não, não é isso", disse o pai rico com um risinho. "Nunca faríamos algo ilegal. É muito mais fácil enriquecer dentro da legalidade do que arriscar pegar uma cadeia."

"E é porque queremos agir sempre de acordo com a lei que não podemos permitir que você invista conosco", disse Mike.

"Não há ilegalidade nos investimentos que Mike e eu fazemos juntos. Mas seria ilegal que você investisse", resumiu o pai rico.

"Por quê?", perguntei.

"Porque você não é rico", respondeu calmamente Mike. "Nós aplicamos somente em investimentos para ricos."

As palavras de Mike tocaram fundo em mim. Como ele era o meu melhor amigo, eu sabia como era difícil para ele pronunciar essas palavras. E embora ele as proferisse com a maior gentileza possível, elas doíam como uma faca enfiada em meu peito. Começava a perceber como era fundo o abismo financeiro entre nós. Embora seu pai e o meu tivessem partido do nada, ele e seu pai tinham adquirido uma grande fortuna. Meu pai e eu ainda estávamos "do outro lado dos trilhos", como se diz. Sentia que aquela casa maravilhosa, com a praia na frente, estava ainda muito longe de mim, e que a distância se media em mais do que quilômetros. Recostado na cadeira, com os braços cruzados, fiquei pensando, tentando refletir sobre esse momento de nossas vidas. Ambos estávamos com 25 anos, mas de certo modo Mike estava 25 anos à minha frente financeiramente. Meu próprio pai cansara de seu emprego público e estava tentando recomeçar a vida aos 52 anos. Eu nem tinha começado.

"Você está bem?", questionou-me gentilmente o pai rico.

"Sim, tudo bem", respondi tentando esconder a dor que me fora provocada por ter que lamentar minha situação e a de minha família. "Estou apenas refletindo em busca de uma resposta", falei, tentando sorrir corajosamente.

No silêncio da sala, ouvíamos o marulhar das ondas e sentíamos a suave brisa que acariciava aquela maravilhosa casa. Mike, o pai rico e eu ficamos sentados enquanto eu tentava absorver e aceitar a nova realidade.

"Então, não posso investir com vocês porque não sou rico", falei finalmente como que saindo de um transe. "E se investisse com vocês estaria agindo contra a lei?"

O pai rico e Mike fizeram que sim com a cabeça. "Em alguns casos", acrescentou Mike.

"E quem fez essa lei?", perguntei.

"O governo federal", replicou Mike.

"A SEC", acrescentou meu pai rico.

"A SEC?", repeti. "O que é a SEC?"

"A Securities and Exchange Commission ou SEC", respondeu meu pai rico. "Foi criada na década de 1930, sob a direção de Joseph Kennedy, pai do falecido Presidente John Kennedy."

"Por que ela foi criada?", perguntei.

O pai rico riu. "Foi criada para proteger o público de empresários, corretores e investidores inescrupulosos."

"Por que o senhor está rindo?", prossegui. "Isso parece uma boa coisa a se fazer."

"Sim, é bom", retrucou o pai rico, com outra risadinha. "Antes do colapso da bolsa, em 1929, muitos investimentos pouco honestos, enganosos, foram vendidos ao público. Mentia-se muito e passavam-se informações falsas. A SEC foi criada para agir como um guardião. É ela que formula — e aplica — as regras. Tem uma função muito importante. Sem a SEC seria o caos."

"Então, por que o senhor está rindo?", insisti.

"Porque embora proteja o público de investimentos desonestos, também o impede de entrar nos melhores investimentos", disse meu pai rico, já sério.

"Assim, se a SEC protege o público dos investimentos ruins e não o deixa fazer os bons, em que o público investe?", perguntei.

"Nos investimentos pasteurizados", replicou o pai rico. "Os investimentos que seguem as normas da SEC."

"Bem, e o que isso tem de errado?", perguntei.

"Nada", disse meu pai rico. "Penso que é uma boa ideia. Precisamos de regras e temos que aplicá-las. A SEC faz isso."

"Então, por que o riso?", perguntei. "Conheço o senhor há muitos anos e sei que quando ri está escondendo algo."

"Já disse. Estou rindo porque ao proteger o público de maus investimentos, a SEC também o protege dos melhores."

19

Capítulo 1

"Que é uma das razões pelas quais os ricos ficam mais ricos?", perguntei timidamente.

"Agora você entendeu", disse o pai rico. "Estou rindo porque estou vendo a ironia da coisa toda. As pessoas investem para enriquecer. Como não são ricas não podem aplicar nos investimentos que poderiam torná-las ricas. Só sendo rico é que você pode investir nos investimentos dos ricos. E assim os ricos ficam mais ricos. Para mim, isso é uma ironia."

"Mas por que é assim?", perguntei. "Estão querendo proteger os pobres e a classe média dos ricos?"

"Não, não necessariamente", respondeu Mike. "Penso que na verdade eles estão querendo proteger os pobres e a classe média deles mesmos."

"Por que você está dizendo isso?", perguntei.

"Por que há muito mais negócios ruins do que boas oportunidades. Se a pessoa não estiver atenta, todos os negócios — os bons e os ruins — se parecem. É preciso muito conhecimento e experiência para separar os investimentos sofisticados e os que são bons e os que são maus. Ser sofisticado quer dizer ter a capacidade de saber o que torna um investimento bom e outros perigosos. E a maioria das pessoas simplesmente não tem nem instrução nem experiência", disse o pai rico. "Mike, por que você não mostra o projeto que estamos analisando?"

Mike saiu da sala e pouco depois voltou carregando uma pesada pasta, cujas folhas estavam cheias de texto, ilustrações e quadros.

"Isto é um exemplo do tipo de investimento que consideramos", disse Mike enquanto se sentava. "É chamado valor mobiliário não registrado. Este tipo em particular de investimento é às vezes chamado de memorando de colocação privada."[1]

Fiquei tonto, enquanto Mike passava as páginas e me mostrava quadros, gráficos, diagramas e texto descrevendo os riscos e retornos do investimento. Não conseguia coordenar as ideias enquanto Mike explicava o que tinha despertado sua atenção e por que ele pensava que se tratava de uma grande oportunidade de investimento.

Meu pai rico, vendo como eu estava perdido ante tanta informação pouco familiar, interrompeu Mike, e afirmou: "É isso que eu queria que Robert visse."

---

[1] Trata-se de um tipo de investimento que não necessita de registro prévio na SEC, só de dar a conhecer. Um exemplo é o investimento em Boi Gordo. Depois que uma empresa que oferecia este investimento quebrou, a CVM passou a exigir o registro. (N. E.)

O pai rico apontou então para um pequeno parágrafo na folha de rosto, em que se lia: "Isento do disposto na Lei de Mercado de Capitais de 1933."[2]

"É isso o que eu quero que você entenda", disse ele.

Eu me inclinei para a frente, para ser mais capaz de ler melhor o parágrafo em letra miúda para o qual o seu dedo apontava. O que estava escrito ali era:

> *Este investimento é somente para investidores comuns. Um investidor comum é geralmente aceito como aquele que:*
>
> - *tem um patrimônio líquido a partir de US$1 milhão; ou*
> - *renda líquida anual a partir de US$200 mil, nos anos mais recentes (ou US$300 mil no caso de casais), e razoável expectativa que esse mesmo nível de renda seja auferido no corrente ano.*

Sentando-me de volta à minha cadeira, falei: "É por isso que o senhor disse que não posso investir no que o senhor está investindo. É um investimento só para ricos."

"Ou para pessoas com rendas altas", acrescentou Mike.

"Mas não são apenas essas exigências que são rigorosas. Nos Estados Unidos, a quantia mínima que se pode aplicar neste tipo de investimento é de US$35 mil. Esse é o custo de cada uma das 'unidades' de investimento, como são chamadas aqui."

"US$35 mil dólares!", exclamei quase sem fôlego. "Mas isso é muito dinheiro e muito risco. E isso é o mínimo que se pode aplicar nesse tipo de investimento?"

Meu pai rico confirmou com um aceno. "Quanto o governo americano está lhe pagando para pilotar aviões no Corpo de Fuzileiros?"

"Ganhava US$12 mil ao ano, somando os adicionais de voo e de combate no Vietnã. Agora que estou no Havaí, não sei bem quanto vou receber. Sem dúvida vou receber o adicional de custo de vida, o COLA[3], mas isso não é muito, e certamente não cobre os custos de se viver no Havaí."

"Então poupar US$3 mil foi uma façanha", disse o pai rico, procurando animar-me. "Você poupou quase 25% de sua renda bruta."

---

[2] Este ato tem dois objetivos: exige que os investidores recebam informações financeiras e outras relevantes a respeito de ofertas públicas de investimentos, e proíbe falsificar, ocultar ou fraudar informações na venda de ativos (investimentos). O fato de não se enquadrar neste ato não significa que o investimento seja desonesto, mas que não precisa do aval da SEC para ser oferecido ao público. Ou seja, cabe aos investidores se defender. (N. E.)

[3] *Cost-of Living Allowance* (no caso de militares) ou *Cost-of-Living Adjustment* (no caso do funcionalismo público). Nos Estados Unidos, embora não tenha existido a correção monetária como no Brasil, são comuns cláusulas de reajuste anual de salários segundo a evolução do custo de vida. (N. E.)

Capítulo 1

Suspirei percebendo o quanto estava distante de me tornar o que se considera um investidor comum. Imaginei que, mesmo que me tornasse general dos Fuzileiros Navais, não conseguiria ganhar o suficiente para me tornar um investidor comum.

"Então, o que eu faço?", perguntei finalmente. "Por que não posso entregar ao Mike meus US$3 mil para que ele aplique junto com o dele e depois rachamos o lucro quando o investimento começar a dar retorno?"

"Nós poderíamos fazer isso", respondeu o pai rico. "Mas eu não aconselho. Pelo menos não para você."

"Por quê?", perguntei. "Por que não eu?"

"Você já tem uma boa base em educação financeira. Então você pode ir mais longe do que um investidor comum. Se você quiser, pode se tornar um investidor sofisticado. Assim, você terá uma riqueza muito maior do que jamais sonhou."

"Investidor comum? Investidor sofisticado? Qual é a diferença?", perguntei, finalmente sentindo que minhas esperanças se renovavam.

"Boa pergunta", disse Mike, com um sorriso, sentindo que o seu amigo estava saindo da fossa.

"Nos Estados Unidos, um investidor comum é, por definição, alguém que se especializa em ter dinheiro. É por isso que o investidor especializado é também chamado de investidor comum", explicou o pai rico. "Mas o dinheiro apenas não o capacita para ser um investidor sofisticado."

"E qual é a diferença?", perguntei.

"Bom, você viu ontem nas manchetes dos jornais o astro de Hollywood que perdeu milhões de dólares em um investimento fraudulento?", perguntou meu pai rico.

Concordei com a cabeça. "Sim, ele perdeu milhões e ainda teve que se explicar com a receita federal sobre os impostos não pagos no negócio."

"Bom, aí está um bom exemplo de investidor comum ou especializado", continuou o pai rico. "Mas ter dinheiro não o torna um investidor sofisticado. É por isso que vemos tanta gente com rendas altas, como os médicos, os advogados, os astros do rock e os atletas profissionais perdendo dinheiro em investimentos pouco confiáveis. Eles têm dinheiro, mas lhes falta sofisticação. Têm dinheiro, mas não sabem investir com segurança e obter retornos altos. Todos os negócios lhes parecem iguais. Não distinguem um investimento bom de outro ruim. Pessoas assim deveriam ater-se apenas a investimentos pasteurizados ou contratar um gestor financeiro profissional a quem confiar seus investimentos."

"E como o senhor definiria um investidor sofisticado?", perguntei.

"Um investidor sofisticado conhece os três Es", disse o pai rico.

"Os três Es", repeti. "Mas o que são os três Es?"

Meu pai rico pegou novamente a pasta que estávamos examinando, e escreveu o seguinte no verso de uma das páginas.

- Educação
- Experiência
- Excesso de dinheiro

"Esses são os três Es", disse ele, levantando os olhos das páginas. "Alcance esses três itens e você será um investidor sofisticado."

Olhando para aqueles termos, falei: "Então o astro do cinema tinha excesso de dinheiro, mas lhe faltava os outros dois itens."

Meu pai rico concordou. "E há muitas pessoas com a escolaridade suficiente, mas sem experiência, e sem experiência da vida real, muitas vezes também lhes falta o excesso de dinheiro."

"Pessoas assim muitas vezes falam 'sei' quando ouvem uma explicação, mas não põem em prática o que sabem", acrescentou Mike. "Nosso gerente de banco costuma falar 'sei' quando papai e eu falamos certas coisas, mas por alguma razão não faz o que diz que sabe."

"E é por isso que o seu gerente não tem excesso de dinheiro", falei.

O pai rico e Mike concordaram.

Novamente, a conversa terminou e a sala ficou em silêncio. Ficamos imersos em nossos pensamentos. O pai rico pediu à empregada para trazer mais café, e Mike começou a arrumar a pasta. Eu estava sentado, os braços cruzados, contemplando o azul profundo do Pacífico que banhava o terreno onde se situava a maravilhosa casa de Mike, e pensando em qual rumo dar ao meu futuro. Terminara a faculdade como queriam os meus pais, minhas obrigações militares em breve estariam encerradas e logo eu estaria livre para seguir o melhor caminho para mim.

"Em que você está pensando?", perguntou meu pai rico, sorvendo o café recém-passado.

"Estou pensando no que quero ser, agora que cresci", respondi.

"E o que você quer ser?", perguntou Mike.

"Estava pensando em me tornar um investidor sofisticado", respondi devagar. "Seja lá o que isso for."

Capítulo 1

"Seria uma ótima escolha", disse meu pai rico. "Você já tem um bom começo, uma sólida base de conhecimentos financeiros. Agora é hora de adquirir alguma experiência."

"E como vou saber quando tenho o suficiente dos dois?", perguntei.

"Quando tiver excesso de dinheiro", sorriu o pai rico.

Com essa, nós três soltamos uma gargalhada e, levantando nossos copos com água, fizemos um brinde: "Ao excesso de dinheiro!"

Então, meu pai rico fez outro brinde: "E ao investidor sofisticado!"

"Ao excesso de dinheiro e ao investidor sofisticado", repeti em silêncio para mim mesmo. E gostei de ouvir essas palavras em minha cabeça.

Mike chamou seu motorista, e a limusine me levou de volta ao esquálido alojamento dos solteiros na base aérea onde iria refletir sobre o que fazer com o resto de minha vida. Já era um adulto e tinha atendido às expectativas de meus pais... concluíra uma faculdade e servira a meu país em tempos de guerra. Agora era hora de pensar no que eu queria para mim. A ideia de estudar para me tornar um investidor sofisticado me atraía. Poderia continuar seguindo as orientações do pai rico enquanto ganhava a experiência necessária. A partir de agora, o pai rico estaria guiando um adulto.

Vinte Anos Depois

Por volta de 1993, a riqueza do pai rico foi dividida entre seus filhos, netos e seus futuros filhos. Pelos próximos cem anos, os seus herdeiros não terão que se preocupar com dinheiro. Mike ficou com os principais ativos comerciais e fez um trabalho estupendo ao aumentar o império financeiro do pai rico, que fora construído a partir do nada. Vi isso se iniciar e crescer durante toda a minha vida.

Levei vinte anos para atingir aquilo que esperava obter em apenas dez. Há alguma verdade na frase "o primeiro milhão é o mais difícil".

Em retrospecto, esse US$1 milhão nem foi tão difícil. O difícil é mantê-lo e fazê-lo render. Consegui me aposentar aos 47 anos, financeiramente livre para desfrutar da minha vida.

Contudo, não foi a aposentadoria que me empolgou. Era poder finalmente agir como um investidor sofisticado. Ser capaz de investir como Mike e seu pai era um objetivo que valia a pena alcançar. Aquele longínquo dia de 1973 em que Mike me disse que eu não era rico o suficiente para investir com eles foi um ponto de virada em minha vida e o dia em que me propus a ser um investidor sofisticado.

Esta é uma lista dos tipos de investimento feitos pelos chamados investidores comuns e sofisticados:

- Colocações privadas
- Incorporação imobiliária e sociedades limitadas
- Ofertas públicas iniciais (embora abertas a todos os investidores, em geral não são de fácil acesso)
- Financiamentos a devedores problemáticos
- Funções e aquisições
- Empréstimos para empresas em estágio inicial
- Fundos hedge

Para o investidor mediano, esses investimentos são muito arriscados, não porque o próprio investimento seja arriscado em si, mas porque com muita frequência faltam ao investidor o conhecimento, a experiência e o excesso de capital para se saber em que se está se metendo. Atualmente, tendo a concordar com a SEC que é melhor proteger os investidores não qualificados restringindo seu acesso a esses tipos de investimento. Isso porque já cometi alguns erros e dei passos em falso, e sei que outros podem ter feito o mesmo.

Hoje, como um investidor sofisticado, invisto nesses empreendimentos. Se você souber o que está fazendo, o risco é bastante baixo, e os retornos potenciais podem ser grandes. É nesse tipo de investimento que os ricos aplicam rotineiramente seu dinheiro.

Embora eu tenha sofrido algumas perdas, os retornos dos investimentos bem-sucedidos foram espetaculares, superando as reduzidas perdas. Um retorno de 35% sobre o capital é normal, mas às vezes conseguimos retornos de 1.000% ou mais. Prefiro esses investimentos porque são mais empolgantes e desafiadores. Não se trata apenas de falar para um corretor "compre cem ações desta empresa ou venda cem daquela". Não se trata de perguntar: "O P/L é alto ou baixo?" Não é isso que torna o investidor sofisticado.

Aplicar em determinados investimentos é ficar muito próximo do motor do capitalismo. De fato, alguns dos investimentos listados são investimentos em capital de risco, que são arriscados demais para o investidor mediano. Na verdade, não são

Capítulo 1

os investimentos que são arriscados, é a falta de conhecimentos, de experiência ou de dinheiro que representa o risco do investidor mediano.

O Caminho

Este livro não trata necessariamente de investimentos. Ele se concentra no investidor e em sua trajetória para se tornar um investidor sofisticado. É sobre o caminho para se chegar aos três Es: educação, experiência e excesso de dinheiro.

Pai Rico, Pai Pobre é um livro sobre a minha formação quando criança. *Independência Financeira* mostra a minha trajetória de jovem e adulto entre 1973 e 1994. Este livro, *O Guia de Investimentos*, se alicerça em tudo o que aprendi nesses anos anteriores mais as minhas experiências na vida real, convertendo essas lições nos três Es, a fim de mostrar como me tornei um investidor sofisticado.

Em 1973, eu tinha apenas US$3 mil para investir e poucos conhecimentos e experiência de vida. Em 1994, me tornei um investidor sofisticado.

Alguns anos atrás, meu pai rico me disse: "Do mesmo modo que há casas para os ricos, para os pobres e para a classe média, há investimentos para cada um desses grupos. Se quer investir naquilo em que os ricos investem, você precisa ser mais do que rico. Você precisa se tornar um investidor sofisticado e não apenas uma pessoa rica que investe."

As Cinco Fases para Se Tornar um Investidor Sofisticado

O pai rico desdobrou o meu programa de desenvolvimento em cinco fases distintas, que organizei em partes, lições e capítulos. São elas:

1. Você está pronto mentalmente para ser investidor?
2. Que tipo de investidor você quer se tornar?
3. Como construir um negócio sólido?
4. Como é um investidor sofisticado?
5. Dar um retorno.

Este livro foi escrito como um guia. Não lhe dará respostas específicas. Seu propósito é ajudá-lo a entender que perguntas fazer. E, se conseguir isso, terá cumprido a sua missão. Meu pai rico me disse: "Você não pode ensinar alguém a ser um investidor sofisticado. Mas uma pessoa pode aprender a se tornar um. É como aprender a andar de bicicleta. Não posso ensiná-lo a andar de bicicleta, mas você pode aprender a fazê-lo. Aprender a andar de bicicleta envolve risco, tentativa e erro, e orientação adequada. O mesmo vale para o investimento. Se você não deseja assumir riscos, então não está disposto a aprender. E se você não deseja aprender, então não posso lhe ensinar."

Se você espera um livro com dicas quentes de investimento, sobre como ficar rico rapidamente ou a fórmula secreta dos investimentos dos ricos, então este livro não é para você. Este livro fala mais de aprendizado do que de investimento. Foi escrito para pessoas que estudam investimentos, estudiosos que procuram seu próprio caminho para a riqueza em vez do caminho fácil para enriquecer.

Este livro trata das cinco fases do desenvolvimento do pai rico, pelas quais ele passou, e que, agora, eu estou percorrendo. Se você for um estudioso da grande riqueza, observará que as cinco fases do pai rico são as mesmas pelas quais passaram os homens de negócios e os investidores mais ricos do mundo para ficar muito mais ricos. Bill Gates, fundador da Microsoft; Warren Buffett, o investidor mais rico dos Estados Unidos; e Thomas Edison, o fundador da General Electric, todos eles passaram por essas cinco fases. São as mesmas pelas quais os jovens milionários e bilionários da geração da internet estão passando agora, aos vinte ou trinta anos.[4] A única diferença é que, devido à Era da Informação, esses jovens passaram pelas mesmas fases mais rapidamente — e talvez você também possa fazê-lo.

Você É Parte da Revolução?

Durante a Revolução Industrial, foram criadas vastas fortunas, grande riqueza e surgiram famílias riquíssimas. E o mesmo está acontecendo agora durante a Revolução da Informação.

Acho interessante que em nossos dias encontremos multimilionários e multibilionários que se fizeram por si próprios na faixa dos vinte, trinta e quarenta anos; contudo, encontramos também gente de mais de quarenta anos que se esforça para se agarrar a empregos que pagam US$50 mil ao ano. Uma das razões dessa grande disparidade é a passagem da Era Industrial para a Era da Informação. Quando entramos na Era Industrial, pessoas como Henry Ford e Thomas Edison se tornaram bilionárias. Hoje, na Era da Informação, temos Bill Gates, Michael Dell e os

---

[4] Obviamente, desconsiderando o baque da crise da NASDAQ. (N. E.)

Capítulo 1

fundadores das empresas de internet se tornando os jovens milionários e bilionários. Esses jovens de vinte e poucos anos em breve estarão superando a fortuna de Bill Gates. Isso mostra o poder da mudança das eras, a transição da Era Industrial para a Era da Informação. Já se disse que não há nada tão danoso quanto agarrar-se a ideias ultrapassadas.

Pode parecer que este livro examina velhas ideias e possivelmente mostra novas para alcançar a riqueza. Pode também tratar de uma mudança de paradigma em sua vida. Ou, ainda, de uma transição tão radical quanto a da Era Industrial para a Era da Informação. Pode significar a definição de um novo caminho financeiro em sua vida. Pode levá-lo a pensar mais como um empresário e um investidor do que como um assalariado ou um autônomo.

Levei anos para percorrer essas fases e, de fato, ainda estou fazendo essa trajetória. Depois de ler este livro, você pode optar por percorrer essas cinco fases ou talvez considere que esse não é o seu caminho. Se decidir percorrer essa trajetória, caberá a você resolver qual o ritmo de sua caminhada. Lembre que este livro não trata de como enriquecer rapidamente. A escolha de empreender esse desenvolvimento pessoal e esse programa de formação começa na Parte 1... a fase da preparação mental.

Você Está Pronto Mentalmente para Ser Investidor?

O pai rico afirmou diversas vezes: "O dinheiro é tudo o que você quer que ele seja." O que ele queria dizer é que o dinheiro vem da nossa mente, dos nossos pensamentos. Se alguém disser "É difícil conseguir dinheiro", provavelmente terá dificuldade em obtê-lo; "Nunca vou ficar rico", "É muito difícil enriquecer", isso provavelmente acontecerá; "A única forma de ficar rico é trabalhando arduamente", possivelmente trabalhará arduamente; ou "Se eu tivesse muito dinheiro, colocaria no banco, porque não saberia o que fazer com ele", então acabará fazendo isso. Você provavelmente ficaria surpreso com o número de pessoas que fazem justamente isso. E se a pessoa disser: "Investir é arriscado", então assim será. Por isso o pai rico dizia: "O dinheiro é tudo o que você quer que ele seja."

Meu pai rico me advertiu de que a preparação mental necessária para alguém se tornar um investidor sofisticado é provavelmente semelhante à necessária para escalar o Everest ou para se preparar para o sacerdócio. Ele estava brincando, mas ao mesmo tempo queria deixar claro que se tratava de um empreendimento sério. Ele me disse: "Você vai começar como eu. Vai começar sem dinheiro. Tudo o que você tem é esperança e um sonho de se tornar muito rico. Embora muitos sonhem com isso, poucos chegam lá. Pense muito e prepare-se mentalmente, porque você vai aprender a investir de um modo que poucos podem fazê-lo. Você verá o mundo do investimento de dentro e não de fora. Há caminhos muito mais fáceis na vida e maneiras mais simples de investir, portanto reflita e prepare-se caso você realmente escolha este caminho para sua vida."

Capítulo 2
LIÇÃO DO INVESTIDOR #2
ASSENTANDO AS BASES DA RIQUEZA

Nessa noite, a volta a meu modesto alojamento foi muito difícil. Quando saí naquela manhã ele era um lugar agradável, mas, depois de passar a tarde na nova casa do Mike, o alojamento dos oficiais me pareceu ordinário, velho, decaído.

Como era de se esperar, meus três colegas de alojamento estavam tomando cerveja e assistindo a um jogo de beisebol na televisão. Por todo lado havia caixas de pizza e latas de cerveja. Eles não falaram muita coisa quando entrei na sala. Ficaram com os olhos fixos na televisão. Fui para o meu quarto e tranquei a porta, feliz de que os quartos fossem individuais. Eu tinha muito sobre o que refletir.

Aos 25 anos, finalmente percebi coisas que não tinha entendido aos 9 anos, idade em que comecei a trabalhar com o pai rico. Percebi que o pai rico trabalhara arduamente durante anos assentando a base da riqueza. Ele começara no lado pobre da cidade, vivendo frugalmente, montando seus negócios, comprando imóveis e trabalhando em seu plano. Agora entendia que o plano do pai rico era enriquecer. Quando Mike e eu frequentávamos o ensino médio, o pai rico começou a expandir seus negócios em diferentes ilhas do arquipélago havaiano, comprando imóveis e negócios. Quando fomos para a faculdade, surgiu sua grande oportunidade, e ele se tornou um dos principais investidores individuais de Honolulu e partes de Waikiki. Quando eu estava voando no Vietnã, as bases de sua riqueza foram assentadas. Eram um alicerce forte e firme.

Capítulo 2

Agora, ele e sua família estavam desfrutando do seu trabalho. Em vez de viver em uma das áreas pobres de alguma ilha longínqua, eles moravam em um dos bairros mais ricos de Honolulu. Não apenas aparentam riqueza superficial, como muitos de seus vizinhos. E eu sabia disso porque Mike e seu pai me mostraram suas demonstrações financeiras auditadas. Poucas pessoas tiveram esse privilégio.

Meu pai verdadeiro, por outro lado, acabara de perder o emprego. Ele fizera carreira no governo estadual, mas caíra em desgraça junto à máquina política. Meu pai perdeu tudo o que lutara para alcançar quando decidiu concorrer contra seu chefe nas eleições para o governo estadual e perdeu. Não tinha como voltar à carreira pública e estava tentando recomeçar da estaca zero. Embora ele estivesse com 52 anos, e eu com 25, estávamos exatamente na mesma situação financeira. Não tínhamos dinheiro. Ambos tínhamos formação universitária e poderíamos conseguir um emprego, mas em termos de ativos reais, não possuíamos nada. Nessa noite, deitado em meu alojamento, sabia que tinha a rara oportunidade de escolher o rumo da minha vida. Digo rara porque poucas pessoas podem se dar ao luxo de comparar a trajetória de vida de dois pais e, então, escolher o melhor caminho para elas. Foi uma escolha que não fiz levianamente.

Investimentos para os Ricos

Embora muitas coisas passassem pela minha cabeça naquela noite, estava mais intrigado com a ideia da existência de investimentos exclusivos para os ricos e de outros para o resto das pessoas. Lembrei que, quando criança ainda, trabalhava para o pai rico, tudo o que ele falava era de montar seus negócios. Mas agora, quando já estava rico, seus assuntos giravam em torno de investimentos... investimentos para os ricos. Naquele dia, no almoço, ele explicou: "A única razão pela qual montei empresas foi para poder aplicar nos investimentos dos ricos. A única razão de montar uma empresa é que ela permite a compra de ativos. Sem meus negócios, eu não poderia me permitir aplicar nos investimentos dos ricos."

O pai rico continuou destacando a diferença entre o investimento feito por um assalariado e aquele feito por uma empresa. Ele disse: "A maioria dos investimentos quando aplicados como pessoa física são caros. Mas se torna mais acessível quando feita por meio da minha empresa." Eu não sabia o que ele queria dizer com essa afirmação, mas sabia que a diferença era importante. Agora estava curioso para descobri-la. O pai rico tinha estudado a legislação relativa a empresas e a tributação,

O Guia de Investimentos

e descobriu formas de ganhar muito dinheiro usando a legislação a seu favor. Passei aquela noite ansioso para ligar para o pai rico de manhã.

Quadrantes Diferentes, Caminhos Diferentes

Quando jovem, eu não sabia a qual pai ouvir em assuntos de dinheiro. Ambos eram homens bons, trabalhavam arduamente. Ambos eram fortes e carismáticos. Ambos diziam que eu devia fazer faculdade e servir a minha pátria no Exército. Mas não diziam as mesmas coisas quando falavam de dinheiro ou quando me aconselhavam o que fazer quando crescesse. Agora eu podia comparar os resultados das trajetórias profissionais do pai rico e do pai pobre.

Meu pai pobre me aconselhava a "estudar, tirar boas notas e procurar um emprego seguro, com benefícios". Ele recomendava esta trajetória:

Por outro lado, meu pai rico dizia: "Aprenda a montar um negócio e invista por meio de sua empresa." Ele estava me indicando um caminho semelhante a este:

33

Capítulo 2

Existem diferenças técnicas e emocionais fundamentais entre as pessoas encontradas em cada um dos lados do quadrante CASHFLOW. Essas diferenças são importantes porque em última análise determinam o quadrante que a pessoa tende a preferir e a partir do qual opera. Por exemplo, uma pessoa que precisa de segurança no emprego preferirá o quadrante E. Nesse quadrante, encontramos pessoas em todas as esferas da vida — de zeladores a presidentes de empresas. Uma pessoa que quer fazer sozinha as coisas preferirá o quadrante A, o quadrante dos autônomos e pequenos empresários. Eu costumo dizer que esse "A" também significa "ás", "apartado" e "astuto", porque este é o quadrante em que profissionais como médicos, advogados, contadores e outros consultores técnicos são encontrados.

O livro *Independência Financeira* explica a diferença entre o quadrante A, em que encontramos grande parte dos donos de pequenas empresas, e o D, que é o quadrante em que encontramos as grandes empresas.

Neste livro, vamos entrar em muito mais detalhes sobre as diferenças técnicas, porque é aí que se encontram as diferenças entre os ricos e todos os demais.

A Ementa das Aulas

Quando criança, eu passara muitas horas sentado em uma das mesas de um dos restaurantes do pai rico, enquanto ele discutia a situação de seus negócios. Nessas horas tomava meu refrigerante enquanto o pai rico conversava com gerentes de banco, contadores, advogados, corretores de imóveis e de títulos, planejadores financeiros e corretores de seguros. Foi o início da minha formação financeira. Dos nove aos dezoito anos, passei horas ouvindo esses homens e mulheres discutindo intrincados problemas de negócios. Mas essas aulas em torno da mesa terminaram quando me afastei para os quatro anos de faculdade em Nova York, seguidos por cinco anos de serviço nos Fuzileiros Navais. Agora que meus estudos universitários estavam completos e que meu dever militar estava a ponto de se encerrar, eu estava pronto para continuar as aulas com meu pai rico.

Eu liguei para ele, pronto para recomeçar a estudar. Meu pai rico passara seus negócios para Mike e estava quase aposentado. E procurava algo mais para fazer do que jogar golfe o dia inteiro.

Enquanto Mike estava ocupado dirigindo seu império, o pai rico e eu almoçávamos em um hotel na Praia de Waikiki. O sol estava quente, o mar belíssimo, a brisa fresca e a paisagem paradisíaca. O pai rico ficou chocado quando me viu entrar trajando o uniforme. Nunca me vira envergando a farda. Só me conhecera garoto, de bermuda, ou jeans e camiseta. Acho que nesse momento percebeu que eu não era mais um adolescente, que já vira muita coisa do mundo e lutara em uma guerra. Eu estava de uniforme, pois após o almoço deveria retornar à base para voar aquela noite.

"É isso o que você faz depois de concluir o ensino médio", disse o pai rico.

Fiz que sim com a cabeça, e disse: "Quatro anos de Academia Militar em Nova York e mais quatro nos Fuzileiros Navais. Está faltando um ano."

"Estou muito orgulhoso de você", disse meu pai rico.

"Obrigado", retruquei. "Mas vai ser bom largar o uniforme. Realmente é difícil quando esses hippies e esse pessoal que ficou contra a guerra cospem na gente ou nos chamam de 'matadores de criancinhas'. Espero que em breve isso acabe para todos nós."

"Fiquei contente que Mike não tivesse ido", disse o pai rico. "Ele bem que queria alistar-se, mas seus problemas de saúde não permitiram que fosse aceito."

"Ele teve sorte", rebati. "Perdi um monte de amigos na guerra. Teria sido horrível perder o Mike também."

Meu pai rico acenou com a cabeça, e perguntou: "E quais são os seus planos para depois de dar baixa?"

"Bem, três de meus amigos tiveram ofertas de empregos para pilotar aviões comerciais. Embora no momento seja difícil arrumar emprego, eles dizem que vão me passar os contatos que eles têm."

"Então quer dizer que você está pensando em se tornar um piloto da aviação comercial?", perguntou o pai rico.

Concordei timidamente: "Bom, é isso que tenho feito ultimamente — pensado sobre isso. A remuneração é boa e há benefícios. E meu treinamento de voo foi bastante intenso", falei. "Depois de voar em combate, me tornei um bom piloto. Se eu passar um ano em uma companhia aérea de pequeno porte, pilotando vários equipamentos, acho que fico pronto para as grandes empresas."

"Então, é isso o que você está pensando em fazer?", indagou o pai rico.

"Não", retruquei. "Não depois do que aconteceu com meu pai e depois que almocei na casa do Mike. Naquela noite não consegui dormir pensando em tudo o que o senhor falou sobre investimentos. Percebi que se me empregar como piloto talvez consiga chegar a investidor comum. Mas notei também que talvez eu nunca vá para o próximo nível."

Capítulo 2

Meu pai rico ficou em silêncio balançando suavemente a cabeça. "Então, o que eu falei calou fundo", disse ele, em uma voz baixa.

"E como!", retruquei. "Refleti sobre tudo o que o senhor me ensinou quando eu era garoto. Agora sou adulto e vejo que essas lições têm outro sentido para mim."

"E do que você se lembra?", perguntou meu pai rico.

"Lembro que o senhor cortou aqueles dez centavos por hora e me fez trabalhar de graça", falei. "Lembro que o senhor fez isso para me ensinar a não ficar viciado em contracheque."

Meu pai rico deu uma risadinha, e disse: "Foi uma lição dura."

"Sim, foi", retruquei, "mas também foi uma grande lição. Meu pai ficou uma fera com o senhor. Mas agora está tendo que aprender a se virar sem contracheque. A diferença é que ele está com 52 anos e eu aprendi a lição aos 9. Depois do almoço na casa do Mike, jurei que não vou passar a vida me agarrando à segurança de um emprego só porque preciso de um contracheque. É por isso que não sei se vou querer ser piloto comercial. E é por isso que estou aqui almoçando com o senhor. Quero recapitular suas lições sobre como o dinheiro pode trabalhar para mim para que eu não precise passar a vida trabalhando por dinheiro. Mas desta vez quero que o senhor me oriente como um adulto. Seja mais rigoroso e me ensine os detalhes."

"E qual foi a primeira lição que eu lhe dei?", perguntou o pai rico.

Que os ricos não trabalham por dinheiro", falei prontamente. "Eles sabem como fazer o dinheiro trabalhar para eles."

Um largo sorriso se abriu no rosto do pai rico. Ele sabia que eu tinha escutado tudo o que ele falara quando eu era garoto. "Muito bem", disse ele. "E essa é a base para se tornar um investidor. Tudo o que os investidores fazem é aprender como pôr o dinheiro para trabalhar para eles."

"E é isso o que eu quero aprender. Quero aprender e, quem sabe, ensinar a meu pai o que o senhor sabe. Papai está passando por uma fase muito difícil, tendo que começar do zero agora aos 52 anos."

"Eu sei", disse meu pai rico. "Eu sei."

Assim, em um dia ensolarado, enquanto os surfistas pegavam as ondas daquele mar azul profundo, começaram minhas lições de investimento. As lições vieram em cinco partes, cada uma delas conduzindo-me a um patamar de compreensão mais elevado. Começaram pela preparação mental e pelo controle de mim mesmo — porque é aí que o investimento tem realmente lugar. Na verdade, o investimento começa e termina pelo controle que temos sobre nós mesmos.

O Guia de Investimentos

As lições sobre investimentos da Parte 1 do plano de investimentos do meu pai rico tratam, todas elas, da preparação anterior ao início propriamente dito do investimento. Naquela noite de 1973, no cômodo desenxabido do alojamento, começou minha preparação mental.

Mike tivera a felicidade de ter um pai que acumulara grande riqueza. Eu não tive essa sorte. Sob muitos aspectos, ele levava uma vantagem de cinquenta anos em relação a mim. Eu ainda tinha que começar. Naquela noite comecei minha preparação mental, fazendo uma escolha entre um emprego seguro, como meu pai pobre, ou o assentamento das bases da riqueza real, como meu pai rico. É aí que o processo de investir começa realmente, e é esse o início das lições do pai rico. Começa por uma decisão muito pessoal — uma escolha mental entre ser rico, pobre ou de classe média. É uma decisão importante, porque qualquer que seja a situação financeira que você escolha — ser rico, pobre ou de classe média — tudo em sua vida muda a partir daí.

Capítulo 3
LIÇÃO DO INVESTIDOR #3
A ESCOLHA

As lições do meu pai rico sobre investimento começaram. "Quando se trata de dinheiro e investimentos, as pessoas se deparam com três motivos ou escolhas fundamentais — que são:

1. Segurança

2. Conforto

3. Desejo de enriquecer."

Meu pai rico continuou: "Todas essas escolhas são importantes. As diferenças em nossa vida ocorrem quando determinamos as prioridades." Ele prosseguiu dizendo que a maioria das pessoas faz suas escolhas relativas a dinheiro e investimento nessa mesma ordem. Em outras palavras, sua primeira escolha, em matéria de dinheiro, é a segurança; a segunda, o conforto, e a terceira, o enriquecimento. É por isso que para muitas pessoas a segurança no emprego tem a prioridade mais alta. Depois de conseguir um emprego ou uma profissão que lhes dê segurança, elas procuram o conforto. E a riqueza é a terceira opção.

Naquele dia, em 1973, meu pai rico disse: "A maioria das pessoas sonha em se tornar rica, mas não é essa a sua primeira escolha." E continuou: "Nos Estados Unidos, somente três em cada cem pessoas são ricas em função dessa prioridade das escolhas. Para a maioria, se o enriquecimento perturba o conforto ou ameaça sua segurança, então elas passam ao largo da riqueza. É por isso que muita gente quer aquela dica quente de investimento. As pessoas que colocam segurança e conforto em primeiro e segundo lugares procuram formas fáceis e confortáveis de enriquecer

Capítulo 3

rápido, sem risco. Pouca gente enriquece com um único investimento bem-sucedido, e, quando consegue, em geral perde tudo."

Rico ou Feliz

Muitas vezes ouço as pessoas dizerem "prefiro ser feliz a ser rico". Sempre achei estranho esse comentário porque sou rico e feliz ao mesmo tempo. E em qualquer das situações financeiras já fui feliz e infeliz. Fico imaginando por que as pessoas pensam que precisam escolher entre felicidade e riqueza.

Quando reflito sobre essa lição, penso que o que as pessoas estão dizendo na verdade é "prefiro a segurança e o conforto à riqueza". Isso porque se lhes falta o conforto e a segurança elas se sentem infelizes. Eu já estava disposto a me sentir inseguro e sem conforto para poder enriquecer. Já fui rico e pobre; já fui feliz e infeliz. Mas garanto que quando era pobre e infeliz, estava muito mais infeliz do que nos momentos em que era rico e infeliz.

Também nunca entendi a afirmação "o dinheiro não traz felicidade". Embora tenha algum fundo de verdade, sempre observei que quando tenho dinheiro me sinto muito bem. Outro dia encontrei uma nota de US$10 no bolso de meu jeans. Mesmo sendo apenas US$10, achei ótimo. Receber dinheiro sempre é melhor do que receber uma conta para pagar. Pelo menos essa é minha experiência com dinheiro. Fico feliz quando vem, e triste quando vai embora.

Em 1973, organizei minhas prioridades — nesta ordem:

1. Desejo de enriquecer

2. Conforto

3. Segurança

Como disse anteriormente, quando se trata de dinheiro e investimento, esses três aspectos são importantes. A ordem em que os colocamos é uma questão muito pessoal e é uma decisão que tem que ser tomada antes de investir. Meu pai pobre colocava "segurança" em primeiro lugar e meu pai rico "enriquecimento" como prioridade máxima. Antes de começar a investir, é importante decidir quais são suas prioridades.

Faça Este Teste

Ser rico, ter conforto e segurança são valores pessoais fundamentais. Nenhum é melhor do que o outro. Contudo, sei que a escolha da prioridade tem muitas vezes um impacto de longo prazo significativo sobre o tipo de vida que você escolhe. É por isso que é tão importante saber quais valores fundamentais são mais importantes para você, especialmente quando se trata de dinheiro e de planejamento financeiro.

Assim, o teste de atitude mental é:

Quais são os seus valores fundamentais?

Liste em ordem de importância os valores essenciais para você:

1. _____
2. _____
3. _____

Alguns dos leitores terão que buscar os seus verdadeiros sentimentos. Fale seriamente com seu cônjuge ou mentor. Faça listas de "prós" e "contras". Conhecer suas prioridades pessoais o poupará mais adiante de muitas decisões torturantes e noites maldormidas.

Uma das razões pelas quais vigora a lei 90/10 talvez seja porque 90% das pessoas escolhem conforto e segurança antes da riqueza.

Capítulo 4

LIÇÃO DO INVESTIDOR #4
QUE TIPO DE MUNDO VOCÊ VÊ?

Uma das diferenças mais marcantes entre meus dois pais estava no tipo de mundo que eles viam. O pai pobre sempre enxergava um mundo de escassez financeira. Isso transparecia quando ele comentava: "Você pensa que dinheiro dá em árvore?", "Você pensa que fabrico dinheiro?", ou "Não dá para comprar isso".

Quando eu estava com o pai rico, percebia que ele enxergava um mundo completamente diferente em que havia muito dinheiro. E isso ficava aparente quando dizia: "Não se preocupe com dinheiro. Fazendo a coisa certa, o dinheiro sempre aparece", ou "Não deixe que a falta de dinheiro seja desculpa para não conseguir o que deseja".

Em 1973, em uma de suas lições, o pai rico disse: "Só há dois tipos de problema financeiro. Um é ter dinheiro de menos. O outro é ter de mais. Que tipo você prefere?"

Quando dou aulas sobre investimento, dedico um tempo a esse tópico. A maioria das pessoas vem de famílias nas quais o problema era a falta de dinheiro. Como o dinheiro é só uma ideia, se ela for que não há dinheiro suficiente, então isso será realidade. Uma das vantagens que tive, com minhas duas famílias, foi que pude testemunhar os dois tipos de problema — e, tenha certeza, ambos são complicados. O pai pobre sempre teve problemas de pouco dinheiro, e os problemas do pai rico sempre foram de muito dinheiro.

Capítulo 4

O pai rico comentava esse estranho fenômeno. Dizia ele: "As pessoas que ficam ricas de repente — as que recebem uma herança, ganham uma fortuna em Las Vegas ou na loteria — ficam pobres subitamente, porque tudo o que conhecem é um mundo de pouco dinheiro. Assim, ao perder essa riqueza instantânea, elas voltam ao único mundo do dinheiro que conhecem — um mundo de escassez financeira."

Uma de minhas lutas pessoais foi abandonar a ideia de que o mundo era um lugar de insuficiência de dinheiro. A partir de 1973, o pai rico me estimulou a refletir muito sobre as questões de dinheiro, trabalho e enriquecimento. O pai rico acreditava firmemente que as pessoas pobres permaneciam pobres simplesmente porque esse era o único mundo que conheciam. Costumava dizer: "Qualquer que seja a realidade do dinheiro dentro de você, será essa a realidade que estará do lado de fora. Você não pode mudar a realidade externa antes de mudar sua realidade interna."

Certa vez, o pai rico explicou o que ele via como causa da escassez em função das diferenças nas atitudes das pessoas:

- Quanto mais segurança você precisar, mais escassez haverá em sua vida.
- Quanto mais competitivo você for, mais escassez haverá em sua vida. É por isso que as pessoas concorrem por empregos e promoções no trabalho e por notas na escola.
- As pessoas criativas que têm boas qualificações financeiras e empresariais e que são cooperativas muitas vezes vivem uma crescente abundância financeira.

Eu via essa diferença de atitudes em meus dois pais. Meu pai verdadeiro sempre me incentivou a buscar a segurança e evitar os riscos. Meu pai rico estimulava o desenvolvimento de habilidades e criatividade. A segunda metade desse livro fala de como pegar suas ideias criativas e criar um mundo de abundância em vez de escassez.

Quando falávamos de escassez, o pai rico pegava uma moeda e dizia: "Quando alguém diz 'não posso fazer isso', essa pessoa só está vendo um dos lados da moeda. Quando você diz 'como posso fazer isso?', você começa a ver o outro lado. O problema é que, mesmo quando as pessoas veem o outro lado, elas o veem somente com os próprios olhos. É por isso que os pobres veem o que os ricos fazem na superfície, mas não conseguem ver o que eles fazem dentro de suas mentes. Se você quiser ver o outro lado da moeda, você precisa ver o que passa pela mente de uma pessoa muito rica." A segunda metade desse livro trata do que se passa na mente de uma pessoa rica.

Anos mais tarde, quando ganhadores da loteria começaram a quebrar, perguntei ao pai rico por que isso acontecia. Sua resposta foi: "Uma pessoa que ganha de repente uma grande soma de dinheiro e depois quebra, ainda está vendo apenas um dos lados da moeda. Em outras palavras, trata o dinheiro como sempre o fez e é por isso que no início era pobre ou tinha dificuldades. Só vê um mundo de dinheiro insuficiente. A coisa mais segura a fazer nesse caso é colocar o dinheiro no banco e viver apenas dos juros. Pessoas que veem o outro lado da moeda pegariam esse dinheiro e o multiplicariam rápida e seguramente."

Em fins da década de 1980, depois que o pai rico se aposentou e passou o seu império para Mike, ele me chamou para uma rápida reunião. Antes de começar, ele me mostrou um extrato bancário em que havia US$39 milhões. Fiquei boquiaberto enquanto o ouvia dizer: "E isso é apenas um banco. Agora estou aposentado, porque é um trabalho de tempo integral pegar todo esse dinheiro e aplicá-lo em investimentos ainda mais produtivos. Repito, é um trabalho de tempo integral que se torna a cada ano mais complexo."

No fim da reunião, o pai rico disse: "Passei anos treinando o Mike para montar o motor que produz todo esse dinheiro. Agora que estou aposentado, ele conduz esse motor que construí. A razão pela qual posso me aposentar confiante é porque Mike não apenas sabe como fazer funcionar o motor, mas também sabe consertá-lo. Muitos dos filhos de pais ricos perdem o dinheiro herdado porque embora tenham crescido em meio à riqueza, nunca aprenderam a construir um motor ou a consertá-lo depois que enguiça. De fato, muitos deles são os que quebram o motor. Eles cresceram do lado rico da moeda, mas nunca aprenderam como se chega lá. Você tem uma chance, sob a minha orientação, para fazer a transição e ficar do outro lado."

Grande parte do controle que adquiri sobre mim mesmo foi o aprendizado de como controlar minha realidade interna em relação ao dinheiro. Sempre precisava me lembrar de que havia um mundo de dinheiro em quantidade significativa, porque no fundo de minha alma e de meu coração muitas vezes me sentia como um pobre.

Um dos exercícios que o pai rico me levava a fazer sempre que sentia que ia entrar em pânico (de não ter dinheiro suficiente) era repetir para mim mesmo: "Há dois tipos de problema financeiro. Um é a falta de dinheiro, o outro é o dinheiro

Capítulo 4

demais. Qual deles desejo?" E eu repetia mentalmente essa pergunta nos momentos em que dentro de mim tudo estava em um estado de pânico financeiro.

Não sou dessas pessoas que confundem desejo e realidade, ou alguém que acredita apenas no poder da mente. Eu me fazia essa pergunta para contrabalançar o ponto de vista que herdara. Uma vez que me acalmava, começava a tentar encontrar soluções para os desafios financeiros com que me defrontava no momento. Essas soluções podiam tomar várias formas, a busca de novas respostas, novas orientações ou um curso sobre algum tema em que me considerava fraco. O principal objetivo de combater o pânico era acalmar-me para poder prosseguir, novamente.

Tenho observado que a maioria das pessoas permite que o pânico que sentem em relação ao dinheiro as derrote e dite os termos e condições de suas vidas. E, assim, elas continuam aterrorizadas em relação ao risco e ao dinheiro. Como escrevi em *Independência Financeira*, muitas vezes são as emoções que conduzem a vida das pessoas. Emoções como medo e dúvida geram baixa autoestima e falta de autoconfiança.

No início da década de 1990, Donald Trump estava com uma dívida pessoal de US$1 bilhão, e suas empresas deviam US$9 bilhões. Um entrevistador lhe perguntou se estava preocupado. Donald respondeu: "Preocupações são perda de tempo. Elas me impedem de trabalhar para resolver os problemas." Já observei que uma das principais razões pelas quais as pessoas não são ricas é que elas se preocupam demais com coisas que podem nem acontecer.

A Lição #2 do meu pai rico se centrou nessa visão de dois mundos — aquele da falta de dinheiro e o do dinheiro em demasia. Mais tarde, o pai rico ressaltou a importância de se ter um plano financeiro. O pai rico acreditava firmemente na necessidade de se ter um plano financeiro para quando se contasse com pouco dinheiro, e outro, para quando houvesse muito. Ele dizia: "Se você não tiver um plano para quando tiver muito dinheiro, então perderá tudo, e voltará ao plano que 90% da população conhece — um mundo de dinheiro insuficiente."

Segurança e Escassez

Meu pai rico dizia: "Quanto mais uma pessoa busca a segurança, tanto mais o dinheiro será escasso em sua vida. A segurança e a escassez andam de mãos dadas. É por isso que as pessoas que procuram a segurança no emprego ou garantias são aquelas que têm menos abundância em suas vidas. Uma das razões pelas quais a regra 90/10 do dinheiro continua verdadeira é porque a maioria das pessoas passa sua vida buscando maior segurança em lugar de procurar maior qualificação financeira. Quanto mais você entender de finanças, mais fartura haverá em sua vida."

Foram essas qualificações financeiras que deram ao pai rico o poder de começar a adquirir alguns dos imóveis mais valiosos do Havaí mesmo tendo pouco dinheiro. Essas mesmas habilidades financeiras dão às pessoas a possibilidade de pegar uma oportunidade e transformá-la em milhões de dólares. A maioria das pessoas pode ver as oportunidades, mas não consegue transformá-las em dinheiro, e é por isso que elas procuram ainda mais segurança. O pai rico também dizia: "Quanto mais alguém está em busca da segurança, tanto menos pode ver as oportunidades que se apresentam. Eles só veem um dos lados da moeda e ignoram o outro."

É por isso que quanto mais segurança procuram, menos oportunidades veem do outro lado da moeda. Como disse certa vez o grande jogador de beisebol Yogi Berra: "Acerte apenas sete em cada dez vezes e você estará no Hall da Fama." Em outras palavras, se ele rebatesse mil vezes em sua carreira esportiva, e se apenas acertasse setecentas vezes, ele teria chegado ao Hall da Fama. Depois de ler a citação, o pai rico comentou: "A maioria das pessoas está tão preocupada com segurança que passa toda sua vida evitando rebater pelo menos uma vez."

Faça Este Teste

Venho de uma família que via o mundo como um espaço de dinheiro insuficiente. Meu desafio pessoal era lembrar repetidamente que existia um outro tipo de mundo — o do dinheiro — e que eu precisava ter a mente aberta para enxergá-lo com as duas possibilidades.

Assim, o teste de atitude mental é:

1. **Você consegue enxergar a possibilidade de existirem dois mundos diferentes em relação ao dinheiro — um de dinheiro insuficiente e um de muito dinheiro?**

    Sim ___ Não ___

Capítulo 4

2. **Se atualmente você vive em um mundo de dinheiro insuficiente, você está disposto a considerar a possibilidade de viver em um com muito dinheiro?**

Sim ___ Não ___

Capítulo 5
LIÇÃO DO INVESTIDOR #5 POR QUE INVESTIR É CONFUSO?

Um dia, estava esperando no escritório do pai rico enquanto ele falava ao telefone. Ele dizia coisas como: "Então hoje o senhor está comprando?", "Se a taxa básica cair o que vai acontecer com o *spread*[1]?", e "Ok, ok, ok, agora estou entendendo por que o senhor está comprando um *straddle*[2] para cobrir essa posição. O senhor está pensando em ficar vendido nessa ação? Por que não partir para uma opção de venda em lugar disso?".

Depois que meu pai rico colocou o fone no gancho, falei: "Não faço a mínima ideia do que é que o senhor estava falando. Investimentos são tão confusos."

Meu pai rico sorriu, e disse: "Na verdade, eu não estava falando de investimentos."

"Não era de investimentos? Então era o quê? Parecia aquilo que os investidores falam na televisão ou no cinema."

Meu pai rico gargalhou, e disse: "Primeiro, investimento tem sentidos diferentes para pessoas diferentes. É por isso que parece tão confuso. O que muita gente chama de investimento não é investimento de fato. As pessoas falam de coisas diferentes e muitas vezes pensam que estão falando da mesma coisa."

---

[1] *Spread* é a diferença entre a taxa básica (no Brasil, determinada pelo COPOM, a taxa SELIC) e a que é paga por títulos negociados no mercado. (N. E.)

[2] Estratégia de operação no mercado financeiro que consiste em realizar um número igual de transações com as mesmas opções de venda e compra nas condições contratuais, como objeto, preço de exercício e prazo de vencimento. (N. E.)

Capítulo 5

"O quê?!", exclamei franzindo o rosto. "As pessoas falam de coisas diferentes e acham que estão falando da mesma coisa?"

O pai rico voltou a gargalhar. A aula tinha começado.

Investimentos Significam Coisas Diferentes para Pessoas Diferentes

Nesse dia, o pai rico começou a lição destacando o ponto principal: investimentos significam coisas diferentes para pessoas diferentes. A seguir, apresento algumas das informações mais destacadas dessa importante lição.

Pessoas Diferentes Investem de Formas Diferentes

Meu pai rico me explicou algumas diferenças sobre valor.

- Algumas pessoas investem em grandes famílias. Uma família extensa é uma forma de assegurar que os pais serão amparados na velhice.
- As pessoas investem em instrução, em segurança no emprego e em benefícios. A pessoa e suas qualificações se transformam em ativos.
- Algumas pessoas investem em ativos financeiros. Nos Estados Unidos, cerca de 45% da população possui ações de empresas, mas infelizmente não há estatísticas desse tipo no Brasil. É um número crescente de pessoas que verifica que a segurança no emprego e empregos para toda a vida são cada vez menos garantidos.

Há Muitos Tipos de Investimento

Aqui estão amostras de tipos de investimento diferentes:

- Ações, títulos, fundos mútuos, imóveis, seguros, *commodities*, poupança, recebíveis, metais preciosos, fundos hedge, entre outros.
- Cada um desses grupos pode ser desdobrado em vários subgrupos. Vejamos as ações, por exemplo:

As ações podem ser subdivididas em:

- Ações ordinárias
- Ações preferenciais

O Guia de Investimentos

- Ações com garantias
- Ações de pequenas empresas (*small caps*)
- Ações de primeira linha (*blue chips*)
- Debêntures conversíveis
- Ações de tecnologia
- Ações de indústrias
- Etc.

Os imóveis podem ser subdivididos em:

- Unifamiliares
- Salas corporativas
- Lojas comerciais
- Multifamiliares
- Armazéns
- Industriais
- Terrenos em áreas rurais
- Terrenos em áreas urbanas
- Etc.

Os seguros podem ser subdivididos em[3]:

- Seguros de vida integrais, variáveis e com prazo limitado[4]
- Seguros de vida universais, gerais e variáveis[5]
- Misto (seguro de vida integral e por prazo limitado em uma única apólice)
- Primeiro, segundo ou último a morrer
- Usados para custear acordos de compra e venda
- Usados como bônus e compensação diferida de executivos

---

[3] Muitas dessas modalidades não existem no Brasil. (N. E.)

[4] Apólice emitida por um prazo determinado. Toda vez que o seguro é renovado, o prêmio aumenta. Ele oferece aos seus titulares a oportunidade de obter ganhos de capital, recebidos apenas após a morte do segurado. (N. E.)

[5] Modalidade criada nos Estados Unidos, na década de 1980, que combina a proteção a baixo custo do seguro por prazo limitado com uma parcela de poupança investida em uma conta com imposto diferido. (N. E.)

Capítulo 5

- Usados para custear impostos sobre espólio
- Usados como benefícios especiais de aposentadoria
- Etc.

Existem muitos produtos de investimento diferentes, cada um projetado para uma finalidade específica. Essa é outra razão pela qual o assunto de investimentos é tão confuso.

Há Diferentes Procedimentos para Investir

Meu pai rico usava a palavra procedimento para descrever a técnica, o método ou a fórmula para adquirir, vender, negociar ou manter esses tipos de investimento. A seguir, estão alguns dos diferentes procedimentos de investimento:

- Comprar, esperar e rezar (em longo prazo)
- Compra e venda (negociar)
- Vender, e então comprar (em curto prazo)
- Compra e venda (negociar)
- Plano de investimento fixo (em longo prazo)
- Corretagem (sem posição comercial)
- Poupanças (guardar)

Muitos investidores são classificados segundo seus procedimentos e os tipos de investimento feitos. Por exemplo:

- Eu negocio ações.
- Sou um especulador imobiliário.
- Coleciono moedas raras.
- Negocio commodities futuras.
- Sou um *day trader*[6].
- Eu acredito em dinheiro no banco.

---

[6] Especialista em comprar e vender no mesmo dia ações ou derivativos, para lucrar com a diferença dos preços. (N. E.)

Tudo isso aumenta a confusão quando se fala de investimentos, porque sob o rótulo de investidor estão se misturando pessoas que, na verdade, são:

- Jogadores
- Especuladores
- Negociantes
- Poupadores
- Sonhadores
- Perdedores

Muitos destes indivíduos autointitulam-se investidores, e, tecnicamente, eles são, razão pela qual o tema de investimentos fica cada vez mais confuso.

Ninguém É Experto em Tudo

Meu pai rico dizia: "Investir tem significados diferentes para pessoas diferentes." Ele também dizia: "É muito difícil que alguém possa ser especialista no conjunto da atividade."

Todos Têm as Suas Preferências

Alguém que entende de mercado de ações dirá: "Ações são o melhor investimento." As pessoas que gostam de imóveis dirão: "Imóveis são a base da riqueza." E as que odeiam ouro dirão: "O ouro é uma commodity antiquada."

Quando você acrescenta as preferências relativas a procedimentos, então as coisas se complicam de verdade. Algumas pessoas dirão: "Diversifique. Não ponha todos os ovos em um mesmo cesto." Outros, como o maior investidor dos Estados Unidos, Warren Buffett, dizem: "Não diversifique. Ponha todos seus ovos em um cesto e observe atentamente o cesto."

Todas essas preferências pessoais dos chamados especialistas aumentam a confusão que envolve o tema investimentos.

O Mesmo Mercado, Diferentes Direções

Para complicar ainda mais, todos têm opiniões diferentes sobre o rumo do mercado e do futuro do mundo. Se você assiste a noticiários econômicos, sempre haverá

Capítulo 5

algum especialista que diz: "O mercado está muito aquecido. Teremos um colapso dentro das próximas seis semanas." Dez minutos mais tarde outro especialista aparece e diz: "O mercado deverá subir mais ainda. Não há possibilidade de colapso."

Atrasados para a Festa

Recentemente, um amigo me perguntou: "Sempre que ouço falar que uma ação é quente, quando a compro, ela começa a cair. Compro quando o preço está no topo porque todos acham que é uma ação boa, e, no dia seguinte, ela começa a cair. Por que é que sempre chego atrasado à festa?"

Outra queixa que ouço muitas vezes é: "Vendi a ação porque seu preço estava caindo, mas no dia seguinte começou a subir. Por quê?"

Chamo isso de o fenômeno dos "atrasados para a festa" ou do "vendeu antes da hora". O problema nos investimentos é que quando um se torna popular ou é classificado como a melhor opção dos últimos dois anos, os investidores experientes já ganharam dinheiro com esse investimento. Entraram cedo, e saem quando o preço está no topo. Para mim, nada é mais frustrante do que ouvir alguém falar: "Comprei quando o preço da ação era US$2 e agora vale US$35." Essas historinhas ou dicas quentes não me fazem bem, me deixam frustrado. É por isso que hoje, quando ouço essas histórias de riqueza instantânea e ganhos rápidos no mercado, me afasto e prefiro não ouvir — porque isso não tem nada a ver com investimentos.

É por Isso que Investir É Tão Confuso

Meu pai rico costumava falar: "Investir é confuso porque é um tema muito amplo. Se você olhar à sua volta, verá que as pessoas investem em muitas coisas diferentes. Repare nos eletrodomésticos. São todos produzidos por empresas nas quais as pessoas investem. Elas investem na empresa que lhe fornece energia elétrica. Depois de entender isso, pense em seu automóvel, na gasolina, nos pneus, nos cintos de segurança, nos limpadores de para-brisas, nas estradas, nas faixas de sinalização, nos refrigerantes, nos móveis de sua casa, no shopping em que se localiza sua loja favorita, nos prédios de escritórios, nos bancos, nos hotéis, nos aviões, no carpete dos aeroportos etc. Todas essas coisas estão aí porque alguém investiu em uma empresa ou em um imóvel que lhe proporciona as coisas que tornam a vida civilizada. É a isso que se resume o investimento."

Muitas vezes, o pai rico encerrava essas aulas sobre investimento com esta afirmação: "Investimento é um tema tão confuso para a maioria das pessoas porque o que muitos chamam de investimento na verdade não é investimento algum."

No próximo capítulo, meu pai rico me orienta quanto ao verdadeiro significado do investimento, e reduz a confusão.

Faça Este Teste

Investir é um tema amplo, e muitas pessoas têm opiniões diferentes a respeito.

Assim, o teste de atitude mental é:

1. **Você percebe que investir tem significados diferentes para pessoas diferentes?**

   Sim ___ Não ___

2. **Você percebe que ninguém consegue entender tudo o que é preciso saber sobre o investimento?**

   Sim ___ Não ___

3. **Você percebe que uma pessoa pode dizer que um investimento é bom enquanto outra diz que esse mesmo investimento é ruim, e que ambas podem ter argumentos válidos?**

   Sim ___ Não ___

4. **Você está disposto a ter uma mente aberta no que se refere a investimentos e a dar ouvidos a diferentes pontos de vista sobre o assunto?**

   Sim ___ Não ___

5. **Você está, agora, ciente de que se concentrar em tipos e procedimentos específicos não é necessariamente investir?**

   Sim ___ Não ___

6. **Você percebe que um tipo de investimento é bom para uma pessoa e pode não ser bom para você?**

   Sim ___ Não ___

Capítulo 6
LIÇÃO DO INVESTIDOR #6 INVESTIR É UM PROJETO, NÃO UM PRODUTO OU PROCESSO

Muitas vezes me fazem perguntas do tipo: "Tenho $10 mil para aplicar. Em que você recomenda que eu invista?"

E a minha resposta é: "Você tem um plano?"

Há alguns meses, eu estava em uma emissora de rádio em São Francisco. Era um programa sobre investimentos apresentado por um corretor local muito conhecido. Um ouvinte ligou querendo orientação, e travamos o seguinte diálogo: "Tenho 42 anos e um bom emprego, mas não tenho dinheiro. Minha mãe tem uma casa que vale bastante. Vale mais ou menos $800 mil e o saldo do financiamento[1] é de $100 mil. Ela me disse que eu poderia fazer um empréstimo garantido por parte desse patrimônio para poder começar a investir. O que devo fazer, comprar ações ou imóveis?"

De novo, a minha resposta foi: "Você tem um plano?"

"Não preciso de plano", foi a resposta. "Só queria que o senhor me dissesse em que investir. Queria saber se o senhor acha que os imóveis são melhores que o mercado de ações."

---

[1] Nos Estados Unidos esse financiamento é feito na forma de financiamento hipotecário e no Brasil por meio de alienação fiduciária. (N. E.)

Capítulo 6

"Eu entendi o que você quer saber — mas você tem um plano?", respondi, com a maior polidez possível.

"Mas eu já disse ao senhor que não preciso de plano", disse o ouvinte. "Minha mãe vai me dar o dinheiro. Logo, eu tenho dinheiro. Por isso não preciso de plano. Estou pronto para investir. Só queria saber qual é o mercado que o senhor considera melhor, o de ações ou o de imóveis. E também queria saber quanto devo gastar na casa própria. Os preços estão subindo tão rápido que não quero esperar mais."

Decidindo usar outra abordagem, perguntei: "Por que você não tem dinheiro se tem 42 anos e um bom emprego? E se você perder o dinheiro que sua mãe lhe emprestou, ela poderia assumir a dívida junto ao banco? E se você perder o emprego ou o mercado cair, vai aguentar ficar pagando sua casa nova se não puder vendê-la pelo mesmo preço que pagou por ela?"

E na frente de cerca de 400 mil ouvintes, ele deu sua resposta: "Isso não é problema seu. Pensei que o senhor fosse um investidor. O senhor não precisa ficar fuçando a minha vida particular para me dar dicas de investimento. E deixe a mamãe fora disso. Tudo o que quero é orientação para investir, não conselhos pessoais."

Conselhos sobre Investimentos São Pessoais

Uma das lições mais importantes que meu pai rico me ensinou foi: "Investimento é um projeto, não um produto ou processo." E continuou: "Investimento é um plano muito pessoal."

Em uma de suas aulas, meu pai rico perguntou: "Você sabe por que há tantos tipos de automóveis e de caminhões?"

Pensei um pouco, e finalmente respondi: "Acho que é porque há muitas pessoas diferentes com necessidades diferentes. Uma pessoa sozinha não precisa de um carrão com lugar para nove passageiros, mas uma família com cinco filhos pode precisar. E um fazendeiro prefere uma caminhonete a um carro esporte com dois lugares."

"É isso mesmo", disse o pai rico. "E é por essa razão que os tipos de investimento são muitas vezes chamados de 'veículos de investimento.'"

"Eles são chamados de 'veículos'?", repeti. "Por que veículos de investimento?"

"Porque é o que são", disse o pai rico. "Há muitos tipos, ou veículos, de investimentos diferentes porque há muitas pessoas diferentes com necessidades diferentes, assim como a família com cinco filhos tem necessidades diferentes das de uma pessoa só ou de um fazendeiro."

O Guia de Investimentos

"Mas por que a palavra 'veículos'?", perguntei de novo.

"Porque um veículo leva você do ponto A ao B", disse meu pai rico.

"Um tipo, ou veículo, de investimento leva você de um ponto em que você se situa financeiramente para aquele em que deseja estar, em algum momento do futuro, financeiramente."

"E é por isso que investimento é um plano", falei, balançando a cabeça. Estava começando a entender.

"Investir é como planejar uma viagem, digamos, do Havaí a Nova York. Obviamente, o primeiro trecho não poderá ser feito de carro ou de bicicleta. Você precisará de avião ou navio", disse o pai rico.

"E, quando alcançar a terra novamente, pode andar, ir de bicicleta, de automóvel, de trem, de ônibus ou de avião para Nova York", acrescentei. "São veículos diferentes."

O pai rico fez que sim com a cabeça. "E nenhum é necessariamente melhor do que o outro. Se você tiver tempo de sobra e quiser conhecer bem a região, então andar a pé ou ir de bicicleta é melhor. E você ainda se sentirá mais saudável no final da viagem. Mas se tiver urgência de chegar a Nova York, então é claro que voar do Havaí a Nova York é a melhor e única opção para chegar a tempo."

"Muitas pessoas se concentram em um produto, como ações e, em seguida, em um procedimento, como a negociação, mas elas não têm um plano sólido. É isso o que você está dizendo?", perguntei.

Meu pai rico concordou. "Muita gente tenta ganhar dinheiro pensando que está investindo. Mas negociar não é investir."

"Se não é investimento, então o que é?", perguntei.

"É negociar", disse o pai rico. "E negociar é um procedimento ou uma técnica. Não há grande diferença entre negociar com ações e comprar casas, reformá-las e vendê-las com lucro. Uma pessoa negocia com ações, a outra, com imóveis. Mas ainda assim se está negociando. Na realidade, negociar é uma atividade que existe há séculos. Os camelos atravessavam o deserto carregando produtos exóticos que eram vendidos na Europa. Um varejista também negocia. E negociar é uma atividade. Mas não é o que chamo de investimento."

"Para o senhor, investimento é um plano que o leva de onde o senhor está para onde o senhor quer ir", falei tentando entender melhor as diferenças que o pai rico estava expondo.

Capítulo 6

Meu pai rico fez que sim com a cabeça, e continuou explicando: "Sei que é enjoado e parece um detalhe sem importância. Mas quero fazer o possível para diminuir a confusão que se faz em torno do investimento. Todo dia encontro pessoas que pensam estar investindo, mas que, em termos financeiros, não estão indo a lugar algum. É como se andassem em círculos."

É Preciso Mais de um Veículo

No capítulo anterior, listei alguns tipos de investimento e processo disponíveis. A cada dia surgem novos produtos e procedimentos porque as pessoas têm necessidades diferentes. Quando as pessoas não têm planos financeiros pessoais claros, todas essas diferenças se tornam confusas.

O pai rico recorria ao carrinho de mão como veículo preferido ao descrever investidores. "Muitos investidores se aferram a um tipo de investimento e a um processo. Por exemplo, a pessoa investe só em ações ou só em imóveis. Essa pessoa fica tão agarrada ao veículo, que não enxerga os demais veículos nem os procedimentos disponíveis. A pessoa se torna especialista naquele carrinho de mão e o conduz em círculos o tempo todo."

Um dia, quando ele estava fazendo brincadeiras em torno de investidores e seus carrinhos de mão, pedi mais explicações. Ele respondeu: "Algumas pessoas se especializam em um tipo de investimento e em um procedimento. Isso significa que se agarram ao carrinho de mão. O carrinho de mão funciona; ele transporta um bocado de dinheiro, mas não deixa de ser um carrinho de mão. Um verdadeiro investidor não se agarra a veículos e procedimentos. O verdadeiro investidor tem um plano e múltiplas opções em termos de veículos e de procedimentos. Tudo o que ele quer é ir do ponto A ao B com segurança e em um determinado tempo. Essa pessoa não quer possuir ou movimentar um carrinho de mão."

Ainda confuso, pedi que ele clareasse meus pensamentos. "Veja", disse ele um pouco frustrado, "se quero ir do Havaí a Nova York, posso escolher vários veículos. Não quero ser dono deles. Só quero usá-los. Quando entro em um avião, não quero pilotá-lo. Não quero me apaixonar por ele. Quero apenas que me leve de onde estou para onde quero chegar. Quando pouso no aeroporto, quero que o táxi me leve do aeroporto ao hotel. No hotel, o carregador usa um carrinho para levar minhas malas da calçada até meu apartamento. Eu não quero ser dono ou empurrar o carrinho."

"Então, qual é a diferença?", perguntei.

"Muitas pessoas que se acham investidores se agarram ao veículo do investimento. Elas acham que precisam gostar de ações ou de imóveis para usá-los como veículos de investimento. Então procuram o investimento e se esquecem de formular um plano. São esses os investidores que acabam andando em círculos, sem conseguir nunca chegar do ponto financeiro A ao B."

"Então, a gente não precisa se apaixonar perdidamente pelo avião em que voa, e, do mesmo modo, não precisa gostar de ações, títulos, fundos mútuos ou prédios comerciais. Eles são simplesmente veículos", declarei. "Veículos para nos levar aonde queremos ir."

Meu pai rico fez que sim com a cabeça. "Gosto desses veículos, confio nas pessoas que cuidam deles, mas não me agarro a eles — nem quero necessariamente possuí-los ou gastar meu tempo dirigindo-os."

"O que acontece com as pessoas que se apegam a seus veículos de investimento?", perguntei.

"Elas pensam que seu veículo é o único ou é o melhor. Conheço pessoas que só investem em ações e outras que só investem em fundos mútuos ou em imóveis. É isso o que quero dizer quando falo de pessoas que se apegam a seus carrinhos de mão. Não há nada de errado com esse tipo de pensamento. O problema é que essas pessoas muitas vezes se concentram no veículo e não no plano. Mesmo que ganhem muito dinheiro comprando, mantendo e vendendo um tipo de investimento, podem não chegar aonde desejam."

"Então, eu preciso de um plano", falei. "E será esse plano que determinará os diferentes veículos de investimento que utilizarei."

Meu pai rico concordou, dizendo: "De fato, não invista até ter um plano. Sempre tenha em mente que investimento é um plano — não um produto ou um procedimento. Esta é uma lição muito importante."

Faça Este Teste

Antes de construir uma casa, a pessoa chama um arquiteto para fazer a planta. Você imagina o que poderia acontecer se alguém chamasse os pedreiros e começasse a construir a casa sem ter uma planta? Bom, é isso o que acontece com as casas financeiras de muita gente.

Meu pai rico me orientou na elaboração de planos financeiros. Não foi um processo necessariamente simples nem fazia muito sentido no início. Mas depois de

Capítulo 6

algum tempo ficou claro para mim onde eu estava, financeiramente, e para onde queria ir. Depois de saber isso, o processo se tornou mais simples. Em outras palavras, no meu caso, a parte mais difícil foi descobrir o que eu desejava.

Assim, o teste de atitude mental é:

1. **Você está disposto a investir tempo na descoberta do ponto onde se situa, financeiramente, hoje e onde deseja chegar, e quer descrever como planeja chegar lá?** Além disso, lembre-se sempre de que um plano não é um plano de verdade enquanto não o passarmos para o papel e pudermos mostrá-lo para outra pessoa.

    Sim ___ Não ___

2. **Você está disposto a procurar pelo menos um conselheiro financeiro profissional e a descobrir se ele pode ajudá-lo no seu plano de investimento de longo prazo?**

    Sim ___ Não ___

Pode ser interessante procurar dois ou três conselheiros financeiros só para descobrir suas diferentes abordagens.

Capítulo 7

LIÇÃO DO INVESTIDOR #7
VOCÊ ESTÁ PLANEJANDO SER RICO OU POBRE?

"A maioria das pessoas planeja ser pobre", disse o pai rico.

"O quê?", exclamei incrédulo. "Por que você diz isso? Como é que você tem coragem de dizer isso?"

"Ouço o que as pessoas dizem", disse meu pai rico. "Se você quiser conhecer o passado, o presente e o futuro de uma pessoa, ouça as suas palavras."

O Poder das Palavras

A lição do meu pai rico sobre o poder das palavras foi muito forte. Começou perguntando: "Já ouviu alguém dizer: 'É preciso dinheiro para ganhar dinheiro?'"

Enquanto procurava dois refrigerantes na geladeira, respondi: "Sim, ouço isso a toda hora. Por que o senhor está perguntando?"

"Porque a ideia de que é preciso dinheiro para ganhar dinheiro é uma das piores que existem. Especialmente quando a pessoa quer mais dinheiro", disse meu pai rico.

Passando o refrigerante para o pai rico, falei: "Não entendo. O senhor está dizendo que não é preciso dinheiro para ganhar dinheiro?"

"Não", disse meu pai rico balançando a cabeça. "Não é preciso dinheiro para ganhar dinheiro. É preciso algo que todos nós temos e que é bem menos difícil de adquirir do que o dinheiro. Na verdade, em muitos casos é de graça."

Essa afirmação me deixou muito curioso, mas o pai rico não quis me dizer mais nada. Em vez disso, ao fim da aula de investimento, ele me passou uma tarefa.

Capítulo 7

"Antes que a gente volte a se encontrar, quero que convide seu pai para jantar — um jantar bem calmo, bem demorado. Durante o jantar, quero que você preste muita atenção às palavras que ele usa. Depois de ouvir essas palavras, comece a reparar na mensagem que suas palavras transmitem."

A essa altura, eu já estava acostumado com as tarefas estranhas que meu pai rico passava, tarefas que pareciam não ter nada a ver com o assunto que estávamos discutindo ou estudando. Contudo, ele acreditava firmemente que a experiência devia vir antes da lição. De modo que liguei para papai e marcamos um jantar em seu restaurante favorito.

Uma semana mais tarde, voltei a encontrar meu pai rico. "Que tal o jantar?", perguntou ele.

"Interessante", retruquei. "Escutei atentamente as palavras que ele escolheu e prestei muita atenção ao sentido, ou aos pensamentos, que estava por trás delas."

"E o que você ouviu?"

"Ouvi 'eu nunca vou ser rico', falei. Mas isso eu ouvi quase toda minha vida. Na verdade, ele costumava dizer para nós: 'Quando decidi ser professor, sabia que nunca ia ficar rico.'"

"Então você já ouviu essas mesmas palavras antes?", perguntou meu pai rico.

Concordei, dizendo: "Diversas vezes. Infinitamente repetidas."

"O que mais você ouvia repetidamente?", continuou meu pai rico.

"'Vocês pensam que dinheiro dá em árvore?', 'Estão pensando que sou feito de dinheiro', 'Os ricos não se preocupam com o que pessoas como eu falam', 'É difícil ganhar dinheiro', 'Prefiro ser feliz a ser rico'", retruquei.

"Agora você entende o que eu estava querendo dizer ao falar que o passado, o presente e o futuro das pessoas são revelados pelas suas palavras?", perguntou meu pai rico.

Assentindo, falei: "E reparei mais outra coisa."

"E o que seria?", disse o pai rico.

"O senhor fala como um homem de negócios e um investidor. Meu pai pobre fala como um professor. O senhor fala de 'taxas de capitalização', de 'alavancagem financeira', de 'EBIT', de 'índice de preços ao produtor', de 'lucros' e de 'fluxo de caixa'. Ele fala de 'notas', de 'bolsas', de 'gramática', de 'literatura', de 'verbas do governo' e de 'estabilidade'."

Meu pai rico sorriu, e disse: "Não é necessário ter dinheiro para ganhar dinheiro. São necessárias palavras. A diferença entre uma pessoa rica e outra pobre está no vocabulário delas. Tudo o que a pessoa precisa para ficar rica é aumentar seu vocabulário financeiro. E o melhor é que a maioria das palavras não custa nada."

Na década de 1980, dediquei muito tempo ao ensino de empreendedorismo e de investimento. Nessa época me tornei muito consciente do vocabulário das pessoas e de como esse se relacionava com seu sucesso financeiro. Pesquisando mais descobri que há cerca de 2 milhões de palavras na língua inglesa. A pessoa média usa cerca de 5 mil palavras. Se as pessoas desejam aumentar seu sucesso financeiro, elas precisam aumentar seu vocabulário de determinado assunto. Por exemplo, quando eu investia em pequenos negócios imobiliários, como aluguel de moradias unifamiliares, meu vocabulário relativo a essa área aumentou. Quando passei a investir em empresas de capital fechado, tive que aumentar o vocabulário especializado antes de me sentir à vontade.

Na faculdade, os futuros advogados aprendem o vocabulário jurídico, os médicos, o da medicina, e os professores, o do magistério. Se as pessoas terminam os estudos sem conhecer o vocabulário do investimento, das finanças, do dinheiro, da contabilidade, do direito comercial, dos impostos, dificilmente se sentirão à vontade atuando como investidores.

Uma das razões pelas quais criei o jogo de tabuleiro *CASHFLOW*®[1] foi familiarizar os não investidores com o vocabulário de investimentos. Em todos os nossos jogos, os jogadores aprendem rapidamente as relações por trás das palavras relacionadas à contabilidade, negócios e investimentos. Jogando repetidamente, os jogadores aprendem a definição verdadeira de palavras muito usadas, como *ativos* e *passivos*.

O pai rico gostava de dizer: "Pior do que não conhecer a definição das palavras é usar a definição errada de uma palavra. É isso que cria problemas financeiros em longo prazo. Nada é mais prejudicial à estabilidade financeira de alguém do que chamar um passivo de ativo." E é por isso que ele era intransigente quanto ao emprego correto do vocabulário financeiro. Ele contava que a palavra *penhor* veio de *pignus*, derivada de *pangere*, que, em latim, significa *fazer um tratado*. Assim, um penhor é um "compromisso inextinguível".

E é por isso que muitas vezes meu pai rico dizia: "Não é preciso dinheiro para ganhar dinheiro. O que é preciso é o vocabulário dos ricos para ganhar dinheiro e, o mais importante, para conservá-lo."

---

[1] A Editora Alta Books não se responsabiliza pela circulação e conteúdo de jogos indicados pelo autor deste livro. (N. E.)

Capítulo 7

Ao ler esse livro, preste atenção às diferentes palavras que usamos. E lembre sempre que uma das diferenças fundamentais entre uma pessoa rica e outra pobre são as palavras — e palavras são de graça.

Planejando Ser Pobre

Depois dessa lição do pai rico, passei a observar, simplesmente prestando atenção às suas palavras, por que a maioria das pessoas planeja inconscientemente ser pobre. Atualmente, ouço muitas pessoas dizerem: "Quando eu me aposentar, minha renda vai cair." E ela cai.

Elas também dizem: "Quando me aposentar, vou gastar menos, por isso não preciso de uma renda tão grande." Mas o que elas deixam de perceber é que enquanto algumas despesas caem, outras sobem. E muitas vezes essas despesas — como uma acompanhante em tempo integral quando estiverem muito velhas, se tiverem a felicidade de ficar muito velhas — são grandes. Uma casa de repouso para idosos custa, em média, $5 mil ao mês. Isso é mais do que a renda média de muita gente.

Outros dizem: "Não preciso de planos. Minha empresa tem plano de saúde e plano de aposentadoria." O problema é que um plano de investimento é mais do que investimento e dinheiro. Um plano financeiro inicial é importante porque é necessário levar em conta muitos fatores financeiros. Entre esses, se incluem custeio da universidade dos filhos, aposentadoria, despesas médicas e cuidados de saúde de longo prazo. Muitos desses itens, às vezes pesados, podem ser atendidos por outros tipos de investimento que não ações e títulos ou imóveis — como outros veículos de investimento e seguros.

O Futuro

Escrevo sobre dinheiro visando à formação financeira das pessoas, para que possam providenciar seu bem-estar em longo prazo. Desde a chegada dos planos de aposentadoria da Era da Informação, como o 401K, nos Estados Unidos, e o PGBL e VGBL, no Brasil, me preocupo com as pessoas que não estão preparadas para os novos tempos. Na Era Industrial, a empresa e o governo davam algum apoio financeiro às pessoas quando estas chegavam à idade de parar de trabalhar. Hoje, se o PGBL, Plano Gerador de Benefícios Livres, que é um plano em que você usufrui daquilo que conseguiu poupar, secar, o problema será da pessoa, não da empresa.

O Guia de Investimentos

É imperativo que nossas escolas comecem a ensinar os jovens a investir em longo prazo para sua saúde e seu bem-estar financeiros. Se não o fizermos, teremos uma enorme bomba-relógio socioeconômica em nossas mãos.

Costumo falar em minhas aulas: "Não deixe de ter um plano. Primeiro, pergunte-se se deseja ser rico ou pobre. Se você planeja ser pobre, quanto mais velho ficar, mais dificuldades encontrará no mundo financeiro." Há muitos anos, o pai rico me disse: "O problema da juventude é que você não sabe o que é ser velho. Se soubesse o que é a velhice, planejaria sua vida financeira de forma diferente."

Programando a Velhice

É importante começar a planejar o mais cedo possível. Quando falo isso em aula, os estudantes concordam. Ninguém discorda da importância do planejamento. O problema é que poucas pessoas realmente o fazem.

Ao perceber que a maioria das pessoas concorda com a necessidade de pôr no papel um plano financeiro, mas poucas se dão a esse trabalho, resolvi fazer alguma coisa. Em uma das turmas, quase uma hora antes do almoço, peguei uma corda e a cortei em pedaços de diferentes tamanhos. Pedi ao pessoal que pegasse um pedaço da corda e a amarrasse nos tornozelos, mais ou menos como se faz quando se quer impedir um cavalo de fugir. Depois que amarraram os tornozelos, deixando uma pequena distância entre os pés, pedi que pegassem outro pedaço de corda, passassem em volta do pescoço e o amarrassem aos pés. Agora estavam com os pés presos e não mais podiam ficar com a coluna ereta.

Um dos estudantes perguntou se isso era alguma nova forma de tortura chinesa. "Não", respondi, "só quero transportá-los ao futuro, se é que vocês viverão tanto assim. Agora vocês podem ter uma ideia de como é a velhice."

A turma chiou. Mas alguns começaram a sacar a situação. Chegou a hora do almoço. Foi instalada uma longa mesa com sanduíches, saladas e refrescos. O problema é que os frios estavam empilhados em uma travessa, o pão não tinha sido fatiado e os refrescos eram do tipo em pó, daquele que tem que ser misturado com água. A turma agora encurvada e envelhecida tinha que preparar seu próprio prato. Nas duas horas seguintes, eles batalharam para fatiar o pão, colocar os frios, temperar as saladas, preparar o refresco, sentar, comer e se arrumar. E, claro, vários precisaram ficar no banheiro por duas horas.

Capítulo 7

Ao fim das duas horas, perguntei se eles estavam dispostos a pôr no papel um plano financeiro para suas vidas. A resposta foi um "sim" entusiasmado. Foi interessante ver como, após livrar-se das cordas, eles passaram a se interessar ativamente pelo planejamento. Seu interesse aumentara significativamente depois que sua visão da velhice mudou.

Como dizia meu pai rico: "O problema da juventude é que não se sabe o que é a velhice. Se você soubesse o que é ser velho, seus planos seriam diferentes." Ele também dizia: "O problema é que muita gente faz planos apenas até o momento da aposentadoria. Mas isso não basta. É preciso ir bem mais além. Na verdade, se você é rico, deveria planejar tendo em vista as três gerações seguintes. Senão o dinheiro pode sumir depois que você for embora. Além disso, se você não tem um plano para o seu dinheiro depois que deixar esse mundo, o governo tem."

Faça Este Teste

Muitas vezes, deixamos de prestar atenção a pensamentos aparentemente sem importância. O pai rico dizia: "Não é o que falamos em voz alta que determina nossas vidas. O que tem mais poder é o que murmuramos para nós mesmos."

Assim, o teste de atitude mental é:

1. **Você está planejando ser rico?**

    Sim ___ Não ___

2. **Você está disposto a dar mais atenção a seus pensamentos profundos, muitas vezes silenciosos?**

    Sim ___ Não ___

3. **Você está disposto a dedicar um tempo para aumentar o seu vocabulário financeiro?**

    Sim ___ Não ___

Um objetivo inicial de aprender um novo termo financeiro por semana é viável. Ache uma palavra, veja seu significado nos dicionários, procure mais de uma definição e proponha-se a usá-la em uma frase nessa semana.

Meu pai rico era rigoroso no uso das palavras. Ele costumava repetir: "As palavras formam pensamentos, os pensamentos formam realidades e realidades tomam vida. A primeira diferença entre uma pessoa rica e outra pobre está nas palavras que utilizam. Se você deseja mudar a realidade externa de uma pessoa, é necessário antes mudar sua realidade externa. Isso é feito inicialmente mudando, aperfeiçoando ou atualizando seu vocabulário. Se deseja mudar a vida das pessoas, mude primeiro as suas palavras. E o bom é que as palavras são de graça."

Capítulo 8
LIÇÃO DO INVESTIDOR #8 FICAR RICO É AUTOMÁTICO, SE VOCÊ TIVER UM PLANO E SEGUI-LO

Meu amigo Tom é um ótimo corretor. Muitas vezes, ele diz: "O triste é que nove entre dez investidores não ganham dinheiro." Ele explica que embora esses nove entre dez investidores não percam dinheiro, eles também não conseguem ganhá-lo.

O pai rico me dizia algo semelhante: "A maioria das pessoas que se consideram investidores ganha dinheiro em um dia e o devolve na semana seguinte. Elas não perdem dinheiro, elas apenas não o ganham. E, contudo, se consideram investidores."

Anos atrás, o pai rico me explicou que muito do que as pessoas pensam ser investimento na verdade é a versão hollywoodiana de investimento. A pessoa comum tem em geral imagens mentais do pessoal que grita ordens de compra e venda nos pregões das bolsas de valores ou então pensam em magnatas que ganham milhões de dólares em um único negócio, ou ainda de colapsos do mercado de valores e de pessoas se atirando do alto de arranha-céus. Para o pai rico isso não era investir.

Lembro de ter assistido a um programa em que Warren Buffett estava sendo entrevistado. Em certo momento, ele disse: "A única razão pela qual vou ao mercado é para ver se alguém está a ponto de fazer alguma besteira." O que ele estava tentando explicar é que ele não assistia aos comentaristas da televisão ou acompanhava a subida e a queda dos preços das ações para formar sua opinião sobre investimentos. Na verdade, seu investimento era feito bem longe do tumulto e da propaganda feita

Capítulo 8

pelos especialistas em determinadas ações e das pessoas que frequentam o chamado noticiário financeiro.

Investir Não É o que a Maioria das Pessoas Pensa

Anos atrás, o pai rico me explicou que investir não era o que a maioria das pessoas pensava que fosse. Ele disse: "Muitas pessoas pensam que investir é um processo empolgante, cheio de ação e que envolve muito risco, sorte, oportunidade e dicas quentes. Algumas percebem que sabem pouco a respeito do misterioso tópico, de modo que elas confiam seu dinheiro a alguém que acreditam que saiba mais do que elas. Muitos outros autointitulados investidores desejam provar que sabem mais do que o resto — de modo que investem esperando provar que podem passar a perna no mercado. Mas embora muita gente ache que isso é investir, não é isso o que o investimento representa para mim. Para mim, investimento é um plano — muitas vezes um processo monótono, aborrecido e quase mecânico de enriquecimento."

Quando ouvi essas palavras, as repeti de volta várias vezes para o pai rico. "Investimento é um plano — muitas vezes um processo monótono, aborrecido e quase mecânico de enriquecimento?", perguntei. "O que o senhor quer dizer com processo monótono, aborrecido e quase mecânico de enriquecimento?"

"É isso mesmo o que afirmei e o que quero dizer", disse o pai rico. "Investimento é simplesmente um plano, feito de fórmulas e estratégias, um sistema de enriquecimento — quase garantido."

"Um plano que garante o enriquecimento?", questionei.

"Eu disse *quase* garantido", repetiu meu pai rico. "Sempre há algum risco."

"O senhor está dizendo que o investimento não é necessariamente arriscado, perigoso e empolgante?", perguntei, hesitante.

"É isso aí", respondeu meu pai rico. "A menos que, obviamente, você queira agir desse modo ou que pense que o investimento tem que ser assim. Mas, para mim, investir é algo tão simples e monótono quanto seguir uma receita de bolo. Pessoalmente, odeio o risco. Eu só quero ficar rico. De modo que apenas sigo o plano, a receita, a fórmula. É isso que é, para mim, investir."

"Mas se investir é apenas seguir uma receita, então por que é que tanta gente não segue a mesma fórmula?", perguntei.

"Não sei", disse o pai rico. "Às vezes, me pergunto a mesma coisa. Também me pergunto por que apenas três de cada cem americanos são ricos. Como é que tão poucas pessoas ficam ricas em um país que se alicerça na ideia de que cada um de nós tem a oportunidade de se tornar rico? Eu não tinha dinheiro. De modo que para mim era natural encontrar um plano ou uma receita para enriquecer e segui-la. Por que tentar fazer um plano novo quando alguém já mostrou o caminho?"

"Não sei", falei. "Acho que não sabia que havia uma receita."

O pai rico prosseguiu: "Agora, entendo por que é tão difícil para a maioria das pessoas seguir um plano simples."

"E por que é difícil?", perguntei.

"Porque seguir um plano simples para enriquecer é monótono. As pessoas enjoam rapidamente e querem achar algo mais empolgante e divertido. É por isso que apenas três em cada cem pessoas enriquecem. A maioria começa a aplicar o plano e logo enjoa. De modo que põe o plano de lado e procura uma fórmula mágica para enriquecer rápido. Elas repetem esse ciclo de enjoo, diversão, enjoo, pelo resto de suas vidas. É por isso que não ficam ricas. Elas não aguentam a monotonia de seguir um plano simples, sem complicações, para enriquecer. A maioria das pessoas pensa que há alguma mágica para enriquecer por meio do investimento. Ou pensa que se não for complicado, não pode ser um bom plano. Acredite, no que se refere a investir, a simplicidade é preferível à complexidade."

"E onde o senhor achou sua fórmula?", perguntei.

"Jogando *Banco Imobiliário*", disse o pai rico. "A maioria de nós jogou *Banco Imobiliário* quando era criança. A diferença é que eu não parei de jogar quando cresci. Lembra que há anos eu ficava horas jogando *Banco Imobiliário* com você e Mike?"

Eu concordei.

"E você se lembra da fórmula para a grande riqueza que este jogo simples ensina?"

Assenti novamente.

"E quais eram suas simples fórmula e estratégia?", perguntou o pai rico.

"Compre quatro casas. Então troque as quatro casas por um hotel." As memórias da infância fluíam à minha mente. "O senhor vivia repetindo que quando era pobre e estava começando, o que o senhor fazia era jogar *Banco Imobiliário* na vida real?"

"E é o que eu fazia mesmo", disse o pai rico. "Você lembra que eu levava você para ver minhas casas e meus hotéis na vida real?"

"Lembro", retruquei. "Ficava muito impressionado pensando que o senhor jogava o jogo na vida real. Tinha apenas doze anos, mas sabia que, para o senhor, *Banco*

Capítulo 8

Imobiliário era mais do que um jogo. Só não percebia que esse simples jogo estava lhe ensinando uma estratégia, uma receita ou uma fórmula para ficar rico. Eu não via isso dessa maneira."

O pai rico, então, falou: "Quando aprendi a fórmula, o processo de comprar quatro casas e trocá-las por um hotel foi algo que se tornou automático. Eu podia fazer isso dormindo, e, muitas vezes, era como se o fizesse. Eu o fazia automaticamente, sem pensar muito. Eu segui esse plano durante dez anos e um dia acordei e vi que era rico."

"E esse era todo o seu plano?", perguntei.

"Não, não era. Mas essa estratégia foi uma das fórmulas mais simples que segui. Para mim, se a fórmula é complexa, não vale a pena ser seguida. Se você não pode prosseguir automaticamente depois de ter aprendido, não deve continuar. E assim investir e enriquecer se tornam automáticos se você tiver uma estratégia simples e segui-la."

Um Bom Livro para Pessoas que Pensam que Investir É Difícil

Quando dou aula de investimentos, há sempre um cínico ou um incrédulo que não aceita a ideia de que investir é o processo simples e monótono de pôr em prática um plano. Esse tipo de pessoa sempre quer mais fatos, mais dados, mais provas. Como não sou um especialista técnico, não tenho os argumentos científicos que esse tipo de pessoa exige — isto é, não tinha, até que li um livro ótimo sobre investimentos.

James P. O'Shaughnessy escreveu o livro perfeito para gente que pensa que investir tem que ser algo arriscado, complexo e perigoso. É também adequado para aqueles que acreditam que são mais inteligentes que o mercado. Nele encontramos as provas acadêmicas e numéricas que mostram que um sistema passivo ou mecânico de investimentos ganhará na maioria dos casos de um sistema humano — mesmo no caso de investidores profissionais como gestores de fundos. O livro também explica por que nove de cada dez aplicadores não ganham dinheiro.

Em seu best-seller, *What Works On Wall Street: The Classic Guide to the Best-Performing Investment Strategies of All Time* ("O que Funciona em Wall Street: O Guia Clássico para as Estratégias de Investimento de Melhor Desempenho de

Todos os Tempos", em tradução livre), O'Shaughnessy distingue dois tipos básicos de tomada de decisões:

1. **Clínico ou intuitivo**

    Método que se apoia em conhecimento, experiência e no senso comum.

2. **Quantitativo ou atuarial**

    Método que se apoia apenas nas relações comprovadas de grandes amostras de dados.

O'Shaughnessy verificou que a maioria dos investidores prefere o método intuitivo de tomada de decisão para investimentos. Na maioria dos casos, o investidor que aplicou o método intuitivo estava errado ou foi vencido pelo método mecânico. Ele escreveu: "Há um abismo na diferença entre o que pensamos que poderia funcionar e o que realmente o faz." Ele cita David Faust, autor de *The Limits of Scientific Reasoning* ("Os Limites do Raciocínio Científico", em tradução livre), que escreveu: "O juízo humano é bem mais limitado do que pensamos."

O'Shaughnessy também escreveu: "Todos eles (está falando de gestores de dinheiro) pensam ter percepções, inteligência e habilidades superiores no que se refere à escolha de ações lucrativas; contudo, 80% são superados rotineiramente pelo índice S&P 500."[1] Em outras palavras, um método puramente mecânico de seleção de ações chega a resultados melhores do que 80% dos profissionais. Isso quer dizer que, mesmo que não saiba nada de seleção de ações, você pode ganhar da maioria dos chamados profissionais com toda sua formação e especialização desde que siga um método de investimento puramente mecânico e não intuitivo. É exatamente o que o pai rico dizia: "É automático." Ou, quanto menos você pensa, mais dinheiro ganha, com menos risco e menos preocupações.

Outras ideias interessantes que O'Shaughnessy destaca em seu livro são:

1. *A maioria dos investidores prefere a experiência pessoal aos fatos ou indicadores básicos.* Mais uma vez, prevalece a intuição sobre a realidade.

2. *A maioria dos investidores prefere as fórmulas complexas às simples.* Parece haver uma convicção de que se a fórmula não for complexa e difícil, não pode ser boa.

---

[1] Índice que acompanha a evolução das ações de quinhentas empresas norte-americanas, dentre as maiores em cada setor econômico. (N. E.)

Capítulo 8

3. *A simplicidade é a melhor regra para o investimento.* Ele afirma que em lugar de simplificar: "Nós complicamos as coisas, seguimos a multidão, nos apaixonamos pela história de uma ação, permitimos que nossas emoções orientem nossas decisões, compramos e vendemos de acordo com dicas e palpites, e tratamos cada investimento como um caso único sem qualquer coerência ou estratégia."

4. *Ele também afirma que os investidores profissionais institucionais tendem a cometer os mesmos erros dos investidores medianos.* O'Shaughnessy escreve: "Investidores institucionais afirmam que tomam suas decisões de forma objetiva e fria, mas não é assim que funciona." Veja uma citação do livro *Fortune and Folly* ("Fortuna e Loucura", em tradução livre), de William M. O'Barr e John M. Conley: "Embora a mesa de trabalho dos investidores institucionais esteja coberta de relatórios analíticos profundos, a maioria dos executivos de fundos de pensão seleciona gerentes com base em sua intuição e retém aqueles que registram desempenho fraco simplesmente porque se relaciona bem com eles."

5. *"O caminho para obter sucesso nos investimentos é estudar os resultados de longo prazo e descobrir uma estratégia ou conjunto de estratégias que faça sentido. Depois mantenha o rumo."* Ele também afirma: "Devemos observar o desempenho das estratégias e não das ações."

6. *A história se repete.* Contudo, as pessoas querem acreditar que desta vez as coisas serão diferentes. Ele escreve: "As pessoas querem acreditar que o presente é diferente do passado. Agora os mercados estão informatizados, imperam negócios em bloco, não há mais investidores individuais e em seu lugar vemos gestores de fundos mútuos controlando vultosos recursos. Algumas pessoas acreditam que esses senhores do dinheiro tomam decisões de forma diferente e que uma estratégia aperfeiçoada nas décadas de 1950 e 1960 oferece poucas indicações quanto a seu desempenho futuro."

Mas as coisas não mudaram muito desde que Sir Isaac Newton, um homem de fato brilhante, perdeu uma fortuna na bolha especulativa da *South*

Sea Trading Company[2], em 1720. Newton lamentou ter podido "calcular o movimento dos corpos celestes, mas não a loucura dos homens".

7. *Quanto mais tempo você dedica ao conjunto de dados, melhor o seu julgamento.* O'Shaughnessy procurou a fórmula melhor executada com base na quantidade de tempo.

O'Shaughnessy não estava afirmando que se deveria investir necessariamente no S&P 500. Ele simplesmente utilizou esse exemplo para comparar investidores humanos intuitivos com fórmulas mecânicas. Ele prossegue afirmando que investir no S&P 500 não era necessariamente a melhor fórmula, embora fosse boa. Ele explica que nos últimos cinco a dez anos, ações de grandes empresas tiveram melhores resultados. Contudo, quando verificamos os dados dos últimos cinquenta anos, foram as ações de pequenas empresas que proporcionaram os maiores ganhos para os investidores.

Meu pai rico também pensava assim. É por isso que sua fórmula era a de montar empresas e fazer com que elas adquirissem seus imóveis e seus ativos de papel. Esta é a fórmula vencedora há pelo menos duzentos anos. O pai rico dizia: "A fórmula que aplico, e que lhe estou ensinando, é a fórmula que cria as pessoas mais ricas há muito tempo."

Muitas pessoas pensam que os índios que venderam a Ilha de Manhattan, também conhecida como Cidade de Nova York, a Peter Minuit, da Dutch West India Company, por colares de contas e outros badulaques no valor de US$24, fizeram um mau negócio. Contudo, se esses índios tivessem investido esse dinheiro a uma taxa anual de 8%, esses US$24 valeriam hoje US$27 trilhões. Eles poderiam recomprar Manhattan e ainda sobraria muito dinheiro. O problema não foi o dinheiro recebido, mas a falta de um plano para aplicá-lo.

---

[2] A *South Sea Trading Company* foi uma empresa fundada em 1711 por um grupo de comerciantes ingleses, que obtiveram do governo o direito de explorar com exclusividade quatro portos espanhóis, no Chile e no Peru. Acreditando que nesses países se encontraria ouro em abundância, as pessoas começaram a comprar suas ações, gerando um dos grandes surtos especulativos da história, que anos mais tarde resultaria em uma quebra igualmente espantosa. (N. E.)

Capítulo 8

Ache uma Fórmula que o Torne Rico, e a Siga

A mensagem simples que meu pai rico me transmitiu ao longo dos anos é: "Ache uma fórmula que o torne rico, e a siga." Muitas vezes, fico perturbado quando as pessoas chegam e começam a me dizer que compraram uma ação por US$5 e como a venderam quando ela chegou a US$30. Isso me perturba porque esse tipo de história afasta as pessoas dos seus planos, do seu sucesso.

Essas histórias de dicas quentes e de dinheiro rápido me lembram de uma historinha que meu pai rico me contou. Era assim: "Muitos investidores são como uma família que sai para pescar em um barco. De repente, surgem vários cardumes grandes. O piloto do barco, em geral o homem da família, grita: 'Olha esse peixe!' Os peixes instintivamente se afastam do barco e se embrenham pela correnteza. O barco tenta persegui-los, e chacoalha muito na água. A família grita para o piloto parar. De repente, o barco cai em uma queda d'água logo à frente. Moral da história: é isso o que acontece quando deixamos de seguir o nosso plano simples e começamos a correr atrás de grandes ganhos."

Faça Este Teste

Sempre que alguém me diz: "É preciso dinheiro para ganhar dinheiro", tenho um arrepio porque o pai rico dizia: "Você não precisa ser um cientista nuclear para ser rico. Você não precisa fazer faculdade, ou ter um emprego bem remunerado ou qualquer dinheiro para começar. Tudo o que você precisa é ter um plano e segui-lo rigorosamente." Em outras palavras, o necessário é um pouco de disciplina. O problema, contudo, é que quando se trata de dinheiro, o controle é um produto escasso.

O'Shaughnessy destaca uma de minhas citações favoritas. O famoso personagem dos cartuns Pogo diz a certa altura: "Achamos o inimigo, e ele somos nós." Considero essa afirmação muito verdadeira. Eu estaria em uma situação financeira bem melhor se tivesse escutado o pai rico e seguido a minha fórmula.

Assim, o teste de atitude mental é:

Você está pronto para encontrar uma fórmula simples como parte de seu plano e segui-la rigorosamente até atingir seu objetivo financeiro?

Sim ___ Não ___

Capítulo 9

LIÇÃO DO INVESTIDOR #9 COMO ENCONTRAR O PLANO ADEQUADO PARA VOCÊ?

"Como encontrar o plano certo para mim?" Esta é uma pergunta que ouço frequentemente. Costumo responder que isso é feito em etapas:

1. Dê tempo ao tempo. Pense em sua vida até hoje. Dedique vários dias para pensar. Se necessário, dedique semanas a isso.

2. Pergunte-se nesses momentos de reflexão: "O que desejo deste dom chamado minha vida?"

3. Durante algum tempo não comente com ninguém, pelo menos até ter certeza do que deseja. Com muita frequência, as pessoas querem lhe impor, inocente ou agressivamente, suas opiniões. Os maiores assassinos de sentimentos profundos são os amigos e familiares que dizem: "Não seja bobo", ou "Você não pode fazer isso".

4. Lembre que Bill Gates estava com pouco mais de vinte anos quando começou com US$50 mil e se tornou o homem mais rico do mundo, com uma fortuna estimada em US$90 bilhões. Foi bom ele não ter pedido palpites a muitas pessoas quanto ao que era possível para a sua vida.

Capítulo 9

5. Procure um conselheiro financeiro. Todos os planos de investimento começam por um plano financeiro. Se você não gostar do que esse conselheiro lhe diz, procure outro. Se você pede uma segunda opinião quando está com um problema de saúde, por que não pedir várias sobre seus problemas financeiros? Há vários tipos de conselheiro financeiro, mais adiante apresentaremos uma lista. Escolha um conselheiro financeiro preparado para ajudá-lo a pôr no papel um plano financeiro.

Muitos conselheiros financeiros vendem diferentes tipos de produto. Seguros são um deles. Seguros são muito importantes e precisam ser considerados parte de seu plano financeiro, especialmente no início. Por exemplo, se você não tiver dinheiro, mas tiver três filhos, o seguro é importante para o caso de você morrer, ou se acidentar, ou se por qualquer razão não puder concluir seu plano de investimento. O seguro é uma rede de segurança, ou uma cobertura contra passivos financeiros e pontos fracos. Também, na medida em que você for enriquecendo, o papel do seguro e o tipo de cobertura em seu plano financeiro podem mudar com sua posição financeira, e deverão mudar. De modo que mantenha atualizada esta parte de seu plano.

Dois anos atrás, o inquilino de um de meus apartamentos deixou ligadas as luzes da árvore de Natal quando saiu. Houve um curto-circuito e um incêndio começou. Imediatamente, os bombeiros entraram em ação. Nunca fiquei tão grato a um grupo de homens e mulheres. Logo a seguir chegaram meu agente de seguros e seu assistente. Eles foram o segundo grupo de pessoas às quais fiquei grato naquele dia.

Meu pai rico sempre dizia: "O seguro é um item muito importante em qualquer plano. O problema dos seguros é que você nunca pode adquiri-los quando precisa deles. Você precisa antecipar-se e adquiri-los na esperança de nunca vir a precisar deles. O seguro é simplesmente paz mental."

Observação Importante: Alguns conselheiros financeiros se especializam em ajudar pessoas de diferentes níveis financeiros. Em outras palavras, alguns conselheiros só trabalham para os ricos. Qualquer que seja sua situação financeira, procure um conselheiro financeiro que lhe agrade e que se disponha a trabalhar com você. Se seu conselheiro trabalhar bem, você pode até superá-lo. Minha esposa, Kim, e eu mudamos várias vezes de conselheiro profissional, o que inclui médicos, advogados, contadores etc. Se essa pessoa for profissional entenderá. Mas mesmo mudando de conselheiros, siga seu plano.

Como Encontrar o Seu Plano, Afinal?

Meu objetivo era me tornar multimilionário aos trinta anos. Esse era o propósito final do meu plano. O problema é que consegui e logo perdi todo o dinheiro. Embora tivesse percebido que o meu plano tinha furos, não o alterei. Depois de ter perdido o dinheiro conseguido, simplesmente aperfeiçoei meu plano a partir das lições tiradas dessa experiência. Então redefini meu objetivo, que passou a ser me tornar livre financeiramente e multimilionário aos 45 anos. Precisei esperar até os 47 para chegar lá.

O importante é que o meu plano continua o mesmo. Só que vai sendo aperfeiçoado à medida que aprendo mais e mais.

E como você descobre seu plano? A resposta é: comece com um conselheiro financeiro. Entreviste vários e peça-lhes que lhe apresentem suas credenciais. Se nunca fizeram um plano financeiro para você, esta pode ser uma experiência muito esclarecedora.

Determine objetivos realistas. Eu me propus a ficar multimilionário em cinco anos porque isso era palpável para mim. Era realista porque meu pai rico me orientava. Contudo, mesmo com sua orientação, eu não estava livre de enganos — e cometi vários deles, e por isso perdi meu dinheiro tão rápido. Como já disse, a vida teria sido mais fácil se eu tivesse apenas seguido o plano do meu pai rico. Contudo, sendo jovem, eu tinha que fazer as coisas do meu jeito.

Portanto, comece com objetivos realistas e, depois, aperfeiçoe-os ou acrescente outros à medida que sua formação e sua experiência aumentarem. Lembre sempre que é melhor começar caminhando antes de partir para correr uma maratona.

Você descobre seu plano agindo. Comece procurando o conselheiro, proponha-se objetivos realistas, sabendo que estes mudarão quando você mudar — mas agarre-se ao plano. Para a maioria das pessoas, o objetivo último é um sentido de liberdade financeira, liberdade da monotonia diária de se trabalhar por dinheiro.

O segundo passo é entender que investir é um esporte de equipe. Neste livro, tratarei da importância da minha equipe financeira. Tenho observado que há muita

Capítulo 9

gente que acredita que precisa fazer tudo sozinha. Bem, há coisas que você precisa fazer pessoalmente, mas às vezes é necessária uma equipe. A inteligência financeira contribui para que você saiba quando fazer as coisas sozinho e quando pedir auxílio.

Quando se trata de dinheiro, muitas pessoas sofrem sozinhas em silêncio. É muito provável que seus pais tenham feito a mesma coisa. Quando seu plano evolui, você começa a encontrar os novos membros de sua equipe, que o auxiliarão a tornar realidade seus sonhos financeiros. As equipes financeiras podem incluir:

- Gerente de banco
- Contador
- Advogado
- Corretor
- Custodiante
- Corretor de seguros
- Mentor bem-sucedido

Você pode querer se reunir regularmente com essas pessoas na hora do almoço. Era o que o pai rico fazia, e foi nesses encontros que eu mais aprendi sobre negócios, investimentos e o processo de enriquecer muito.

Lembre-se, encontrar um membro da equipe se assemelha a encontrar um sócio de negócios, porque sob vários aspectos é isso que os membros da equipe são. Eles são seus parceiros no cuidado do mais importante de todos os negócios — o negócio de sua vida. Lembre-se sempre do que o pai rico dizia: "Quer você trabalhe para outra pessoa ou para você mesmo, se quiser ser rico, deve cuidar do seu próprio negócio." E ao cuidar de seu próprio negócio, o plano que funciona melhor para você começará a aparecer lentamente. Portanto, vá com calma, só dê um passo por dia e terá chances de obter tudo o que deseja na vida.

Faça Este Teste

Meu plano na verdade não mudou, mas em muitos aspectos mudou significativamente. O que não mudou em meu plano foi o ponto de partida e o que eu queria em última instância para a minha vida. Com muitos dos erros, das experiências de aprendizado, dos ganhos, das perdas, dos altos e dos baixos, cresci e adquiri conhecimento e sabedoria ao longo do caminho. Portanto, meu plano está sendo constantemente revisto porque estou em contínua reformulação.

Como alguém já disse: "A vida é um mestre cruel. Primeiro nos castiga e depois nos ensina a lição." Contudo, gostemos ou não, esse é o processo do verdadeiro aprendizado. Muitos de nós já dissemos: "Se tivesse sabido então o que sei agora, a vida teria sido diferente." Bem, no meu caso, foi isso exatamente o que aconteceu enquanto eu percorria o trajeto apontado por meu plano. Assim, meu plano permanece basicamente o mesmo, e, contudo, é diferente porque sou diferente. Eu não faria hoje o que fiz vinte anos atrás. Porém, se não tivesse feito tudo o que fiz vinte anos atrás, não estaria onde estou e não saberia o que sei hoje.

Por exemplo, hoje não conduziria meus negócios como há vinte anos. No entanto, foi a perda de minha primeira grande empresa e o processo de me levantar dos escombros que me ajudaram a ser um homem de negócios melhor, de modo que, embora tenha alcançado meu objetivo de me tornar um milionário aos trinta anos, foi a perda desse dinheiro que fez de mim um milionário hoje — tudo de acordo com o plano. Só levou mais tempo do que eu pretendia.

E quando se trata de investimentos, aprendi mais com os maus investimentos feitos, com os quais perdi dinheiro, do que com aqueles que deram certo. O pai rico dizia que, quando se tem dez investimentos, três deles serão tranquilos e se tornarão bem-sucedidos. Cinco provavelmente não fedem nem cheiram, e dois serão desastrosos. Entretanto, eu poderia aprender mais com os dois desastres financeiros do que com os três sucessos. Na verdade, são esses dois desastres que tornam mais fáceis os investimentos seguintes. E isso tudo é parte do plano.

Assim, o teste de atitude mental é:

Você está disposto a começar com um plano simples, a mantê-lo simples, mas aproveitar para aprender e melhorar enquanto o plano lhe revela o que precisa aprender ao longo do caminho?

Em outras palavras, o plano não muda de verdade, mas você está disposto a permitir que mude?

Sim ___ Não ___

Capítulo 10
LIÇÃO DO INVESTIDOR #10
DECIDA AGORA O QUE VOCÊ QUER SER QUANDO CRESCER

Na Lição do Investidor #1, que tratou da importância das escolhas, vimos que se oferecem três valores fundamentais. Eis estes valores — aqui:

1. Segurança
2. Conforto
3. Desejo de enriquecer

Essas são escolhas pessoais muito importantes e não devem ser tratadas com leviandade.

Em 1973, ao voltar da Guerra do Vietnã, me deparei com essas três alternativas. Quando falei com o pai rico sobre a possibilidade de me tornar piloto na aviação comercial, ele disse: "Um emprego em uma companhia aérea pode não ser muito seguro, acho que nos próximos anos elas poderão enfrentar dificuldades. Contudo, se você tiver um desempenho satisfatório, talvez obtenha segurança em um emprego desses — se é isso o que você realmente deseja."

A seguir, meu pai rico perguntou se eu queria voltar a trabalhar na *Standard Oil* da Califórnia, um emprego em que estivera apenas cinco meses, logo antes de entrar na Escola de Aviação dos Fuzileiros Navais. "Eles não escreveram para você que estavam lhe oferecendo de volta seu emprego logo que desse baixa?"

Capítulo 10

"Eles disseram que gostariam que eu voltasse", respondi, "mas não garantiram nada."

"Mas não seria um bom emprego? O salário não era bom?", perguntou meu pai rico.

"Muito bom", falei. "Era um ótimo lugar para trabalhar, mas não quero voltar. Quero estar em movimento."

"E o que você quer mais?", perguntou o pai rico, apontando para as três alternativas. "Prefere segurança, conforto ou riqueza?"

No fundo do meu eu, a resposta era "ser rico". Não mudara em todos esses anos, embora esse desejo e esse valor fundamental não fossem muito valorizados em minha família, na qual a segurança financeira e um emprego estável eram as maiores prioridades e as pessoas ricas eram consideradas um mal, sendo pouco instruídas e ambiciosas. Cresci em uma família em que não se falava de dinheiro à mesa porque era um assunto sujo, que não merecia discussão intelectual. Mas agora estava com 25 anos, e podia deixar aflorar minha verdade pessoal. Ser rico era o principal valor para mim.

O pai rico então me fez listar minhas prioridades financeiras fundamentais. Minha lista estava assim ordenada — a saber:

1. Desejo de enriquecer
2. Conforto
3. Segurança

O pai rico olhou e disse: "Ok. O primeiro passo é fazer um plano financeiro para alcançar a segurança financeira."

"O quê?", perguntei. "Eu acabo de dizer que quero ser rico. Por que vou me dar ao trabalho de fazer um plano para ter segurança?"

Meu pai rico soltou uma risada: "É o que eu estava pensando. O mundo está cheio de gente como você, que só quer ser rica. O problema é que a maioria das pessoas desse tipo não chega lá porque não entende a necessidade de segurança ou de conforto financeiro. E mesmo que algumas delas consigam enriquecer, o caminho da riqueza está cheio de vidas estragadas de pessoas afoitas — como você."

Minha vontade era gritar. Toda minha vida estivera junto de meu pai pobre, um homem que prezava a segurança acima de tudo. Agora que finalmente podia fugir dos valores de meu pai pobre, meu pai rico vinha para me falar a mesma coisa. Queria gritar. Estava disposto a ser rico, não a viver em segurança.

Passaram-se três semanas antes que eu voltasse a falar com o pai rico. Eu estava muito perturbado. Ele me tinha posto diante de tudo aquilo do qual eu lutava para fugir. Finalmente me acalmei e o procurei para outra lição.

"Está pronto para ouvir?", perguntou meu pai rico, quando nos encontramos novamente.

Concordei, dizendo: "Estou pronto, mas não realmente convencido."

"Primeiro passo", começou meu pai rico. "Ligue para meu conselheiro financeiro, e diga: 'Eu quero um plano de segurança financeira básico.'"

"Ok", falei.

"Passo dois", disse meu pai rico. "Quando estiver pronto, me ligue e vamos examiná-lo. Fim da lição. Até logo!"

Passou-se um mês antes que eu voltasse a ligar para o pai rico. Mostrei-lhe o plano. "Está bom", disse ele. "Vai pô-lo em prática?"

"Acho que não", falei. "É muito enfadonho e automático."

"Mas é assim que deve ser", disse o pai rico. "Deve ser mecânico, automático, sem graça. Mas eu não posso obrigar você a adotá-lo, embora recomende."

Tentando me acalmar, falei: "E agora?"

"Agora, você procura seu próprio conselheiro e lhe pede um plano para adquirir conforto financeiro", disse o pai rico.

"O senhor está querendo dizer um plano financeiro de longo prazo um pouco mais agressivo?", perguntei.

"Isso mesmo", disse ele.

"Isso é bem mais empolgante", falei. "Acho que esse eu posso colocar em prática."

"Ótimo", disse o pai rico. "Ligue para mim quando esse plano estiver pronto."

Passaram-se mais quatro meses antes que eu pudesse voltar a falar com o pai rico. Esse novo plano não era fácil — ou pelo menos não tão fácil quanto eu imaginara. De tempos em tempos ligava para o pai rico. Mas a elaboração do plano estava demorando mais do que eu queria. Contudo, o processo foi muito importante, porque aprendi muito conversando com vários conselheiros financeiros. Eu começava a entender melhor os conceitos que o pai rico tentava passar para mim. A lição que aprendi foi que, a menos que eu soubesse claramente o que queria, ficava difícil para o conselheiro entender e conseguir me auxiliar.

Capítulo 10

Finalmente, eu estava pronto para ir ao encontro do pai rico e mostrar meu plano financeiro. "Bom", foi tudo o que ele disse. Sentou-se, examinou o plano e então perguntou: "O que é que você aprendeu sobre você mesmo?"

"Aprendi que não é tão fácil assim definir o que estou querendo da vida porque há muitas alternativas — e muitas delas parecem empolgantes."

"Muito bom", disse ele. "É por isso que nos dias de hoje muitas pessoas pulam de um emprego para outro ou de um negócio para outro — mas nunca chegam aonde querem em termos financeiros. E aí elas acabam gastando seu ativo mais precioso, o tempo, e perambulam pela vida sem grandes planos. Elas podem estar felizes fazendo o que fazem, mas na verdade não sabem o que estão perdendo."

"Exatamente", concordei. "Desta vez, em vez de pensar apenas em segurança, tive que refletir no que quero fazer de minha vida — e, surpreendentemente, tive que explorar ideias que nunca teriam me ocorrido antes."

"Como o quê?", perguntou meu pai rico.

"Bem, para me sentir bem na vida, preciso pensar no que quero ter na vida — coisas como viajar para bem longe, comprar carros esporte, férias em lugares caros, roupas legais, casas grandes etc. Eu tive que pensar muito no futuro e descobrir o que queria da vida."

"E o que você descobriu?", perguntou o pai rico.

"Descobri que a segurança era muito fácil porque eu só estava planejando obtê-la. Não sabia o que o conforto representava de verdade. De modo que a segurança era fácil, o conforto foi mais difícil e não posso esperar para definir o que é ser rico e como pretendo obter uma grande riqueza."

"Muito bem", falou. "Ótimo", continuou o pai rico. "É por isso que tantas pessoas que foram condicionadas a 'viver abaixo de seus meios' ou a poupar para 'um dia de vacas magras' não sabem o que poderiam fazer de suas vidas. Então, as pessoas esbanjam, se endividam para tirar férias ou comprar um carro novo e depois se sentem culpadas. Elas nunca dedicaram tempo para descobrir o que seria financeiramente possível se elas tivessem um bom plano financeiro — e isso é um desperdício."

"Foi isso mesmo o que aconteceu", falei. "Conversando com os conselheiros e discutindo o que era possível, aprendi muito. Aprendi que eu estava me subestimando. Na verdade, estou me sentindo como se durante anos tivesse morado em uma casa com um pé-direito baixo, tentando economizar, poupar, ter segurança, e viver abaixo de minhas possibilidades. Agora que eu tenho um plano do que é factível em termos de conforto, estou empolgado com a ideia de definir o que significa ser 'rico'."

"Muito bom", sorriu o pai rico. "O importante para se manter jovem é decidir o que a gente quer ser quando crescer e continuar crescendo sempre. Nada é mais trágico do que ver pessoas que se subestimaram. Elas tentam viver frugalmente, economizando e poupando, e pensam que estão sendo financeiramente espertas. Na verdade, isso é uma limitação financeira — e aparece em seus rostos e em suas atitudes de vida à medida que vão envelhecendo. Muitas pessoas passam as vidas mentalmente aprisionadas na ignorância financeira. Elas começam a parecer leões enjaulados do zoológico. Elas ficam andando para cá e para lá pensando no que foi feito de suas vidas. Uma das descobertas mais importantes que a pessoa pode fazer quando dedica tempo para aprender a planejar é ver o que é financeiramente possível para suas vidas. E isso não tem preço."

"O processo contínuo de planejamento me mantém jovem. Muitas vezes me perguntam por que passei a vida montando mais negócios, investindo e ganhando mais dinheiro. A razão é que gosto de fazer isso. Embora ganhe muito dinheiro fazendo o que faço, eu faço porque ganhar dinheiro me mantém jovem e vivo. Você não pediria a um grande pintor para deixar de pintar depois que ele obteve o sucesso, então por que eu iria deixar de fazer negócios, investir e ganhar mais dinheiro? É isso o que faço, do mesmo modo que pintar é o que um artista faz para manter seu espírito jovem e vivo, mesmo se o corpo envelhece."

"Então, é por isso que o senhor falou para dedicar tempo para planejar em diferentes níveis? Para que eu descobrisse o que é financeiramente possível para minha vida?", perguntei.

"Isso mesmo", disse o pai rico. "É por isso que o planejamento é necessário. Quanto mais você descobre as possibilidades desse maravilhoso dom que é a vida, mais jovem você permanecerá no fundo de seu coração. As pessoas que só planejam para alcançar a segurança ou que dizem 'minha renda cairá quando me aposentar' estão planejando uma vida de menos e não de mais. Se o criador fez uma vida de ilimitada abundância, por que é que você deveria planejar se limitar a ter menos?"

"Talvez seja isso que os ensine a pensar", falei.

"E isso é trágico", retrucou meu pai rico. "Muito trágico."

Enquanto o pai rico e eu estávamos lá sentados, minha mente e meu coração pensavam no pai pobre. Sabia que ele estava sofrendo e lutando para recomeçar sua vida. Muitas vezes tinha sentado junto dele e tentado lhe mostrar algumas das coisas que aprendera sobre dinheiro. Contudo, em geral ele acabava discutindo comigo. Penso que muitas vezes há esse tipo de dificuldade de comunicação quando

Capítulo 10

as pessoas têm dois conjuntos diferentes de valores, uma, os da segurança, a outra, os da riqueza. E, por mais que amasse meu pai, nós não conseguíamos nos comunicar quando o assunto era dinheiro, riqueza e abundância. Finalmente, resolvi deixá-lo viver sua vida e tentar me concentrar em viver a minha. Se ele quisesse falar de dinheiro, tudo bem, mas não procuraria ajudá-lo se ele não pedisse ajuda. Ele nunca pediu. Em vez de tentar ajudá-lo financeiramente, preferi apenas amá-lo pelo que tinha de forte e não pensar no que considerava suas fraquezas. Afinal, amor e respeito são muito mais importantes do que dinheiro.

Faça Este Teste

Em retrospecto, pode-se dizer que meu pai só tinha um plano de segurança financeira, por meio da segurança no emprego. O problema é que esse plano fracassou quando ele disputou uma eleição contra o seu chefe. Ele não atualizou o seu plano e continuou pensando apenas em segurança. Felizmente, suas necessidades de segurança financeira estavam cobertas pela sua aposentadoria no magistério, pela Seguridade Social e pelos programas de auxílio aos idosos. Se não existissem essas redes de segurança, ele estaria em péssima situação financeira. A realidade é que seus planos estavam voltados para um mundo de escassez, um mundo de sobrevivência mínima, e foi isso o que ele conseguiu. Por outro lado, os planos do pai rico estavam voltados para um mundo de abundância financeira, e isso foi o que ele alcançou.

Ambos os estilos de vida exigem planejamento. Infelizmente, a maioria das pessoas planeja tendo em vista um mundo de escassez, embora também seja possível um mundo paralelo de fartura financeira. Tudo o que é necessário é um plano.

Assim, o teste de atitude mental é:

Você deve escrever um plano financeiro para pôr em prática:

1. **Segurança?**   Sim ___ Não ___
2. **Conforto?**   Sim ___ Não ___
3. **Desejo de enriquecer?** Sim ___ Não ___

O Guia de Investimentos

Lembre-se de que a lição do pai rico é que os três planos são importantes. Mas segurança e conforto ainda vêm antes da riqueza, mesmo que esta seja sua maior prioridade. O importante é que, para se tornar rico, você precisa dos três planos — um para ter segurança, um para conforto e outro para enriquecer. Para ter conforto, você só precisa de dois planos. E para ter segurança você precisa apenas de um. Lembre-se de que apenas três em cada cem norte-americanos são ricos. A maioria não tem mais do que um plano. Muitos nem puseram no papel qualquer plano financeiro.

Capítulo 11
LIÇÃO DO INVESTIDOR #11
CADA PLANO TEM UM PREÇO

"Qual é a diferença entre o plano para ser rico e aquele para se ter conforto ou segurança?", perguntei.

Meu pai rico pegou o seu bloco de anotações e escreveu as seguintes palavras:

1. Segurança
2. Conforto
3. Desejo de enriquecer

E, então, ele perguntou: "Você está falando da diferença entre riqueza, segurança e conforto?"

"É isso o que estou perguntando", respondi.

"A diferença é o preço", disse o pai rico. "Há uma grande diferença de preço entre um plano financeiro para ser rico e os outros dois."

"O senhor está dizendo que os investimentos do plano financeiro para enriquecer são muito mais vultosos?", perguntei.

"Bom, muita gente pensa que o preço é medido em termos de dinheiro. Mas se olhar atentamente verá que o preço não é medido em dinheiro, na verdade é medido em tempo. E se considerarmos que tempo e dinheiro são ativos, o primeiro é o mais valioso dos dois."

Franzi a testa tentando entender o que o pai rico queria dizer com essas palavras. O que é que o senhor quer dizer com preço medido em termos de tempo? O senhor podia dar um exemplo?"

Capítulo 11

"Claro", disse o pai rico. "Se quero ir de Los Angeles a Nova York, quanto custaria uma passagem de ônibus?"

"Não sei. Deve ser menos de US$100", respondi. "Nunca comprei passagem de ônibus de Los Angeles para Nova York."

"Nem eu", disse ele. "Agora, diga, quanto custa uma passagem de avião para o mesmo trajeto?"

"De novo, eu realmente não sei. Mas imagino que custe em torno de US$500", retruquei.

"É quase isso", disse o pai rico. "Agora, deixa-me perguntar. Por que essa diferença de preço? Nos dois casos você está fazendo o mesmo trajeto. Por que se paga tanto mais para ir de avião?"

"Ah, entendi", falei, começando a compreender aonde o pai rico queria chegar. "Pago mais pela passagem de avião porque estou poupando tempo."

"Pense mais em termos de comprar tempo do que poupar tempo. No momento em que você começa a pensar que o tempo é valioso e que tem um preço, mais rico você se tornará."

Fiquei quieto, pensando em silêncio. Na verdade, não estava entendendo muito bem o que o pai rico estava querendo dizer, mas sabia que isso era importante para ele. Queria dizer alguma coisa, mas não sabia o quê. Entendia a ideia de que o tempo era valioso, mas nunca tinha pensado que tivesse um preço. E a ideia de comprar tempo em vez de poupá-lo era importante para o pai rico, mas ainda não era para mim.

Finalmente, sentindo minha preocupação, o pai rico rompeu o silêncio. "Aposto que sua família emprega muito as palavras 'poupar' e 'poupança'. Que sua mãe muitas vezes fala que quando vai às compras tenta economizar. E que seu pai pensa que é importante o quanto tem na caderneta de poupança."

"Sim, é assim mesmo", retruquei. "E o que isso significa para o senhor?"

"Bom, eles se esforçam para poupar dinheiro, mas estão desperdiçando tempo. Já vi consumidores passarem horas no supermercado tentando economizar alguns dólares. E com isso perdendo um tempo enorme."

"Mas poupar não é importante?", perguntei. "Não é possível enriquecer poupando?"

"Não estou dizendo que poupar não é importante. É, sim, é possível ficar rico poupando. Tudo o que estou dizendo é que o preço se mede em tempo."

Novamente, franzi a testa, tentando assimilar o que ele dizia.

"Veja", disse meu pai rico. "Você pode ficar rico poupando e pode ficar rico sendo pão-duro, mas leva muito tempo, como leva tempo ir de Los Angeles para Nova York de ônibus, para poupar dinheiro. No entanto, seu preço real será medido em termos de tempo. Em outras palavras, de jato gasto US$500 e demoro cinco horas, enquanto que de ônibus só pago US$100 e demoro cinco dias. As pessoas pobres medem em dinheiro e as pessoas ricas em tempo. Talvez seja por isso que há mais gente pobre andando de ônibus."

"Por que elas têm mais tempo do que dinheiro?", perguntei. "É por isso que andam de ônibus?"

"Em parte", respondeu o pai rico balançando a cabeça, o que indicava que não estava muito satisfeito com o rumo da conversa.

"Por que elas valorizam o dinheiro mais do que o tempo?", questionei, chutando.

"Quase", disse o pai rico. "Observei que quanto menos dinheiro a pessoa tem, mais ela se agarra a ele. Tenho visto muita gente pobre com muito dinheiro."

"Gente pobre com muito dinheiro?", perguntei.

"Sim", falou o pai rico. "Elas têm muito dinheiro porque se agarram a ele como se o dinheiro tivesse algum valor mágico. Então elas têm um bocado de dinheiro, mas são pobres como se não tivessem nenhum."

"Então as pessoas pobres se agarram mais ao dinheiro do que as ricas?", perguntei.

"Penso que o dinheiro é apenas um meio de troca. Na verdade, o dinheiro em si mesmo tem pouco valor. Sempre que tenho dinheiro, quero trocá-lo por algo de valor. A ironia é que muitas pessoas que se agarram desesperadamente ao dinheiro acabam gastando-o em coisas de pouco valor — é por isso que são pobres. Elas falam coisas do tipo 'seguro como dinheiro no banco', e, quando gastam o dinheiro que obtiveram com tanta dificuldade, o transformam em lixo."

"Então elas dão mais valor ao dinheiro do que o senhor dá", falei.

"Sim", disse ele. "Em muitos casos, os pobres e a classe média batalham porque dão importância demais ao próprio dinheiro. Então se agarram a ele, trabalham

Capítulo 11

arduamente para obtê-lo, vivem modestamente, compram em liquidações e fazem o possível para poupar o máximo. Muitas dessas pessoas tentam enriquecer sendo avarentas. Mas, ao fim do dia, você pode ter um bocado de dinheiro e ainda ser mesquinho."

"Não entendo", retruquei. "O senhor falou dos valores que papai e mamãe tentaram nos inculcar. O senhor fala do meu modo atual de pensar. Estou nos Fuzileiros Navais e, como eles me pagam pouco, acho natural pensar assim."

"Entendo", rebateu ele. "Economia e frugalidade têm seu lugar. Mas hoje estamos falando da diferença entre o plano para enriquecer e os outros dois planos."

"E a diferença está no preço", declarei.

"Sim", disse ele. "E a maioria das pessoas pensa que o preço se mede em dinheiro."

"E o senhor está dizendo que o preço se mede em tempo", acrescentei, começando a entender aonde o pai rico queria chegar, "porque o tempo é mais importante que o dinheiro."

Concordando, ele continuou: "Muitas pessoas desejam ficar ricas, ou investir como os ricos, mas a maioria não está disposta a investir seu tempo. É por isso que somente três a cada dez norte-americanos são ricos — e um desses três herdou esse dinheiro."

Meu pai rico voltou a escrever em seu bloco de notas os três valores fundamentais que estávamos discutindo — são eles:

1. Segurança
2. Conforto
3. Desejo de enriquecer

"Você pode investir para obter segurança ou conforto por meio de um sistema ou plano automático. E, de fato, é isso o que eu recomendo para a maioria das pessoas. Trabalhe e ponha seu dinheiro em mão de gestores ou instituições profissionais e invista com vistas ao longo prazo. As pessoas que investem desse modo se sairão provavelmente melhor do que a pessoa que imagina ser o Tarzan de Wall Street. Um programa estável de aplicações de acordo com um plano é a melhor forma de investir para a maioria das pessoas."

"Mas para me tornar rico tenho que investir algo mais valioso do que dinheiro, que é o tempo. É isso que o senhor quer que eu conclua desta lição?"

"Queria ter certeza de que você entendeu", disse o pai rico. "Veja, a maioria das pessoas quer ficar rica, mas não quer começar investindo seu tempo. Elas procuram dicas quentes ou correm atrás de esquemas mirabolantes para enriquecer rapidamente. Ou então querem montar uma empresa rapidamente sem o mínimo conhecimento de negócios. E depois se espantam ao constatar que 95% de todos os pequenos negócios quebram entre cinco e dez anos."

"Estão com tanta pressa de ganhar dinheiro que acabam perdendo tanto tempo quanto dinheiro", acrescentei. "Querem fazer as coisas sozinhas sem investir algum tempo estudando."

"Ou seguir um simples plano de longo prazo", repetiu o pai rico. "Repare, quase todos no mundo ocidental poderiam se tornar facilmente milionários se seguissem um plano de longo prazo. Mas a maioria das pessoas não quer investir seu tempo. Quer ficar rica agora."

"Em lugar de dizer coisas como 'investir é arriscado', 'é preciso dinheiro para ganhar dinheiro', ou, 'não tenho tempo para aprender a investir. Estou muito ocupado trabalhando e tenho contas a pagar'", acrescentei. Estava começando a ver o que o pai rico queria mostrar.

Ele assentiu. "E essas ideias ou desculpas tão comuns são a razão pela qual tão poucas pessoas alcançam uma grande fortuna em um mundo em que há tanto dinheiro. São essas ideias que fazem com que 90% da população tenha problemas de falta de dinheiro em lugar dos problemas do excesso dele. Suas ideias sobre dinheiro e investimento são a causa de seus problemas financeiros. Tudo o que precisam fazer é alterar algumas poucas palavras, algumas ideias e seu mundo financeiro mudará como por um passe de mágica. Mas a maioria das pessoas está ocupada demais trabalhando e não tem tempo. Muitos falam 'não estou interessado em investir. Esse assunto não me preocupa'. E deixam de ver que ao dizer isso se tornam escravos do dinheiro — trabalhando por dinheiro, deixando que o dinheiro fixe os limites financeiros de suas vidas, vivendo frugalmente dentro de suas posses — em vez de investir um pouco de tempo, seguir um plano e fazer com que o dinheiro trabalhe para elas."

"Então, o tempo é mais importante do que o dinheiro", falei.

Capítulo 11

"Para mim, isso é verdade", disse meu pai rico. "Portanto, se você quer passar a investir para ser rico, terá que investir muito mais tempo do que nos outros dois níveis. A maioria das pessoas não passa dos níveis da segurança e do conforto porque não está disposta a investir seu tempo. Essa é uma decisão pessoal que todos temos que tomar. Pelo menos a pessoa tem um plano para alcançar segurança e/ou conforto. Não há nada mais arriscado que uma pessoa sem esses dois planos básicos e que pretende apenas enriquecer. Embora alguns consigam, a maioria fracassa. Você os encontra na velhice, quebrados, esgotados e falando do negócio que quase fizeram ou do dinheiro que tiveram em alguma época. E, no fim de suas vidas, não têm nem tempo nem dinheiro."

"Então, acho que está na hora de começar a investir mais tempo, especialmente agora que quero investir para me tornar rico", falei, sentindo um calafrio ao pensar em me tornar um velho falido, murmurando junto da minha cerveja sobre os negócios que quase aconteceram. Já vi e já conheci esse tipo de investidor. Não é agradável ver uma pessoa que não tem mais tempo nem dinheiro.

Faça Este Teste

Os investimentos no nível da segurança e do conforto deveriam ser mais mecânicos ou rotineiros possíveis. Deveriam exigir o mínimo de reflexão. Basta entregar a gestores profissionais o dinheiro, espera-se que confiáveis, e dizer-lhes para seguir o plano. Se você começar cedo e se as estrelas o iluminarem, no fim do arco-íris haverá um pote de ouro. Nestes dois primeiros níveis, o investimento pode, e deve, ser tão simples assim.

Contudo, vale uma palavra de advertência. Nada na vida está livre de risco. Para tudo na vida há possibilidades de baixo risco, também para o investimento. De modo que se você se sente inseguro quanto ao destino do mundo financeiro e não confia no pessoal do ramo, então terá que pesquisar muito mais.

É importante confiar em nossas emoções e intuições, mas não devemos deixá-las dominar nossa vida. Se você não consegue superar sua ansiedade, então invista com cautela ainda maior. Mas lembre-se sempre do preço: quanto mais seguro for o investimento, mais demorará a render dinheiro, se é que rende. Então, sempre há um dilema, ou, como dizem: "Nada cai do céu." Tudo tem seu preço, e, no mundo dos investimentos, o preço se mede em tempo e dinheiro.

O Guia de Investimentos

Uma vez feitos e postos em prática os planos para se obter segurança e/ou conforto, você estará bem mais equipado para dar atenção à dica quente que seu amigo passou. Especular no mundo das possibilidades financeiras é divertido, mas deve ser feito com responsabilidade. Muitos dos chamados investidores do mercado na verdade são viciados em jogo.

Quando as pessoas me fazem perguntas como: "Em que ações o senhor está investindo?", tenho que responder: "Não escolho ações. Gestores profissionais fazem isso para mim."

E, muitas vezes, eles dizem: "Pensei que o senhor fosse um investidor profissional."

E eu respondo: "Sou. Mas não invisto da maneira que a maioria das pessoas o faz. Eu invisto como meu pai rico me ensinou a investir."

Invisto ativa e pessoalmente no nível de investimento dos ricos. Poucas pessoas investem ou participam do mercado nesse nível. O restante desse livro tratará desse nível de investimento, que foi o que me ensinou o pai rico. Não é um método para todos, especialmente se você ainda não cuidou da segurança e do conforto.

Assim, o teste de atitude mental é:

1. **Você está disposto a fazer um plano de investimentos destinado a atender às suas necessidades de segurança e/ou conforto?**

    Sim ___ Não ___

2. **Você está disposto a investir tempo para aprender a investir no nível da riqueza, o nível do meu pai rico?**

    Sim ___ Não ___

Se você não tem certeza de sua resposta e quer descobrir qual é o nível de dedicação que o investimento em estudo proposto pelo pai rico exige, o resto deste livro lhe mostrará alguns aspectos do que é necessário para investir no nível dos ricos.

Capítulo 12

LIÇÃO DO INVESTIDOR #12 POR QUE INVESTIR NÃO É ARRISCADO?

As pessoas dizem que investir é arriscado por três razões comuns:

1. *Primeiro, elas não são treinadas para investir.* Se você leu *Independência Financeira*, a continuação de *Pai Rico, Pai Pobre*, se recordará de que a maioria das pessoas só aprende na escola o necessário para se situar do lado esquerdo do quadrante CASHFLOW, e não do direito.

2. *Segundo, a maioria dos investidores não tem controle ou está fora de controle.* O pai rico empregava esse exemplo: "Há riscos em dirigir um carro. Mas dirigir com as duas mãos fora do volante é arriscado demais." E continuava: "Quando se trata de investir, a maioria das pessoas está dirigindo sem segurar o volante."

Capítulo 12

A Parte 1 deste livro trata do controle que devemos ter sobre nós mesmos antes de investir. Se você não tiver um plano, um pouco de disciplina e alguma determinação, os demais controles do investidor não significarão muita coisa. O resto deste livro tratará dos dez controles do investidor segundo o pai rico.

3. *Terceiro, as pessoas dizem que investir é arriscado porque muita gente investe do lado de fora em vez de investir de dentro.* A maioria de nós sabe intuitivamente que se você quer fazer um bom negócio tem que estar por dentro. Muitas vezes as pessoas falam: "Tenho um amigo que é do ramo." Não importa de que negócio se trata. Pode ser a compra de um carro, de ingressos para o teatro ou de uma roupa nova. Todos nós sabemos que os negócios são feitos por quem está por dentro. O mundo do investimento não é diferente. Como dizia Gordon Gekko, o vilão do filme *Wall Street*: "Se você não está por dentro, está por fora."

Mais adiante, veremos essa relação entre estar por dentro ou por fora. O que é interessante observar agora é que as pessoas situadas do lado esquerdo do quadrante CASHFLOW tendem a investir de fora. Já os "Ds" e os "Is" investem tanto de dentro quanto de fora.

Uma Observação Importante

À medida que este livro avança, muitas das vacas sagradas do dinheiro serão abatidas. O investimento do lado de dentro é uma delas. No mundo real, há investimentos do lado de dentro que são legais e outros que são ilegais. Essa distinção é importante. O que chega às manchetes são os investimentos ilegais, aqueles alicerçados em informações privilegiadas. Porém, no mundo real há mais possibilidades de investir do lado de dentro legalmente que não chegam às manchetes e é desses que estou falando.

Uma dica quente passada por um motorista de táxi não deixa de ser informação privilegiada. A verdadeira questão a respeito dos investimentos feitos do lado de dentro é: "O quanto você está por dentro?"

O Plano do Pai Rico

Quando o pai rico listou os três principais valores financeiros — segurança, conforto, desejo de enriquecer —, disse ele: "Faz muito sentido investir a partir do lado de fora quando você investe nos níveis da segurança e do conforto. É por isso que você põe seu dinheiro nas mãos de um profissional, que acredita que está mais próximo do lado de dentro do que você. Mas se você quer ser rico, tem que estar mais perto do lado de dentro do que o profissional a quem a maioria das pessoas confia seu dinheiro."

E esse era o foco do plano do pai rico para enriquecer. Foi isso o que ele fez e foi por isso que ele adquiriu uma fortuna tão grande. Para seguir seu plano, precisei da formação e das experiências que se encontram no lado direito do quadrante CASHFLOW, e não no esquerdo. Para isso tive que investir bem mais tempo do que o investidor mediano — e é disso que o restante deste livro se ocupa. Este livro trata do que se faz necessário para ir de fora para dentro.

Antes que Você Decida

Percebi que muita gente não está disposta a investir tanto tempo no tema do investimento apenas para ficar por dentro. Mas antes que você decida, e antes de me aprofundar um pouco mais sobre o plano do pai rico, vou apresentar um panorama muito simplificado do tema do investimento. Espero que assim, depois de ler os próximos capítulos, você possa conhecer algumas novas maneiras de reduzir o risco de seus investimentos e se tornar um investidor mais bem-sucedido, mesmo que não deseje tornar-se um investidor que está por dentro. Como já disse, investimento é um assunto muito pessoal, e eu respeito totalmente essa realidade. Sei que muita gente não deseja dedicar a esse tema o tempo que o pai rico e eu dedicamos.

Antes de passar ao plano de formação imaginado pelo pai rico para me ensinar a ser um investidor no nível da riqueza, os capítulos seguintes se destinarão a fazer uma apresentação simples do plano de investimento do pai rico.

Faça Este Teste

O negócio do investimento apresenta muitos paralelos com o negócio dos esportes profissionais. Por exemplo, vejamos o que acontece no futebol americano profissional. Na época do Super Bowl, o mundo todo está atento. No estádio, estão

Capítulo 12

os jogadores, os torcedores, o dirigível que filma o espetáculo, os comentaristas esportivos, as líderes de torcida, os vendedores e, em casa, milhões de pessoas assistem ao jogo de olho grudado na televisão.

Hoje, para muitos investidores, o mundo do investimento se assemelha a um jogo de futebol profissional. Você encontra os mesmos personagens. Os comentaristas, descrevendo na televisão, lance a lance, a batalha entre as ações de primeira linha. Os torcedores fanáticos, adquirindo ações no lugar de ingressos e torcendo por seus times. Existem também as líderes de torcida, dizendo por que o preço das ações está subindo ou, se o mercado está em queda, tentando animá-lo com novas esperanças de que em breve os preços voltarão a subir. E há os agenciadores de apostas, chamados corretores, que lhe passam por telefone as cotações das ações e anotam suas apostas. Em vez de ler a página esportiva, você lê as páginas de economia. Há até o equivalente aos cambistas, mas no mundo financeiro eles não vendem ingressos superfaturados aos retardatários, eles vendem boletins caríssimos com dicas para os que desejam se aproximar do jogo que ocorre do lado de dentro. E existe ainda o equivalente dos vendedores de cachorro-quente, que também fornecem comprimidos contra a azia, e os que varrem a sujeira quando o dia termina. E, naturalmente, há os que acompanham o jogo da poltrona de casa.

O que a maioria das pessoas não vê nas arenas do mundo dos esportes e do investimento é o que acontece por trás dos bastidores. Que é o negócio por trás de ambos os jogos. É verdade que por vezes é possível visitar o dono do time, como se pode ver o CEO ou o presidente da empresa, mas o cartola não é verdadeiramente a empresa. Portanto, o pai rico dizia: "O negócio por trás do negócio é o verdadeiro jogo. O negócio por trás do negócio é que ganha dinheiro, quem quer que ganhe o jogo, ou qualquer que seja o rumo do mercado — para cima ou para baixo. É o negócio que vende os ingressos, e não os compra." Esse é o jogo do investimento que o pai rico me ensinou, e sobre o que o resto do livro trata. É o jogo dos investimentos que cria as pessoas mais ricas do mundo.

Assim, o teste de atitude mental é:

1. **Você está disposto a começar a assumir o controle de si mesmo?**

    Sim ___ Não ___

2. **Com base no que viu até agora, você está disposto a investir tempo para obter a formação e a experiência necessárias para se tornar um investidor bem-sucedido que está do lado de dentro?**

    Sim ___ Não ___

Capítulo 13

LIÇÃO DO INVESTIDOR #13
EM QUE LADO DA MESA VOCÊ QUER SE SENTAR?

O meu pai pobre sempre dizia: "Trabalhe arduamente e poupe o seu dinheiro."

Meu pai rico falava: "Trabalhar arduamente e poupar são importantes se você deseja segurança e conforto. Mas se quiser enriquecer, provavelmente você não alcançará seu objetivo dessa maneira. E, além do mais, as pessoas que trabalham arduamente e poupam são as mesmas que dizem que 'investir é arriscado'."

Há muitas razões que justificam essa maneira de pensar. O pai rico sabia que trabalho árduo e poupança eram bons para as massas, mas não para quem quisesse ficar rico.

Ele citava três motivos para fundamentar sua recomendação de recorrer a um plano diferente para o enriquecimento:

1. Primeiro, ele dizia: "É difícil enriquecer pelo trabalho árduo e pela poupança porque desse modo pagam-se mais impostos. O governo cobra impostos das pessoas quando elas recebem seu salário, quando poupam, quando gastam e quando morrem. Se você deseja enriquecer, precisa de maior sofisticação financeira do que meramente trabalhar muito e economizar dinheiro."

Meu pai rico explicava ainda: "Quando se deseja aplicar US$1.000, o governo dos Estados Unidos já cobrou seu imposto. De modo que é preciso ter US$1.300 ou mais apenas para poder poupar US$1.000. E esses mil

Capítulo 13

dólares começam imediatamente a ser corroídos pela inflação, de modo que a cada ano o seu dinheiro vale menos. Os baixos juros que você aufere em sua aplicação também são carcomidos pela inflação e por impostos. De modo que, digamos que o banco pague juros de 5%, e que a inflação seja de 4% e os impostos cheguem a 30% do rendimento da aplicação, o resultado líquido é uma perda substancial de dinheiro." É por isso que o pai rico acreditava que trabalho árduo e poupança eram um caminho difícil para o enriquecimento.

2. A segunda razão pela qual ele recomendou um plano diferente para tornar-se rico foi o fato das pessoas que economizam e trabalham muito acharem que investir é arriscado. As pessoas que pensam que as coisas são arriscadas muitas vezes também evitam aprender algo novo.

3. O terceiro motivo era que as pessoas que acreditam em trabalho árduo, poupança e consideram os investimentos arriscados raramente veem o outro lado da moeda. Este capítulo aborda algumas das razões pelas quais investir não tem que ser arriscado.

Por que Investir Não É Arriscado

O pai rico gostava de pegar temas muito complexos e simplificá-los de modo que quase todos pudessem entender pelo menos seus aspectos gerais. Em *Pai Rico, Pai Pobre*, apresentei os diagramas da demonstração de renda e do balancete que ele empregou para me ensinar os pontos básicos da contabilidade e da proficiência financeira. Em *Independência Financeira*, apresentei o gráfico em que ele explicava as principais diferenças emocionais e de conhecimentos entre as pessoas que se encontram em cada um dos quadrantes. Eu precisava, inicialmente, entender de modo completo as lições desses dois livros.

Dos doze aos quinze anos, o pai rico diversas vezes me fez sentar a seu lado, enquanto entrevistava pessoas em busca de emprego. Era por volta das 16h que ele fazia suas entrevistas e eu sentava a seu lado, atrás de sua ampla mesa de trabalho. Do outro lado da mesa, estava uma única cadeira de madeira em que o entrevistado se sentava. A secretária conduzia um a um dos candidatos àquela cadeira solitária.

Eu via adultos à procura de um emprego que pagava US$1 por hora com benefícios mínimos. Mesmo sendo ainda adolescente, sabia que seria difícil sustentar uma família ganhando US$8 por dia, quanto mais enriquecer. Também vi pessoas com formação universitária, alguns até com doutorado, candidatando-se a empregos por salários de menos de US$500 mensais.

Depois de algum tempo, a novidade de sentar do lado do pai rico nessas ocasiões acabou. Meu pai rico nunca me disse nada antes, durante ou depois dessas entrevistas. Finalmente, já com quinze anos e cansado de presenciar as entrevistas, lhe perguntei: "Por que é que o senhor quer que eu fique aqui sentado acompanhando as entrevistas dos candidatos? Não estou aprendendo nada e já enjoei. Além disso, é triste ver adultos precisando tanto de emprego e dinheiro. Algumas dessas pessoas estão desesperadas. Elas não podem largar seus empregos a menos que o senhor lhes dê outro emprego. Duvido que alguns deles possam passar três meses sem ter um salário. E outros obviamente são mais velhos que o senhor e está na cara que não têm dinheiro. Por quê? Por que o senhor quer que eu veja isso? Morro de pena sempre que estou aqui. Não porque eles estejam pedindo um emprego, mas é esse desespero por dinheiro que me perturba."

O pai rico ficou alguns instantes, cabisbaixo, refletindo. "Estava esperando que você fizesse essa pergunta", disse o pai rico. "Ela também me incomoda, e é por isso que queria que você soubesse disso antes de ficar muito mais velho — disse ele, enquanto rabiscava em seu bloco o quadrante CASHFLOW.

"Você está começando o ensino médio. Em breve, terá que tomar algumas decisões muito importantes quanto ao que você quer ser quando crescer, se é que já não as tomou. Sei que o seu pai o incentiva a fazer faculdade e a procurar um emprego bem remunerado. Se você ouvir seu conselho, estará andando neste rumo."

Meu pai rico traçou uma seta na direção do lado E–A do quadrante.

"Se você me escutar, estudará para ser uma pessoa situada deste lado do quadrante CASHFLOW", disse meu pai rico desenhando uma seta em direção ao lado D–I.

Capítulo 13

"O senhor já me mostrou esse gráfico muitas vezes e me disse isso mesmo", respondi calmamente. "Por que o senhor continua repetindo?"

"Porque se você ouvir seu pai, logo estará sentando naquela cadeira do outro lado de minha mesa. Se você escutar o que estou dizendo, sentará deste lado da mesa. Essa é a decisão que você está tomando, consciente ou inconscientemente, ao começar o ensino médio. Sento você a meu lado da mesa porque quero que entenda que há diferença nos pontos de vista. Não estou dizendo que um dos lados seja melhor do que o outro. Cada lado da mesa tem seus aspectos favoráveis e desfavoráveis. Quero que você comece a escolher desde agora qual o lado da mesa que prefere para que seus estudos a partir de agora determinem de que lado da mesa sentará. Irá ficar do lado E–A ou do lado D–I?"

Um Lembrete Gentil Dez Anos Depois

Em 1973, meu pai rico recordou aquela conversa que tivemos quando eu tinha quinze anos. "Lembra que lhe perguntei de que lado da mesa você queria se sentar?", questionou ele.

Concordei, e disse: "Quem teria previsto então que meu pai, que sempre defendeu a ideia de um emprego seguro e para toda a vida, estaria agora sentado do outro lado da mesa, aos 52 anos? Aos quarenta anos, o futuro lhe sorria, e, dez anos depois, tudo acabou."

"Bem, o seu pai é um homem muito corajoso. Infelizmente, ele não imaginou que isso pudesse acontecer com ele e agora está com problemas profissionais e financeiros. E as coisas podem ficar piores se ele não fizer algumas mudanças rapidamente. Ele continua mantendo suas velhas ideias sobre empregos e estabilidade. Tenho medo que ele desperdice os últimos anos de sua vida. Não posso ajudá-lo agora, mas posso orientar você", disse o pai rico.

"Então, o senhor está dizendo: 'Escolha em que lado da mesa você quer se sentar?'", perguntei. "Quer dizer que tenho que escolher se vou ser piloto de alguma empresa aérea ou se vou seguir meu próprio caminho?"

"Não necessariamente", disse meu pai rico. "Tudo o que farei nesta aula será mostrar-lhe algumas coisas."

"E o que é?", perguntei.

Meu pai rico voltou a desenhar o quadrante CASHFLOW:

Ele então continuou: "Muitos jovens só se concentram em um dos lados do quadrante CASHFLOW. Quando alguém pergunta às crianças: 'O que você quer ser quando crescer?', se você reparar, a maioria responde que quer ser bombeiro, bailarina, médico ou professor."

"A maioria das crianças escolhe os lados E–A do quadrante, então", acrescentei.

"Sim", disse meu pai rico. "E o quadrante I, aquele dos investidores, é algo que só se considera de passagem, se é que se pensa nele. Em muitas famílias, só se lembra disso quando os pais falam: 'O emprego precisa oferecer bons benefícios e um plano de aposentadoria sólido.' Em outras palavras, deixam nas mãos da empresa a responsabilidade pelos investimentos de longo prazo. Mas enquanto estamos aqui falando o mundo lá fora está mudando."

"Por que diz isso?", perguntei. "Por que está dizendo que as coisas estão mudando?"

"Estamos entrando em um período de economia global", disse meu pai rico. "Para que as empresas possam concorrer no mercado global precisam manter baixos seus custos. E um dos maiores custos é o da remuneração dos funcionários e do financiamento de seus planos de aposentadoria. Anote o que vou lhe dizer: em alguns

Capítulo 13

anos, as empresas vão passar a responsabilidade da aposentadoria para os próprios funcionários."

"Você quer dizer que as pessoas vão ter que tratar de seus planos de aposentadoria em vez de deixar a tarefa para o empregador ou para o governo?", perguntei.

"Sim. O problema será ainda pior para os pobres. E são eles que me preocupam", disse o meu pai rico. "É por isso que lhe lembrei das pessoas que se sentavam do outro lado da mesa, aqueles cuja única alternativa é um emprego. Quando você tiver minha idade, o que fazer com as pessoas que não contam com recursos financeiros e médicos na velhice será um grande problema. E sua geração, a dos *baby boomers*[1], terá provavelmente que se encarregar da solução do problema. Sua gravidade se fará sentir com toda a força por volta de 2010."

"Então, o que eu devo fazer?", perguntei.

"Torne o quadrante I o mais importante em vez de se concentrar nos demais. Opte por ser um investidor quando crescer. Seu dinheiro trabalhará para você de modo que só terá que trabalhar se quiser. Você não vai querer ser como seu pai, que aos 52 anos tem que começar tudo de novo, considerando em qual dos quadrantes ele ganhará mais dinheiro e percebendo que está aprisionado no quadrante E", disse o pai rico.

"Você precisa aprender como se opera a partir de qualquer dos quadrantes. Se você puder sentar dos dois lados da mesa, verá os dois lados da moeda", o pai rico resumiu, em referência à sua metáfora dos dois lados da moeda.

O Quadrante Mais Importante

O pai rico me explicou que uma das diferenças entre as pessoas ricas e as pobres é o que os pais ensinam em casa às crianças. Ele disse: "Mike já tinha uma carteira de investimentos pessoais de cerca de US$200 mil aos quinze anos. Você não tinha nada. Tudo o que você tinha era a intenção de estudar para poder conseguir um emprego com benefícios. Isso era o que seu pai considerava importante."

O pai rico me recordou de que o seu filho, Mike, já sabia como investir antes de concluir o ensino médio. "Nunca tentei influenciá-lo na escolha da carreira", prosseguiu meu pai rico. "Eu queria que ele fizesse o que lhe interessava mesmo que

---

[1] Depois da Segunda Guerra Mundial, a Europa (especialmente a Grã-Bretanha e a França), os Estados Unidos, o Canadá e a Austrália tiveram um aumento de natalidade repentino, que ficou conhecido como baby boom; daí pessoas nascidas nesses países, entre 1946 e 1964, serem chamadas de baby boomers. (N. E.)

isso o afastasse de meus negócios. Mas qualquer que fosse sua escolha, ser policial, político ou poeta, queria que antes se tornasse um investidor. Você fica muito mais rico se aprender a ser investidor, qualquer que seja a forma em que ganha dinheiro pela vida afora."

Anos mais tarde, à medida que conheci mais pessoas que vinham de famílias bem situadas economicamente, ouvi de muitas delas a mesma coisa. Muitos de meus amigos ricos dizem que suas famílias lhes deram carteiras de investimentos desde que eram bastante jovens e os orientaram para que aprendessem a investir — antes mesmo de decidirem o tipo de profissão que desejavam.

Faça Este Teste

Na Era Industrial, as regras do emprego diziam que sua empresa o empregaria por toda a vida e cuidaria de suas necessidades de investimentos destinados à aposentadoria. Em 1960, a duração média do período de vida entre o momento da aposentadoria e o da morte era de apenas um ano para os homens e dois para as mulheres. Em outras palavras, bastava você se concentrar no quadrante E e seu empregador cuidaria do I. Isso era muito tranquilizador, especialmente para a geração de meus pais, que tinha passado pelos horrores da guerra mundial e da Grande Depressão. Esses eventos tiveram um significativo impacto em sua atitude mental e em suas prioridades financeiras. Muitos ainda mantêm essa atitude financeira e a passam para seus filhos. Muitas pessoas também acreditam que a casa própria é um ativo e seu investimento mais importante. Essa é uma maneira de pensar da Era Industrial. Nessa era isso era tudo o que uma pessoa precisava conhecer sobre gestão de dinheiro porque a empresa ou o sindicato e o governo cuidavam do resto.

As regras mudaram. Na atual Era da Informação, a maioria de nós precisa de maior sofisticação financeira. Precisamos conhecer a diferença entre um ativo e um passivo. Vivemos muito mais e, portanto, precisamos de maior estabilidade financeira para o período da aposentadoria. Se a casa própria é seu maior investimento, provavelmente sua situação financeira é problemática. Sua carteira financeira precisa ser um investimento bem maior do que a casa própria.

Capítulo 13

A boa notícia é que o quadrante I é o que merece maior atenção — temos que aprender a nos tornar responsáveis por ele —, porque a liberdade vem justamente deste quadrante.

Assim, o teste de atitude mental é:

1. **Qual dos quadrantes você coloca em primeiro lugar? Qual é o mais importante para você?**

    E __ A __ D __ I __

2. **De que lado da mesa você deseja se sentar?**

    _____

Não sugiro uma resposta para a Pergunta 2 pelo seguinte motivo: você pode ter observado que quando uma empresa importante anuncia demissões em massa, os preços de suas ações costumam subir. Esse é um exemplo dos dois lados da mesa. Quando uma pessoa muda de lado, sua maneira de ver o mundo muda também. E quando uma pessoa muda de quadrante, mesmo que apenas mental e emocionalmente, suas lealdades muitas vezes mudam. E acredito que essa mudança é provocada pela mudança das eras, a passagem da forma de pensar da Era Industrial para a da Era da Informação, e levará as empresas e seus líderes a enfrentarem alguns dos maiores desafios do futuro. As regras apenas começaram a mudar.

Capítulo 14
LIÇÃO DO INVESTIDOR #14 REGRAS BÁSICAS DOS INVESTIMENTOS

Certo dia, eu estava me sentindo frustrado quanto ao meu progresso financeiro. Faltavam quase quatro meses para dar baixa das Forças Armadas e voltar ao mundo civil. Pusera de lado minhas tentativas de encontrar um emprego em uma companhia aérea. Estava resolvido a entrar no mundo dos negócios, em junho de 1974, e queria me situar no quadrante D. Não era uma decisão difícil, pois o pai rico estava disposto a me orientar, mas começava a me sentir ansioso por obter sucesso financeiro. Sentia que estava muito atrasado, sobretudo quando me comparava a Mike.

Em um de meus encontros com o pai rico, lhe contei meus pensamentos e frustrações: "Já iniciei os dois planos. Um para assegurar que terei segurança financeira e outro, mais agressivo, para ter conforto financeiro. Mas no passo em que vão, mesmo se eles forem bem-sucedidos, nunca chegarei a ser rico como o senhor e Mike", falei.

Meu pai rico sorriu quando ouviu isso. Rindo silenciosamente para si mesmo, ele disse: "Investir não é uma corrida. Você não está concorrendo com mais ninguém. As pessoas que concorrem em geral passam por grandes altos e baixos em sua vida financeira. Você não está aí para chegar em primeiro lugar. Tudo o que precisa para ganhar mais é, simplesmente, concentrar-se em se tornar um investidor melhor. Se você se concentrar em aperfeiçoar sua experiência e sua formação de investidor, poderá tornar-se muito rico. Se tudo o que quer é enriquecer rápido, ou ter mais dinheiro que Mike, então é bem possível que você saia como um grande

Capítulo 14

perdedor. Está certo se comparar e concorrer um pouco, mas o verdadeiro objetivo do processo é melhorar como investidor, qualquer outra coisa é loucura e pode ser arriscada."

Fiquei sentado, refletindo e sentindo-me um pouco melhor. Sabia que melhor do que tentar ganhar mais dinheiro e assumir riscos maiores seria estudar mais arduamente. Isso fazia mais sentido para mim, parecia menos arriscado e certamente exigiria menos dinheiro — e dinheiro não era algo que me sobrasse nessa época.

O pai rico continuou expondo suas razões para fazer com que Mike começasse pelo quadrante I, em lugar dos quadrantes D ou E. Argumentou: "Como o objetivo dos ricos é pôr o dinheiro a trabalhar para eles, a fim de não ter que trabalhar, por que não começar por aí?" E passou a explicar por que incentivara Mike e eu a começar a jogar golfe quando tínhamos dez anos. Ele continuou: "O golfe é um esporte que pode ser praticado a vida toda. O futebol só pode ser jogado durante alguns anos. Então, por que não começar pelo esporte que praticará a vida inteira?"

Claro que eu não tinha lhe dado atenção. Mike continuou jogando golfe e eu passei a jogar beisebol, futebol e rúgbi. Não era muito bom em nenhum deles, mas adorava e gostava de jogar.

Quinze anos após ter começado a jogar golfe e a investir, Mike era agora um grande golfista, tinha uma carteira de investimentos substancial e muito mais experiência em investimentos do que eu. Aos 25 anos, eu estava apenas começando a aprender a jogar golfe e a investir.

Destaco isso porque não importa o quão jovem ou velho você seja, adquirir os conhecimentos básicos de qualquer coisa, especialmente um jogo, é importante. A maioria das pessoas toma algumas lições de golfe para obter conhecimentos básicos antes de começar a jogar, mas infelizmente a maioria não aprende nem o mais básico antes de investir seu suado dinheiro.

O Básico sobre Investir

"Agora que já está com seus dois planos de investimento — o da segurança e o do conforto — em ação, vou-lhe explicar os princípios básicos do investimento", disse meu pai rico. E passou a explicar que muita gente começa a investir sem ter dado início aos outros dois planos, o que, em sua opinião, era arriscado. Ele prosseguiu: "Depois de ter implementado esses planos, você pode começar a experimentar e aprender técnicas mais exóticas utilizando diferentes veículos de investimento. É por isso que esperei que você implementasse esses dois planos de investimento automáticos ou mecânicos antes de continuar com nossas lições."

Regra Básica Número Um

"A regra básica número um do investimento", disse o pai rico, "é saber sempre com que tipo de renda você está preocupado."

Durante anos, o pai rico disse a mim e a Mike que havia três tipos diferentes de renda:

1. *Renda de um trabalho formal* é geralmente a que se aufere por meio de um emprego ou prestação de serviço. Em sua forma mais comum, é o contracheque. É também aquela que tem a alíquota de imposto de renda mais alta, de modo que é mais difícil enriquecer a partir dela. Quando se diz a uma criança: "Procure um bom emprego", se está orientando essa criança a procurar esse tipo de renda.

2. *Renda de portfólio* comumente, é aquela gerada por ativos de papel, como ações, títulos, fundos mútuos etc. A renda de portfólio é o tipo mais comum de renda de investimentos, simplesmente porque é mais fácil gerir e manter ativos de papel.

3. *Renda passiva* é aquela gerada, na maior parte, por imóveis. Pode também ser gerada por patentes ou acordos de licenciamento. Contudo, em cerca de 80% dos casos provém de imóveis.

Uma das batalhas entre meus dois pais se referia ao que deveria ser dito às crianças. Meu pai pobre sempre afirmava: "Estude aplicadamente na escola para ter boas notas. Com boas notas você poderá conseguir um bom emprego. E então se tornará um homem trabalhador." Quando Mike e eu estávamos no ensino médio, o pai rico ria dessa ideia. Ele costumava dizer: "Seu pai é um homem trabalhador, mas nunca ficará rico se continuar pensando assim. Se vocês me ouvirem, e se quiserem ficar ricos, garotos, vocês trabalharão para auferir renda de portfólio e renda passiva."

Naquela época, eu não entendia completamente o que cada um desses homens me dizia ou quais as diferentes filosofias que estavam por trás de suas ideias. Aos 25 anos, começava a entender melhor. Meu pai pobre, aos 52 anos, estava começando tudo da estaca zero, preocupado apenas com os rendimentos do trabalho, o que achara certo ao longo de toda sua vida. Meu pai rico era rico e desfrutava a vida simplesmente por-

Capítulo 14

que tinha muito dinheiro gerado pelos três tipos de fonte. Nesse momento, soube para qual tipo de renda ia me esforçar, e não era o rendimento do trabalho.

Regra Básica Número Dois

"A regra básica número dois", disse o pai rico, "é converter os rendimentos do trabalho em renda de portfólio ou em renda passiva do modo mais eficiente possível." O pai rico traçou então este diagrama no seu bloco:

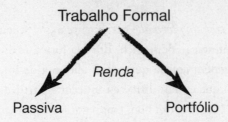

"Em resumo, é isso que todo investidor deve fazer", sintetizou meu pai rico, sorrindo. "Este é o princípio mais básico."

"Mas como a gente faz isso?", perguntei. "Como consigo dinheiro se não o tenho? E se eu perder o dinheiro?"

"Como, como, como?", devolveu o meu tom, o Pai Rico. "Isso soa como um chefe indígena de um filme antigo."

"Mas essas são questões reais", choraminguei.

"Sei que isso é um problema concreto. Mas, por enquanto, quero que você tente entender os princípios básicos. Depois vamos passar para o como. Certo? E cuidado com os pensamentos negativos. Veja: o risco sempre estará presente nos investimentos, como na própria vida. As pessoas muito negativas que fogem de qualquer risco acabam perdendo a maioria das oportunidades por isso mesmo. Entendeu?"

Concordei. "Entendi. Vamos aos princípios básicos."

Regra Básica Número Três

"A terceira regra básica dos investimentos", disse o pai rico, concordando com a minha última afirmação, "é manter seguros os rendimentos do trabalho adquirindo um valor que possa transformar esse rendimento em renda passiva ou em renda de portfólio."

"Segurança por meio de valores?", perguntei. "Estou confuso. O que aconteceu com os ativos e passivos?"

"Boa pergunta", disse o pai rico. "Agora estou tentando expandir seu vocabulário. É tempo de passar da compreensão simples de ativos e passivos — algo que, tenho observado, a maioria das pessoas não adquire nunca. Mas o que interessa agora é que nem todos os valores são necessariamente ativos, como pensa muita gente."

"O senhor está dizendo que uma ação ou um imóvel são valores, mas podem não ser ativos?", questionei.

"Está correto. Contudo, a maioria dos investidores medianos não consegue distinguir um valor de um ativo. Muita gente, até profissionais, não sabe a diferença. Muitas pessoas chamam qualquer valor de ativo."

"Então, qual é a diferença?", perguntei.

"Um valor é algo que você acredita que venha a manter seu dinheiro seguro. E em geral esses valores são protegidos por rigorosos dispositivos legais. E é por isso que a organização que cuida da maioria dos investimentos do mundo é a Comissão de Títulos e Câmbio dos Estados Unidos, a Securities and Exchange Commission, também conhecida como SEC (que, no Brasil, tem como equivalente aproximado a Comissão de Valores Mobiliários, ou CVM). Repare que a SEC não se chama Comissão de Ativos e Bolsas."

"De modo que o governo do país sabe que valores não são necessariamente ativos", constatei.

Meu pai rico concordou, e disse: "Nem é chamada de Comissão de Valores e Garantias. O governo sabe que tudo o que pode fazer é implementar regras rigorosas e cuidar para que sejam obedecidas. Mas não garante que todos os que adquirirem valores ganhem dinheiro. É por isso que os valores não são chamados de ativos. Se você se recorda da definição, os ativos põem dinheiro no seu bolso ou na coluna da receita; já um passivo tira dinheiro de seu bolso e aparece na coluna das despesas. É uma simples questão de proficiência financeira básica."

Assenti. "Assim, cabe ao investidor saber quais valores são ativos e quais são passivos", falei, começando a entender aonde o pai rico queria chegar com isso.

"É isso mesmo", disse o pai rico pegando outra vez seu bloco. E lá traçou o seguinte diagrama:

Capítulo 14

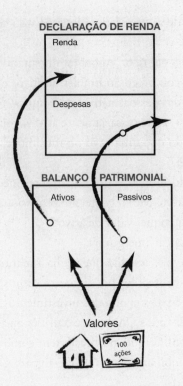

"A confusão começa, para muitos investidores, quando alguém fala que valores são ativos. Os investidores medianos ficam nervosos porque sabem que a compra de um valor não significa que venham necessariamente a ganhar dinheiro. O problema da compra de um valor é que também podemos perder dinheiro", disse o pai rico.

Ele continuou: "Se o valor faz dinheiro, como mostra seu gráfico, ele está aumentando a coluna da receita da demonstração financeira e é um ativo. Mas se perder dinheiro, e isso for registrado na coluna da despesa, então esse valor é um passivo. De fato, o mesmo valor pode ser um ativo ou um passivo. Por exemplo, em dezembro eu compro cem ações da empresa ABC por $20 cada uma. Então em janeiro eu vendo dez dessas ações por $30 cada. Essas dez ações formam um ativo porque geraram receita para mim. Mas se em março eu vender mais dez ações a $10 cada uma, essa mesma ação será um passivo porque gerou uma perda, uma despesa."

O pai rico pigarreou antes de falar: "Do modo que vejo as coisas, invisto em instrumentos chamados de valores. Cabe a mim como investidor determinar se o valor é um ativo ou um passivo."

"E é aí que está o risco", completei. "O investidor não sabe a diferença entre ativo e passivo ao fazer investimentos de risco."

Regra Básica Número Quatro

"A regra básica número quatro diz que na verdade é o investidor que é o ativo ou o passivo", disse o pai rico.

"O quê!?", exclamei. "O investidor é o ativo ou o passivo, e não o investimento ou o valor?"

Meu pai rico fez que sim com a cabeça. "É por isso que as pessoas costumam dizer: 'Investir é arriscado.' É o investidor que é arriscado. Em última análise, ele é o ativo ou o passivo. Já vi muitos dos autodesignados investidores perderem dinheiro quando todo o mundo estava ganhando. Vendi empresas para muitos dos chamados homens de negócios e eles as levaram à falência. Vi pessoas pegarem um imóvel que gerava uma boa renda e em poucos anos esse mesmo imóvel estava caindo aos pedaços e dando prejuízo. E depois as pessoas falam que investir é arriscado. É o investidor que é arriscado, não o investimento. Na verdade, o bom investidor vai atrás dos investidores arriscados porque aí é que encontramos as pechinchas."

"E é por isso que o senhor adora escutar os investidores que lamentam suas perdas", falei. "O senhor quer ver onde é que eles erraram e descobrir se há aí uma pechincha."

"Você entendeu", disse meu pai rico. "Estou sempre procurando o capitão do *Titanic*."

"E é por isso que o senhor não gosta de ouvir histórias de gente que ganha rios de dinheiro no mercado de ações ou com imóveis. Você odeia quando alguém fala que comprou uma ação por US$5 e que ela já subiu para US$25."

"Você me conhece direitinho", disse o pai rico. "Ouvir histórias de dinheiro rápido e de riqueza instantânea é loucura. Essas histórias só atraem os perdedores. Se uma ação é bem conhecida ou subiu muito, na maioria das vezes a festa já acabou ou está prestes a acabar. Prefiro ouvir histórias de desgraças e desventuras porque é aí que se encontram as pechinchas. Como pessoa que opera a partir do lado D–I do quadrante, quero descobrir valores que são passivos e transformá-los em ativos, ou esperar que alguém comece a transformá-los em ativos."

"E isso faz do senhor um investidor na tendência contrária", aventurei, "que é alguém que vai de encontro às ideias do setor."

Capítulo 14

"Essa é a ideia que os leigos fazem dos investidores que atuam na tendência contrária. A maioria das pessoas pensa que esse tipo de investidor é ser antissocial que não quer se misturar à multidão. Mas não é verdade. Como alguém que atua no lado D–I do quadrante, penso em mim como alguém que conserta. Quero olhar os destroços e ver se é possível consertá-los. Se não dá para arrumar ou se ninguém os quer depois de consertados, também não os quero. Um verdadeiro investidor também tem que gostar daquilo que a multidão gosta, e é por isso que digo que não atuo unicamente na tendência contrária. Não vou comprar alguma coisa só porque não há mais ninguém que queira."

"E não há uma regra básica de investimento número cinco?", perguntei.

Regra Básica Número Cinco

"Sim, ela existe", disse meu pai rico. "A quinta regra básica do investimento é que o verdadeiro investidor está preparado para o que der e vier. Um não investidor tenta prever o que acontecerá e quando."

"O que isso quer dizer?", perguntei.

"Já ouviu alguém dizer: 'Poderia ter comprado esse terreno por US$500 há vinte anos. E, veja, agora alguém construiu um shopping do lado e o mesmo terreno está valendo US$500 mil'?"

"Sim, ouvi essas histórias diversas vezes", falei.

"Todos já ouvimos isso", falou o pai rico. "Bom, esse é o caso de alguém que não estava preparado. A maioria dos investimentos que podem torná-lo rico pode ser feita apenas em uma estreita janela de tempo — alguns instantes, no caso das bolsas, ou alguns anos, no caso dos imóveis. Mas não importa quanto tempo essa janela de oportunidades fique aberta, se você não estiver preparado, com conhecimento e experiência, ou com dinheiro disponível, a oportunidade, se for boa, passará."

"E como a gente se prepara?", perguntei.

"É necessário estar focado e ter em mente o que os outros já estão procurando. Se você quiser comprar ações, faça algum curso que ensine como detectar bons negócios nessa área. O mesmo se aplica aos imóveis. Tudo começa com o treinamento de seu cérebro para saber o que procurar e como estar preparado para quando a oportunidade se apresentar. É como com o futebol. Você joga e de repente aparece a chance de chutar para o gol. Ou você está preparado ou não está. Mas mesmo que você erre o lance, no futebol ou nos investimentos, há sempre, logo adiante, outra oportunidade de chutar para o gol, ou de fazer o investimento que representa a 'oportunidade da sua vida'. A boa notícia é que a cada dia aparecem mais e mais oportunidades, mas primeiro é necessário escolher o jogo e aprender suas regras", disse o pai rico.

"É por isso que o senhor sorri quando alguém se queixa de ter perdido a oportunidade de um bom negócio ou lhe diz que o senhor precisa entrar nesse ou naquele negócio?", perguntei.

"Sem dúvida. Repito, há muitas pessoas que acreditam que há escassez em vez de abundância neste mundo. E muitas ficam lamentando o negócio perdido ou imaginando que aquela foi a única chance. Se você for bom nos setores D e I do quadrante CASHFLOW, terá mais tempo e poderá examinar mais oportunidades e terá mais confiança porque sabe que pode pegar um mau negócio que a maioria das pessoas rejeita e transformá-lo em um bom negócio. É isso que eu quero dizer quando falo de investir o tempo necessário para se preparar. Se estiver preparado, você verá que todos os dias aparecerá na sua frente o negócio de sua vida", disse o pai rico.

"E foi assim que o senhor achou aquele terreno incrível, andando na rua", comentei, lembrando como o pai rico adquirira um de seus melhores imóveis. "O senhor viu que o cartaz de 'Vende-se' tinha caído e que ninguém se dera conta de que o terreno estava à venda. O senhor ligou para o proprietário e lhe ofereceu um preço baixo, embora justo, e ele aceitou suas condições de pagamento. Ele aceitou sua oferta porque ninguém lhe fizera uma oferta em dois anos. É disso que o senhor está falando, não é?", perguntei.

"Sim, é disso que estou falando e esse terreno era muito melhor do que muitos outros. É isso o que quero dizer quando falo em estar preparado. Eu sabia quanto valia o terreno e o que iria acontecer naquela área nos próximos meses, de modo que o risco era baixo e o preço também. Bem que gostaria de achar mais uns dez terrenos assim", falou o pai rico.

"E o que o senhor quer dizer quando fala: 'Não faça previsões'?", perguntei.

"Bem, você já deve ter ouvido alguém falar: 'E se o mercado despencar? O que vai acontecer então com meus investimentos? É por isso que não vou comprar. Prefiro esperar e ver o que acontece'", disse o pai rico.

"Muitas vezes", falei.

Meu pai rico falou: "Já soube de muitas pessoas que ao se deparar com uma boa oportunidade de negócios recuam, porque seu medo interior as faz prever desastres. Suas vibrações negativas as impedem de investir — ou elas vendem quando não de-

Capítulo 14

veriam fazê-lo e compram o que não deveriam com base em previsões emocionais, sejam otimistas ou pessimistas."

"E isso poderia ser evitado se eles tivessem alguns conhecimentos, um pouco de experiência e estivessem preparadas", falei.

"Exatamente", disse o pai rico. "Além disso, um dos aspectos básicos do bom investidor é estar preparado para lucrar quando o mercado está subindo ou quando ele está caindo. Na verdade, os bons investidores ganham mais em um mercado em declínio simplesmente porque a queda é mais rápida do que a recuperação. Como se diz, o touro sobe as escadas e o urso voa pela janela[1]. Se você não tiver cobertura para qualquer das situações, você como investidor é arriscado — não o investimento."

"Isso quer dizer que muitas pessoas impedem a si mesmas de serem investidores ricos", falei.

Meu pai rico concordou. "Já ouvi tanta gente dizendo: 'Não compro imóveis porque não quero que me liguem de madrugada para consertar um vazamento.' Bem, nem eu. É para isso que tenho administradores de imóveis. Mas eu amo as vantagens fiscais do fluxo de caixa que vêm de imóveis e não de ações."

"Então, as pessoas se excluem das oportunidades em lugar de estar preparadas", ecoei, começando a entender por que a preparação era tão importante. "Como é que a pessoa aprende a estar preparada?"

"Vou lhe ensinar algumas técnicas básicas que todos os investidores profissionais deveriam conhecer — técnicas como operações a descoberto, opções de venda, opções de compra, straddles e assim por diante. Mas isso fica para mais adiante. Por enquanto, chega de falar das vantagens da preparação em relação à previsão", disse o pai rico.

"Mas eu ainda tenho uma dúvida sobre preparação", protestei.

"E do que se trata?", perguntou o pai rico.

"E se eu achar um negócio, mas não tiver dinheiro?", questionei.

Regra Básica Número Seis

"Essa é a sexta regra básica", disse meu pai rico. "Se você tiver conhecimentos e experiência, e se deparar com um bom negócio, o dinheiro achará você ou você achará o dinheiro. Bons negócios parecem trazer à tona a ganância das pessoas. E

---

[1] No jargão das bolsas de valores, o touro representa situações de alta, de otimismo, enquanto o urso é o símbolo dos mercados em baixa, de pessimismo. (N. E.)

O Guia de Investimentos

não estou usando a palavra em sentido pejorativo. Falo de ganância como emoção humana em geral, uma emoção que todos sentimos. De modo que quando a pessoa descobre um bom negócio — este atrai o dinheiro. Se o negócio for ruim, então será realmente difícil levantar o dinheiro."

"O senhor já viu um bom negócio que não atraiu dinheiro?", perguntei.

"Muitas vezes", disse o pai rico, "mas não era o negócio que não atraía o dinheiro. A pessoa que controlava o negócio é que não atraía o dinheiro. Em outras palavras, o negócio teria sido bom se essa pessoa tivesse pulado fora. É como um carro de corrida com um piloto médio. O carro pode ser o melhor do mundo, mas ninguém apostará nele se o seu piloto for apenas médio. Em imóveis, as pessoas costumam dizer que as chaves do sucesso são localização, localização e localização. Penso de forma diferente. Na verdade, no mundo dos investimentos — seja em imóveis, negócios ou ativos de papel — as chaves são sempre pessoas, pessoas e pessoas. Já vi o melhor imóvel, na melhor localização, dar prejuízo porque estava em mãos da pessoa errada."

Eu disse: "Então, de novo, se eu estiver preparado, tiver feito o dever de casa, tiver alguma experiência e um bom histórico, e se achar um bom investimento, achar o dinheiro não será muito difícil."

"É essa minha experiência", disse meu pai rico. "Infelizmente, demasiadas vezes os piores negócios, que são aqueles em que investidores como eu não poriam as mãos, são apresentados aos investidores não sofisticados e estes perdem seu dinheiro."

"E é por isso que existe a Comissão de Valores Mobiliários", falei. "Sua função é proteger o investidor mediano desses maus negócios."

"Certo", disse o pai rico. "A principal tarefa dos investidores é procurar manter seu dinheiro em segurança. O passo seguinte é fazer o melhor possível para converter esse dinheiro em fluxos de caixa ou ganhos de capital. É nesse momento que você, ou a pessoa a quem você confiou seu dinheiro, pode transformar esse valor em um ativo ou em um passivo. Repito, não é o investimento que é seguro ou arriscado, é o investidor."

"Então, esta é a última regra básica do investimento?", perguntei.

"Não. Ainda falta muito", disse o pai rico. "Investimento é um assunto cujos princípios básicos podem ser aprendidos ao longo de toda a sua vida. Mas quanto melhor você conhecer essa base, mais dinheiro ganhará e menos risco correrá. Mas gostaria de lhe passar ainda uma regra básica dos investimentos, a sétima."

Capítulo 14

Regra Básica Número Sete

"E qual é a número sete?", perguntei.

"É a capacidade de avaliar risco e remuneração", disse o pai rico.

"O senhor me daria um exemplo?", pedi.

"Digamos que seus dois planos básicos de investimento estão no lugar. Seu pé de meia está aumentando e você tem, digamos, $25 mil que poderia investir em algo mais especulativo", supôs meu pai rico.

"Bem que queria ter esses $25 mil agora", comentei secamente. "Mas continue falando de risco e remuneração."

"Bom, então você tem esses $25 mil que pode se dar ao luxo de perder — quer dizer, se perder tudo você vai chorar um pouco, mas ainda tem o suficiente para levar comida para casa, botar gasolina no carro e poupar outros $25 mil. Então você começa a avaliar os riscos e a remuneração de investimentos mais especulativos", disse meu pai rico.

"E como eu faço isso?", perguntei.

"Digamos que seu sobrinho está pensando em montar um quiosque de cachorro-quente e precisa de $25 mil para começar. Seria um bom investimento?", indagou meu pai rico.

"Emocionalmente pode ser, mas financeiramente não", falei.

"Por que não?", perguntou meu pai rico.

"Muito risco e pouca remuneração", retruquei. "E, além disso, como é que iria ter o dinheiro de volta? O mais importante neste caso é o retorno sobre o investimento. Como o senhor já falou, a segurança do capital é muito importante."

"Muito bem", disse meu pai rico. "Mas se eu dissesse que seu sobrinho já trabalhou durante quinze anos em uma das maiores cadeias de lanchonetes, esteve na chefia de várias das áreas da empresa e está pronto para criar uma cadeia mundial de lanchonetes? E se com esses $25 mil você pudesse comprar 5% da empresa? Você ficaria interessado?", questionou meu pai rico.

"Sim", falei. "Sem dúvida, porque agora há uma perspectiva de maior remuneração pelo mesmo risco. Mas, ainda assim, seria um negócio de alto risco."

"Está correto", disse o pai rico. "E é um exemplo do princípio básico da avaliação do risco e da remuneração."

"Então, como é que se avaliam esses investimentos especulativos?", perguntei.

"Boa pergunta", disse ele. "Esse é o nível do investimento da riqueza, o nível que se segue aos da segurança e do conforto. Você agora está falando em adquirir as habilidades necessárias para fazer os investimentos dos ricos."

"Então, mais uma vez", resumi, "não é o investimento que é arriscado, é o investidor que não tem as qualificações adequadas que aumentam o risco do investimento."

Os Três Es

"Certo", disse o pai rico. "Neste nível, o nível do investimento dos ricos, é necessário possuir os três Es. E eles são:

1. Educação
2. Experiência
3. Excesso de dinheiro."

"Excesso de dinheiro?", indaguei. "Não apenas bastante dinheiro?"

"Não, eu uso 'excesso de dinheiro' por uma razão. Para investir como os ricos, é necessário poder perder e ainda assim lucrar com a perda."

"Lucrar com a perda?", perguntei. "Como isso é possível?"

"Chegaremos lá", disse meu pai rico. "Você verá que no nível da riqueza as coisas são diferentes. Perceberá que há perdas boas e ruins. Dívidas boas e ruins. Despesas boas e despesas ruins. No nível da riqueza, os conhecimentos e a experiência exigidos são muitíssimo maiores. E se você não estiver preparado, não permanecerá aí muito tempo. Sacou?"

"Saquei", falei.

O pai rico prosseguiu explicando que se não aplicarmos a fórmula KISS[2], o risco pode ser alto. Em suas palavras: "Se não pudermos explicar o investimento para alguém em menos de dois minutos de modo que a pessoa entenda, então ou você não entendeu, ou nós não entendemos ou ninguém entendeu. Qualquer que seja o caso, é melhor deixar o investimento para lá."

Ele também disse: "Muitas vezes, as pessoas tentam fazer com que o investimento pareça complexo e utilizam um jargão rebuscado. Se alguém fizer isso, peça para falar claro. Se a pessoa não for capaz de explicar o investimento em termos

---

[2] Sigla da expressão "Keep It Simple, Silly"; em português, "Não complique, seu bobo". (N. E.)

Capítulo 14

que uma criança de dez anos entenda, pelo menos em linhas gerais, então é muito provável que nem essa pessoa esteja entendendo. Afinal, P/L nada mais é do que um indicador do valor de uma ação. E a taxa de capitalização, uma expressão utilizada frequentemente no mercado de imóveis, apenas mede quanto dinheiro o imóvel põe ou deixa de pôr em seu bolso."

"Então, se não for simples, não entre nessa?", perguntei.

"Não, também não estou dizendo isso", disse o pai rico. "Com muita frequência, as pessoas que não se interessam em investir ou têm uma atitude derrotista dizem: 'Gente, se não for fácil, não vou aplicar nisso.' O que eu digo para essas pessoas é: 'Bom, quando você era pequenininho seus pais tiveram muito trabalho para ensinar você a usar o troninho. Então, até ir ao banheiro já foi difícil um dia. E, no entanto, hoje isso não é mais problema.'"

Faça Este Teste

Verifiquei que muita gente deseja investir como os ricos sem ter primeiro uma sólida base de conhecimentos financeiros. Elas querem investir nesse nível porque estão com dificuldades financeiras e precisam desesperadamente de dinheiro. Obviamente, não recomendo a ninguém investir como os ricos se a pessoa já não for rica. Meu pai rico também não aconselhava isso.

Algumas pessoas têm a sorte de que seu plano financeiro para o conforto cria excesso de dinheiro suficiente para que elas pensem ser ricas. Mas a menos que a pessoa aprenda a pensar como os ricos, ela ainda será pobre. Será apenas uma pessoa pobre com dinheiro.

Assim, o teste de atitude mental é:

Se você pretende investir naquilo em que os ricos investem; está disposto a adquirir o que o pai rico chamava os três Es?

De novo, são eles:

- Educação
- Experiência
- Excesso de dinheiro

Sim ___ Não ___

Se a resposta for negativa, então o restante deste livro não lhe será muito útil, nem lhe recomendaria em sã consciência fazer qualquer dos investimentos dos quais falarei, que são os investimentos dos ricos.

Se você não tem certeza ou está curioso a respeito de alguns dos conhecimentos e da experiência necessários para obter excesso de dinheiro, então continue a leitura. E ao final do livro poderá resolver se deseja se aprofundar nos três Es.

Ao longo da leitura você poderá descobrir que seus planos de segurança e conforto financeiro já lhe permitem "elevar a barra". Tal como o atleta que pratica o salto em altura, ou o salto com vara, vai elevando a barra à medida que sua técnica progride, você pode ter sucesso financeiro nos níveis da segurança e do conforto. Então chega a hora de elevar a barra, e seus objetivos, e se dedicar mais tempo a enriquecer.

Como afirmava meu pai rico: "Investimento é um tópico que você pode estudar o resto da vida." O que ele queria dizer é que no início parece complexo e com o tempo vai se tornando simples. Quanto mais simples se tornar o assunto, ou quanto mais base de conhecimentos você adquirir, mais rico ficará, reduzindo os riscos. Mas para a maioria das pessoas o desafio está no investimento de tempo.

Capítulo 15
LIÇÃO DO INVESTIDOR #15 REDUZA O RISCO COM A PROFICIÊNCIA FINANCEIRA

Ainda estávamos no início da primavera de 1974. Faltava pouco para eu dar baixa nos fuzileiros. Não sabia o que faria ao me desligar da base. O Presidente Nixon estava vivendo os problemas de Watergate e os processos prestes a começar, de modo que ele tinha preocupações maiores do que as minhas. Todos sabíamos que a Guerra do Vietná terminara e que fôramos derrotados. Meu cabelo ainda exibia o corte militar e toda vez que entrava no mundo civil me destacava, pois estavam em moda os cabelos longos dos hippies. Comecei a imaginar como ficaria com os cabelos na altura dos ombros. Desde 1965, meus cabelos estavam curtos, quando entrara na Academia Militar. Era a época errada para se andar com os cabelos curtos.

O mercado de ações caíra nos últimos quatro dias e as pessoas estavam nervosas. Até na sala de prontidão da base aérea, os pilotos que tinham comprado ações estavam nervosos. Um deles vendera todas as suas ações para tentar salvar seu dinheiro. Na época, eu não tinha investimentos em bolsas de valores, de modo que podia observar sem emoção o efeito do vaivém do mercado sobre as pessoas.

Meu pai rico e eu tínhamos almoçado no seu hotel preferido. Ele estava feliz como sempre. O mercado em queda e ele ganhando ainda mais dinheiro. Parecia-me estranho que ele se mantivesse calmo e feliz quando todas as outras pessoas, até os comentaristas radiofônicos, estavam nervosos.

"Como é que o senhor consegue estar feliz quando todas as outras pessoas que encontro e que aplicaram em ações estão nervosas?", perguntei.

Capítulo 15

"Bem, já falamos disso antes", disse o pai rico. "Disse que um dos aspectos fundamentais para um investidor é a necessidade de estar preparado para tudo o que possa acontecer em lugar de tentar prever o que possa vir a ocorrer. Duvido que alguém possa prever os movimentos do mercado, embora muita gente afirme que pode. Uma pessoa pode prever os acontecimentos uma vez, talvez duas, mas nunca achei ninguém que fosse capaz de prever três vezes seguidas os rumos do mercado. Se essa pessoa existir, deve ter uma superbola de cristal."

Eu sabia que já tínhamos passado por isso, mas eu ainda precisava perguntar ao pai rico de qualquer maneira. "Mas investir não é arriscado? Não é arriscado não saber o que vai acontecer?", questionei.

"Não", disse meu pai rico.

"A maioria das pessoas com quem falo acredita que investir é arriscado, de modo que mantém seu dinheiro no banco, em fundos de investimento de curto prazo ou em certificados de depósitos bancários", falei.

"E elas estão certas", disse o pai rico, e ficou alguns momentos em silêncio antes de prosseguir. "Para a maioria das pessoas, investir é arriscado, mas lembre-se sempre que não é o investimento que é arriscado, é o investidor. Muitas pessoas que se acham investidores não o são de verdade. São, de fato, especuladores, operadores ou — pior ainda — jogadores. Há uma diferença sutil entre esses personagens e um verdadeiro investidor. Entenda bem, há especuladores, operadores e jogadores muito bem-sucedidos financeiramente. Mas não os consideraria investidores."

"E como um investidor pode se tornar menos arriscado?", perguntei.

"Boa pergunta", disse o pai rico. "Ou talvez seja melhor perguntar: 'Como alguém pode tornar-se um investidor que ganha muito dinheiro com pouquíssimo risco? E como não perder esse dinheiro que fiz?'"

"Sim. Sem dúvida essa é uma pergunta bem melhor", concordei.

"A resposta é a mesma. É manter as coisas simples e entender os aspectos básicos. Comece a implementar planos financeiros para a segurança e o conforto. Esses planos são muitas vezes administrados por alguém que acreditamos ser competente e seguem uma fórmula automática, sem mistérios. Então, é preciso pagar o preço para se tornar um investidor que deseja ganhar mais dinheiro com menos risco", disse o pai rico.

"E que preço é esse?", perguntei.

"Tempo", disse o pai rico. "O tempo é seu ativo mais importante. Se você não estiver disposto a investir seu tempo, então deixe seus investimentos a cargo das pessoas que estão seguindo o plano de investimento escolhido por você. Muitas pessoas sonham em ficar ricas, mas a maioria não quer pagar o preço do investimento de seu tempo."

Eu estava vendo que o pai rico ainda estava muito preocupado com os aspectos da preparação mental. Mas eu já me sentia pronto para avançar. Estava disposto a aprender a investir seguindo sua fórmula. No entanto, ele continuava testando minha determinação de investir tempo e esforço no aprendizado daquilo que era necessário, de modo que levantei a voz ao ponto que as mesas próximas podiam ouvir o que eu estava falando e disse: "Quero aprender. Estou disposto a investir meu tempo. Vou estudar. Não vou desistir. O senhor não estará desperdiçando seu tempo se me ensinar. Mostre os aspectos básicos do investimento bem-sucedido com baixo risco."

"Bom", disse meu pai rico, "estava esperando por um pouco de paixão. Fiquei preocupado quando você chegou hoje pensando apenas na queda das bolsas. Se permitir que os altos e baixos das bolsas conduzam sua vida, você não deve tornar-se um investidor. Para ser um investidor, o seu primeiro controle deve ser o de si próprio. Se você não puder controlar-se, as subidas e descidas do mercado o conduzirão e acabará perdendo em um desses movimentos. A primeira razão pela qual as pessoas não são boas investidoras é que não têm controle sobre si mesmas e de suas emoções. O desejo de segurança e conforto comanda seus corações, suas almas, suas mentes, sua visão do mundo e suas ações. Repito, um verdadeiro investidor não se preocupa com o rumo do mercado. Um verdadeiro investidor ganhará dinheiro na alta ou na baixa. Portanto 'o controle de si próprio' é o primeiro e o mais importante dos controles. Entendeu?"

"Entendi", falei, enquanto me apoiava na minha pequena cadeira. Eu já estava aprendendo com o pai rico há anos e percebia que, a seu jeito, ele estava querendo me dizer que as lições de investimento estavam apenas começando.

O pai rico prosseguiu em ritmo acelerado. "Portanto, se você deseja investir com baixo risco e alto retorno, tem que pagar o preço. E o preço envolve aprendizado, muito aprendizado. Você precisa estudar os fundamentos dos negócios. Para ser um investidor rico, você também precisa ser ou um bom dono de empresa, ou saber o que sabe o proprietário de uma empresa. No mercado de ações, os investidores querem investir em Ds bem-sucedidos. Se você tiver as habilidades de um D, poderá criar sua própria empresa, tornando-se um D, ou poderá analisar outras empresas como potenciais investimentos de um I. O problema é que a maioria das

Capítulo 15

pessoas não recebe da escola qualquer formação que não seja a de E e A. Não tem as qualificações exigidas de um D. É por isso que poucas pessoas podem se tornar investidoras muito ricas."

"E é por isso que tanta gente acha que investir é arriscado", falei.

"Exatamente", disse meu pai rico enquanto pegava seu bloco de anotações. "Veja o que é um investimento fundamental. Neste simples diagrama apresento a fórmula básica que eu e muitos investidores super-ricos aplicamos."

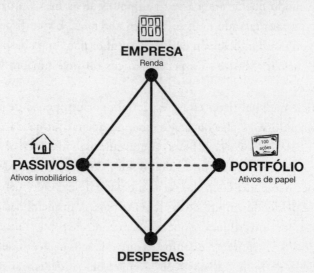

"No mundo dos investimentos, há três tipos básicos de ativos nos quais você pode investir. Já falamos da ideia de rendimento do trabalho, renda passiva e renda de portfólio. Bem, a grande diferença entre os realmente ricos e os ricos médios está no tetraedro que desenhei", disse o pai rico.

"O senhor quer dizer que a criação de uma empresa é um investimento?", perguntei.

"Possivelmente, o melhor investimento de todos, se é que você quer se tornar um investidor rico. Cerca de 80% dos muito ricos chegaram a esse ponto por meio de empresas. A maioria das pessoas trabalha para quem cria empresas ou investe nelas. Eles ficam imaginando por que a pessoa que montou a empresa é tão rica. A razão é que o criador de uma empresa sempre poderá trocar moeda pelo ativo."

"O senhor está dizendo que o criador ou proprietário da empresa valoriza mais o ativo que o dinheiro?", perguntei.

"Isso é apenas parte da realidade, porque tudo o que um investidor realmente faz é trocar tempo, conhecimentos ou dinheiro por um valor que ele espera ou pretende transformar em ativo. Então, do mesmo modo que você usa dinheiro para investir em um imóvel, em um prédio para aluguel, ou comprar ações, um dono de empresa paga funcionários para que sua empresa se torne um ativo. Uma das razões pelas quais os pobres e a classe média passam apertos porque eles dão mais valor ao dinheiro do que aos verdadeiros ativos."

"Então os pobres e a classe média dão valor ao dinheiro e os ricos na verdade não o valorizam. É isso o que o senhor está dizendo?"

"Em parte", disse meu pai rico. "Sempre se lembre da lei de Gresham."

"Lei de Gresham?", retruquei. "Nunca ouvi falar da lei de Gresham. O que é?"

"É uma lei econômica que afirma que a moeda má expulsa a moeda boa."

"Moeda boa? Moeda má?", perguntei, balançando a cabeça.

"Deixe-me explicar", disse o pai rico. "A lei de Gresham existe desde que existe a moeda. Já no tempo dos antigos romanos, as pessoas raspavam as beiradinhas das moedas de ouro e prata antes de passá-las a outras pessoas. E assim as moedas perdiam o valor. Os romanos não eram bobos e logo perceberam que algumas moedas eram mais leves. Quando perceberam isso passaram a guardar as moedas mais pesadas, que tinham mais ouro ou prata, e gastavam as mais leves. Esse é um exemplo de moeda má tirando a boa de circulação. Para evitar essa perda de valor da moeda, os governos passaram a cunhar moedas com uma beirada serrilhada. Se a serrilha estivesse gasta ficava claro que alguém a manipulara. Ironicamente, é o governo quem mais mexe com o valor de nosso dinheiro."

"Mas isso era muito antigamente, no tempo dos romanos. Como é que essa lei funciona hoje?", perguntei.

"Em 1965, menos de dez anos atrás, a lei de Gresham começou a funcionar nos Estados Unidos quando o governo deixou de cunhar moedas de prata. Em outras palavras, o governo americano começou a produzir moedas más, ou moedas sem nenhum valor intrínseco. Imediatamente as pessoas passaram a guardar as moedas de prata e passaram a utilizar em suas transações as moedas de menor valor."

"Em outras palavras, as pessoas descobriram intuitivamente que a moeda do governo não vale muito", constatei.

"É o que parece", disse o pai rico, "e talvez seja por isso que as pessoas estejam poupando menos e gastando mais. Infelizmente os pobres e a classe média compram coisas que valem ainda menos que seu dinheiro. Elas transformam dinheiro em lixo."

Capítulo 15

Enquanto isso, os ricos compram empresas, ações e imóveis com seu dinheiro. Eles procuram valores mais seguros em uma época em que o valor intrínseco da moeda é cada vez menor. É por isso que sempre disse a você e ao Mike que os ricos não trabalham por dinheiro. Se quiser ser rico, precisa conhecer a diferença entre moeda boa e moeda má, entre ativos e passivos."

"Valores bons e maus", acrescentei.

O pai rico balançou a cabeça, confirmando. "É por isso que sempre disse a vocês: 'Os ricos não trabalham por dinheiro.' Disse isso porque os ricos são suficientemente inteligentes para saber que a moeda vale cada vez menos. Se alguém trabalha arduamente em troca de moeda má e desconhece a diferença entre ativos e passivos, entre valores bons e valores ruins, poderá ter problemas financeiros a vida inteira. Na verdade, é uma vergonha o fato de os que trabalham mais arduamente e ganham menos sofrerem mais com a constante erosão do valor do dinheiro. As pessoas que trabalham mais duramente são as que batalham mais para ir em frente por causa da lei de Gresham. Como o valor do dinheiro cai continuamente, uma pessoa com sabedoria financeira deve procurar constantemente coisas de valor e obter mais e mais moeda desvalorizada. Se não fizer isso, regredirá financeiramente ao longo do tempo em vez de progredir."

Novamente, meu pai rico rabiscou um diagrama em seu bloco de anotações:

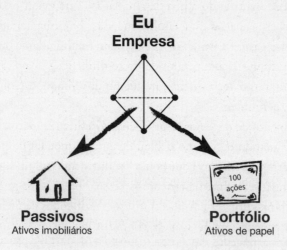

"Hoje, estou em uma situação mais segura que seu pai porque trabalhei arduamente para adquirir esses três tipos de ativo ou valores básicos. Seu pai optou por trabalhar arduamente para ter segurança no emprego. Então seus esforços resultaram em algo assim:"

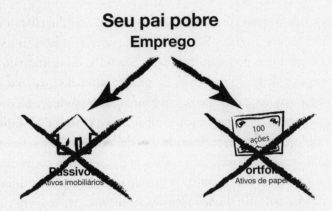

Meu pai rico, então, riscou o emprego formal:

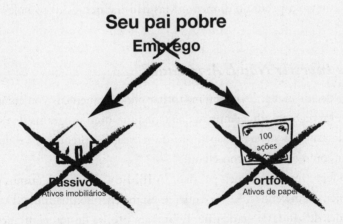

"Então, quando perdeu o emprego, seu pai percebeu que tinha trabalhado bastante para nada. E, pior, ele foi bem-sucedido. Galgou os degraus que o levaram ao topo do sistema estadual de ensino, mas então trombou com o sistema. Sinto muito por seu pai, quase tanto quanto você. Mas você não pode fazer nada por quem tem convicções muito arraigadas e não está disposto a mudar. Ele procura outro emprego em lugar de se perguntar se um emprego poderá levá-lo aonde ele deseja chegar."

"E, assim, ele se agarra à segurança no emprego e a falsos ativos. Contudo, ele deixou de converter a receita auferida do trabalho em ativos reais de forma a poder

Capítulo 15

gerar uma renda de rico que é a renda passiva ou a de portfólio", constatei. "Ele deveria ter convertido seus contracheques em valores reais, antes de se contrapor ao sistema."

"Seu pai é um homem corajoso, muito instruído, mas lhe falta informação financeira. E isso foi sua desgraça. Se ele fosse rico, poderia influenciar o sistema com doações para campanhas políticas, mas como não tinha dinheiro, tudo o que pôde fazer foi protestar e desafiar o governo. Os protestos são efetivos, mas é necessário que uma multidão proteste para que se verifique alguma mudança no governo. Veja, agora, quantas pessoas protestando para acabar com a Guerra do Vietnã."

"E a ironia é que ele protestava contra o poder dos ricos que influenciam o governo com suas contribuições de campanha", falei. "Ele via o poder que as pessoas endinheiradas tinham sobre os políticos e como obtinham a aprovação de leis que as favoreciam. Meu pai via o dinheiro envolvido na política e resolveu concorrer nas eleições para tentar pôr fim a esse abuso financeiro. Isso lhe custou seu cargo no governo. Ele sabe que as leis são feitas para favorecer os ricos."

"Esse é outro aspecto do dinheiro. Mas não trataremos disso hoje", disse meu pai rico.

Por que Investir Não É Arriscado?

"Já me decidi", falei. "Não vou me tornar piloto comercial. Vou começar a procurar um emprego em uma empresa que tenha um bom programa de treinamento de vendedores, para superar meu medo de rejeição e aprender a vender ou a me comunicar como o senhor aconselhou."

"Boa ideia", respondeu meu pai rico. "A IBM e a Xerox têm ótimos programas de treinamento em vendas. Se você quer se estabelecer no quadrante D, então precisa entender de vendas e marketing. E também precisa de autoconfiança para não desanimar quando as pessoas lhe disserem não. Mas também tem que ter a capacidade de levá-los a mudar de ideia quando necessário. Vender é uma habilidade básica, muito importante para quem deseja enriquecer, especialmente no quadrante D, mas também é útil no quadrante I."

"Mas eu tenho uma pergunta importante", falei.

"Faça", falou meu pai rico.

O Guia de Investimentos

"Como é que o senhor diz que investir não é arriscado quando a maioria das pessoas afirma o contrário?"

"Fácil", disse o pai rico. "Posso ler demonstrações financeiras e a maioria das pessoas não. Lembra que anos atrás comentei com você que seu pai tinha muita instrução, mas que em termos de finanças era analfabeto?"

Concordando, falei: "Eu lembro que o senhor fala isso sempre."

"A proficiência financeira é uma das coisas mais importantes para o investidor, sobretudo quando este quer evitar riscos desnecessários, ou ser um investidor que está por dentro e é rico. Quem não for financeiramente proficiente não pode ver o que há por trás do investimento. Do mesmo modo que um médico utiliza os raios X para ver o esqueleto do paciente, uma demonstração financeira revela a verdade do investimento, os fatos, a ficção, as oportunidades e o risco. Ler a demonstração financeira de uma pessoa ou de uma empresa é como ler uma biografia ou uma autobiografia."

"Então uma das razões pelas quais as pessoas consideram os investimentos arriscados é que elas não aprenderam a ler demonstrações financeiras?", perguntei surpreso. "E é por isso que o senhor começou a ensinar a Mike e a mim a ler demonstrações financeiras quando tínhamos nove anos?"

"Bem, você deve lembrar que foi aos nove anos que você me disse que queria ser rico. Quando falou isso, comecei pela base:

- Nunca trabalhe por dinheiro
- Aprenda a reconhecer oportunidades — não empregos
- Aprenda a ler demonstrativos financeiros

A maioria das pessoas acaba os estudos e começa a procurar um emprego, não as oportunidades; lhes ensinaram a trabalhar arduamente para ganhar rendimentos do trabalho e não renda passiva ou de portfólio, e a maioria nem sabe controlar o talão de cheques quanto mais ler e escrever uma demonstração financeira. Não

Capítulo 15

espanta que considerem os investimentos arriscados." O pai rico pegou novamente seu bloco, e traçou o diagrama a seguir:

Você

Renda
Despesas

Ativos	Passivos

Imóveis

Renda
Despesas

Ativos	Passivos

Sua empresa

Renda
Despesas

Ativos	Passivos

Ativos de papel

Renda
Despesas

Ativos	Passivos

"Uma empresa apresenta uma demonstração financeira, um certificado de ações é o reflexo de uma demonstração financeira, todo imóvel tem uma demonstração financeira e cada um de nós, seres humanos individuais, também tem uma demonstração financeira correspondente", disse o pai rico.

"Todo valor e todo ser humano?", perguntei. "Até o meu pai? Até a minha mãe?"

"Certamente", disse o pai rico. "Tudo, seja empresa, imóvel ou ser humano, que transacione dinheiro tem uma demonstração de resultados e um balanço patrimonial — mesmo que não saiba disso. As pessoas que não estão cientes do poder de uma demonstração financeira são muitas vezes as que têm menos dinheiro e os maiores problemas financeiros."

"Como os que o meu pai tem neste momento", falei.

"Infelizmente, é a verdade", disse meu pai rico. "Não saber a simples diferença entre ativo e passivo, entre rendimento do trabalho e renda passiva e de portfólio e não saber onde aparecem e como fluem na demonstração financeira, foi um grande descuido de seu pai."

"Portanto, quando o senhor considera um negócio, o senhor examina sua demonstração financeira e não os preços das ações naquele dia?", perguntei tentando tirar meu pai do centro da conversa.

"Está correto", confirmou meu pai rico. "É o que se chama análise fundamentalista. A proficiência financeira é essencial para a análise fundamentalista dos investimentos. Quando examino os aspectos financeiros de um negócio, estou vendo seu interior. Posso dizer se a empresa é, fundamentalmente, forte ou fraca, se está crescendo ou em declínio. Posso dizer se a gerência está fazendo um bom trabalho ou jogando fora o dinheiro dos investidores. O mesmo se aplica a um imóvel residencial ou comercial."

"Assim, ao examinar os aspectos financeiros o senhor verifica se o investimento é seguro ou arriscado", completei.

"Sim", disse meu pai rico. "Os aspectos financeiros de uma pessoa, de uma empresa ou de um imóvel me dirão muito mais do que isso. Mas um exame superficial desses aspectos financeiros permite três outras coisas importantes."

"O quê?"

"Primeira, a proficiência financeira me oferece uma orientação quanto ao que é importante. Posso ver o que não está sendo feito ou o que pode ser melhorado. Muitos investidores consideram o preço da ação e sua relação P/L, ou relação preço/lucro. Esse é um indicador para quem está fora da empresa. Alguém que conhece as coisas por dentro precisa de outros indicadores, e são esses que lhe mostrarei. São parte de uma lista que nos permite aferir se todos os segmentos do negócio estão funcionando bem. Se você não tiver proficiência financeira, não verá as diferenças. E, nesse caso, o investimento se tornará arriscado para você."

"E a segunda coisa?", perguntei.

"A segunda coisa é que quando considero um investimento, também examino minha demonstração financeira para ver se as coisas se encaixam. Como disse, investimentos são parte de um plano. Quero conhecer como a empresa, a ação, o

141

Capítulo 15

fundo mútuo, o título ou o imóvel impacta minha posição financeira. Quero saber se esse investimento me levará aonde quero ir. E posso também analisar como fazer esse investimento. Conhecendo minha posição, posso ver o que acontecerá se eu recorrer a um empréstimo para fazer o investimento e qual será o impacto em longo prazo entre a renda gerada pelo investimento e as despesas com a amortização daquele empréstimo."

"E a terceira coisa?"

"Quero ter a certeza de que esse investimento é seguro e que me renderá dinheiro. Posso verificar se o investimento renderá ou não em um prazo muito curto. Se não render dinheiro, ou se eu não puder alterar o motivo pelo qual não renderá, então para que investir? Seria arriscado."

"De modo que, se não gerar dinheiro, o senhor não investe?", perguntei.

"Na maioria dos casos", disse o pai rico. "Embora isso pareça algo muito simples, sempre fico espantado quando encontro pessoas que perdem, ou não ganham, dinheiro e ainda assim se pensam investidores. Muitas pessoas que investem em imóveis perdem dinheiro mês após mês e depois falam: 'Mas o governo oferece uma isenção fiscal para as perdas.' É o mesmo que dizer: 'Se você perder um dólar, o governo lhe devolverá trinta centavos.' Alguns poucos empresários e investidores muito sofisticados sabem como utilizar esses artifícios a seu favor, mas são pouquíssimas pessoas. Por que não ganhar um dólar e um bônus adicional de 30 centavos do governo? Isso é o que faz o verdadeiro investidor."

"Há gente que faz isso de verdade? Perde dinheiro e pensa estar investindo?"

"E, além disso, eles pensam que perder dinheiro para auferir vantagens fiscais é bom negócio. Você imagina como é fácil achar um investimento que perde dinheiro?", perguntou o pai rico.

"Imagino que seja bastante fácil", falei. "O mundo está cheio de ações, de fundos mútuos, de imóveis e empresas que não rendem nada."

"Um investidor de verdade está em primeiro lugar preocupado com ganhar dinheiro, e então, depois de ganhar dinheiro, eles querem um bônus adicional do governo. Portanto, um investidor de verdade ganhará um dólar e mais o bônus de 30 centavos do governo. Um investidor não sofisticado ficará empolgado ao perder um dólar e ganhar trinta centavos do governo sob a forma de uma dedução tributária."

"Só porque a pessoa não pode ler uma demonstração financeira?", perguntei.

"Esse é um dos pontos básicos. A proficiência financeira é sem dúvida uma base importante para se investir no nível da riqueza. O outro ponto básico é investir para ganhar dinheiro. Nunca invista com a intenção de perder dinheiro e então se alegre com a dedução tributária. Você investe por uma única razão: ganhar dinheiro. Já há riscos demasiados quando não se investe para perder dinheiro."

Seu Boletim

Quando estávamos a ponto de concluir a lição do dia, meu pai rico disse: "Agora você entende por que eu lhe pedi tantas vezes para fazer suas demonstrações financeiras pessoais?"

Balancei a cabeça afirmativamente e falei: "E também falou para analisar as demonstrações financeiras de investimentos em empresas e imóveis. O senhor insistia em que eu tinha que pensar em demonstrações financeiras. Agora entendo a razão."

"Quando você estava na escola, você levava para casa o boletim todo mês. Uma demonstração financeira é o boletim das pessoas que saíram da escola. O problema é que como ninguém ensina a ler ou a manter demonstrações financeiras pessoais, grande parte das pessoas não tem ideia de como estão se saindo depois que concluem a escola. Muitas pessoas têm notas baixas em suas demonstrações financeiras, mas pensam que estão se saindo bem porque têm um emprego bem remunerado e moram em uma boa casa. Infelizmente, se alguém lhes desse notas, quem quer que não tenha independência financeira por volta dos 45 anos estaria reprovado. Não é que eu queira ser cruel. Eu só quero que as pessoas acordem e façam algumas coisas de modo diferente, antes que fiquem sem seu ativo mais importante — tempo."

"De modo que é possível reduzir o risco quando se sabe ler demonstrações financeiras", retruquei. "É preciso controlar a própria demonstração financeira antes de começar a investir."

"Certamente", disse o pai rico. "Esse processo do qual tenho lhe falado é o processo de assumir o controle de você mesmo, o que também inclui sua demonstração financeira. Muita gente deseja investir porque está muito endividada. Investir na esperança de ganhar mais dinheiro para poder pagar dívidas ou comprar uma casa maior ou um carro novo é uma loucura em termos de plano de investimento. Você investe por uma razão: para adquirir um ativo que converte rendimentos do trabalho em renda passiva ou de portfólio. Essa conversão de uma forma de renda em outra é o objetivo principal do verdadeiro investidor. E fazer isso exige conhecimentos financeiros maiores do que o simples controle do talão de cheques."

Capítulo 15

"De modo que o senhor não se preocupa com o preço de uma ação ou de um imóvel. O senhor está interessado em operar os aspectos fundamentais revelados pela demonstração financeira."

"Exato", disse meu pai rico. "É por isso que fiquei perturbado quando você se mostrou preocupado com o movimento dos preços nas bolsas de valores. Embora o preço seja importante, está muito longe de ser a coisa mais destacada em uma análise fundamentalista dos investimentos. O preço é mais relevante quando se faz a análise técnica dos investimentos, mas isso é assunto para outra lição. Agora você está entendendo por que o fiz fazer tantas demonstrações financeiras pessoais e lhe pedi para analisar investimentos em empresas e imóveis?"

Fiz que sim com a cabeça. "Eu odiava aquilo, mas agora estou contente porque o senhor me obrigou a fazê-las. Estou entendendo porque penso e analiso coisas usando retratos mentais de minha demonstração financeira e vejo como o que faço com meu dinheiro afeta minha demonstração financeira. Não me dei conta de que a maioria das pessoas não raciocina com as mesmas referências."

O Tapete Mágico

"Você está bem à frente no jogo", disse meu pai rico, "o jogo do enriquecimento. Costumo chamar esses dois elementos da demonstração financeira — a demonstração de resultados e o balanço patrimonial — de o tapete mágico."

"Por que o senhor lhes dá esse nome, tapete mágico?", indaguei.

"Porque parecem levar você magicamente para os bastidores de qualquer negócio, qualquer imóvel e qualquer país do mundo. É como pegar uma máscara de mergulho e observar repentinamente o que acontece sob a superfície da água. A máscara, que representa a demonstração financeira, permite que você veja claramente o que acontece sob a superfície. Ou poderíamos dizer que a demonstração financeira é como a visão de raios X do super-homem. Em lugar de pular por sobre o prédio alto, uma pessoa financeiramente proficiente pode ver diretamente através das paredes de concreto do edifício. Outra razão para o nome tapete mágico é porque o libera para ver e fazer tantas coisas em tantos lugares do mundo enquanto está sentado em seu escritório. Você pode investir em tantos lugares do mundo, ou no seu quintal, com muito mais conhecimento e perspicácia. Em última instância, o aperfeiçoamento de meus conhecimentos financeiros reduz meu risco e aumenta meus retornos. Uma demonstração financeira me permite ver o que o investidor mediano não pode ver. E também me dá controle sobre minhas finanças pessoais, e me permite ver para onde quero rumar na vida. Controlando demonstrações financeiras também consigo operar múltiplas empresas sem estar fisicamente nelas. O verdadeiro entendimento das demonstrações financeiras é uma das qualificações fundamentais para que a pessoa possa mover-se do quadrante A para o D. E é por isso que chamo a demonstração de resultados e o balanço patrimonial de tapete mágico."

Faça Este Teste

Se queremos comprar um carro usado, pediremos a um mecânico que o examine e o ligue a um aparelho de testes eletrônicos antes de decidir se ele vale o preço pedido. Se pensamos em comprar uma casa, pediremos a um engenheiro que verifique as condições dos alicerces, dos encanamentos, da fiação, do telhado etc., antes de comprá-la.

Se vamos nos casar com alguém, gostaríamos de saber o que há por trás daquele rosto bonito antes de resolvermos passar a vida inteira junto daquela pessoa.

No entanto, quando se trata de investir, a maioria dos investidores não lê as demonstrações financeiras da empresa em que está investindo. A maioria dos investidores prefere apoiar-se em uma dica quente, ou em um preço baixo ou em um preço alto, dependendo da situação do mercado naquele momento. A maioria das pessoas faz anualmente a revisão de seu carro ou um exame médico periódico, mas nunca analisa suas demonstrações financeiras para verificar se há falhas ou problemas futuros em potencial. A razão é que a maioria das pessoas sai da faculdade sem ter ideia da importância de uma demonstração financeira, e muito menos de como controlá-la. Assim, não surpreende que tanta gente diga que investir é arriscado. A falta de proficiência financeira é arriscado, investir não.

Como Ver Oportunidades de Investimento

Se você pretende enriquecer investindo, diria que o requisito mínimo é um bom conhecimento da interpretação de demonstrações financeiras. Não apenas aumentará seu fator de segurança, como lhe permitirá ganhar muito mais dinheiro em menos tempo. Digo isso porque sendo capaz de ler uma demonstração financeira a pessoa poderá ver oportunidades de investimento que o investidor mediano não vislumbra. O investidor mediano se

Capítulo 15

fixa no preço como indicador da oportunidade de comprar ou vender. O investidor sofisticado treinou seu cérebro para perceber oportunidades de outro tipo. Ele sabe que a maioria das melhores oportunidades de investimento não é visível ao olho não treinado.

Meu pai rico me ensinou que se pode ganhar mais nos investimentos sendo alfabetizado e conhecendo as forças e fraquezas internas do investimento. Ele afirmava: "Para encontrar as melhores oportunidades de investimento é necessário entender de contabilidade, código tributário e direito comercial. E é nesses domínios invisíveis que os verdadeiros investidores vão encontrar os melhores negócios. É por isso que chamo a demonstração financeira de tapete mágico."

Assim, o teste de atitude mental é:

Se você planeja enriquecer por meio de investimentos e aplicar nos investimentos dos ricos, está disposto a manter uma demonstração financeira atualizada e praticar lendo regularmente outras demonstrações financeiras?

Sim ___ Não ___

Capítulo 16
LIÇÃO DO INVESTIDOR #16
PROFICIÊNCIA FINANCEIRA SIMPLIFICADA

"Seu pai tem dificuldades financeiras porque tem muita instrução, mas não é financeiramente proficiente", dizia meu pai rico frequentemente para mim. "Se ele destinasse tempo a aprender a entender os números e o vocabulário do dinheiro, sua vida mudaria substancialmente."

A proficiência financeira foi uma das seis lições apresentadas no livro *Pai Rico, Pai Pobre*. Para o pai rico, ela era indispensável a quem tivesse o sincero desejo de se tornar empresário ou investidor profissional. Mas, por enquanto, penso que é melhor fazer uma rápida revisão da proficiência financeira e como torná-la simples e de fácil entendimento.

O Básico

Um investidor sofisticado deveria ser capaz de ler muitos tipos diferentes de documentos financeiros. No centro desses documentos todos estão a demonstração de resultados e o balanço patrimonial.

Capítulo 16

DEMONSTRAÇÃO FINANCEIRA

Renda
Despesas

BALANÇO PATRIMONIAL

Ativos	Passivos

Não sou contador, mas fiz vários cursos sobre o assunto. Em muitos deles, o que impressionou foi que os instrutores se concentravam em cada um dos documentos, mas não nas relações entre eles. Em outras palavras, os instrutores nunca explicavam por que um dos documentos era importante para o outro.

Meu pai rico pensava que a relação entre a demonstração dos resultados e o balanço patrimonial era tudo o que importava. Ele costumava dizer: "Como é possível entender uma sem o outro? Como podemos distinguir um ativo de um passivo sem olhar para as colunas da receita ou das despesas?"

Ele sempre afirmava: "As pessoas têm dificuldades financeiras porque adquirem passivos e os consideram ativos. É por isso que tanta gente considera a casa própria um ativo quando na verdade é um passivo." Se você entender a lei de Gresham, verá por que esse descuido aparentemente banal pode ser a causa de permanentes dificuldades financeiras em lugar da independência financeira. Ele também observava: "Se quiser ser rico por gerações, você e aqueles que ama precisam conhecer a diferença entre um ativo e um passivo. Você deve conhecer a diferença entre aquilo que tem valor e o que não o tem."

Depois que o livro *Pai Rico, Pai Pobre* foi publicado, muitas pessoas perguntavam: "Ele acha que a pessoa não deve adquirir a casa própria?" A resposta é: "Não, ele não afirmava isso." Meu pai rico só enfatizava a importância de ser financeiramente proficiente. Ele queria dizer: "Não chame um passivo de ativo, mesmo que seja a sua casa." A segunda pergunta mais frequente era: "Se eu quitar o financiamento da minha casa, isso vai torná-la um ativo?" Novamente, na maioria dos casos, a resposta é: "Não, só porque você não tem dívidas em sua casa, isso não significa necessariamente que ela seja um ativo." A razão para essa resposta é novamente encontrada no fluxo de caixa de termo. Para a maioria das residências pessoais, mesmo se você não tem nenhuma dívida, ainda há despesas e impostos sobre a propriedade. Na verdade, você nunca realmente possui seu imóvel imaculado. Isso porque a propriedade sempre pertenceu à realeza. Hoje, pertence ao governo. Se você duvida desta afirmação, pare de pagar o imposto predial e você vai descobrir quem é o verdadeiro dono do imóvel, com ou sem financiamento. É a falta de pagamento de impostos prediais que embasa os certificados de gravame tributário[1]. Em *Pai Rico, Pai Pobre*, tratei dos altos juros auferidos por aqueles que investem em ditos certificados. O gravame tributário é a forma que o governo encontrou para dizer: "Você pode *controlar* o seu imóvel, mas seu *dono* será sempre o governo."

Meu pai rico era favorável à casa própria. Ele considerava que essa era a forma segura de aplicar o dinheiro, mas não era necessariamente um ativo. De fato, quando ele já adquirira substancial quantidade de ativos, passou a morar em uma bela mansão. Aqueles ativos geravam o fluxo de caixa que lhe permitira comprar sua mansão. O que ele desejava ressaltar é que não se deve chamar um passivo de ativo nem adquirir passivos pensando tratar-se de ativos. Para ele esse era um dos maiores erros que se podia cometer. Ele dizia: "Se alguma coisa é um passivo, é melhor chamá-la de passivo e estar muito atento a ela."

As Palavras Mágicas São Fluxo de Caixa

Para o pai rico, as palavras mais importantes para os negócios e os investimentos eram *fluxo de caixa*. Ele costumava afirmar: "Da mesma maneira que um pescador deve estar atento aos movimentos da maré, um homem de negócios deve estar muito

---

[1] Esse dispositivo do código tributário dos Estados Unidos permite que não sejam pagos impostos quando uma propriedade imobiliária destinada a comércio, negócios ou investimento for trocada por outra ou outras (até três) de valor igual ou maior. A troca mencionada na legislação não precisa ser direta, pode ser a venda de um imóvel e compra de outro, feita dentro do mesmo exercício fiscal. (N. E.)

Capítulo 16

consciente dos deslocamentos sutis do fluxo de caixa. As pessoas e os negócios enfrentam dificuldades financeiras porque não controlam seu fluxo de caixa."

Proficiência Financeira para Crianças

O pai rico tinha pouca instrução formal, mas tinha jeito para pegar temas complexos e torná-los suficientemente simples de modo que uma criança de nove anos pudesse entendê-los, porque foi nessa idade que ele começou a me explicar suas ideias. E devo confessar que não avancei muito além dos simples diagramas que ele traçava para mim, embora minha riqueza tenha aumentado bastante. Contudo, as singelas explicações do pai rico me permitiram entender melhor o dinheiro e seus fluxos e me guiaram para uma vida de proficiência financeira.

Hoje, meus contadores fazem o trabalho pesado e eu continuo me orientando pelos simples desenhos do meu pai rico. Portanto, se você pode entender os diagramas seguintes, terá maiores chances de enriquecer. Deixe os aspectos técnicos da contabilidade para os profissionais que estudaram para fazer esse trabalho importante. Sua tarefa é controlar suas finanças e orientá-las para aumentar sua riqueza.

O Básico da Proficiência Financeira do Pai Rico

Lição de finanças #1: *O que determina se algo é, no momento, um ativo ou um passivo é a direção do fluxo de caixa.*

Em outras palavras, um imóvel não é um ativo apenas porque seu corretor diz isso.

Esse é o padrão do fluxo de caixa de um ativo. A definição de ativo segundo pai rico era: "Um ativo põe dinheiro no seu bolso."

O Guia de Investimentos

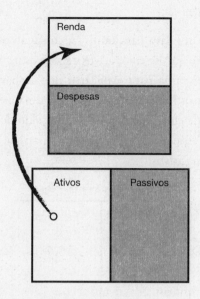

Meu pai rico definia um passivo assim: "Um passivo tira dinheiro do seu bolso." Esse é o padrão do fluxo de caixa de um passivo:

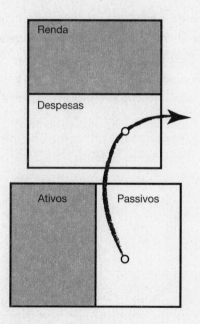

Capítulo 16

Um Ponto Confuso

Meu pai rico também falava para mim: "A confusão ocorre porque o método contábil de praxe permite que listemos ativos e passivos na coluna dos ativos."

Então, fazia um diagrama para explicar o que acabava de dizer e afirmava: "É por isso que é confuso. Neste diagrama, temos uma casa de $100 mil em que alguém já deu $20 mil de entrada e ficou com um saldo do financiamento de $80 mil. Como você sabe se essa casa é um ativo ou um passivo? A casa será um ativo só porque está na coluna dos ativos?"

BALANÇO PATRIMONIAL

Ativos	Passivos
$100.000 Casa	$80.000 Financiamento

A resposta obviamente é não. A verdadeira resposta é que você deve ver o que aparece na demonstração de resultados para saber se é um ativo ou um passivo.

Meu pai rico então fazia outro gráfico dizendo: "Essa casa é um passivo. Você sabe que é um passivo porque só aparecem números na coluna da despesa, nada na coluna da receita."

O Guia de Investimentos

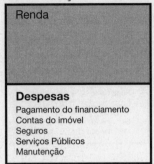

Transformando um Passivo em Ativo

O pai rico acrescentava então duas linhas em que se liam "receita de aluguéis" e "receita líquida de aluguéis", sendo que a palavra-chave era "líquida". Essa mudança na demonstração financeira transformou essa casa de um passivo em um ativo.

Capítulo 16

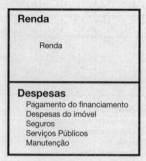

Renda — Despesas = Renda líquida

Depois de explicar o conceito, o pai rico colocava números para que eu pudesse entender melhor. "Digamos que as despesas associadas a essa casa somem $1.000. Isso inclui a prestação do financiamento, o imposto predial, seguros, luz, gás, telefone e manutenção. E, agora, você conseguiu um inquilino que paga $1.200 por mês. Você tem então uma receita líquida de aluguéis de $200 ao mês, o que torna a casa um ativo, porque agora está pondo $200 em seu bolso todo mês. Se suas despesas fossem as mesmas, mas o aluguel pago pelo inquilino fosse de apenas $800 ao mês, você estaria perdendo $200 todo mês e, mesmo que a renda bruta do aluguel pusesse $800 em seu bolso, você ainda estaria perdendo esses $200, e o imóvel continuaria sendo um passivo, e não um ativo. E depois tem gente que diz: 'Mas se eu vender por mais do que eu paguei então a casa se torna um ativo.' Sim, isso será verdade, mas só quando a venda ocorrer em algum momento no futuro. E, ao contrário da crença popular, os preços dos imóveis às vezes caem. Portanto, o velho ditado: 'Não conte com os pintos senão depois de nascidos' é também sabedoria financeira."

O Governo Mudou as Regras

Literalmente, bilhões de dólares foram perdidos em imóveis após a Lei de Reforma Tributária, de 1986. Assim, muitos especuladores perderam dinheiro porque estavam dispostos a comprar imóveis de alto custo, supondo que o preço do imóvel sempre subiria e que o governo sempre lhes daria uma isenção fiscal para as perdas imobiliárias passivas. Em outras palavras, o governo subsidiaria a diferença entre o rendimento do aluguel e suas maiores despesas. Como diz o ditado: "Alguém mudou as regras." Depois da mudança da lei tributária, o mercado de ações caiu, as instituições de poupança e empréstimos entraram em falência e uma grande transferência de riqueza ocorreu entre 1987 e 1995. A propriedade de investimento saiu do quadrante A — os profissionais de alta renda, como médicos, advogados, contadores, engenheiros e arquitetos — para o I. Essa mudança na lei tributária empurrou milhões de pessoas para fora do investimento imobiliário e para o mercado de ativos de papel, conhecido como mercado de ações.

Poderíamos experimentar outra transferência de riqueza de um lado do quadrante para o outro? Desta vez, poderiam ser ativos de papel em vez de imóveis? Só o tempo dirá, e a história tende a se repetir. Quando se repete, algumas pessoas vão perder, mas muitas outras vão ganhar.

Em alguns outros países, hoje, o governo ainda tem leis que permitem aos investidores uma "engrenagem negativa" em seus investimentos imobiliários. Em outras palavras, você é encorajado a gastar dinheiro em seu imóvel com o objetivo de ganhar uma isenção fiscal do governo. Nós, nos Estados Unidos, tínhamos as mesmas regras tributárias até 1986. Quando falo nesses países sobre investimentos, muitas vezes ouço gritos de protesto quando advirto de que o governo poderia mudar as leis exatamente como faziam nos Estados Unidos. Eu ouço coisas como: "O governo não vai mudar as regras", e eu apenas balanço a cabeça. Eles simplesmente não percebem o quão dolorosa a mudança na lei foi para milhões de investidores nos Estados Unidos. Vários dos meus amigos declararam falência e perderam tudo o que tinham trabalhado anos ou décadas para conquistar.

A questão é: por que sujeitar-se ao risco? Por que não encontrar uma propriedade que gera dinheiro? Qualquer pessoa pode encontrar uma propriedade ou investimento que perde dinheiro. Você não precisa olhar muito longe para encontrar um investimento que perde dinheiro. Você não tem que ser inteligente ou financeiramente proficiente para encontrar um investimento que perde dinheiro. O problema

Capítulo 16

que eu tenho, e que o pai rico tinha com a ideia de que "gastar dinheiro é uma boa opção por causa das isenções fiscais", é porque essas ideias muitas vezes fazem com que as pessoas sejam desleixadas. Muitas vezes, ouço as pessoas dizerem: "Está tudo bem em perder dinheiro. O governo me dá uma isenção de impostos para isso." Isso significa que para cada dólar que você perde, o governo lhe dá de volta aproximadamente trinta centavos (dependendo do seu suporte tributário). Para mim, há algo faltando nessa lógica. Por que não investir para que você possa ter tudo isso — segurança, renda, apreciação e benefícios fiscais?

A ideia por trás de investir é ganhar dinheiro, não perder. Você ainda pode ter muitas isenções fiscais e ganhar dinheiro se for um investidor sofisticado. Um corretor de imóveis em Sydney, na Austrália, me disse: "As pessoas entram neste escritório todos os dias, e dizem: 'Meu contador me disse para entrar aqui e procurar por bens que reduzam minhas contribuições.'" Em outras palavras, o contador disse para comprar uma propriedade e perder dinheiro. Ele, então, diz: "Você não precisa de minha ajuda para encontrar uma propriedade que gaste dinheiro. Existem milhares delas ao seu redor. Eu posso ajudá-lo a encontrar uma propriedade que vai lhe fazer ganhar dinheiro, e ainda ter os respectivos benefícios fiscais." A resposta é, muitas vezes: "Não, obrigado. Eu quero encontrar uma propriedade em que gastar dinheiro." A mesma coisa estava acontecendo na América antes de 1986.

Existem várias lições importantes neste exemplo:

1. A ideia de que perder dinheiro é normal por causa de isenções fiscais muitas vezes faz com que as pessoas se tornem descuidadas na escolha dos seus investimentos.

2. Essas pessoas não parecem tão exigentes com investimentos reais. Elas não olham cuidadosamente para as finanças ao analisá-los.

3. Perder dinheiro desestabiliza sua situação financeira. Há riscos suficientes envolvidos com o ato de investir em si. Por que torná-lo mais arriscado? Aproveite o tempo extra e procure investimentos sólidos. Você pode encontrá-los se interpretar os números.

4. O governo muda as regras.

5. Um ativo hoje pode se tornar um passivo amanhã.

6. Enquanto milhões de investidores perderam dinheiro em 1986, havia outros investidores, preparados para a mudança. Aqueles que estavam preparados fizeram os milhões que os despreparados perderam.

O Maior Risco de Todos

Meu pai rico afirmava: "O investidor de maior risco é a pessoa que não tem o controle de sua demonstração financeira. O mais arriscado deles é aquele que não tem senão passivos, mas pensa que se trata de ativos; o que gasta mais do que ganha e aquele cuja única fonte de renda é seu trabalho. São arriscados porque muitas vezes estão desesperados para se tornarem investidores."

Em minhas palestras sobre investimentos, há ainda muitas pessoas que perguntam se a casa própria é um ativo. Recentemente, um homem disse: "Comprei minha casa por US$500 mil e hoje está valendo US$750 mil."

Então, eu o questionei: "Como você sabe disso?"

Sua resposta foi: "Porque foi o que o meu corretor falou."

Continuando, indaguei: "E seu corretor lhe garante que daqui a vinte anos sua casa ainda vai valer isso?"

"Claro que não", disse ele. "O que ele disse foi que casas semelhantes estavam sendo vendidas, esta semana, por esse preço."

E é exatamente essa a razão pela qual o pai rico afirmava que o investidor mediano não consegue ganhar muito dinheiro no mercado. Para ele, esse investidor já contava com os pintinhos antes de a galinha pôr os ovos. Eles compram coisas que lhes custam dinheiro todo mês, e as chamam de ativos com base em palpites de terceiros. Eles contam com a hipótese de que o preço da casa aumente no futuro ou agem como se ela pudesse ser vendida imediatamente pelo hipotético preço mencionado por um corretor. Já lhe aconteceu de vender sua casa por um preço inferior ao cotado pelo corretor ou pelo banco? Já passei por isso. Em consequência dessa prática de alicerçar decisões financeiras em palpites e expectativas, as pessoas perdem o controle de suas finanças pessoais. Para mim, isso é muito arriscado. Se você quer ser rico, você precisa controlar sua formação financeira e seu fluxo de caixa pessoal. Não há nada demais em esperar que o preço de alguma coisa aumente no futuro contanto que você não se descontrole financeiramente hoje. O pai rico também gostava de dizer: "Se você tem tanta certeza de que o preço dos imóveis vai aumentar, por que não compra dez desses imóveis?"

Capítulo 16

Essa é também a mentalidade dos que dizem: "Meu plano de aposentadoria vale hoje US$1 milhão. Quando chegar a US$3 milhões vou me aposentar." E novamente a pergunta é: "E quem garante?" O que aprendi com o pai rico é que o investidor mediano "conta os pintos antes da galinha pôr os ovos". Ou então apostam tudo em esperanças que imaginam que se concretizarão no futuro. Na maioria dos casos, muitos pintinhos nascem e esperanças se concretizam. Porém, o investidor profissional prefere não contar com essa sorte. O investidor sofisticado sabe que tendo formação financeira você controla melhor o dia de hoje e, se a pessoa continuar estudando, terá maior controle no dia de amanhã. O investidor sofisticado sabe que alguns ovos goram e que às vezes as esperanças afundam como o *Titanic*.

Encontro muitos investidores que estão entrando no mundo do investimento. Estão investindo há menos de vinte anos. A maioria nunca passou por um colapso da bolsa ou teve um imóvel cujo valor caiu muito abaixo do que pagaram por ele. Esses novos investidores chegam e cospem estatísticas do tipo: "Em média, o mercado está subindo desde 1974", ou, "O preço dos imóveis subiu em média 4% ao ano nos últimos vinte anos".

Como afirmava o pai rico: "Médias são para investidores medianos. Um investidor profissional quer controle. E esse controle começa pela própria pessoa, sua formação financeira, suas fontes de informação e seu fluxo de caixa." É por isso que o conselho do pai rico para o investidor mediano era: "Não seja mediano." Para ele, ser um investidor mediano era ser um investidor arriscado.

Por que as Pessoas Não Têm Controle sobre Suas Finanças

As pessoas saem da escola sem saber controlar o talão de cheques, quanto mais preparar uma demonstração financeira. Elas nunca aprenderam a controlar suas finanças. E a única maneira de saber se as pessoas têm controle sobre elas mesmas é examinando suas demonstrações financeiras. Só porque as pessoas têm empregos bem remunerados, moram bem e têm carros confortáveis não quer dizer que tenham controle financeiro. Se as pessoas soubessem como funciona uma demonstração financeira, elas seriam mais proficientes financeiramente e teriam mais controle sobre seu dinheiro. Entendendo demonstrações financeiras as pessoas podem ver melhor para onde o seu dinheiro está indo.

Por exemplo, este é o fluxo de caixa padrão ao se fazer um cheque. Quando as pessoas passam um cheque, estão esgotando um ativo.

O Guia de Investimentos

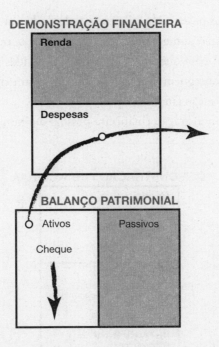

E este é o padrão do fluxo de caixa ao se usar o cartão de crédito:

Capítulo 16

Quando as pessoas passam cheques estão reduzindo um ativo. E quando usam o cartão de crédito estão aumentando seu passivo. Em outras palavras, os cartões de crédito contribuem para que nos afundemos em dívidas com maior facilidade. Muitas pessoas não conseguem ver isso porque não foram ensinadas a preencher e analisar uma demonstração financeira pessoal.

Atualmente, a demonstração financeira pessoal de inúmeras pessoas se parece com esta:

DEMONSTRAÇÃO FINANCEIRAA

Renda
Contracheque

Despesas
Impostos
Pagamento do financiamento imobiliário
Despesas do imóveis
Pagamento do carro
Mensalidade escolar
Fatura do cartão
Alimentação
Vestuário
Outras despesas

BALANÇO PATRIMONIAL

Ativos	Passivos
	Financiamento imobiliário
	Financiamento estudantil
	Financiamento de automóvel
	Dívidas no cartão

A menos que algo mude dentro dessa pessoa, é muito provável que a sua seja uma vida de servidão financeira. Por que digo "servidão financeira"? Porque cada pagamento que essa pessoa faz está enriquecendo outra pessoa.

Muitas pessoas me perguntam: "Qual é o meu primeiro passo para a independência financeira?" Minha resposta é: "Tome o controle de seu dinheiro e seus extratos financeiros."

Minha esposa, Kim, e eu produzimos um programa chamado *How We Got Out of Bad Debt* ("Como Saímos das Dívidas Ruins", em tradução livre), em que mostramos o processo de como nos livramos das dívidas, e como você pode fazer o mesmo. Ainda mais importante, no entanto, é que você vai aprender a gerir o seu dinheiro como os ricos fazem. Isso é importante porque a maioria das pessoas pensa que ganhar mais dinheiro vai resolver os seus problemas financeiros. Na maioria dos casos, não. Aprender a gerenciar o dinheiro que você tem como uma pessoa rica é que resolve os seus problemas financeiros de curto prazo. Fazer isto também lhe dá a oportunidade de se tornar financeiramente livre.

A Quem Você Torna Rico?

Lição de finanças #2: *Para ver o quadro geral, são necessárias pelo menos duas demonstrações financeiras.*

Meu pai rico dizia: "O investidor sofisticado precisa ver simultaneamente pelo menos *duas* demonstrações financeiras se quiser ter um quadro real." Em uma de suas lições, o pai rico traçou o seguinte diagrama: "Lembre-se sempre de que suas despesas são a receita de outra pessoa. As pessoas que não controlam seu fluxo de caixa enriquecem as pessoas que controlam seu fluxo de caixa."

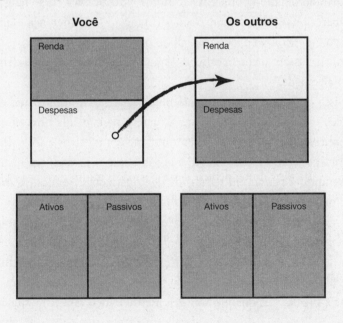

Capítulo 16

O que um Investidor Faz

Ele então desenhou um novo diagrama, dizendo: "Vou lhe mostrar o que um investidor faz, exemplificando com o comprador da casa própria e do banco."

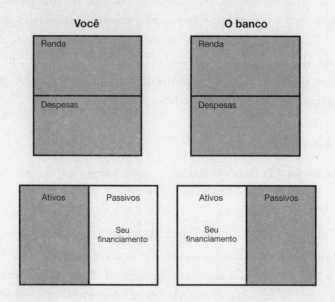

Fiquei parado olhando por alguns minutos o diagrama e então falei: "O financiamento aparece nas duas demonstrações financeiras. A diferença é que em uma aparece na coluna do ativo e na outra, na do passivo."

Meu pai rico assentiu com a cabeça: "Agora você está vendo uma demonstração financeira de verdade."

"É por isso que o senhor diz que são necessárias, no mínimo, duas demonstrações financeiras para ver toda a situação", acrescentei. "Cada uma de nossas despesas é a receita de outra pessoa, e cada um de nossos passivos é ativo de alguém."

O pai rico concordou, dizendo: "E é por isso que as pessoas que saem da escola sem ter aprendido a pensar em termos de demonstrações financeiras muitas vezes acabam vítimas das que aprenderam. É por isso que cada vez que a pessoa usa seu cartão de crédito está aumentando sua coluna do passivo ao mesmo tempo em que aumenta a coluna dos ativos do banco."

Eu estava começando a compreender melhor a importância das demonstrações financeiras e por que são necessárias pelo menos duas declarações para se ter uma imagem mais precisa. "E quando um gerente de banco fala para alguém: 'A casa própria é um ativo', ele não está realmente mentindo. Ele só não diz de quem é o ativo", falei.

O pai rico balançou afirmativamente a cabeça, e prosseguiu: "Agora, vamos acrescentar o fluxo de caixa a esse quadro e começaremos a ver como um ativo, neste caso o financiamento, funciona realmente: neste exemplo o financiamento tira dinheiro de seu bolso e o põe no caixa do banco. É por isso que o financiamento é um passivo para você e um ativo para o banco. Mas se trata, veja bem, do mesmo documento jurídico."

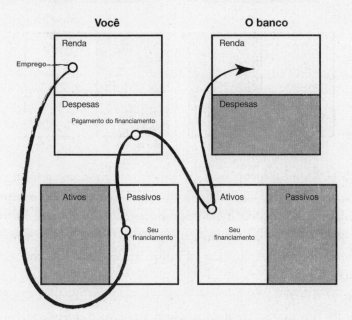

"Então, o banco criou um ativo que para a pessoa é um passivo", acrescentei. "O investidor adquire um ativo pelo qual outra pessoa pagará. É por isso que os investidores são donos de imóveis para alugar. Todo mês esse aluguel gera um fluxo de caixa que entra na demonstração de renda do investidor, da mesma maneira que as prestações do financiamento fluem para a demonstração financeira do banco."

O pai rico fez que sim com a cabeça, e sorriu. "Você está começando a entender. Sem dúvida que prefere se situar em um dos lados da equação. Mas se trata de uma rua de mão dupla", continuou meu pai rico desenhando outro diagrama.

Capítulo 16

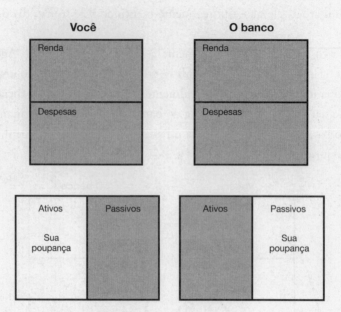

"Ah", falei. "Minhas poupanças são um ativo meu e um passivo do banco. Novamente, são necessárias duas demonstrações financeiras para ver o quadro geral."

"Sim", disse meu pai rico. "E que outra coisa você observa neste diagrama?"

Fiquei olhando os diagramas mais um pouco, observando os exemplos do financiamento e das poupanças. "Não sei", disse lentamente. "Só estou vendo o que está desenhado aqui."

Meu pai rico sorriu, e falou: "É por isso que você precisa praticar a leitura das demonstrações financeiras. Da mesma maneira que você aprende mais quando lê ou ouve alguma coisa pela segunda ou terceira vez, você aprenderá mais e mais coisas quanto mais aprofundar sua formação financeira. Virão à sua mente coisas que seus olhos muitas vezes não veem."

"Então, o que perdi? O que eu não vi?", perguntei.

"O que não está visível nos meus diagramas é que o governo lhe dá um incentivo fiscal para adquirir passivos. É por isso que você tem isenção fiscal para comprar uma casa."

"Esqueci completamente isso", falei.

"Mas cobra pela sua poupança", disse meu pai rico.

"O governo me exime de impostos para adquirir passivos e me taxa por obter ativos?", questionei.

Meu pai rico concordou, dizendo: "Agora, pense em como isso influencia o pensamento e o futuro financeiro de uma pessoa. A pessoa mediana fica animada com a aquisição de dívidas, e não de ativos."

"As pessoas conseguem uma isenção de impostos por perder dinheiro?", perguntei perplexo. "Por que eles fazem isso?"

E meu pai rico prosseguiu: "Como eu disse, o investidor profissional deve pensar para além das subidas e descidas do preço dos investimentos. Um investidor sofisticado examina os números para conhecer a verdadeira história e começa a ver coisas que o investidor mediano não vê. Um investidor sofisticado deve conhecer o impacto das normas do governo, do código tributário, da legislação societária, comercial e contábil. Uma das razões pelas quais é difícil encontrar informações financeiras acuradas é que para ver o quadro geral são necessários formação financeira e apoio de advogados e contadores. Em outras palavras, são necessários dois tipos de profissional para se ter uma imagem completa da situação. O bom nisso tudo é que se você dedicar tempo suficiente para investir no aprendizado daquilo que acontece por trás dos bastidores, encontrará oportunidades de investimento e de enriquecimento — que poucas pessoas conseguem vislumbrar. Você descobrirá os verdadeiros motivos pelos quais os ricos ficam mais ricos e os pobres e a classe média trabalham mais arduamente, pagam mais impostos e se endividam cada vez mais. Uma vez que você conheça a verdade, então poderá decidir de que lado do quadrante CASHFLOW deseja operar. Não é difícil, é necessário algum tempo — que aqueles que querem somente dicas quentes de investimento não estão dispostos a dedicar."

Eu ainda não tinha pensado de que lado do quadrante queria operar. Sabia que queria investir legalmente do lado de dentro, não do de fora. Queria conhecer as verdades, independentemente de ficar rico ou não. E agora queria saber por que e como os ricos ficavam mais ricos.

O Necessário para a Educação Financeira

No início dos anos 1980, comecei a ensinar empreendedorismo e investimentos para adultos como um hobby. Um dos problemas que encontrei de imediato foi que a maioria das pessoas que queria iniciar negócios ou investir com maior confiança carecia dos conceitos básicos da proficiência financeira. Acredito que a falta da educação financeira é o motivo pelo qual nove em cada dez novas empresas falham

Capítulo 16

nos primeiros cinco anos, e porque a maioria dos investidores pensa que investir é arriscado e não o faz ou guarda muito dinheiro.

Quando eu recomendava que as pessoas estudassem contabilidade, finanças e investimentos antes de iniciar um negócio ou investir, a maioria delas resmungava, e não queria voltar para as aulas. Foi quando eu comecei a procurar uma maneira de fazer as pessoas adquirirem o conhecimento básico de uma maneira fácil e divertida. Em 1996, eu criei os jogos *CASHFLOW*® para ensinar o básico de proficiência financeira, contabilidade e investimentos.

Ensinar versus Aprender

Criei os jogos *CASHFLOW*® porque investimentos e análise financeira são temas que não podem ser aprendidos apenas por meio da leitura. Meu pai pobre, o professor, muitas vezes dizia: "Um professor deve saber a diferença entre o que pode ser ensinado e o que deve ser aprendido." Ele continuaria dizendo: "Você pode ensinar uma criança a memorizar a palavra 'bicicleta', mas não pode ensiná-la a andar em uma. Uma criança precisa aprender a andar de bicicleta andando."

Tenho observado milhares de pessoas aprendendo sobre investimentos com os jogos *CASHFLOW*®. Eles aprendem o básico fazendo coisas que eu nunca poderia ensinar por escrito ou em palestras. Os jogos ensinam em poucas horas o que levei trinta anos para aprender com meu pai rico me guiando. E é por isso que esse livro se chama *O Guia de Investimentos*. Foi o que ele fez. Ele me guiou, porque esse era o melhor método para que eu aprendesse. Investimento e contabilidade são assuntos que ele não poderia me ensinar. Eu tive que querer aprender. O mesmo se aplica a você.

Melhorando os Seus Resultados

Quanto mais você examina demonstrações financeiras, relatórios anuais e prospectos de venda de valores mobiliários, mais sua inteligência ou visão financeira aumentam. Com o tempo você começa a ver coisas que o investidor mediano nunca vê.

Todos nós sabemos que se aprende e se retêm conhecimentos pela repetição. Recentemente, eu estava escutando uma entrevista de Peter Lynch. Já ouvira esse áudio uma dezena de vezes. Cada vez que ouço, percebo algo novo. Durante trinta anos, meu pai rico me fez examinar demonstrações financeiras. Hoje, penso automaticamente em demonstrações financeiras.

Quando aprendemos a andar de bicicleta treinamos nosso subconsciente a conduzi-la. Feito isso, não precisamos mais pensar ou lembrar como se anda de bicicleta. Quando aprendemos a dirigir um carro, também treinamos nosso subconsciente. E é por isso que uma vez treinado nosso subconsciente podemos dirigir e conversar com outra pessoa, comer um sanduíche, pensar nos problemas do trabalho ou ouvir uma música no rádio e cantar junto. E a direção é algo que se faz automaticamente. O mesmo pode acontecer com as demonstrações financeiras.

O que demora mais na busca de um bom investimento é a análise dos números. Aprender a ler demonstrações financeiras é um processo tedioso, especialmente no início, mas que se torna mais e mais fácil com a prática. Não apenas se torna mais fácil como também você acaba examinando mais e mais oportunidades de investimento quase automaticamente, sem pensar — como andar de bicicleta ou dirigir um carro.

Faça Este Teste

As pessoas podem aprender a fazer muitas coisas de modo subconsciente. Se você está determinado a se tornar um investidor bem-sucedido, um investidor que ganha mais dinheiro com menos riscos, eu o aconselho a treinar seu cérebro a examinar demonstrações financeiras. Essa análise é o aspecto básico da atividade daqueles que se orientam pelos fundamentos do investimento, como Warren Buffett.

Para isso, é necessário fazer o que se chama de *fluxo de negócios*. Todo investidor profissional se depara com um número contínuo de negócios ou aquisição de imóveis potenciais que estão em busca de capital de investimento. O pai rico fazia com que Mike e eu analisássemos esses investimentos, estivéssemos ou não interessados neles. Mesmo se no início isso representou um sacrifício demorado, com os anos o processo se tornou mais rápido, fácil e divertido, empolgante até. Assim, aprendemos pela repetição e esta compensou permitindo-me aposentar-me precocemente, sentir maior segurança financeira e ganhar ainda mais dinheiro.

Capítulo 16

Assim, o teste de atitude mental é:

Você está disposto a praticar a elaboração de sua própria demonstração financeira e mantê-la atualizada, e a examinar as demonstrações de outras empresas e investimentos imobiliários?

Sim ___ Não ___

No final do Capítulo 15, você encontra uma pergunta bem parecida. Essa repetição visa destacar a importância da proficiência financeira. Isso é muito importante porque um dos custos de se tornar um investidor sofisticado e investir como os ricos é o tempo dedicado ao contínuo aperfeiçoamento de seus conhecimentos financeiros. Se sua resposta for negativa, então, a maioria dos investimentos dos ricos é muito arriscada para você. Se você tiver conhecimentos financeiros, estará mais preparado para encontrar os melhores investimentos do mundo.

Capítulo 17
LIÇÃO DO INVESTIDOR #17
A MAGIA DOS ERROS

O conhecimento do meu verdadeiro pai vinha do mundo acadêmico, onde os erros são considerados um mal a ser evitado. No mundo do ensino, quanto mais a pessoa erra, menos inteligente é considerada.

O conhecimento do meu pai rico vinha da experiência de vida. Ele tinha uma visão diferente dos erros. Para ele, os erros eram a oportunidade de se aprender algo novo, algo que não conhecia antes. Ele achava que quanto mais erros a pessoa cometia, mais ela aprendia, e muitas vezes dizia: "Há uma certa mágica oculta em cada erro. De modo que, quanto mais erros eu cometer e dedicar tempo a aprender com eles, maior a mágica em minha vida."

O pai rico empregava constantemente o exemplo de como se aprende a andar de bicicleta para reforçar a ideia da mágica encontrada dentro dos erros. Ele dizia: "Lembre-se de como você se sentia frustrado enquanto estava aprendendo a andar de bicicleta. Seus amigos já andavam com tranquilidade e você só levava quedas. Você cometia um erro após outro. E, então, de repente, você não caiu, estava pedalando e a bicicleta rodava e, como em um passe de mágica, todo um novo mundo se abriu. Essa é a mágica que encontramos nos erros."

O Erro de Warren Buffett

Warren Buffett, o investidor mais rico dos Estados Unidos, é conhecido e respeitado por sua empresa, a Berkshire Hathaway. Hoje, o preço das ações dessa empresa é um dos mais altos do mundo. E embora muitos investidores valorizem as

Capítulo 17

ações da Berkshire Hathaway, poucos sabem que ela foi um dos grandes erros do investimento de Buffett.

Quando ele comprou a empresa, ela era uma fabricante de camisas que estava prestes a fechar. Buffett acreditava que ele e sua equipe poderiam ressuscitar a empresa. Bem, como muitos de nós sabemos, na época a indústria têxtil americana estava em crise nos Estados Unidos e transferindo-se para outros países. Era uma tendência que nem Buffett podia impedir e a empresa acabou por quebrar. Contudo, em meio ao fracasso da empresa, Buffett encontrou as pérolas que finalmente o tornaram extremamente rico.

Outros Erros

Outra empresa, a Diamond Fields, foi constituída para prospectar diamantes que nunca foram encontrados. O geólogo-chefe da empresa tinha cometido um erro. Entretanto, no lugar dos diamantes, encontraram um dos maiores depósitos de níquel do mundo. Depois dessa descoberta, o preço das ações da empresa explodiu.

Lévi-Strauss foi para as minas da Califórnia para enriquecer no garimpo. Contudo, não teve sorte na atividade e começou a confeccionar calças de lona para os mineiros bem-sucedidos. Hoje, provavelmente a maioria das pessoas, em todo o mundo, conhece os jeans da Levi's.

Diz-se que Thomas Edison nunca teria inventado a lâmpada incandescente se tivesse sido funcionário da empresa que acabou fundando — a General Electric. Conta-se que ele falhou mais de 10 mil vezes antes de conseguir sua lâmpada. Empregado de uma grande empresa, certamente ele seria demitido por cometer tantos erros.

O erro de Cristóvão Colombo foi ter aportado acidentalmente na América, quando o que desejava era encontrar uma rota comercial para a China!

Sagacidade do Mundo Real versus Sabedoria Acadêmica

Meu pai rico alcançou seu grande sucesso financeiro por várias razões. No topo da lista está sua atitude diante dos erros. Como a maioria de nós, ele odiava cometê-los, contudo não tinha receio de fazê-lo. Ele se arriscava simplesmente para cometer um erro. Ele dizia: "Quando você atinge o limite de seus conhecimentos, é hora de cometer alguns erros."

Diversas vezes uma de suas empresas não decolava, e ele perdia dinheiro. Também o vi lançar produtos que eram rejeitados pelo mercado. Cada vez que ele errava, em lugar de ficar deprimido parecia mais feliz, sábio, determinado e até enriquecido pela experiência. Ele falava para seu filho e para mim: "Aprendemos com os erros. Toda vez que cometo um erro, eu aprendo algo a respeito de mim mesmo, e muitas vezes conheço pessoas que nunca teria conhecido."

Em um de seus empreendimentos fracassados, uma empresa de distribuição de encanamentos, ele encontrou um de seus futuros sócios. E a partir desse fracasso eles forjaram uma amizade e uma parceria que lhes permitiu ganhar milhões de dólares. Ele dizia: "Se não tivesse assumido o risco de criar essa empresa, nunca teria encontrado Jerry. E esse encontro foi um dos eventos mais importantes de minha vida."

Meu pai pobre foi um ótimo aluno. Raramente errava, obtendo por isso notas tão boas. O problema é que aos 52 anos ele cometeu um dos maiores erros de sua vida e não conseguiu se recuperar.

Enquanto eu contemplava a luta financeira e profissional do meu verdadeiro pai, o pai rico dizia: "Para ter sucesso no mundo real dos negócios, você tem que ter uma boa formação e uma boa experiência de vida. Seu pai entrou na escola aos 5 anos e por ter boas notas, continuou na escola, até se tornar um sucesso no sistema educacional. Agora, aos 52 anos, ele é obrigado a enfrentar o mundo real, e este, por sua vez, é um professor muito mais severo. Na escola, primeiro aprendemos a lição. No mundo real, você primeiro é testado e depois dependerá de você aprender a lição, se conseguir. Como a maioria das pessoas não aprende a cometer erros e aprender com eles, elas passam a evitá-los, o que é um grande equívoco, ou cometem o erro, mas não conseguem extrair dele a lição. Na escola, você é considerado inteligente se não cometer erros. No mundo real, você só é inteligente se cometer erros e aprender com eles."

O Maior Fracasso que Conheço

O pai rico disse para Mike e a mim: "Sou rico porque cometi mais erros financeiros do que a maioria das pessoas. Toda vez que cometi um erro, aprendi algo novo. No mundo dos negócios, esse algo novo é chamado 'experiência'. Mas a experiência não é suficiente. Muitas pessoas dizem que têm muita experiência porque repetem o mesmo erro. Se a pessoa aprende de verdade com o erro, sua vida muda permanentemente e o que essa pessoa ganha é 'sabedoria'." E o pai rico continuava: "As pessoas muitas vezes

Capítulo 17

evitam cometer erros financeiros, e esse é o erro. Elas ficam dizendo a si mesmas: 'Vá pelo caminho seguro. Não se arrisque.' As pessoas podem enfrentar dificuldades financeiras porque já erraram e não aprenderam com os seus erros. De modo que se levantam todo dia, vão para o trabalho, repetem o erro e evitam cometer novos, mas nunca tiram a lição. Essas pessoas muitas vezes reforçam: 'Estou fazendo tudo certo, mas, por alguma razão, não consigo progredir financeiramente.'"

E, quanto a isso, o pai rico comentava: "Podem estar fazendo tudo certo, mas o problema é que eles evitam fazer as coisas erradas — como assumir riscos. Evitam suas fraquezas, em vez de confrontá-las. Não fazem aquilo que têm medo de fazer e escolhem conscientemente não errar em lugar de cometer o erro." Ele também afirmava: "Alguns dos maiores fracassos que conheço são de pessoas que nunca erraram."

A Arte de Cometer um Erro

Em vez de orientar seu filho e eu a evitar os erros, o pai rico nos ensinou a arte de errar e ganhar sabedoria a partir do erro.

Em uma dessas lições, meu pai rico falou: "A primeira coisa que acontece após cometer um erro é nos sentirmos perturbados. Todos os que conheço ficam perturbados. Essa é a primeira indicação de um erro. E é nesse momento de perturbação que você descobre quem você realmente é."

"O que o senhor quer dizer com 'quem você realmente é?'", indagou Mike.

"Bem, na hora da perturbação, nós nos tornamos um desses personagens", disse meu pai rico, que passou a descrever o elenco dos personagens que vão para a frente do palco quando estamos perturbados pelo erro cometido:

- *O mentiroso* diz coisas como: "Não fiz isso", "Não, não, não. Não fui eu", "Não sei como isso aconteceu", ou ainda "Prove que eu errei".

- *O acusador* é aquele que diz coisas como: "É culpa sua, não minha", "Se minha mulher não gastasse tanto, estaríamos em melhor situação financeira", "Os clientes não ligam para meus produtos", "Os empregados de hoje não vestem a camisa", "Suas instruções não foram claras", ou "A culpa é do meu chefe".

- *O justificador* diz coisas como: "Não tive instrução suficiente, é por isso que não vou para a frente", "Se tivesse mais tempo teria conseguido", "Bom, de qualquer maneira não estou interessado em enriquecer", ou "Todos fazem a mesma coisa".

- *O desistente* fala coisas como: "Bem que disse que não daria certo", "É difícil demais e não vale a pena. Vou procurar algo mais fácil", ou "Por que estou fazendo isso? Não preciso dessa chatice".

- *O negativo* é aquele que meu pai rico costumava chamar de "o gato na sua caixinha de necessidades", querendo dizer que esse tipo de pessoa tendia a enterrar seus erros. A pessoa que nega ter cometido erros costuma dizer coisas como: "Não, não há nenhum problema. Está tudo certo", "Erro? Que erro?", ou "Não se preocupe. No fim, tudo dá certo".

O pai rico prosseguiu: "Quando as pessoas ficam perturbadas por ter cometido um erro ou acidente, uma ou mais dessas características tomam conta de sua mente e de seu corpo. Se quisermos aprender e adquirir sabedoria a partir do erro, é preciso deixar aflorar o Responsável que tomará conta de seu pensamento para dizer finalmente: 'Que grande lição posso tirar desse erro?'"

E o pai rico falou ainda: "Se a pessoa diz 'O que aprendi é que nunca repetirei isso', então é muito provável que não tenha aprendido muito. Gente demais vive em um mundo que se reduz porque diz, 'Nunca volto a fazer isto' em vez de falar 'Estou contente que isto tenha acontecido porque aprendi isto ou aquilo com a experiência'. Além do mais, as pessoas que evitam cometer erros ou os desperdiçam nunca verão o outro lado da moeda."

Por exemplo, depois que perdi minha empresa de carteiras de náilon e velcro, fiquei abalado por cerca de um ano. Durante esse ano dormi como um neném, o que quer dizer que acordava chorando a cada duas horas. Ouvia minha mente dizer: "Nunca deveria ter começado uma empresa. Sabia que seria um fracasso. Não vou repetir a experiência." Também culpei uma porção de gente e me descobri tentando justificar minhas ações, dizendo coisas como: "Foi culpa do Dan" e "Também, nem gostava tanto do produto".

Em vez de fugir do meu erro e arrumar um emprego, o pai rico me ajudou a encarar os problemas e a procurar uma saída dos escombros daquilo que fora um dia minha empresa. Hoje, falo para as pessoas: "Aprendi mais sobre negócios com meus fracassos do que com meus sucessos. Sacudir a poeira e reconstruir a empresa fez de mim um homem de negócios muito melhor." Hoje, em vez de falar: "Nunca farei isto outra vez", digo, "Estou contente de ter fracassado e aprendido porque

Capítulo 17

estou grato pela sabedoria adquirida" e "Vamos começar outra empresa". Em lugar de medo e ressentimento, há empolgação e alegria. Em vez de ter medo do fracasso, sei que os erros são o caminho do aprendizado. Se não cometermos erros, ou aprendermos com eles, não há magia na vida. A vida se torna pequena em lugar de expandir-se cheia de magia.

Fui reprovado duas vezes no ensino médio por não saber redigir. Ter meus livros em listas de best-sellers como as do *New York Times*, do *Sydney Morning Herald* e do jornal *Wall Street* é mágico. É irônico que eu tenha me tornado conhecido por temas nos quais fracassei inicialmente: redação, negócios, vendas, oratória, contabilidade e investimento. Não sou conhecido pelos tópicos que eram fáceis e agradáveis para mim: surfe, economia, rúgbi e pintura.

Qual É a Lição?

Sempre que escuto alguém falar: "Investir é arriscado demais", "Não arrisco meu dinheiro", "E se não der certo?", ou "E se eu perder todo o meu dinheiro?", lembro de meu pai pobre, porque o que ele dizia na verdade era: "Não quero errar." E, no seu mundo, o acadêmico, as pessoas que erravam eram consideradas estúpidas.

No mundo do pai rico, risco, erros e fracasso eram parte do desenvolvimento humano. Portanto, em vez de evitar risco e erros ele aprendeu a gerenciá-los. Em sua opinião um erro era apenas uma lição com emoções ligadas a ela. Ele afirmava: "Sempre que cometemos um erro ficamos perturbados. E a perturbação é o modo pelo qual nosso criador diz que precisamos aprender alguma coisa. É um tapinha no ombro dizendo: 'Preste atenção. Você precisa aprender algo importante. Se você mentir, culpar, justificar ou negar a perturbação, você desperdiça esse momento e perderá uma preciosa pérola de sabedoria.'"

O pai rico me ensinou a contar até dez se estivesse zangado e até cem quando furioso. Depois de me acalmar, simplesmente digo: "Desculpe", e não ponho a culpa em outra pessoa por mais furioso que esteja. Se a culpar, estarei dando poder a ela. Se assumo a responsabilidade pelo que acontece, aprenderei uma preciosa lição que obviamente precisava aprender. Se mentir, culpar, justificar ou negar, não aprenderei nada.

Meu pai rico também comentava: "Pessoas fracassadas em geral culpam o outro. Elas querem muitas vezes que o outro mude, e é por isso que ficam perturbadas por tanto tempo. Ficam assim porque não conseguem aprender sua lição pessoal.

Em lugar de ficarem perturbadas essas pessoas deveriam agradecer que a outra pessoa está lá para lhes ensinar algo que precisam aprender."

"Pessoas se encontram para ensinar umas às outras. O problema é que muitas vezes não sabemos qual a lição que estamos ensinando. Ficar perturbado ou guardar ressentimento da outra pessoa é como ficar zangado com a bicicleta quando você cai porque estava tentando aprender algo novo", dizia o pai rico.

Aprender com os Erros

Enquanto estou escrevendo, os mercados de ações e de imóveis estão subindo. Pessoas que nunca investiram antes estão entrando no mercado e dizendo as mesmas coisas. Elas dizem coisas como: "Ganhei tanto dinheiro no mercado", ou "Entrei cedo e o preço já subiu 20%". Esse linguajar muitas vezes empolgado é dos novos investidores que nunca vivenciaram um mercado em baixa.

Muitos desses novos investidores que estão agora ganhando, descobrem o que é cometer um erro no mercado. Nessa hora é que vemos quem são os verdadeiros investidores. Como dizia o pai rico: "O importante não é saber quanto sobe seu investimento, o mais importante é saber quanto pode cair. Os verdadeiros investidores estão preparados para lucrar e para aprender quando as coisas não acontecem segundo seus desejos. A melhor coisa que o mercado pode lhe ensinar é como aprender a partir de seus erros."

Para mim, aprender a controlar o meu gênio tem sido um aprendizado de toda a vida.

E o mesmo acontece com o processo de se dispor a assumir riscos, errar e ficar grato à outra pessoa — mesmo que não voltemos a falar ou a fazer negócios com ela. Quando penso em minha vida, diria que foi esta atitude mental que me fez ganhar a maior parte do meu dinheiro, me trouxe mais sucesso, e, ultimamente, permitiu que eu tivesse mais magia na minha vida.

Faça Este Teste

Aprendi com meus dois pais que tanto a inteligência acadêmica quanto a experiência de vida são importantes. Ser esperto é reconhecer as diferenças entre elas ou, como dizia o pai rico: "A inteligência acadêmica é importante, mas o conhecimento adquirido com a experiência de vida faz de você rico."

Capítulo 17

Assim, o teste de atitude mental é:

1. **Quais são as suas atitudes perante o risco, os erros e o aprendizado?**
2. **Quais são as atitudes das pessoas que estão em torno de você diante do risco, dos erros e do aprendizado?**
3. **Há ainda algumas perturbações financeiras, profissionais ou de negócios que permanecem não resolvidas?**
4. **Você ainda está furioso com alguém em decorrência de questões de dinheiro?**
5. **E se você está zangado com outra pessoa ou com você mesmo, que lições pode tirar e ficar agradecido por elas porque teve a coragem suficiente para assumir um risco e talvez aprender algo?**

Sempre lembro que o pai rico dizia: "Tenho tanto dinheiro porque estava disposto a errar mais do que a maioria das pessoas e a aprender com esses erros. A maioria das pessoas não erra o suficiente ou continua repetindo os mesmos erros. Sem erros nem aprendizado, não há magia na vida."

Este tema da magia dos erros é uma das lições mais importantes do meu pai rico, especialmente neste admirável mundo novo em que estamos entrando. As pessoas que temem os erros serão as que ficarão para trás em termos financeiros e profissionais enquanto a Era da Informação continua se acelerando.

Como disse Winston Churchill: "O sucesso é a capacidade de ir de uma falha a outra sem perder o entusiasmo."

Capítulo 18
LIÇÃO DO INVESTIDOR #18 QUAL É O PREÇO DE SE TORNAR RICO?

Meu pai rico dizia que há muitas formas de se enriquecer, e que cada uma delas tem o seu preço.

1. **É possível enriquecer casando-se por dinheiro.**

    O pai rico franzia o rosto, e dizia: "Tanto homens quanto mulheres casam-se por dinheiro, mas dá para imaginar o que seja passar a vida junto de alguém que não amamos? É um preço muito alto."

2. **É possível enriquecer sendo desonesto, trapaceiro ou bandido.**

    Ele costumava dizer: "É muito fácil enriquecer legalmente. Por que as pessoas iriam querer desrespeitar a lei e arriscar-se a pegar cadeia se não fosse porque elas se empolgam com a emoção disso? Arriscar pegar uma cadeia é um preço alto demais para mim. Quero ser rico pela liberdade, então por que me arriscar a ir preso? Perderia o respeito por mim mesmo. Não conseguiria encarar minha família nem meus amigos, se estivesse fazendo algo ilegal. Além disso, não sei mentir. Não tenho boa memória e não conseguiria acompanhar minhas mentiras, de modo que é preferível dizer a verdade. Em minha opinião, a honestidade é a melhor política."

Capítulo 18

3. **É possível enriquecer recebendo uma herança.**

Meu pai rico dizia: "Mike muitas vezes sente que não ganhou o que tem. Ele fica imaginando se teria conseguido enriquecer por si próprio. Por isso lhe dei muito pouco. Dei-lhe orientações, como faço com você, mas cabe a ele criar a própria riqueza. É importante para ele saber que a adquiriu por esforço próprio. Nem todos os que tiveram a sorte de herdar dinheiro seguiram por esse caminho."

Quando Mike e eu éramos crianças, nossas famílias eram relativamente pobres. Contudo, quando chegamos à idade adulta, o pai de Mike enriquecera enquanto meu verdadeiro pai continuava pobre. Mike iria herdar uma fortuna do seu pai, o homem que chamo de meu pai rico. Eu ia começar do nada.

4. **É possível enriquecer ganhando na loteria.**

Tudo o que o pai rico disse a este respeito foi: "Tudo bem quando se compra um bilhete de vez em quando, mas apostar sua vida financeira em ganhar na loteria é um plano de louco para enriquecer."

Infelizmente, esta é a forma escolhida por muitos. Passar a vida apostando em uma chance em centena de milhões é um preço muito alto a ser pago.

E se você não tiver um plano para lidar com o problema do excesso de dinheiro, voltará a ficar pobre.

Recentemente, os jornais publicaram a história de um homem que ganhou na loteria. Ele passou alguns bons momentos, mas pouco depois já estava tão endividado que pensava em declarar insolvência. Antes de ganhar na loteria ele tinha uma boa situação financeira. Para resolver seu problema, ele voltou a jogar na loteria e ganhou. Dessa vez ele tem assessores financeiros para ajudá-lo a cuidar do dinheiro. A moral da história é: se você ganhar na loteria uma vez faça um plano para aplicar seu dinheiro. Pouca gente ganha duas vezes.

5. **É possível enriquecer sendo astro do cinema, roqueiro, ídolo esportivo ou destacando-se em alguma outra área.**

    Meu pai rico dizia: "Não sou esperto, talentoso, boa-pinta ou engraçado. Assim, enriquecer por ser excepcional em algo não é uma realidade para mim."

    Hollywood está cheia de atores falidos. As casas noturnas estão cheias de bandas de rock que sonham com o disco de ouro. Os campos de futebol estão cheios de jogadores sonhando tornar-se um profissional e ir para a Copa do Mundo. Contudo, se você olhar atentamente os jogadores da seleção, verá o alto preço que pagaram para chegar aonde chegaram. Começam a jogar quando criança e só se tornam profissionais anos mais tarde. O preço foram anos de prática.

6. **É possível enriquecer sendo ganancioso.**

    O mundo está cheio de gente assim. Sua frase favorita é: "É meu e vai continuar sendo meu." Quem é ganancioso em relação a dinheiro e ativos em geral também o é em relação a outras coisas. Quando alguém lhes pede que ajudem outras pessoas ou lhes ensinem, eles muitas vezes não têm tempo para isso.

    O preço de ser ganancioso é a necessidade de trabalhar ainda mais arduamente para manter o que deseja. A lei de Newton diz que "A toda ação corresponde uma reação". Se você for ganancioso, as pessoas lhe responderão à altura.

    Quando encontro pessoas que estão passando por dificuldades financeiras, falo que elas precisam passar a doar dinheiro regularmente — para sua igreja ou para uma instituição de caridade.

    Seguindo as leis da economia e da física, dê o que você deseja. Se desejar um sorriso, comece por sorrir. Se desejar um soco, comece por dar um soco. Se desejar dinheiro, comece dando dinheiro. Para as pessoas gananciosas isso pode ser muito difícil.

Capítulo 18

7. **É possível enriquecer sendo avarento.**

   Esta ideia fazia ferver o sangue do pai rico. Ele dizia: "O problema de se tornar rico pela avareza é que a pessoa continua sendo mesquinha. É por isso que todo o mundo odeia o personagem Scrooge, do famoso conto de Natal de Charles Dickens, *Canção de Natal*." Meu pai rico continuava: "São pessoas que enriquecem como Scrooge que dão má fama aos ricos. É uma tragédia viver e morrer pobre. Mas viver pobre e morrer rico é insanidade."

   Depois de se acalmar, ele continuava: "Penso que o dinheiro foi feito para ser desfrutado, de modo que trabalho arduamente, meu dinheiro trabalha arduamente e eu desfruto dos resultados de nosso esforço."

   Meu pai rico dizia: "Há duas maneiras de enriquecer. Uma é ganhar mais. A outra é desejar menos. O problema é que a maioria das pessoas não está muito disposta nem a uma coisa nem outra."

   Um artigo intitulado "Affording the Good Life in an Age of Change" ("Permitindo-se uma Vida Agradável em uma Era de Mudanças", em tradução livre), reforça os pontos de vista do meu pai rico e explica como você pode tanto ganhar quanto desejar mais. Este artigo apareceu na *Strategic Investment Newsletter*, publicada por James Dale Davidson e Lord William Rees-Mogg. Eles são coautores de vários best-sellers, como: *Blood in the Streets*, *The Great Reckoning* e *The Sovereign Individual* ("Sangue nas Ruas", "O Grande Reconhecimento" e "O Soberano Particular", respectivamente, em tradução livre). Esses livros afetaram significativamente meu modo de investir e de encarar o futuro. Davidson é fundador da *National Taxpayers Union*. Rees-Mogg é ex-editor do *Times of London* e ex-vice-presidente do Conselho da BBC.

   "Affording the Good Life in an Age of Change" discute os motivos pelos quais a avareza não é um caminho para a riqueza. Para Davidson, embora seja possível enriquecer pela avareza, o preço a pagar é alto. Na verdade, são vários os preços a pagar. Um deles é que isso só o levará até um certo ponto. A mesquinhez não significa que a pessoa tem a competência para se tornar mais rica. Tudo o que sabe fazer é ser mesquinha e isso é um preço alto a se pagar.

Davidson, como eu, discorda da ideia popular de "cortar os cartões de crédito" e "viver abaixo de suas posses". Isso pode ser uma boa ideia para algumas pessoas, mas não é o que eu penso de ficar rico e desfrutar das vantagens de uma vida abastada.

Davidson também diz que é melhor enriquecer com competência financeira. Hoje em dia ser milionário representa pouca coisa. Um milhão de dólares é apenas o ponto de partida para poder investir como fazem os ricos. De modo que o que Davidson recomenda na verdade é a opção número oito para se enriquecer. Para o pai rico, a inteligência financeira incluía saber quando ser frugal e quando não o ser.

8. **É possível enriquecer sendo financeiramente sagaz.**

Foi aprendendo a ser financeiramente perspicaz que comecei a dominar o mesmo poder de investimento que testemunhara aos doze anos, parado na praia, admirando o novo terreno de frente para o mar que pai rico adquirira. Muitas pessoas enriquecem a partir dos conhecimentos adquiridos nos quadrantes D e I. Muitas dessas pessoas operam por trás dos bastidores e administram, controlam e manipulam os sistemas empresariais e financeiros do mundo.

Milhões de pessoas confiam ao mercado as poupanças para a aposentadoria e outras finalidades. No entanto, quem na verdade ganha as grandes fortunas são os tomadores de decisão do sistema de marketing e distribuição que estão por trás dos investimentos e não necessariamente aqueles que investem ou que cuidam da aposentadoria. Como o pai rico me ensinou há muitos anos: "Há pessoas que compram ingresso para o jogo, e há as que vendem os ingressos. O que você quer é estar do lado que vende os ingressos."

Capítulo 18

O livro *O Milionário Mora ao Lado*, de Thomas F. Stanley e William Danko, fala de aspectos fundamentais da frugalidade, tais como: "Ser frugal é a pedra angular da construção de riqueza." Há diferença entre ser mesquinho e ser frugal. Meu pai rico estava mais preocupado em ser frugal do que em ser sovina. Ele dizia: "Se você deseja ser realmente rico, precisa saber quando ser frugal e quando ser pródigo. O problema é que gente demais só sabe ser mesquinho. É como se só tivessem uma perna."

Livros como *O Millionário Mora ao Lado* e *Getting Rich in America: 8 Simple Rules for Building a Fortune and a Satisfying Life* ("Ficar Rico na América: 8 Regras Simples para Construir uma Fortuna e uma Vida de Satisfação", em tradução livre), do meu amigo Dwight Lee, definem o sucesso de modo acanhado ao sugerir que quem vive em estilo espartano e poupa tostões se tornará rico.

Sim, mas há um limite para a riqueza que pode ser adquirida vivendo como se fosse pobre. Mesmo comendo sanduíche ou macarrão instantâneo em todas as refeições seria impossível juntar dinheiro suficiente para se tornar um multimilionário. Isso contribui para explicar por que apenas um em dez milionários acumula um patrimônio de US$5 milhões. A "economia de migalhas", isoladamente, é apenas um passo preliminar para que alguém sem capital herdado ou um fluxo de caixa anual substancial possa fazer o tipo de investimento que conduziria à riqueza. Para os americanos, tornar-se um "milionário" é um passo necessário para participar como "investidor comum" em colocações privadas de papéis de empresas de capital fechado de alto crescimento. Esse é o principal caminho para a riqueza. Fui um milionário aos vinte e poucos anos. Mas rapidamente verifiquei que alguns milhões não representam muito. Eu não podia permitir meu estilo de vida preferido, com uma fortuna tão pequena.

Minha conclusão é que a melhor maneira de ganhar dinheiro de verdade é investindo em empresas de capital fechado.

O Guia de Investimentos

Por que os Ricos Ficam Mais Ricos

Quando eu era mais jovem, o pai rico me disse: "Em parte, os ricos ficam mais ricos porque eles investem de modo diferente; eles aplicam em investimentos que não são oferecidos aos pobres e à classe média. Contudo, ainda mais importante, sua formação é diferente. Se você tiver a formação, você sempre terá dinheiro em abundância."

Davidson destaca que o dólar perdeu 90% de seu valor no último século. Portanto, ser um milionário não é suficiente. Para se capacitar a investir com os ricos o preço é de pelo menos US$1 milhão de patrimônio líquido. E mesmo assim, você pode não ser suficientemente competente para investir como os ricos.

O pai rico dizia: "Se você quer investir como os ricos, você precisa de:

- Educação
- Experiência e
- Excesso de dinheiro."

Em cada um dos níveis do que o pai rico chamava os três Es, você encontrará um tipo diferente de investidor, com diferentes níveis de estudo, experiência e excesso de dinheiro.

O preço da independência financeira exige tempo e dedicação para adquirir a formação, a experiência e o excesso de dinheiro para investir nesses três níveis. Você sabe que está sendo financeiramente perspicaz ou que sua sofisticação está aumentando quando pode distinguir entre:

- Dívidas boas e ruins
- Perdas boas e ruins
- Despesas boas e ruins
- Pagamento de impostos e incentivos fiscais
- Empresas em que você trabalha e outras que são suas
- Como montar uma empresa, organizá-la e abrir seu capital
- Vantagens e desvantagens de ações, títulos, fundos mútuos, empresas, imóveis e tipos de seguro, bem como suas diferentes estruturas jurídicas e quando usar cada um

Capítulo 18

A maioria dos investidores medianos só conhece:

- Dívidas ruins — por isso as estão sempre pagando
- Perdas ruins — por isso pensam que gastar dinheiro é ruim
- Despesas ruins — por isso odeiam pagar contas
- Pagar impostos — por isso dizem que pagá-los é injusto
- Estabilidade no emprego formal e subir na hierarquia — em vez de se tornarem donos da hierarquia
- Investir de fora, e comprar ações de uma empresa — em vez de vender ações da empresa que possuem
- Investir apenas em fundos mútuos, ou escolher apenas ações de primeira linha
- É possível enriquecer sendo generoso. Foi desse modo que meu pai rico enriqueceu. Muitas vezes, ele dizia: "Quanto mais gente eu servir, mais rico fico." Ele também falava: "O problema de estar no lado E–A do quadrante é que você só pode servir um tanto de gente. Se você criar uma grande empresa no lado D–I do quadrante você pode servir todas as pessoas que quiser. E fazendo isso, você ficará mais rico do que sonhou."

Servindo a Mais e Mais Pessoas

Meu pai rico contou o seguinte exemplo de enriquecimento pelo serviço a mais e mais pessoas. "Se sou um médico e sei que só posso cuidar de um paciente por vez só tem duas maneiras de ganhar mais. Ou trabalhar mais horas por dia ou aumentar o preço da consulta. Se ficar no emprego e usar as folgas para descobrir um medicamento que cure o câncer, então poderá enriquecer servindo a muito mais pessoas."

A Definição de Riqueza

A revista *Forbes* define rico como a pessoa que tem renda de US$1 milhão e patrimônio líquido de US$10 milhões. O pai rico tinha uma definição mais rigorosa: US$1 milhão em renda passiva, que é a renda que se aufere trabalhando ou não, e mais US$5 milhões em ativos e não em patrimônio líquido. O patrimônio líquido pode ser um indicador ilusório e manipulável. Ele também achava que se a pessoa não pudesse auferir regularmente um retorno de 20% sobre o capital investido, então não se tratava realmente de um investidor.

O preço que se paga para alcançar o objetivo do pai rico, partindo do nada, é na verdade medido pelos três Es: estudo, experiência e excesso de dinheiro.

Quando regressei do Vietnã, em 1973, tinha pouco desses três elementos. Tive que fazer uma escolha: estaria disposto a investir meu tempo para obter os três Es? Mike e muitos de meus amigos ainda estão investindo para alcançar os três Es. É por isso que ficam cada vez mais ricos.

Comece com um Plano

Para ser um investidor rico, você precisa de um plano, de estar focado e de jogar para ganhar. Um investidor mediano não tem plano, investe em dicas quentes e corre atrás dos produtos que estão em moda, passando de ações de empresas de tecnologia, para commodities, e, destas, para imóveis e para a criação de sua própria empresa. Não há nada demais em investir em uma dica quente de vez em quando, mas não se iluda pensando que alguma dessas dicas o tornará rico para sempre.

Além dos três Es, o pai rico tinha uma lista do que ele chamava de cinco Ds, necessários para se tornar muito rico, especialmente quando você começa do zero. São eles:

1. Devaneio
2. Dedicação
3. Disposição
4. Dados
5. Dinheiro

A maioria das pessoas se concentra nos dois últimos, dados e dinheiro. Muitas delas estudam e pensam que a informação ou dados que adquirem as levarão ao dinheiro. Ou, quando não têm estudo formal, dizem: "Não posso ser rico porque não fui à faculdade", "É preciso ter dinheiro para ganhar dinheiro" ou "Se eu trabalhar mais e ganhar mais dinheiro, então ficarei rico". Em outras palavras, muitas pessoas usam a falta de instrução ou de dinheiro como desculpa para não enriquecer investindo.

Capítulo 18

Meu pai rico concluiu sua exposição dos cinco Ds dizendo: "Na verdade, é o foco nos três primeiros elementos que o levam em última análise aos dados e ao dinheiro de que se necessita para se tornar muito rico." Em outras palavras, os dados e o dinheiro são consequência do sonho, da dedicação e da disposição. Em minhas palestras, muitas vezes encontro pessoas que querem mais dados antes de começar a fazer qualquer coisa, ou que pensam que ganhar mais dinheiro as tornará ricas. Na maioria dos casos só os dados ou o dinheiro não tornarão ninguém rico. Embora sejam importantes, é preciso ir à luta, especialmente quando se começa do nada.

Fim da Parte 1

Completamos a Parte 1, que em minha opinião é a mais importante. O dinheiro é apenas uma ideia. Se você pensa que é difícil ganhá-lo e que nunca será rico, então isso será verdade para você. Se acredita que o dinheiro é abundante, então isso pode ser verdade.

As próximas quatro partes tratam de aspectos específicos do plano do pai rico e de sua semelhança com os planos de algumas das pessoas mais ricas do mundo. Conforme for lendo, reflita nos conflitos, acréscimos, reduções ou concordâncias entre seu próprio plano.

Gostaria de ressaltar que as informações aqui oferecidas são apenas indicações e não determinações. Muito do que será dito está sujeito a interpretações jurídicas, portanto deve ser adaptado às suas circunstâncias individuais. Sua aplicação nem sempre é preto no branco e deve ser cuidadosamente ponderada. Recomendamos que consulte seus conselheiros financeiro e jurídico para elaborar o plano mais adequado a seus objetivos e necessidades.

Capítulo 19
A CHARADA 90/10

Eu estava trabalhando com um grupo de estudantes brilhantes de pós-graduação da faculdade de administração da Thunderbird University. Durante a sessão de três horas perguntei a um dos jovens estudantes: "Qual é o seu plano de investimento?"

Sem pestanejar, ele retrucou: "Quando me formar vou arrumar um emprego que ofereça pelo menos US$150 mil ao ano e vou começar a aplicar em investimentos US$20 mil por ano."

Agradeci por ele ter me contado seu plano. Então perguntei: "Os senhores lembram que contei que o pai rico discutiu o princípio 90/10 do dinheiro?"

"Sim", disse o jovem sorrindo, certo de que eu iria contestar seu modo de pensar. Ele tinha se matriculado em um curso de empreendedorismo na prestigiada universidade onde eu era instrutor visitante. A essa altura ele já sabia que meu estilo não era o de oferecer respostas prontas aos estudantes. Meu estilo era contestar crenças profundas e pedir aos estudantes que avaliassem velhos padrões de pensamento. "O que o princípio 90/10 tem a ver com meu plano de investimentos?", perguntou o estudante com cautela.

"Tudo", respondi. "O senhor pensa que seu plano de conseguir um emprego e investir pelo menos US$20 mil ao ano o colocará na categoria daqueles 10% dos investidores que ganha 90% do dinheiro?"

"Não sei", respondeu ele. "Nunca tive esse parâmetro em mente ao fazer meu plano."

"Nem a maioria das pessoas", continuei. "A maioria imagina um plano de investimentos e pensa que é o melhor, mas pouquíssimos comparam seu plano com outras possibilidades. E o problema é que a maioria só descobrirá que seu plano não era bom quando já for tarde demais."

187

Capítulo 19

"O senhor quer dizer que o investidor mediano investe para a aposentadoria e só saberá que seu plano funcionou ou não quando se aposentar?", perguntou outro estudante. "Eles descobrirão quando já for tarde demais."

"Em muitos casos acontecerá isso mesmo", falei. "Triste, mas verdadeiro."

"Mas a ideia de conseguir um emprego bem remunerado e aplicar US$20 mil ao ano não é boa?", perguntou o estudante. "Afinal, ainda estou com 26 anos."

"Um plano muito bom", repliquei. "Sem dúvida que poupar bem mais que a média e começar jovem com todo esse dinheiro certamente o tornará um homem bastante rico. Mas minha pergunta foi: 'Isso o colocará no grupo dos 90/10?'"

"Não sei", disse o jovem. "O que o senhor aconselha?"

"Lembra-se da história que contei, de quando, aos doze anos, eu andava pela praia com o pai rico?", perguntei.

"O senhor fala da ocasião em que ficou surpreendido porque conseguiu adquirir um imóvel de preço tão alto?", falou outro estudante. "O primeiro grande investimento de seu pai rico e aquele que o levou ao mundo dos grandes investimentos?"

Concordei com a cabeça, e disse: "É essa a história."

"E essa história tem a ver com a regra 90/10 do dinheiro?", perguntou o estudante.

"Sim. Ela se aplica porque sempre fiquei curioso em saber como meu pai rico pôde comprar um ativo tão caro quando ele tinha pouco dinheiro. Depois de perguntar como ele tinha conseguido, apresentou-me o que chamava a 'charada 90/10'."

"Charada 90/10?", indagou um dos alunos. "O que é a charada 90/10, e o que ela tem a ver com o meu plano de investimentos?"

Com essa questão, caminhei até o quadro-negro, e desenhei o seguinte diagrama. "Esta é a charada 90/10", falei.

O Guia de Investimentos

DEMONSTRAÇÃO FINANCEIRA

Renda
Despesas

BALANÇO PATRIMONIAL

Ativos	Passivos

"Essa é a charada 90/10?", perguntou o estudante. "Mas isso parece uma demonstração financeira com a coluna dos ativos em branco."

"E é isso mesmo. E essa é a pergunta que completa a charada", disse piscando, enquanto observava o rosto dos estudantes para verificar se estavam me acompanhando.

Depois de um longo silêncio, um dos estudantes falou: "Então nos dê a pergunta."

"A pergunta é", disse, calmamente, "como preencher a coluna dos ativos sem comprar qualquer ativo?"

"Sem comprar ativos?", perguntou o aluno. "O senhor quer dizer sem dinheiro?"

"Mais ou menos", respondi. "O plano de aplicar US$20 mil em investimentos é uma boa ideia. Mas meu desafio é: o plano de comprar ativos com dinheiro será uma ideia 90/10, ou essa é a ideia do investidor mediano?"

"Então, o senhor está dizendo que os ricos criam ativos na coluna dos ativos em lugar de comprá-los com dinheiro, que é o que as pessoas mais fazem."

Assenti com a cabeça. "Veja, este gráfico, a que chamo de charada 90/10, representa a charada que meu pai rico me propunha regularmente. Ele queria que eu apresentasse ideias para a criação de ativos sem recorrer à compra com dinheiro."

189

Capítulo 19

Os estudantes contemplavam em silêncio o diagrama no quadro-negro. Finalmente, um deles disse: "É por isso que o senhor sempre diz que não é necessário ter dinheiro para ganhar dinheiro?"

Concordei, e retruquei: "É isso mesmo. A maioria das pessoas que está no grupo dos 90% e fica com 10% do dinheiro sempre diz que é necessário ter dinheiro para ganhar dinheiro. E muitos desistem de investir se não têm dinheiro."

"Então a charada 90/10 do seu pai rico era lhe dar uma coluna de ativos em branco e perguntar como você iria preenchê-la com os ativos sem ter que comprá-los."

"Constantemente. Quando voltei do Vietnã, sempre que almoçávamos ou jantávamos juntos ele queria que eu trouxesse novas ideias de criação de ativos. Ele sabia que era assim que muitos dos super-ricos tinham enriquecido. Foi assim que Bill Gates, Michael Dell e Richard Branson se tornaram bilionários. Eles não se tornaram bilionários com um bom emprego e aplicando alguns dólares."

"Quer dizer que o senhor acha que a forma de enriquecer é se tornar empresário?"

"Não, não é isso o que estou dizendo. Apenas utilizei esses exemplos porque os senhores estão fazendo um curso de empreendedorismo. Os Beatles enriqueceram criando um tipo diferente de ativo, mas ainda assim, ativos que até hoje geram retornos. Tudo o que estou dizendo é que o pai rico punha à minha frente a demonstração financeira com a coluna dos ativos em branco e me perguntava como eu poderia colocar lá ativos sem ter dinheiro para comprá-los. Ele começou a me apresentar essa charada 90/10 desde o momento em que lhe perguntei como ele tinha conseguido comprar um dos mais valiosos terrenos da orla marítima sem dinheiro."

"E ele contou que sua empresa comprou o terreno", interrompeu outro jovem.

"Como já disse, esse é um modo, mas há muitas outras maneiras de criar ativos sem comprá-los. Os investidores o fazem inventando coisas valiosas. Os artistas, pintando quadros sem preço. Os autores escrevem livros que lhes rendem direitos autorais durante anos. Criar uma empresa é a forma em que o empreendedor faz isso, mas não é necessário ser empresário para criar um ativo. Eu recorri aos imóveis sem usar dinheiro. Tudo o que é necessário é ser criativo para enriquecer."

"O senhor quer dizer que posso inventar uma nova tecnologia e ficar rico?", perguntou um dos alunos.

"Seria possível, mas não precisa ser uma invenção ou uma nova tecnologia", disse fazendo uma pequena pausa. "É a maneira de pensar que cria ativos e, uma vez que você pensa dessa maneira, pode enriquecer mais do que jamais sonhou."

O Guia de Investimentos

"O que o senhor quer dizer com não precisa ser uma invenção ou uma nova tecnologia? Que outra coisa poderia ser?"

Esforçando-me para deixar bem claro o ponto, falei: "Vocês se lembram daquela história sobre a revista em quadrinhos, no meu livro, *Pai Rico, Pai Pobre*?"

"Sim", disse um dos alunos. "A história do seu pai rico tirando seus dez centavos por hora e pedindo para você trabalhar de graça depois que pediu um aumento? Ele tirou os dez centavos porque ele não queria que você gastasse sua vida trabalhando por dinheiro."

"Isso, essa história", retruquei. "Essa é uma história sobre o preenchimento da coluna de ativos com um ativo sem comprá-lo."

Os alunos ficaram em silêncio por um tempo, pensando no que eu tinha acabado de dizer. Finalmente, um deles falou em voz alta: "Então você pegou histórias em quadrinhos velhas e as transformou em ativos."

Concordei com a cabeça. "Mas o ativo seriam aquelas revistas velhas?", respondi.

"Não até que o senhor as transformasse em ativos", replicou outro estudante. "O senhor pegou algo que ia ser jogado fora e o transformou em ativo."

"Sim. Mas as revistas eram o ativo ou apenas a parte visível do ativo?"

"Ah", exclamou outro dos estudantes. "O que transformava a revista em ativo era o invisível processo de pensamento e é esse processo invisível que é o verdadeiro ativo."

"Era assim que o pai rico via as coisas. Ele me contou depois que sua força era o processo de pensamento. Era um processo de pensamento a que ele muitas vezes se referia, brincando, como a 'transformação do lixo em luxo'. Ele também costumava dizer: 'A maioria das pessoas faz exatamente o contrário e transforma o dinheiro em lixo. É isso que garante a persistência da regra 90/10.'"

"Ele era como os antigos alquimistas", comentou um dos jovens. "Os alquimistas buscavam uma fórmula para transformar o chumbo em ouro."

"Exatamente", falei. "As pessoas que estão no grupo 90/10 do dinheiro são os modernos alquimistas. A única diferença é que eles conseguem transformar nada em ativos. Sua força está na capacidade de pegar ideias e transformá-las em ativos."

"Mas como o senhor mesmo diz, muitas pessoas têm boas ideias. Só que elas não conseguem transformá-las em ativos", comentou outro aluno.

Fiz que sim com a cabeça. "E foi essa força secreta do pai rico que eu vi na praia naquele dia. Era o poder mental ou inteligência financeira que lhe permitira adquirir aquele terreno valioso, ao passo que um investidor mediano teria passado ao

Capítulo 19

largo resmungando 'Não dá para comprar', ou 'É preciso ter dinheiro para ganhar dinheiro'."

"Quantas vezes o pai rico lhe aplicou o teste 90/10?", indagou um dos estudantes.

"Muitas vezes", respondi. "Era seu modo de me levar a exercitar o cérebro. Pai rico gostava de dizer que o cérebro é nosso ativo mais poderoso e que, se usado inadequadamente, pode transformar-se em nosso maior passivo."

Os alunos permaneceram em silêncio. Imagino que estivessem refletindo e questionando suas ideias. Finalmente, aquele estudante que planejara aplicar US$20 mil ao ano disse: "É por isso que em seu livro, *Pai Rico, Pai Pobre*, uma das lições do pai rico era que os ricos inventam seu dinheiro."

Balancei a cabeça afirmativamente, e prossegui: "E a lição número um das seis lições foi que 'os ricos não trabalham por dinheiro'."

Novamente, fez-se silêncio, até que um dos alunos disse: "De modo que enquanto estamos planejando arrumar emprego e poupar para comprar ativos, o senhor estava sendo orientado a considerar que criar sua tarefa era ativos."

"Muito bem pensado", falei. "Veja, a ideia de 'emprego' é uma criação da Era Industrial, e, desde 1989, estamos na Era da Informação."

"O que é que o senhor quer dizer com a ideia de que emprego é um conceito da Era Industrial?", perguntou, espantado, um dos jovens. "As pessoas sempre tiveram empregos, não é?"

"Não, pelo menos não do modo que os conhecemos hoje. No período dos caçadores-coletores, os seres humanos viviam em tribos e a tarefa de cada pessoa era contribuir para a sobrevivência da comunidade. Em outras palavras, todos por um e um por todos. Seguiu-se o período Agrário, a era em que havia reis e rainhas. Nesse período, a pessoa era um servo ou camponês e pagava ao rei para trabalhar em suas terras. Então veio a Era Industrial que aboliu a servidão e a escravidão e as pessoas começaram a vender seu trabalho nos mercados. A maioria das pessoas se tornou empregado ou autônomo, fazendo o possível para vender seu trabalho a quem pagasse mais. Esse é o conceito moderno da palavra 'emprego'."

"De modo que quando disse que ia procurar um emprego e aplicar US$20 mil todo ano, essa era uma ideia da Era Industrial."

Assenti com a cabeça. "Da mesma maneira que há ainda trabalhadores do período agrário, os agricultores e os pecuaristas. Existem ainda hoje remanescentes dos caçadores-coletores — como os pescadores comerciais, por exemplo. A maioria das pessoas trabalha com ideias da Era Industrial e é por isso que tantas pessoas têm empregos."

"E como seria a ideia de trabalho na Era da Informação?", perguntou um estudante.

"As pessoas não trabalham porque suas ideias estão trabalhando. Hoje, há estudantes muito parecidos com o pai rico que saem da escola para enriquecer sem emprego. Veja os bilionários da internet. Alguns deles largaram a faculdade para se tornar bilionários sem nunca terem passado por um emprego formal."

"Em outras palavras, eles começaram com a coluna dos ativos em branco e puseram nela um ativo muito grande, um ativo da Era da Informação", acrescentou um dos estudantes.

"Muitos formaram ativos multibilionários", falei. "Passaram de universitários a bilionários e em breve haverá jovens do ensino médio que se tornarão bilionários sem terem nunca tido um emprego. Já conheço um que é milionário sem ter passado por nenhum emprego. Depois de ter lido meu livro e jogado meus jogos, ele comprou um bom imóvel, vendeu parte do terreno, ficou com o prédio e pagou o empréstimo feito com a venda do terreno. Agora é dono de um prédio de apartamentos que vale pouco mais de um milhão de dólares e tem uma renda mensal de US$4 mil sem trabalhar. Ele vai concluir o ensino médio no ano que vem."

Os estudantes ficaram em silêncio refletindo sobre o que eu acabara de falar. Alguns tinham dificuldade em aceitar que alunos que abandonaram a faculdade tinham-se tornado bilionários. Até que, finalmente, um deles disse: "Portanto, na Era da Informação as pessoas enriquecem com a informação."

"Não apenas na Era da Informação", retruquei. "Sempre houve casos assim. São as pessoas que não têm ativos que trabalham para, ou são controlados por, pessoas que criam, adquirem ou controlam os ativos."

"Então, o senhor está dizendo que um garoto do ensino médio pode passar à minha frente embora não tenha tanta instrução nem tenha frequentado uma instituição de prestígio ou tenha tido um emprego bem remunerado", disse o primeiro estudante.

"É isso mesmo que estou dizendo. A questão é mais de modo de pensar do que de formação acadêmica. Thomas Stanley, o autor do best-seller *The Millionaire Mind* ("A Mente Milionária", em tradução livre), afirma em seu livro que não encontrou em suas pesquisas correlações entre altas notas no boletim escolar e dinheiro."

Capítulo 19

O estudante com o plano de investir US$20 mil ao ano disse: "Então, se eu quiser entrar para o clube 90/10 é melhor eu me dedicar à criação de ativos em vez de comprá-los. Quando se trata de ativos é preciso ser criativo em vez de fazer o que todo o mundo faz."

"É por isso que o bilionário Henry Ford comentava: 'Pensar é o trabalho mais difícil que há. E é por isso também que tão pouca gente se dedica a pensar'", respondi. "E também explica por que se alguém fizer o que 90% dos investidores fazem acabará juntando-se a eles para repartir os 10% da riqueza."

"Ou porque Einstein falou: 'A imaginação é mais importante que o conhecimento'", acrescentou outro jovem.

"Ou porque o pai rico me deu essa dica em relação à contratação de um contador. Ele disse que ao entrevistar um contador deveria perguntar: 'Quanto é 1 + 1?' Se ele responder três não contrate essa pessoa. Não é esperta. Se o contador responder '2' também não o contrate. É pouco esperto. Mas se a resposta for: 'Qual é o resultado que o senhor deseja?', então contrate-o imediatamente."

Os estudantes riram e começamos a arrumar nossas coisas. "Então o senhor cria ativos para comprar outros ativos e passivos. Correto?", perguntou outro aluno.

Fiz que sim com a cabeça.

"O senhor já usou dinheiro para comprar ativos?", indagou o mesmo jovem.

"Sim, mas gosto de usar o dinheiro gerado pelos ativos que crio para comprar outros ativos", respondi, pegando a pasta. "Lembre-se de que não gosto de trabalhar por dinheiro. Prefiro criar ativos para comprar outros ativos e passivos."

Um jovem estudante chinês me ajudou a carregar o material e disse: "É por isso que o senhor aconselha tanto o marketing de rede? Com pouco dinheiro e risco a pessoa pode criar um ativo em suas horas de folga."

Assenti com a cabeça: "E se trata de um ativo mundial que pode ser passado aos filhos, se estes o quiserem. Não sei de muitas empresas que lhe permitam passar seu emprego para seus filhos. Esse é o teste do ativo, se você pode passá-lo para as pessoas que ama. Meu pai, aquele a quem chamo de pai pobre, não poderia passar seus anos de trabalho árduo aos filhos, nem nenhum de nós quereria o seu trabalho ou sequer estávamos qualificados para exercê-lo."

Os estudantes me acompanharam até o carro. "Então temos que pensar em criar ativos em vez de trabalhar arduamente e comprar ativos", disse o estudante dos US$20 mil.

"Se quiser entrar para o clube 90/10", respondi. "É por isso que pai rico estava sempre testando minha criatividade, pedindo-me para criar ativos diferentes, pondo-os na coluna dos ativos sem comprá-los. Ele afirmava que era melhor passar anos criando um ativo do que sua vida inteira trabalhando arduamente por dinheiro para criar o ativo de outra pessoa."

Quando eu estava entrando no carro, o estudante dos US$20 mil concluiu: "Então tudo o que tenho a fazer é pegar uma ideia e criar um ativo, bem grande, que me torne rico. Fazendo isso mato a charada dos 90/10 e posso me juntar aos 10% dos investidores que controlam 90% da riqueza."

Rindo, fechei a porta do carro e respondi seu último comentário: "Se você matar a charada na vida real terá boas chances de se juntar aos 10% que controlam 90% do dinheiro. Caso contrário você se juntará aos 90% que controlam apenas 10% do dinheiro", agradeci aos jovens, e dei a partida.

Faça Este Teste

Como disse Henry Ford: "Pensar é o trabalho mais difícil que existe. Por isso tão pouca gente se dedica a pensar." Ou, como o pai rico dizia: "Seu cérebro pode ser seu ativo mais poderoso, mas se não souber usá-lo poderá tornar-se seu maior passivo."

Meu pai rico me pedia repetidamente para imaginar ativos que pudessem preencher aquela coluna em branco dos ativos. Ele sentava comigo e com seu filho e nos perguntava como poderíamos criar ativos novos e diferentes. Ele não estava preocupado com que as ideias fossem malucas ou bobas, ele queria apenas que pudéssemos argumentar quanto à transformação de uma ideia em ativo. Ele nos pedia para apresentar nossos argumentos e contestar suas objeções. Em longo prazo, foi bem melhor do que nos recomendar o trabalho árduo, a poupança e a frugalidade que era o que aconselhava meu pai pobre.

Assim, o teste de atitude mental é:

Você está disposto a pensar em criar seus ativos em lugar de comprá-los?

Sim ___ Não ___

Capítulo 19

Há muitos livros e programas educacionais destinados a explicar como adquirir ativos. Para a maioria das pessoas esse é o melhor plano. Também aconselho isso no que se refere aos planos de investimento para segurança e conforto. Investimentos como ações de primeira linha e fundos mútuos bem administrados são adequados para segurança e conforto. Mas se seu sonho for se tornar um investidor muito rico, pergunte a si mesmo: "Estou disposto a criar meus ativos em lugar de comprar os ativos de terceiros?" Se não estiver, então há muitos livros e programas educacionais que ensinam a comprar ativos.

Se estiver disposto a pensar em como criar ativos, então o restante deste livro será valioso, talvez nem tenha preço. Trata de como pegar uma ideia e transformá-la em um ativo que permita a aquisição de outros ativos. Não se trata apenas de ganhar muito dinheiro na coluna dos ativos, mas também de conservar o dinheiro gerado pelos ativos e fazê-los comprar não só mais ativos como os luxos da vida. Revela como muitos dos 10% conseguiram adquirir 90% do dinheiro. Se isto é o que o interessa, por favor, prossiga a leitura.

Recordando, esta é a charada 90/10:

DEMONSTRAÇÃO FINANCEIRA

Renda
Despesas

BALANÇO PATRIMONIAL

Ativos	Passivos

A pergunta é: "Como criar um ativo na coluna dos ativos sem gastar dinheiro para adquiri-lo?"

O Guia de Investimentos

Um Jeito Inteligente de Guardar Dinheiro

Meu primeiro negócio foi a empresa de carteiras para surfista em náilon e velcro. Ela foi criada como um grande ativo na coluna dos ativos. O problema foi que, embora o ativo fosse grande, minhas habilidades de negócio eram pequenas. Assim, mesmo sendo, tecnicamente, um milionário por volta dos vinte e poucos anos, perdi tudo pouco depois. O mesmo aconteceu três anos depois quando entrei no negócio do rock. Quando a MTV decolou, nossa pequena empresa estava no lugar perfeito para capitalizar o modismo. Outra vez, o ativo criado foi maior do que as pessoas que o criaram. Subimos como um foguete e caímos como um balão sem gás. O resto deste livro se dedica à criação de ativos, aos talentos profissionais necessários para o tamanho do ativo e a como conservar o dinheiro ganho investido em outros ativos, muitas vezes mais estáveis. Como dizia meu pai rico: "De nada adianta ganhar muito dinheiro se você não o conserva." Investindo é como as pessoas perspicazes conservam seu dinheiro.

Parte 2
QUE TIPO DE INVESTIDOR VOCÊ QUER SE TORNAR?

# Capítulo 20
SOLUÇÃO DA CHARADA 90/10

Meu pai rico afirmava: "Há investidores que compram ativos e há aqueles que os criam. Se você deseja matar a charada 90/10 sozinho, precisa ser os dois tipos de investidor."

Na introdução, falei de quando o pai rico, Mike e eu passeamos pela praia admirando o terreno que o pai rico comprara na orla. O leitor recordará que perguntei ao pai rico como ele podia comprar um terreno tão caro e meu pai pobre não. A resposta dele foi: "Eu também não posso, mas meu negócio pode." Tudo o que eu via era um terreno onde se encontravam carros velhos abandonados, uma casa caindo aos pedaços, entulho e no meio disso tudo um cartaz de "Vende-se". Aos doze anos eu não podia ver nenhum negócio aí, mas meu pai rico via. O negócio estava sendo criado em sua cabeça e essa habilidade de criar foi o que o levou a ser um dos homens mais ricos do Havaí. Em outras palavras, o pai rico matou sua charada 90/10 criando ativos que, por sua vez, compravam outros ativos. O plano não era apenas o plano de investimento do pai rico, é o plano de investimento da maioria das pessoas que estão entre os 10% que ficam com 90% do dinheiro — no passado, no presente e no futuro.

Aqueles que leram *Pai Rico, Pai Pobre* se recordarão da história de Ray Kroc falando aos estudantes do curso de MBA de meu amigo que o McDonald's, a empresa que fundara, não estava no negócio dos hambúrgueres. Seu negócio eram os imóveis. Novamente, estamos diante da fórmula da criação de um ativo que compra ativos, e foi graças a essa fórmula que o McDonald's é proprietário dos imóveis mais valorizados do mundo. Tudo era parte do plano. E é por isso que o pai rico, após

Capítulo 20

ter-se convencido da seriedade de meu desejo de enriquecer, repetia: "Se você deseja matar a charada 90/10 a seu favor, precisa ser os dois tipos de investidor. A pessoa que sabe como criar ativos e a que sabe comprá-los. O investidor mediano não está, em geral, ciente dos diferentes processos, e não tem competência para qualquer dos processos de investimento. O investidor mediano, em geral, nem coloca um plano no papel."

Ganhar Milhões (Quiçá Bilhões) com Suas Ideias

Boa parte da segunda metade deste livro trata da criação de ativos. O pai rico passou muitas horas comigo, ensinando-me o processo pelo qual a pessoa pega uma ideia e a transforma em um negócio que cria ativos que compram ativos. Em uma dessas ocasiões, ele disse: "Muitas pessoas têm ideias que poderiam enriquecê-las para além dos mais ousados sonhos. O problema é que a maioria nunca aprendeu a colocar suas ideias dentro de uma estrutura de negócios, de modo que muitas dessas ideias nunca tomam forma e se sustentam. Se você quiser ser um dos 10% que fica com 90% do dinheiro, precisa saber como adaptar uma estrutura de negócios às suas ideias criativas." Muito da segunda parte deste livro trata do que o pai rico chamava de triângulo D–I, que é a estrutura mental que pega a ideia e a transforma em um ativo.

O pai rico costumava dizer: "Mais do que apenas saber como criar ativos que compram ativos, uma das principais razões pelas quais os investidores são capazes de se tornar mais ricos é que sabem como transformar suas ideias em milhões e, até, bilhões de dólares. O investidor mediano pode ter ideias excelentes, mas frequentemente não tem a habilidade de transformar essas ideias em ativos que compram ativos." O restante deste livro se destina a mostrar como pessoas comuns são capazes de transformar suas ideias em ativos que compram ativos.

"Você Não Pode Fazer Isso"

Ao me ensinar como transformar minhas ideias em ativos, o pai rico gostava de dizer: "Quando você começar a pensar em transformar suas ideias em fortuna pessoal, muitas pessoas dirão: 'Não é possível fazer isso.' Lembre-se sempre de que nada é mais eficaz para matar suas boas ideias do que pessoas com ideias pequenas e imaginação limitada."

O Guia de Investimentos

Meu pai rico me dava duas razões que fundamentavam o pensamento das pessoas para dizer: "Você não pode fazer isso."

1. Eles dizem: "Não é possível fazer isso" (mesmo se você estiver fazendo) não porque *você* não pode fazê-lo, mas porque *eles* não conseguem.

2. Eles dizem: "Não é possível fazer isso" porque não conseguem ver o que você está fazendo.

O pai rico explicou que o processo de ganhar muito dinheiro é mais um processo mental do que um processo físico.

Uma das citações favoritas do pai rico era uma frase de Einstein: "Os grandes espíritos frequentemente se confrontam com uma oposição violenta das mentes medíocres." Comentando a frase, o pai rico disse: "Todos nós possuímos um grande espírito e uma mente medíocre. O desafio de transformar nossas ideias em um ativo de um milhão, ou até de um bilhão, de dólares é muitas vezes a batalha entre nosso próprio grande espírito e nossa própria mente medíocre."

Quando explico o triângulo D–I, que é a estrutura de negócios que dá vida às ideias de negócio e que é explicado na segunda parte deste livro, algumas pessoas se sentem esmagadas pela quantidade de conhecimentos exigidos para fazer com que o triângulo D–I trabalhe para elas. Quando isso acontece, costumo recordar a batalha entre seus grandes espíritos e suas mentes medíocres. Sempre que a mente medíocre de uma pessoa se opõe ao seu grande espírito, penso nas palavras ditas pelo pai rico: "Há muitas pessoas com grandes ideias, mas poucas com muito dinheiro." A razão pela qual a regra 90/10 persiste está no fato de ser necessária uma grande pessoa por trás da ideia para se enriquecer. É necessário ter um espírito forte e convicções firmes para transformar ideias em fortunas. Mesmo quando se entende o processo pelo qual as ideias se transformam em milhões ou bilhões de dólares, é preciso sempre recordar que grandes ideias só se tornam grandes fortunas se a pessoa que está por trás da ideia também estiver disposta a ser grande. Muitas vezes é difícil persistir quando todos em volta dizem: "Não é possível fazer isso." É preciso um espírito muito forte para resistir às dúvidas que surgem. Mas o espírito deve ser ainda mais forte quando somos nós mesmos que dizemos: "Não é possível fazer isso" para nós mesmos. Isso não significa que se deva avançar cegamente ou não dar ouvidos às ideias daqueles que estão em torno. Seus pensamentos e contribuições

Capítulo 20

deveriam ser ouvidos e adotados quando fossem mais relevantes que os nossos. Mas neste momento não estou falando de meras ideias ou de conselhos.

Estou falando de mais do que apenas ideias. Estou falando de seu espírito e da vontade de prosseguir mesmo que cheio de dúvidas e sem boas ideias. Ninguém pode lhe dizer o que pode ou não fazer. Só você pode determinar isso. Sua grandeza muitas vezes só é encontrada no fim do caminho e, quando se trata de transformar suas ideias em dinheiro, em muitos momentos você se verá em uma encruzilhada. É o ponto em que você está sem ideias, sem dinheiro e cheio de dúvidas. Se puder achar dentro de você a coragem de avançar, encontrará o que é necessário para transformar suas ideias em ativos. Transformar uma ideia em uma grande fortuna é mais questão de vontade interior do que de poder da mente. No final de todo caminho, o empreendedor encontra seu espírito. Encontrar seu espírito empreendedor e fortalecê-lo é mais importante do que a ideia ou negócio que estiver desenvolvendo. Uma vez encontrado nosso espírito empreendedor, seremos permanentemente capazes de pegar ideias comuns e transformá-las em fortunas extraordinárias. Lembre-se sempre que o mundo está cheio de pessoas com boas ideias e há poucas pessoas com grandes fortunas.

O restante deste livro se dedica a mostrar como encontrar seu espírito empreendedor e desenvolver sua habilidade de transformar ideias comuns em extraordinárias fortunas. A Parte 2 mostra os diferentes tipos de investidor, segundo o pai rico, e lhe permite escolher o melhor para você. A Parte 3 analisa o triângulo D–I do pai rico e mostra como ele proporciona a estrutura para transformar sua boa ideia em ativo.

A Parte 4 examina a mente do investidor sofisticado e mostra como ela analisa investimentos, bem como a rota para chegar a ser um investidor ideal que pega sua ideia e o triângulo D–I e cria fortunas. A última é a Parte 5, que fala sobre a importância de dar um retorno.

Capítulo 21
CATEGORIAS DE INVESTIDORES

Este livro é uma história de formação que mostra como o pai rico me orientou de uma situação em que estava sem emprego e sem dinheiro, ao dar baixa dos Fuzileiros Navais, até o momento em que estava a caminho de me tornar um investidor ideal — uma pessoa que se torna vendedor de ações em vez de comprador, uma pessoa que está tanto do lado de dentro quanto do lado de fora dos investimentos. Outros veículos de investimento em que os ricos aplicam, mas que os pobres e a classe média desconhecem, são as ofertas iniciais públicas de ações (IPO), as colocações privadas e outros valores mobiliários. Esteja você do lado de dentro ou do lado de fora do investimento é importante conhecer as normas básicas que regulamentam o mercado de valores mobiliários.

Ao ler *Pai Rico, Pai Pobre*, você vê a importância da proficiência financeira, um imperativo para quem deseja ser um investidor bem-sucedido. A leitura de *Independência Financeira* permite conhecer os quatro quadrantes, as formas de se ganhar dinheiro e as diferenças tributárias existentes em cada um deles. Pela simples leitura desses primeiros dois livros, e se já jogou os jogos *CASHFLOW*®, você conhece os fundamentos do investimento melhor do que muitas pessoas que investem ativamente.

Uma vez entendidos os fundamentos do investimento, é possível entender melhor as categorias em que o pai rico enquadrava os investidores, e os dez controles do investidor que ele considerava importantes para todo investidor.

Capítulo 21

Os Dez Controles do Investidor

Os dez controles do investidor são:

1. Sobre si mesmo
2. Quocientes de receita/despesa e ativos/passivos
3. Gestão do investimento
4. Impostos
5. Momentos de comprar e de vender
6. Corretagem
7. ETC (Estatuto jurídico, Tempo oportuno e Características)
8. Termos e condições de contratos
9. Acesso à informação
10. Controle sobre dar retorno, filantropia e redistribuição de riqueza

O pai rico costumava dizer: "Investir não é arriscado, o risco está em não ter o controle." Muitas pessoas consideram investir arriscado porque não controlam um ou mais desses dez itens. Contudo, ao longo da leitura deste livro, você poderá descobrir como adquirir maior controle como investidor, especialmente no que se refere ao controle número sete — o controle sobre estatuto jurídico, tempo oportuno e características. É esse ponto que a maioria dos investidores não controla, precisa controlar mais ou simplesmente não tem nenhuma compreensão básica sobre investimentos.

A primeira parte deste livro foi dedicada ao principal dos controles do investidor: *sobre si mesmo*. Se não estiver preparado e dedicado a se tornar um investidor bem-sucedido, é melhor entregar seu dinheiro a um conselheiro financeiro profissional que saiba ajudá-lo a selecionar seus investimentos.

Eu Estava Mais do que Pronto

Nesse ponto da minha educação financeira, o pai rico sabia que eu fizera a escolha:

Eu estava mentalmente preparado para me tornar um investidor.
Eu desejava me tornar um investidor muito bem-sucedido.

Eu sabia que estava pronto mentalmente e queria enriquecer. Entretanto, meu pai rico me perguntou: "Que tipo de investidor você quer ser?"

"Um investidor rico", respondi. Nesse momento, meu pai rico pegou seu bloco novamente e escreveu as seguintes categorias de investidor:

1. O investidor comum
2. O investidor qualificado
3. O investidor sofisticado
4. O investidor *insider*
5. O investidor ideal

"Quais são as diferenças?", perguntei.
Meu pai rico acrescentou uma definição a cada tipo:

1. *O investidor comum* ganha muito e/ou tem alto patrimônio líquido.
2. *O investidor qualificado* conhece a análise fundamentalista e técnica dos investimentos.
3. *O investidor sofisticado* entende de investimento e de lei.
4. *O investidor insider* cria o investimento.
5. *O investidor ideal* se torna o acionista que vende as ações.

Quando li a definição do investidor comum, me senti bastante desanimado. Não tinha dinheiro nem emprego.

Meu pai rico notou minha reação, pegou o bloco e fez um círculo em torno do "investidor *insider*".

Capítulo 21

Comece Como um Insider

"É a partir daí que você começa, Robert", disse o pai rico enquanto apontava para o investidor *insider*.

"Com pouquíssimo dinheiro, mas com experiência, é possível começar sendo um investidor *insider*", prosseguiu ele.

"Tudo do que você precisa é começar pequeno e continuar aprendendo. Não é preciso ter dinheiro para ganhar dinheiro."

Neste ponto, ele listou os três Es:

1. Educação

2. Experiência

3. Excesso de dinheiro

"Quando tiver os três Es, você terá se tornado um investidor de sucesso", disse o pai rico. "Você tem se saído bem no tocante à formação financeira, mas agora precisa de experiência. Quando tiver a experiência combinada com os conhecimentos financeiros, o excesso de dinheiro virá."

"Mas o senhor colocou o investidor *insider* em quarto lugar. Como é que eu vou começar por aí?", perguntei ainda confuso.

Meu pai rico queria que eu começasse como investidor *insider* para que eu me tornasse uma pessoa que cria ativos que depois comprarão outros ativos.

Comece Construindo um Negócio

"Vou começar a lhe ensinar os fundamentos da formação de uma empresa", continuou o pai rico. "Se você aprender a montar uma empresa bem-sucedida no quadrante D, seus negócios gerarão excesso de dinheiro. Então você poderá aproveitar as habilidades adquiridas para se tornar um D bem-sucedido para analisar investimentos como um I.

"É como se entrasse pela porta dos fundos, não é?", questionei.

"Bem, eu diria antes que é uma oportunidade única na vida!", disse o pai rico. "Depois de ter aprendido a ganhar o primeiro milhão, os dez seguintes serão muito fáceis!"

"Ok, e por onde começo?", perguntei impaciente.

"Primeiro, vou falar um pouco sobre as diferentes categorias de investidor", respondeu o pai rico, "para que você possa entender do que estou falando."

Visão Geral — Você Escolhe

Nesta fase do *Guia de Investimentos* do *Pai Rico*, compartilho as definições que ele dava para cada uma destas categorias de investidor. Os minicapítulos a seguir explicam as distinções (vantagens e desvantagens) de cada categoria, porque o caminho que segui pode não ser o adequado para você.

O Investidor Comum

O investidor comum é alguém com alta renda ou considerável patrimônio líquido. Eu sabia que não tinha condições para ser esse investidor.

Um investidor de longo prazo que optou por investir para segurança e conforto pode enquadrar-se nesta categoria. Há muitos E e A que estão bem satisfeitos com sua situação financeira. Eles perceberam cedo a necessidade de cuidar de seu futuro financeiro por meio do quadrante I e adotaram um plano para investir a renda auferida do trabalho nos quadrantes E e A. Seus planos financeiros de segurança e/ou conforto foram bem-sucedidos.

Em *Independência Financeira*, tratamos desta abordagem "de duas pernas" à segurança financeira. Aplaudo essas pessoas por sua visão e disciplina no desenvolvimento de um plano financeiro e seu cuidado com ele. Para eles o caminho que segui pode parecer uma missão impossível ou um trabalho árduo demais.

Há muitos E e A bem remunerados que se enquadram nesta categoria apenas pela sua renda.

Se você puder se tornar um investidor qualificado terá acesso a muitos investimentos que são impossíveis para a maioria das pessoas. Contudo, para ser bem-sucedido em seus investimentos, precisará também de formação financeira. Se preferir não dedicar seu tempo a esse aprendizado, é melhor pôr seu dinheiro em mãos de assessores financeiros competentes para auxiliar em suas decisões.

Capítulo 21

Estatisticamente, nos Estados Unidos, menos de 3% da população satisfaz as qualificações de um investidor comum. Se esta estatística é verdadeira, então há ainda menos pessoas que satisfazem os requisitos para os outros tipos de investidor. Isto significa que há muitos investidores não capacitados que investem em investimentos especulativos de alto risco dos quais deveriam se manter afastados.

Novamente, a definição da SEC para um investidor comum é:

1. Renda individual anual a partir de US$200 mil

2. Renda por casal anual a partir de US$300 mil

3. Patrimônio líquido a partir de US$1 milhão

O fato de haver tão poucas pessoas qualificadas como investidores comuns parece indicar que trabalhar arduamente em troca de dinheiro é um modo muito difícil de se capacitar a investir como os ricos. Refletindo sobre a ideia de precisar de uma renda mínima de US$200 mil, verifico que meu pai, aquele a que chamo de pai pobre, nunca chegaria perto do status de investidor comum por mais que trabalhasse e apesar dos aumentos salariais que seu emprego no governo lhe proporcionasse.

Se você já jogou o *CASHFLOW® 101*, deve ter percebido que a Pista de Alta Velocidade do jogo é a faixa que representa como o investidor comum atende aos requisitos mínimos. Tecnicamente, menos de 3% da população dos EUA os atende de maneira que possa investir. Isso significa que mais de 97% da população investe na Corrida dos Ratos.

O Investidor Qualificado

É aquele que entende como analisar as ações cotadas nas bolsas de valores. Esse investidor pode ser considerado um investidor que está "fora" em contraste com o que está "dentro". Em geral, essa categoria inclui analistas de mercado e corretores de ações.

O Investidor Sofisticado

O investidor sofisticado é aquele que de modo geral possui os três Es do pai rico e além disso entende o mundo dos investimentos. Utiliza as legislações tributária, societária e de mercado de capitais para maximizar seus ganhos e proteger seu capital.

Se você deseja se tornar um investidor bem-sucedido, mas não pretende possuir uma empresa para fazê-lo, seu objetivo deve ser o de se tornar um investidor sofisticado.

O investidor sofisticado e aqueles que estão nas duas categorias seguintes sabem que a moeda tem duas faces. Sabem que em um dos lados da moeda o mundo é preto e branco e do outro lado é de diferentes tons de cinza. É um mundo em que as pessoas não devem fazer as coisas sozinhas. Na face branca e preta da moeda, alguns investidores podem aplicar sozinhos. Na face cinza, precisam contar com uma equipe.

O Investidor Insider

Seu grande objetivo é ter negócios bem-sucedidos. Estes podem variar de um único imóvel para locação a uma rede varejista de milhões de dólares.

Um D bem-sucedido sabe criar e montar ativos. O pai rico afirmava: "Os ricos inventam dinheiro. Depois de aprender a ganhar o primeiro milhão, os dez seguintes são fáceis."

Um D bem-sucedido também aprende o necessário para analisar empresas caso invista de fora. Portanto, um investidor *insider* bem-sucedido pode aprender a se tornar um investidor sofisticado de sucesso.

O Investidor Ideal

Seu objetivo é se tornar o acionista que vende. O investidor ideal é dono de um negócio bem-sucedido do qual vende participações societárias ao público, e por isso é o acionista que vende. Portanto, ele é um acionista vendedor.

Que Tipo de Investidor Você É?

Os próximos capítulos aprofundarão as características de cada tipo de investidor. Depois de examinar cada um desses tipos, você estará mais bem preparado para selecionar seu próprio objetivo de investimento.

Capítulo 22
O INVESTIDOR COMUM

Quem É um Investidor Comum?

A maioria dos países desenvolvidos conta com uma legislação destinada a proteger o investidor mediano de investimentos ruins e arriscados. O problema é que essa mesma legislação também pode impedir as massas de participar de alguns dos melhores investimentos.

Especificamente nos Estados Unidos, existe a Lei de Mercado de Capitais de 1933, a de 1934, a Securities and Exchange Commission (SEC, que é o equivalente à CVM, no Brasil) e seus regulamentos. Todo esse aparato jurídico foi criado para proteger o público de informações falsas, manipulações e outras práticas fraudulentas na compra e na venda de valores mobiliários. Isso limita alguns investimentos aos investidores qualificados e sofisticados, bem como exige divulgação pormenorizada de tais investimentos. A SEC foi criada para ser guardiã dessas leis americanas.

Ao preencher sua função, a SEC definiu o investidor comum como a pessoa que ganhou US$200 mil ou mais (US$300 mil no caso de casais) nos dois anos anteriores e que espera auferir a mesma quantia no ano corrente. Também pode ser enquadrado nesta categoria de investidores quem tem patrimônio líquido de pelo menos US$1 milhão.

Meu pai rico afirmava: "Um investidor comum é simplesmente a pessoa que ganha substancialmente mais do que a média. Isso não significa necessariamente que seja rica ou que tenha algum conhecimento sobre investimentos."

O problema dessa norma é que menos de 3% da população dos Estados Unidos enquadra-se na exigência de renda anual de US$200 mil. Isto significa que apenas 3% podem investir nos lançamentos de ações regulamentados pela SEC. Os outros

Capítulo 22

97% não podem investir nas mesmas coisas porque não são investidores comuns. O teste da SEC para investidores sofisticados tem a ver com o nível de inteligência financeira do investidor.

Lembro que em certo momento o pai rico esteve próximo de investir em uma empresa chamada Texas Instruments, antes que esta abrisse seu capital ao público. Como estava sem tempo para examinar os dados sobre a empresa, ele preferiu abrir mão da oportunidade, decisão pela qual lamentou por muito tempo. Contudo, ele não rejeitou outras oportunidades de investir em empresas antes da abertura do capital ao público. Ele enriqueceu mais com esses investimentos do que com aqueles disponíveis para o público em geral. O pai rico se enquadrava nas exigências para o investidor comum.

Quando pedi para investir na próxima empresa que ainda não abrira seu capital ao público, o pai rico me disse que eu não era nem rico nem sábio o suficiente para investir com ele. Ainda me lembro de suas palavras: "Espere até ser rico, e os melhores investimentos virão até você. Os ricos sempre são os primeiros a escolher os melhores investimentos. Além disso, os ricos podem comprar a preços muito baixos e em grandes quantidades. E essa é uma das razões pelas quais os ricos ficam mais ricos."

O pai rico concordava com a SEC. Achava que era uma ideia válida proteger o investidor mediano dos riscos desse tipo de investimento, embora ele próprio tivesse ganhado muito dinheiro como investidor comum.

No entanto, o pai rico me advertiu: "Mesmo sendo um investidor comum, você poderá não ter oportunidade de aplicar nos melhores investimentos. Para isso, é necessário um tipo completamente diferente de investidor, com conhecimento adequado e acesso às informações sobre as novas oportunidades de investimento."

Os Controles do Investidor Comum

Nenhum

Meu pai rico acreditava que um investidor comum sem formação financeira não possuía nenhum dos dez controles do investidor. Ele pode ter muito dinheiro, mas em geral não sabe o que fazer com ele.

O Investidor Comum e os Três Es

Excesso de dinheiro (talvez)

O pai rico considerava que, embora uma pessoa pudesse enquadrar-se nas exigências para ser investidor comum, ainda assim precisava de formação e experiência para progredir para os estágios seguintes do investimento. Na verdade, ele conheceu muitos investidores comuns que não tinham de fato excesso de dinheiro. Eles atingiam os patamares de renda, mas não sabiam como administrar bem o seu dinheiro.

Mais Considerações

Quase todo o mundo pode abrir uma conta em uma corretora de valores e comprar e vender ações de empresas de "capital aberto". Essas ações são negociadas livremente e compradas e vendidas pelo público em bolsas de valores. O mercado de ações é o verdadeiro mercado livre em ação. Sem intervenção do governo ou de outros agentes externos, as pessoas podem decidir por si próprias se o preço de uma ação é justo ou não. Podem comprá-la e, assim, adquirir uma participação acionária na empresa.

Um caminho para a verdadeira riqueza por meio da aplicação em valores pode ser a participação em ofertas públicas iniciais (IPOs) de ações de empresas. De modo geral, o fundador da empresa e seus acionistas iniciais detêm blocos de ações. Para atrair financiamento adicional, a empresa pode recorrer à IPO. Nos Estados Unidos, na tentativa de impedir fraudes e proteger o investidor de propostas enganosas, entra a SEC — com suas exigências de divulgação e de cadastramento. Contudo, isso não significa que ela impeça que IPOs sejam negócios medíocres. Uma IPO pode ser legal e ainda assim ser um investimento medíocre ou um verdadeiro passivo (seu valor cai).

As leis de mercado de capitais de 1933 e 1934 foram adotadas para regulamentar esse tipo de investimento e proteger o investidor de fraudes ou investimentos de alto risco, bem como da má conduta de corretores de valores mobiliários. A SEC foi criada nos Estados Unidos para supervisionar a emissão de valores e demais aspectos do setor.

Capítulo 22

As regulamentações de emissão de ações se aplicam às empresas de capital aberto e a certos tipos de emissão de ações de empresas de capital fechado. Há aspectos da legislação que não comentamos aqui. Por enquanto, o importante é entender a definição de investidor comum. Este pode investir em certos tipos de título que não são acessíveis ao investidor não capacitado ou não sofisticado, porque o status de "comum" supõe que o investidor pode suportar um risco monetário maior do que outros investidores.

Já discutimos os requisitos para indivíduos ou casais serem investidores comuns ou a renda líquida necessária. Qualquer diretor, executivo ou sócio geral do emissor da ação também será considerado um investidor comum, mesmo que essa pessoa não atenda aos requisitos de renda ou patrimônio líquido. Isso se tornará uma distinção muito importante quando discutirmos o investidor *insider*. Na verdade, este é o caminho muitas vezes tomado pelo investidor.

Capítulo 23
O INVESTIDOR QUALIFICADO

Meu pai rico definia o investidor qualificado como a pessoa que possui tanto dinheiro quanto conhecimentos sobre investimento. Em geral, um investidor qualificado é um investidor comum que também investiu em formação financeira. Com relação ao mercado de ações, por exemplo, ele afirmava que entre os investidores qualificados encontrava-se a maioria das pessoas que negocia profissionalmente. Por sua formação, eles aprendem e entendem a diferença entre investir com base na análise fundamentalista e investir com base na análise técnica.

1. **Análise fundamentalista**

    Meu pai rico dizia que esse investidor "reduz o risco examinando os aspectos financeiros da empresa para avaliar o valor e o potencial de crescimento das suas ações". O mais importante para a seleção de uma ação é o potencial dos ganhos futuros da empresa. Esse tipo de investidor examina atentamente as demonstrações financeiras da empresa antes de investir nela. Também leva em conta as perspectivas da economia como um todo e os aspectos específicos do ramo em que a empresa atua. O sentido em que se movem as taxas de juros é um fator muito importante na análise fundamentalista.

2. **Análise técnica**

    O pai rico falava que "um investidor com boa formação técnica investe nas emoções do mercado protegendo-se de perdas catastróficas". A consideração mais importante para a seleção de uma ação com base neste método é a observação da oferta e da demanda das ações da empresa. O investidor técnico

Capítulo 23

examina os padrões de evolução do preço das ações da empresa. A oferta de ações postas à venda será suficiente para atender à demanda esperada?

O investidor técnico tende a comprar com base no preço e no sentimento do mercado, da mesma forma que o consumidor compra em liquidações produtos com desconto. Na verdade, muitos investidores desse tipo lembram minha tia Dóris. Ela ia às liquidações com as amigas, comprava as coisas que estavam baratas, remarcadas, ou porque suas amigas compravam. Quando chegava em casa ficava espantada por ter comprado aquilo, voltava à loja e devolvia só para ter o dinheiro de volta e poder comprar novamente.

O investidor técnico estuda a evolução do histórico do preço das ações da empresa. Um investidor técnico de verdade não se preocupa com o funcionamento interno da empresa como faria aquele que se apoia na análise fundamentalista. Na análise técnica os principais indicadores acompanhados são o humor do mercado e o preço da ação.

Uma das razões pelas quais muitas pessoas pensam que investir é arriscado é que operam aparentemente como "investidores técnicos" sem conhecer na verdade a diferença entre análise técnica e análise fundamentalista. Do ponto de vista técnico, o investimento parece ser arriscado porque o preço das ações flutua de acordo com as emoções do mercado. Alguns exemplos dos fatores que podem provocar flutuações nos preços das ações são:

- Um dia, uma ação é popular e está em todos os noticiários.
  No outro, não.

- Uma empresa manipula a demanda e a oferta:
  - desdobrando a ação;
  - dilui o conjunto criando ações adicionais por meios tais como ofertas secundárias; ou recompra ações do mercado; ou
  - um comprador institucional (um fundo mútuo ou um fundo de pensão) compra ou vende ações de dada empresa em tal quantidade que perturba o mercado.

O investimento parece arriscado para o investidor mediano porque lhe faltam os conhecimentos financeiros para ser um investidor que se apoia na análise fundamentalista e não tem a capacitação do investidor técnico. Se não estão no conselho da empresa alterando a oferta de ações não têm como administrar as flutuações da oferta e da demanda das ações nas bolsas. Eles continuam à mercê das emoções do mercado.

Muitas vezes o investidor alicerçado na análise fundamentalista descobre uma excelente empresa com ótimos lucros, mas, por algum motivo, os investidores técnicos não se interessam por essa ação e assim seu preço não sobe mesmo que a empresa seja bem administrada e lucrativa. Nos mercados atuais muitas pessoas investem em IPOs de empresas de internet sem vendas nem lucros. É um exemplo de preço de ações determinado por investidores técnicos.

Em um mercado acionário em alta, as pessoas que operam rigorosamente na base de análises fundamentalistas não se saem tão bem quanto aquelas que se concentram no lado técnico da análise. Em um mercado selvagem em que as pessoas que mais arriscam ganham, as pessoas mais cautelosas e atentas ao valor ficam perdidas nessa mania do mercado. Na verdade, muitos desses tomadores de risco assustam também muitos investidores técnicos com os altos preços de ações sem qualquer valor.

Mas, no caso de um colapso, são os investidores com sólida formação, seja técnica ou fundamentalista, que se saem bem. Os especuladores amadores que se atiram ao mercado e as novas empresas cheias do dinheiro conseguido em IPOs serão os que terão dificuldades quando o mercado entrar em baixa. O pai rico dizia: "O problema do enriquecimento rápido, sem um paraquedas, é que a queda é maior e mais veloz. Muito dinheiro fácil leva as pessoas a pensar que são gênios financeiros quando na verdade se tornam loucos financeiros." O pai rico acreditava que era importante conhecer as análises fundamentalista e técnica para sobreviver aos altos e baixos do mundo do investimento.

Charles Dow, da Dow Jones, era um investidor técnico. É por isso que o *Wall Street Journal*, o jornal que ajudou a fundar, se dirige principalmente aos investidores técnicos e não necessariamente àqueles que se orientam pela análise fundamentalista.

A diferença entre os dois estilos de investimento é drástica. O investidor que se orienta pela análise fundamentalista examina a empresa por meio de suas demonstrações financeiras para avaliar a força da empresa e seu potencial de sucesso futuro. Além disso, esse tipo de investidor acompanha a economia de maneira geral e o ramo de atuação da empresa. Warren Buffett foi reconhecido como um dos melhores investidores fundamentais.

Capítulo 23

O investidor técnico acompanha gráficos que rastreiam as tendências de preço e volume negociado e os padrões de evolução das ações da empresa. Ele acompanha indicadores como o quociente de compra/venda das ações e as operações a descoberto alicerçadas nessa ação. George Soros é muitas vezes reconhecido como um dos melhores investidores técnicos.

Embora ambos os tipos de investidor se apoiem em fatos, eles encontram os fatos em fontes de dados diferentes. E também precisam ter habilidades e vocabulário diferentes. O apavorante é que a maioria dos investidores dos dias atuais investe sem qualificações de nenhum dos tipos.

Na verdade, aposto que a maioria dos investidores não sabe a diferença entre análise técnica e fundamentalista.

Meu pai rico costumava dizer: "Investidores qualificados precisam dominar as análises fundamentalista e técnica." Ele me mostrou os diagramas a seguir. Esses diagramas foram o motivo de Kim, eu e a *Rich Dad* termos desenvolvido nossos produtos no formato que têm. Queremos que as pessoas tenham formação financeira e que desde cedo a passem a seus filhos, como o pai rico fez comigo.

Empresa ABC

Método fundamentalista
DEMONSTRATIVO FINANCEIRO
- Renda
- Despesas
- Ativos | Passivos

Método técnico
PREÇO DAS AÇÕES

Habilidades importantes
- Proficiência financeira
- Finanças básicas
- Previsões econômicas

Ferramentas educativas
jogo CASHFLOW® 101
jogo CASHFLOW® for Kids

Habilidades importantes
- Histórico de preço e negociação das ações
- Técnicas de compra e venda
- Venda a descoberto

Ferramentas educativas
jogo CASHFLOW® 202

O Guia de Investimentos

Muitas vezes, me perguntam: "Por que o investidor qualificado precisa conhecer os dois tipos de análise?" Minha resposta se resume em uma única palavra — confiança. Os investidores medianos consideram que o investimento é arriscado porque:

- Estão do lado de fora tentando ver o que acontece dentro da empresa em que estão investindo. Se não souberem ler uma demonstração financeira, estarão totalmente dependentes da opinião de terceiros. E, pelo menos em um nível inconsciente, as pessoas sabem que quem está por dentro tem melhores informações e, portanto, risco menor.

- Se a pessoa não consegue ler uma demonstração financeira, suas finanças pessoais também serão confusas. E como afirmava o pai rico: "Se a base financeira de uma pessoa for fraca, sua autoconfiança também será baixa." Um amigo meu costuma falar: "A principal razão pela qual as pessoas não querem ver suas demonstrações financeiras pessoais é que elas podem descobrir um câncer financeiro." O lado bom é que uma vez curada a doença financeira, o resto de suas vidas também melhora, às vezes, a própria saúde física.

- A maioria das pessoas só sabe ganhar dinheiro quando o mercado está em alta e vivem aterrorizadas com a perspectiva de uma queda das bolsas. Se a pessoa entender a análise técnica, terá as habilidades necessárias para ganhar dinheiro na alta ou na baixa. O investidor mediano sem conhecimento técnico só ganha dinheiro quando o mercado sobe e muitas vezes perde tudo o que ganhou quando o mercado cai. O pai rico afirmava: "Um investidor técnico se protege das grandes perdas. O investidor mediano é como alguém que voa sem paraquedas."

Como pai rico gostava de dizer a respeito dos investidores técnicos: "O touro sobe pela escada e o urso sai pela janela." Um mercado em alta (o touro) sobe lentamente, mas quando cai se parece com um urso pulando pela janela. Os investidores técnicos se empolgam com as quedas do mercado porque eles se posicionam de jeito a ganhar dinheiro rapidamente quando o investidor mediano está perdendo seu dinheiro, que muitas vezes ganhou lentamente.

Capítulo 23

Assim, a situação dos vários investimentos e de seus retornos é algo como:

	Mercado	
	Alta	**Baixa**
Perdedores	Perdem	Perdem
Medianos	Ganham	Perdem
Comuns	Ganham	Ganham

Muitos investidores perdem porque esperam demais para entrar no mercado. Têm tanto medo de perder que esperam demasiado para se assegurar de que o mercado está em alta. E logo que entram, o mercado atinge o pico e despenca, e eles acabam perdendo na queda.

Os investidores comuns estão menos preocupados com as altas e baixas do mercado. Eles entram confiantes, com um sistema de negócios para um mercado em alta. Quando o mercado reverte, muitas vezes eles mudam de sistema de negócios, saindo das posições anteriores e recorrem a vendas a descoberto e a opções de venda para lucrar com a queda do mercado. Múltiplos sistemas e estratégias de atuação contribuem para lhes dar mais confiança nos investimentos.

Por que Talvez Você Queira Ser um Investidor Qualificado

O investidor mediano vive no receio de colapsos do mercado ou de quedas dos preços. Muitas vezes dizem: "Mas e se os preços despencarem depois que eu comprar as ações?" Assim, muitos investidores medianos deixam de tirar partido das oportunidades que os mercados oferecem na alta e na baixa. O investidor especializado espera pelas oscilações do mercado. Quando os preços sobem, eles têm habilidades que lhes permitem minimizar os riscos e ganham qualquer que seja a direção do movimento dos preços. O investidor frequentemente faz "hedge" de suas posições, o que significa que estão protegidos se os preços aumentam ou despencam repentinamente. Em outras palavras, eles têm boas chances de ganhar dinheiro em qualquer circunstância protegendo-se das perdas.

O Problema dos Novos Investidores

Muitas vezes, ouço investidores confiantes afirmarem: "Não há por que se preocupar com um colapso do mercado porque agora as coisas são diferentes." Um

O Guia de Investimentos

investidor experiente sabe que todos os mercados sobem e todos os mercados caem. Eles sabem que quando um mercado está aquecido, é mais do que provável que falhará em algum momento. E quanto mais alto o mercado sobe, mais rápida e severamente ele vai quebrar. Quando as pessoas estão investindo em empresas que não geram lucro algum, isso quer dizer que há uma mania.

Os gráficos a seguir apresentam bolhas, manias ou expansões e colapsos que o mundo já vivenciou.

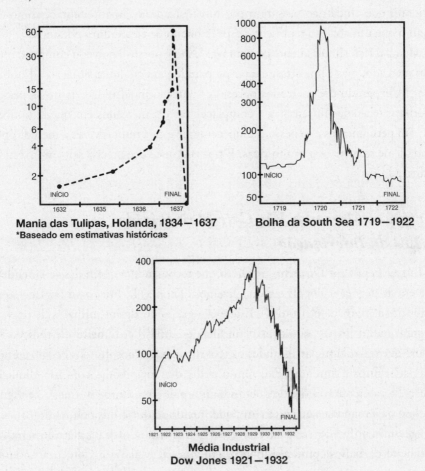

Mania das Tulipas, Holanda, 1834—1637
*Baseado em estimativas históricas

Bolha da South Sea 1719—1922

Média Industrial
Dow Jones 1921—1932

Sir Isaac Newton, que perdeu quase toda sua fortuna na Bolha da South Sea Trading Company, teria dito: "Posso calcular os movimentos dos corpos celestes, mas não a loucura das pessoas." Quando há loucura e todo mundo está pensando

223

Capítulo 23

em enriquecer rapidamente, é geralmente apenas uma questão de tempo antes de muitas pessoas perderem tudo, porque elas investiram no mercado, muitos tomando empréstimos para fazê-lo, em vez de investir em conhecimento e experiência. Quando isso acontece, muitas pessoas vendem tudo em pânico. É aí que o investidor qualificado realmente se torna rico.

O ruim não é tanto o colapso, mas o pânico emocional que se estabelece por ocasião de tais desastres/oportunidades financeiros. O problema são os novos investidores que ainda não passaram por um mercado declinante; então, como eles sabem o que um colapso representa, especialmente se ele perdura por anos?

Meu pai rico simplesmente comentava: "Não é possível prever o comportamento do mercado, mas é importante estar preparado para qualquer situação." Também dizia: "A expansão dos mercados parece ter duração indefinida e assim as pessoas se tornam relaxadas, insensatas e complacentes. Os mercados em queda também parecem permanentes e as pessoas esquecem que essa é muitas vezes a melhor oportunidade de se tornarem muito ricas. É por isso que você precisa ser um investidor qualificado."

Por que os Mercados Vão Cair Mais Rápido na Era da Informação

Em *O Lexus e a Oliveira*, um livro que recomendo a quem deseja entender a nova era de negócios globais em que vivemos, Thomas L. Friedman faz frequentes referências à "manada eletrônica". Este é um grupo de alguns milhares de pessoas, em geral muito jovens, que controlam altas quantias de dinheiro eletrônico. São pessoas que trabalham para grandes bancos, fundos mútuos, fundos hedge, companhias de seguros e similares. Elas têm o poder de movimentar, com um clique do mouse, literalmente trilhões de dólares de um país para outro em fração de segundos. Isso dá à manada eletrônica um poder maior do que o dos políticos.

Eu estava no sul do Leste da Ásia, em 1997, quando a manada eletrônica retirou o dinheiro de países como a Tailândia, Indonésia, Malásia e Coreia, afundando virtualmente as economias desses países da noite para o dia. Estar fisicamente presente nesses países não me proporcionou uma visão agradável nem representou uma situação invejável.

Aqueles, dentre os leitores, que investem globalmente devem se recordar que quase todo o mundo, até Wall Street, louvava as economias dos novos Tigres

O Guia de Investimentos

Asiáticos. Todos queriam investir ali. E, de repente, literalmente da noite para o dia, seu mundo mudou. Houve suicídios, assassinatos, tumultos, saques, e um sentimento geral de desespero financeiro. A manada eletrônica não gostou do que viu nesses países e retirou de lá seu dinheiro em questão de segundos.

Em seu livro, Thomas Friedman escreveu:

"Pense na manada eletrônica como sendo um bando de feras pastando em uma vasta extensão do território africano. Quando uma das feras que está na beirada do grupo vê algo se deslocando no mato que cerca a área de pastagem, ela não diz para sua vizinha: 'Nossa, parece que há um leão no meio do mato'. De jeito nenhum. A fera dá início a um estouro da manada e a fuga não para algumas centenas de metros à frente. A fuga prossegue por quilômetros arrasando tudo o que encontra no caminho."

Foi isso o que ocorreu com os Tigres Asiáticos, em 1997. A manada eletrônica não gostou do que estava vendo naquela região e saiu da noite para o dia. O quadro passou em poucos dias do otimismo a tumultos e assassinatos.

É por isso que penso que os colapsos serão mais rápidos e graves na Era da Informação.

Como Alguém Se Protege Desses Colapsos?

Alguns desses países estão se protegendo do poder da manada eletrônica arrumando e fortalecendo suas demonstrações financeiras nacionais e aumentando suas exigências e padrões financeiros. Em seu livro, Thomas Friedman escreveu em seu livro que o subsecretário do Tesouro Larry Summers observou certa vez: "Se alguém estiver escrevendo uma história dos mercados americanos de capitais, considero que a inovação mais importante no mercado de capitais foi a ideia de princípios contábeis geralmente aceitos (GAAP)[1]. Precisamos disso internacionalmente. É um triunfo pequeno, mas não desprezível, do FMI que na Coreia alguém que dê aulas noturnas de contabilidade e que tinha geralmente 22 alunos esteja vendo suas turmas passar para 385 neste ano (1998). Precisamos disso nas empresas coreanas. Precisamos disso no nível nacional."

Anos atrás, o pai rico disse algo semelhante, mas ele não se referia a todo um país como Larry Summers. Meu pai rico se referia a qualquer pessoa que quisesse

---

[1] General Accepted Accounting Principles (GAAP) é o padrão norte-americano para a apresentação de demonstrativos contábeis. (N. E.)

Capítulo 23

ter sucesso financeiro. O pai rico falou: "A diferença entre uma pessoa rica e outra pobre é muito maior do que apenas o dinheiro que ganham. A diferença está em sua proficiência financeira e na importância que atribuem a esses conhecimentos. Dito de forma simples, as pessoas pobres têm poucos conhecimentos financeiros, não importa quanto dinheiro ganhem." Também afirmava: "As pessoas com poucos conhecimentos são muitas vezes incapazes de pegar suas ideias e criar ativos a partir delas. Em lugar de criar ativos, muitas pessoas criam passivos com suas ideias por falta de conhecimentos financeiros básicos."

Conhecer É Mais Importante do que Fazer Parte

Meu pai rico costumava dizer: "O motivo pelo qual muitos investidores medianos perdem dinheiro é porque às vezes é muito fácil investir em um ativo, mas sair é difícil. Se você quer ser um investidor perspicaz precisa saber como sair do investimento tanto quanto entrar nele." Hoje, quando faço um investimento, uma das estratégias mais importantes é o que se chama estratégia de saída. O pai rico explicou assim a importância da estratégia de saída: "Comprar um investimento é como casar. No início tudo é alegre e empolgante. Mas se as coisas não vão bem, o divórcio pode ser muito mais doloroso que toda aquela alegria inicial. É por isso que você deve pensar em um investimento como em um casamento. Porque entrar é muitas vezes bem mais simples do que sair."

Ambos os meus pais eram homens felizes no casamento. De modo que quando o pai rico falava de divórcio ele não o estava incentivando, mas apenas advertindo-me para a necessidade de pensar em longo prazo. Ele dizia: "As chances de que um casamento termine em divórcio são de 50% e, na verdade, quase 100% dos casados pensam que ganharão a aposta." E pode ser por isso que tantos novos investidores estão comprando IPOs, e ações dos investidores experientes. A esse respeito, as palavras mais interessantes do pai rico são: "Lembre-se sempre de que, muitas vezes, quando você está empolgado comprando um ativo, há alguém que conhece ainda melhor esse ativo e que está empolgado por vendê-lo para você!"

Quando as pessoas aprendem a investir com os jogos *CASHFLOW*®[2], uma das habilidades técnicas que aprendem é entender o momento de comprar e vender. Meu pai rico dizia: "Ao comprar um investimento, é preciso também ter uma ideia

---

[2] A Editora Alta Books não se responsabiliza pela circulação e conteúdo de jogos indicados pelo autor deste livro. (N. E.)

de quando vendê-lo, especialmente aqueles investimentos oferecidos aos investidores qualificados e de nível mais elevado. Nos tipos mais sofisticados de investimento, sua saída é muitas vezes mais importante do que a estratégia de entrada. Ao entrar em tais tipos de investimento, é necessário saber o que acontecerá se tudo for bem e também o que acontecerá se o investimento fracassar."

Habilidades Financeiras de um Investidor Qualificado

Nós desenvolvemos os jogos *CASHFLOW*® para as pessoas que querem adquirir as habilidades financeiras básicas. Nós recomendamos jogar pelo menos de seis a doze vezes. Ao jogar repetidamente *CASHFLOW® 101*[3], você começa a entender as bases dos fundamentos básicos de análise. Depois de jogar o *101*, ganhar e compreender o que as técnicas financeiras ensinam, você pode querer dar prosseguimento com o *CASHFLOW® 202*, em que você vai aprender regras complexas e o vocabulário de negócios. Você aprende a usar técnicas comerciais, tais como a venda a descoberto, em que você não possui o ativo, mas espera a queda de seu preço para que possa adquiri-lo e lucre com a diferença. Você também aprende a lidar com opções de compra, venda e *straddles*. Todas estas são técnicas de negociação muito sofisticadas que todos os investidores qualificados precisam saber. A melhor coisa sobre estes jogos é que você aprende jogando e usando o dinheiro do jogo. Essa mesma educação no mundo real poderia ser muito cara.

Por que os Jogos São os Melhores Professores

Em 1950, uma freira, que ensinava história e geografia em Calcutá, recebeu um chamado para ajudar os pobres vivendo entre eles. Em vez de apenas falar do auxílio à pobreza, ela optou por falar pouco e ajudar os pobres com ações em lugar de palavras. Foi por causa de suas ações que ela era ouvida quando falava. Ela dizia o seguinte sobre a diferença entre palavras e ações: "Seria melhor que se falasse menos. Um ponto de pregação não é um ponto de encontro. Deveria haver mais ação por parte das pessoas."

Resolvi usar jogos como meio de ensinar as habilidades de investimento aprendidas junto do meu pai rico porque jogos exigem mais ação do que palavras no

---

[3] A Editora Alta Books não se responsabiliza pela circulação e conteúdo de jogos indicados pelo autor deste livro. (N. E.)

Capítulo 23

processo de ensino e aprendizagem. Como afirmava Madre Teresa: "Um ponto de pregação não é um ponto de encontro." Nossos jogos são pontos de encontro. Jogos proporcionam interação social para o aprendizado e ajudam os outros a aprender. Quando se trata de investimentos, há também muita gente tentando ensinar por meio das pregações. Todos nós sabemos que há coisas que não se aprendem facilmente pela leitura e pelo ouvir. Algumas coisas exigem, para ser aprendidas, ação e os jogos proporcionam essa ação necessária ao aprendizado.

Há um velho aforismo que diz: "Escuto e esqueço. Vejo e lembro. Faço e entendo."

O meu objetivo, ao ir além da elaboração de livros sobre investimento e dinheiro e da criação de jogos como ferramentas de aprendizado, é criar mais compreensão. Quanto mais as pessoas entenderem, mais elas poderão ver o outro lado da moeda. Em vez de ver medo e dúvida, os jogadores começam a perceber oportunidades antes nunca vistas porque seu entendimento aumenta cada vez que jogam.

Há muitas histórias de pessoas que têm jogado nossos jogos e tiveram suas vidas mudadas de repente. Elas ganharam uma nova compreensão sobre dinheiro e investimentos, um entendimento que tirou delas alguns pensamentos ultrapassados, e lhes deu novas possibilidades para as suas vidas.

Meu pai rico me ensinou a ser dono de empresa e investidor jogando *Banco Imobiliário*. Ele era capaz de ensinar a seu filho e a mim muito mais depois que o jogo terminava quando visitávamos suas empresas e imóveis. Eu desejava criar jogos educacionais que ensinassem as mesmas habilidades fundamentais que o pai rico me ensinara, bem além do que se pode aprender com *Banco Imobiliário*. Como dizia o pai rico: "A habilidade de administrar o fluxo de caixa e de ler demonstrações financeiras é fundamental para o sucesso nos lados D e I do quadrante CASHFLOW."

Os Controles do Investidor Qualificado

Os controles do investidor qualificado são:

1. Sobre si mesmo

2. Quocientes de receita/despesa e ativos/passivos

3. Momentos de comprar e de vender

Os três Es do investidor qualificado são:

1. Educação
2. Experiência — nenhuma
3. Excesso de dinheiro — talvez

Os investidores qualificados analisam, do ponto de vista fundamentalista e técnico, uma empresa a partir do exterior. Eles estão considerando se tornarem "acionistas compradores". Muitos investidores bem-sucedidos estão felizes de operar como investidores qualificados. Com formação e assessoria financeira adequada, muitos investidores qualificados se tornam milionários. Como estudaram e adquiriram conhecimentos financeiros, eles são capazes de analisar a empresa a partir de suas demonstrações financeiras.

O que Significa P/L?

O investidor qualificado entende o que é a relação preço/lucro (P/L) de uma ação. A razão P/L é calculada dividindo-se o preço de mercado corrente da ação pelo lucro anual do ano anterior, por ação. De modo geral, um P/L baixo indica que a ação está sendo vendida a preço baixo em relação a seus lucros; um P/L alto indica que o preço da ação é alto e pode não ser um bom negócio.

$$\text{Relação P/L} = \frac{\text{Preço de mercado (por ação)}}{\text{Lucro líquido (por ação)}}$$

A relação P/L de uma empresa bem-sucedida pode ser muito diferente da de outra igualmente bem-sucedida se as duas atuam em ramos diferentes. Veja-se o caso das ações de empresas de internet no passado recente: muitas delas atingiam preços bastante elevados mesmo que as empresas não registrassem qualquer lucro. Os altos preços nesse caso refletiam as expectativas do mercado de altos lucros futuros.

Capítulo 23

O P/L Projetado É o Segredo

Um investidor qualificado reconhece que o P/L projetado é mais importante do que o corrente. O investidor deseja investir em uma empresa com sólido futuro financeiro. Para que o P/L possa ser útil para o investidor são necessárias muitas outras informações. Em geral, o investidor compara a relação vigente no ano corrente com as de anos anteriores para avaliar o crescimento da empresa. O investidor também compara as relações da empresa com as de outras do mesmo ramo.

Nem Todos os Day Traders *São Qualificados*

Atualmente, muitas pessoas participam de negócios que envolvem a compra e venda de ações dentro do mesmo dia, sendo conhecidos no mercado como *day traders*, o que é facilitado pelas oportunidades oferecidas pela internet. Estas pessoas esperam obter lucro com essas transações realizadas dentro do mesmo dia. Eles têm grande familiaridade com as relações P/L. O que distingue os bem-sucedidos, nesta atividade, daqueles que fracassam é sua habilidade de ver o que está por trás daquela relação. Em sua maior parte, estas pessoas bem-sucedidas dedicaram tempo a aprender os aspectos básicos da análise técnica ou da fundamentalista. Caso essa formação financeira lhes falte, podem ser considerados mais como jogadores do que como operadores. Apenas os mais bem formados e bem-sucedidos podem ser considerados investidores especializados.

Na verdade, tem-se dito que a maioria das pessoas que negocia ações dentro do mesmo dia perde parte ou todo seu capital e larga o mercado em um prazo de dois anos. Essa é uma atividade extremamente competitiva que se desenvolve dentro do quadrante A, e na qual as pessoas com melhor formação e preparação usam o dinheiro de todos os demais.

Aprender como manter a cabeça fria e investir com sabedoria durante um colapso é uma habilidade muito importante do investidor qualificado. Além do mais é durante os colapsos que muitas pessoas enriquecem.

Capítulo 24
O INVESTIDOR SOFISTICADO

O investidor sofisticado sabe tanto quanto o qualificado, mas também estudou as vantagens proporcionadas pelo sistema jurídico de seu país. O pai rico definia o investidor sofisticado como aquele que conhece bem os seguintes ramos do direito:

1. Legislação tributária
2. Legislação societária
3. Legislação do mercado de capitais

Mesmo não sendo advogado, o investidor sofisticado pode alicerçar boa parte de sua estratégia de investimentos na legislação bem como no tipo de investimento e seus retornos potenciais. O investidor sofisticado muitas vezes obtém retornos maiores com risco muito baixo apoiando-se no conhecimento das leis.

Conhecendo o ETC

Com seus conhecimentos básicos da legislação, o investidor sofisticado é capaz de tirar partido do ETC, que, por padrão, significa:

- Estatuto jurídico
- Tempo oportuno
- Características

Meu pai rico definia o ETC assim: "O E representa o controle sobre a empresa, implicando a escolha da estrutura do negócio." Se a pessoa é um empregado, em geral, ela não tem qualquer controle sobre isso. A pessoa que se situa no qua-

Capítulo 24

drante A pode escolher uma das seguintes estruturas: autônomo, empresa individual, microempresa ou sociedade comercial limitada.

Hoje, nos Estados Unidos, se você é advogado, médico, arquiteto, dentista e assim por diante, e escolher fazer parte de uma sociedade comercial limitada, a sua alíquota mínima é de 35% contra 15% para alguém como eu, porque meu negócio é de serviços profissionais não licenciados.[1]

Esse imposto adicional de 20% acrescenta-se a um montante de dinheiro, especialmente quando medido ao longo dos anos. Isso significa que um não profissional teria uma vantagem financeira anual de 20% sobre um profissional dentro de uma sociedade comercial limitada.

Meu pai rico me afirmava: "Pense no que acontece com as pessoas que estão no quadrante E, que não podem optar por uma estrutura jurídica de sua preferência. No caso delas, por mais que trabalhem arduamente e que ganhem bem, o governo sempre recebe primeiro, em função da retenção de imposto de renda na fonte. E quanto mais você trabalhar para ganhar mais, mais o governo lhe tira. Isso porque as pessoas no quadrante E não têm qualquer controle sobre sua pessoa jurídica, despesas e impostos. Repito, as pessoas situadas no quadrante E não podem se pagar primeiro porque a atual legislação tributária, dada pela lei de 1943, exige a retenção do imposto na fonte. E assim o governo sempre recebe primeiro."

Sociedades Anônimas

"E o senhor prefere sempre operar por meio de uma sociedade anônima?", perguntei ao pai rico.

"Na maioria das vezes", disse ele. "Lembre-se de que em primeiro lugar está o plano. O importante é que aqueles que operam a partir do quadrante D tendem a ter mais escolhas e assim podem escolher qual a melhor pessoa jurídica para fazer funcionar seu plano. Mas não deixe de consultar um advogado especialista em tributação e seu contador."

"Mas por que uma sociedade anônima?", perguntei. "O que é que a torna tão importante para o senhor?"

---

[1] Para mais informações sobre as modalidades disponíveis no Brasil, consulte um profissional habilitado. (N. E.)

"Há uma grande diferença", disse o pai rico após uma longa reflexão. "A empresa individual ou a sociedade limitada são parte de você. São, dito de forma simples, extensões de você mesmo."

"E uma sociedade anônima?", perguntei.

"Uma sociedade anônima é um outro você. Não é apenas uma extensão de você mesmo. É uma espécie de clone. Se você pensa seriamente em fazer negócios, então não há por que fazê-lo como pessoa física. É muito arriscado, especialmente nestes tempos de tantas demandas judiciais", advertiu-me o pai rico. "Se você deseja ser uma pessoa física rica, você precisa ser pobre e não ter um tostão no papel." Meu pai rico também me disse: "Os pobres e a classe média, por outro lado, querem ter tudo em seu nome. Eles se orgulham de suas posses; para mim, tudo o que está em meu nome é um alvo para predadores e advogados.'"

O que o pai rico estava querendo me dizer era: "Os ricos não querem possuir nada, mas querem controlar tudo. E eles o fazem por meio de pessoas jurídicas e sociedades limitadas." É por isso que o controle do ETC é tão importante para os ricos.

Testemunhei um exemplo devastador da destruição de uma família, desastre que poderia ter sido impedido pela escolha da personalidade jurídica.

Uma sociedade familiar era dona de uma loja de ferragens local muito bem-sucedida. A família morara sempre na cidade, conhecia todo o mundo, enriquecera e participava das organizações cívicas e caritativas. Você não poderia encontrar outro casal mais maravilhoso. Uma noite, sua filha adolescente dirigia após ter bebido, bateu em outro carro e matou seu passageiro. Suas vidas foram drasticamente alteradas. A filha de dezessete anos foi condenada a sete anos em uma prisão para adultos e a família perdeu tudo o que tinha, incluindo seu negócio. Ao narrar esse caso, não estou querendo fazer qualquer julgamento moral; estou apenas querendo destacar que um adequado planejamento financeiro tanto no nível familiar quanto empresarial poderia — por meio do uso de seguros, ou sociedades anônimas — ter impedido essa família de perder seu meio de vida.

Capítulo 24

E a Dupla Tributação?

Muitas vezes, me perguntam: "Por que o senhor aconselha a sociedade anônima em vez da empresa individual ou da sociedade de responsabilidade limitada? Por que o senhor se sujeita à dupla tributação?"[2]

Os proprietários de negócios aumentam frequentemente seus próprios salários para reduzir ou eliminar lucros agregados, e, assim, eliminar a possibilidade de ter aqueles lucros tributados duas vezes. Alternativamente, como a corporação continua a crescer, os lucros retidos são usados para expandir o negócio e ajudá-lo a crescer. (Nos Estados Unidos, uma sociedade anônima deve justificar essa acumulação de ganhos, ou ela ficará sujeita ao imposto sobre os lucros acumulados.) Não há dupla tributação, a menos que os dividendos sejam declarados.

Pessoalmente, gosto da sociedade anônima porque acredito que ela proporciona o máximo de flexibilidade. Sempre presto atenção ao quadro geral. Quando começo uma empresa, espero que ela se torne uma grande empresa. Muitas grandes empresas são hoje sociedades anônimas (ou seu equivalente, em outros países). Preocupo-me com a expansão da empresa porque quero vendê-la ou abrir seu capital, não receber dividendos.

Às vezes, escolho outra estrutura jurídica para um negócio. Por exemplo, acabei de formar uma sociedade de responsabilidade limitada com alguns sócios para comprar um edifício.

O leitor deve consultar seus assessores financeiros e tributários para determinar a estrutura adequada a cada situação.

Tempo Oportuno

Meu pai rico descrevia o T como sendo o tempo oportuno. "O tempo é importante porque, em última análise, todos nós precisamos pagar impostos. O pagamento de impostos é uma despesa da vida em uma sociedade civilizada. Os ricos desejam controlar o que pagam de impostos bem como o momento em que têm que pagá-los."

---

[2] No Brasil os dividendos não são tributados e o investidor recebe integralmente o valor da empresa. Quando os mesmo valores são distribuídos por meio de Juros Sobre Capital próprio a legislação brasileira prevê uma tributação de 15%, de qualquer modo não ocorre bitributação, visto que um é isento e o outro é tributado exclusivamente na fonte. Para mais informações sobre benefícios fiscais de pessoas jurídicas, consulte um profissional especializado. (N. E.)

O Guia de Investimentos

A compreensão da legislação ajuda a controlar a ocasião em que os impostos são pagos. Por exemplo, a Seção 1031 do Código de Impostos dos EUA permite que você "reverta" o seu ganho advindo de investimentos em imóveis se você comprar outro a um preço maior. Isso permite adiar o pagamento de impostos até que a segunda propriedade seja vendida (ou você pode optar por fazer isso repetidamente — talvez para sempre!).

Outra questão de tempo importante é dada pelo estatuto das sociedades anônimas. Elas podem eleger um final de ano diferente do que 31 de dezembro para fins fiscais e contábeis (como trinta de junho, por exemplo). O 31 de dezembro é exigido para a maioria dos indivíduos e empresas. Uma data de fim de ano diferente permite um planejamento tributário estratégico melhor quanto ao calendário de distribuições entre empresas e indivíduos.

É importante entender que todas as decisões relacionadas à seleção do tipo de empresa, bem como as questões de tempo de renda devem ter fins de negócios legítimos e ser discutidos com seus assessores legais e fiscais. Embora eu mesmo organize essas questões de planejamento tributário, eu o faço com a orientação cuidadosa e planejamento de assessores jurídicos e fiscais.

O quadro a seguir descreve os vários tipos de entidade de negócios e as questões relacionadas que você precisa considerar ao escolher a entidade certa para as suas necessidades individuais. É imperativo que você analise cuidadosamente sua situação financeira e tributária individual com seus conselheiros legais e fiscais, a fim de escolher o tipo de empresa certo para o seu negócio.[3]

---

[3] O quadro reflete a realidade dos negócios nos Estados Unidos. Para mais informação sobre qual a modalidade adotar no Brasil, consulte fontes especializadas como o portal SEBRAE ou Governo Federal. (N. E.)

Capítulo 24

ENTIDADE	CONTROLE	RESPONSABILIDADE	TRIBUTAÇÃO	FECHAMENTO DO ANO	CONTINUIDADE
PROPRIETÁRIO ÚNICO	Você tem todo o controle.	Você é completamente responsável.	Você relata todas as receitas e despesas em sua declaração de imposto pessoal.	Final do ano civil.	O negócio termina com a sua morte.
SOCIEDADE EM NOME COLETIVO	Cada sócio, incluindo você, pode celebrar contratos e outros acordos comerciais.	Você é totalmente responsável por todas as dívidas de negócios, incluindo a participação de seus sócios.	Você reporta sua parcela de renda de sociedade em sua declaração de imposto pessoal.	Deve ser igual ao ano fiscal de participação majoritária ou de sócios principais. Se nenhum, deve ser calendário.	A sociedade termina por morte ou saída de qualquer sócio.
SOCIEDADE LIMITADA	Os sócios gerais controlam o negócio.	Os sócios gerais são totalmente responsáveis. Sócios limitados são responsáveis apenas pelo montante do seu investimento.	A sociedade apresenta declarações fiscais anuais. O diretor-geral e os sócios limitados relatam sua renda ou perda em suas declarações de imposto pessoais. As perdas podem estar sujeitas a limitações.	Deve ser igual ao ano fiscal de participação majoritária ou de sócios principais. Se nenhum, deve ser calendário.	A sociedade não se dissolve com a morte de um sócio limitado, mas pode dissolver-se com a morte de um sócio-geral, a menos que o acordo de sociedade indique o contrário.
EMPRESA DE RESPONSABILIDADE LIMITADA	Os proprietários ou membros têm a autoridade.	Proprietários ou membros não são responsáveis por dívidas de negócios.	As regras variam consoante o governo. "Marque a caixa" permite a eleição do tratamento.	As regras variam de acordo com o governo. "Marque a caixa" permite a eleição do tratamento.	As regras variam de acordo com o estado. Em alguns estados, a empresa se dissolverá após a morte de um proprietário ou membro.
SOCIEDADE ANÔNIMA	Os acionistas nomeiam o Conselho de Administração, que nomeia os dirigentes com maior autoridade.	Os acionistas arriscam somente o montante de seu investimento em ações da corporação.	A Corporação paga seus próprios impostos. Os acionistas pagam imposto sobre dividendos recebidos.	Qualquer fim de mês. As corporações de serviço pessoal devem usar calendário.	A corporação está sozinha como uma entidade legal. Pode sobreviver à morte de um proprietário, funcionário ou acionista.
EMPRESA DE CAPITAL FECHADO	Os acionistas nomeiam o Conselho de Administração, que nomeia os dirigentes com maior autoridade.	Os acionistas arriscam somente o montante de seu investimento em ações da corporação.	Os acionistas relatam sua participação nos lucros ou prejuízos das empresas em suas declarações de imposto pessoal.	Final do ano civil.	A corporação está sozinha como uma entidade legal. Pode sobreviver à morte de um proprietário, funcionário ou acionista.

Caráter da Renda

Quanto ao terceiro elemento do ETC, o pai rico comentava: "Os investidores controlam, todos os demais jogam. Os ricos são ricos porque têm mais controle sobre seu dinheiro do que os pobres e a classe média. Quando você tiver entendido que o jogo do dinheiro é um jogo de controle, poderá concentrar-se naquilo que é importante na vida, que não é ganhar mais dinheiro, mas sim ganhar mais controle financeiro."

E, pegando o seu bloco, meu pai rico escreveu:

1. Renda de trabalho formal
2. Renda passiva
3. Renda de portfólio

"Esses são os três tipos de renda." Meu pai rico queria ressaltar que eu deveria conhecer a diferença entre esses tipos de renda. O C do ETC representa o caráter da renda.

"Existem muitas diferenças?", perguntei.

"E como", respondeu ele. "Especialmente quando combinados com o E (estatuto jurídico) e o T (tempo oportuno) do ETC. O controle das características de sua renda é o mais importante dos controles financeiros. Mas primeiro é preciso controlar o E e o T."

Demorei um pouco para entender completamente por que o controle destes três diferentes tipos de renda era tão importante.

"É importante porque a característica da renda é o que separa os ricos da classe trabalhadora", analisou o pai rico. "Os pobres e a classe média se concentram na renda do trabalho, também chamada de salário ou contracheque. Os ricos se concentram na renda passiva e na de portfólio. Essa é a diferença fundamental entre os ricos e a classe trabalhadora, e explica por que o controle do C (característica) é um controle fundamental, especialmente para quem planeja enriquecer."

"Nos Estados Unidos e em outras economias avançadas, mesmo o primeiro dólar do rendimento do trabalho é tributado a taxas mais elevadas do que a renda passiva e de portfólio. As taxas mais elevadas são necessárias para fornecer várias formas de "seguro social", explicou o pai rico. "Seguro Social" significa pagamentos que o governo faz a várias pessoas. (Nos Estados Unidos, isso inclui a Seguridade

Capítulo 24

Social, os programas de assistência ao idoso e o seguro-desemprego, apenas para citar alguns.) Os impostos sobre o rendimento são então calculados sobre os impostos de seguro social. Os rendimentos passivos e de carteira não estão sujeitos a impostos sobre o seguro social.

"De modo que cada dia em que acordo e procuro trabalhar arduamente para ganhar dinheiro, estou preocupado com a renda do trabalho e pago mais impostos", falei. "É por isso que o senhor está me incentivando a mudar minhas preocupações e a atentar para o tipo de renda que desejo ganhar."

Percebi que meu pai rico voltara à Lição #1 de *Pai Rico, Pai Pobre*. "Os ricos não trabalham arduamente pelo dinheiro. Eles fazem seu dinheiro trabalhar arduamente para eles." De repente, tudo fez sentido. Eu precisava aprender como converter a renda do trabalho em rendas passiva e de portfólio de modo que o dinheiro pudesse começar a trabalhar para mim.

Os Controles de Investimento do Investidor Sofisticado

1. Sobre si mesmo
2. Quocientes de receita/despesa e ativos/passivos
3. Impostos
4. Momentos de comprar e de vender
5. Corretagem
6. ETC (Estatuto jurídico, Tempo oportuno e Características)

Os Três Es do Investidor Sofisticado

1. Educação
2. Experiência
3. Excesso de dinheiro

Para a SEC, o investidor sofisticado é um investidor não qualificado que, seja sozinho seja com seu representante, tem suficiente conhecimento e experiência em assuntos financeiros e de negócios como para poder avaliar os méritos e risco de um investimento em perspectiva. A SEC considera que os investidores comuns (definidos anteriormente como pessoas de posses, que podem contratar conselheiros) são capazes de cuidar de seus próprios interesses.

Nós, por outro lado, consideramos que muitos investidores comuns e qualificados não são sofisticados. Muitas pessoas ricas não aprenderam os princípios básicos do investimento e da legislação. Muitas delas dependem de assessores de investimentos, esperando que sejam investidores sofisticados, para investir por elas.

Nosso investidor sofisticado entende o impacto e as vantagens da legislação e estruturou sua carteira de investimentos de modo a tirar o partido máximo da seleção da estrutura jurídica, do tempo oportuno e das características da renda. Ao fazê-lo, o investidor sofisticado buscou a orientação de seus conselheiros legal e tributário.

Muitos investidores sofisticados se contentam com frequência em investir em outras empresas como investidores de fora. Podem não controlar a gestão de seus investimentos, o que os distingue dos investidores que estão dentro da empresa. Eles podem investir em equipes de gestão sem ter controle da empresa. Ou podem investir como sócios em incorporações imobiliárias ou acionistas de grandes empresas. Eles estudam e investem com prudência, mas não têm controle sobre os ativos que estão por trás destes negócios e, portanto, só têm acesso às informações públicas sobre as operações da empresa. É isso que distingue o investidor sofisticado do investidor *insider*.

Contudo, o investidor sofisticado lança mão das vantagens oferecidas pela análise ETC de sua carteira financeira. Na Parte 4, veremos como o investidor sofisticado aplica esses princípios para obter o máximo de vantagens dentro do que a legislação permite.

Bom versus Mau

Além das três características da renda examinadas, três outros princípios gerais distinguem o investidor sofisticado de um investidor mediano. Um investidor sofisticado conhece a diferença entre:

- Dívidas boas e ruins
- Despesas boas e ruins
- Perdas boas e ruins

Capítulo 24

Como regra geral, dívidas, despesas e perdas boas geram um fluxo adicional de renda para a pessoa. Por exemplo, uma dívida contraída para comprar um imóvel para aluguel, que gere um fluxo de caixa positivo a cada mês seria uma dívida boa. Da mesma forma, pagar assessoria jurídica e tributária é uma boa despesa se lhe permitir poupar milhares de dólares por meio de um planejamento tributário que reduza os impostos a pagar. Um exemplo de uma perda boa é aquela gerada pela depreciação de imóveis. Essa dívida boa também é denominada dívida fantasma porque não exige desembolso de dinheiro. O resultado final é uma redução na quantidade de impostos pagos sobre a renda da qual foi abatida a perda.

O conhecimento da diferença entre dívidas, despesas e perdas boas e ruins é o que distingue o investidor sofisticado do investidor mediano. Quando os investidores medianos ouvem as palavras "dívida, despesa e perda", de modo geral, reagem negativamente. Suas experiências com dívidas, despesas e perdas comumente resultaram em uma saída adicional de dinheiro de seus bolsos.

O investidor sofisticado recorre à orientação de contadores, estrategistas tributários e conselheiros financeiros para estruturar a organização financeira de seus investimentos da forma mais vantajosa. Ele procura e investe naqueles negócios que contemplam as características ETC mais de acordo com seu plano financeiro pessoal — o mapa que seguem para enriquecer.

Como Identificar um Investidor Sofisticado?

Lembro-me de uma historinha que o pai rico me contou sobre risco. Embora partes dela já tenham aparecido no livro, vale a pena repeti-la agora. O investidor mediano encara o risco a partir de um ponto de vista completamente diferente daquele do investidor sofisticado. E é isso que diferencia o investidor sofisticado.

Certo dia, procurei o pai rico e disse: "Meu pai pensa que o que o senhor faz é arriscado demais. Ele pensa que uma demonstração financeira é segura, mas o senhor acha que uma única demonstração financeira é arriscada demais. É uma grande contradição de pontos de vista."

Meu pai rico deu uma risadinha. "E é", disse o pai rico, "bem contraditório", o pai rico parou alguns instantes para refletir. "Se você quer se tornar realmente rico, então, uma das coisas que você terá que mudar é seu ponto de vista sobre risco e segurança. Para mim, arriscado é o que a classe média e os pobres pensam que é seguro."

Durante alguns minutos, fiquei refletindo sobre essa contradição entre as ideias de risco e segurança de meu verdadeiro pai e as do pai rico. "Não estou entendendo bem", disse finalmente. "O senhor poderia me dar um exemplo?"

"Claro", respondeu meu pai rico. "Seu pai sempre diz: 'Arrume um emprego seguro.' Correto?"

Assenti com a cabeça. "Sim, ele acha que essa é uma forma de ter segurança na vida."

"Mas é seguro de verdade?", perguntou o pai rico.

"Acho que para ele é", retruquei. "Mas o senhor entende de uma maneira diferente?"

Meu pai rico balançou a cabeça afirmativamente e perguntou: "O que é que costuma acontecer quando uma empresa de capital aberto anuncia uma grande demissão de empregados?"

"Não sei", respondi. "O senhor está perguntando o que acontece quando uma empresa demite um grande número de empregados?"

"Sim", disse o pai rico. "O que acontece, em geral, com os preços de suas ações?"

"Não sei", respondi. "Será que o preço das ações cai?"

O pai rico sacudiu a cabeça. Calmamente, ele disse: "Não, infelizmente quando uma empresa cujas ações são negociadas em bolsa anuncia que demitirá um grande número de funcionários, o preço de suas ações sobe."

Pensei um pouco sobre o assunto e falei: "É por isso que o senhor diz sempre que há uma grande diferença entre as pessoas do lado esquerdo do quadrante CASHFLOW e as do lado direito."

Meu pai rico concordou com a cabeça. "Uma grande diferença. O que é seguro para uns é arriscado para outros."

"E é por isso que tão pouca gente fica realmente rica?", perguntei.

E fazendo que sim com a cabeça, o pai rico repetiu: "O que parece seguro para um dos lados parece arriscado para o outro. Se você quer ser rico e manter sua riqueza por gerações, precisa ver os dois lados do risco e da segurança. O investidor mediano só vê um dos lados."

O que Parece Seguro, na Verdade, É Arriscado

Depois de adulto, vejo agora o que o pai rico via. Hoje, o que penso ser seguro é o que a maioria considera arriscado. Veja a seguir algumas diferenças.

Capítulo 24

INVESTIDOR MEDIANO	INVESTIDOR SOFISTICADO
Faz apenas um demonstrativo financeiro.	Tem múltiplos demonstrativos financeiros.
Quer tudo em seu nome.	Não quer nada em seu nome. Recorre a pessoas jurídicas. Muitas vezes a residência e o automóvel não estão em seu nome.
Não pensa em seguros como um investimento. Usa palavras como "diversifique".	Considera o seguro como um investimento para proteger-se de riscos. Usa palavras como "cobertura", "exposição" e "hedge".
Só tem ativos de papel, incluindo dinheiro e poupança.	Possui tanto ativos de papel quanto ativos reais como imóveis e metais preciosos. Esses são uma cobertura contra a má gestão da oferta monetária por parte do governo.
Dedica-se à estabilidade no emprego.	Deseja a independência financeira.
Preocupa-se com a formação acadêmica. Evita cometer erros.	Cuida da sua educação financeira. Entende que erros são parte do aprendizado.
Não procura informações financeiras, ou deseja obtê-las de graça.	Está disposto a pagar por informações financeiras.
Pensa em termos dicotômicos, como bom e ruim, preto e branco, certo e errado.	Pensa em termos complexos e não reducionistas.
Examina indicadores passados, como P/L ou taxas de juros.	Examina indicadores futuros — tendências, demonstrações financeiras, alterações na gerência e nos produtos.
Procura os corretores primeiro e pede auxílio, ou investe sem pedir orientação a ninguém.	Procura o corretor no final, depois de consultar seu plano e seus conselheiros jurídicos e tributários. (Seus corretores às vezes são parte da equipe.)
Procura segurança externa, como emprego, empresa, governo.	Valoriza a autoconfiança e a independência.

Concluindo, o que parece seguro para alguns investidores, parece arriscado para outros.

Capítulo 25
O INVESTIDOR *INSIDER*

O investidor *insider* é alguém que está dentro do investimento e tem algum grau de controle da gestão.

Embora uma característica importante deste tipo de investidor seja a do controle da gestão, para o pai rico, o aspecto mais importante é que não é necessário ter uma renda vultosa ou um grande patrimônio líquido para ser considerado um investidor *insider*. Um executivo, um diretor ou o proprietário de 10% ou mais das ações em circulação da empresa são investidores *insiders*[1].

A maioria dos livros que trata de investimentos se destina a pessoas que estão fora do mundo do investimento. Este livro se destina a pessoas que desejam investir do lado de dentro.

O pai rico achava que seu filho e eu devíamos investir preferivelmente do lado de dentro. Essa é uma forma importante de reduzir o risco e aumentar os retornos.

Pode se tornar um investidor *insider* quem possua formação financeira, mas não os recursos do investidor qualificado. Atualmente, essa é a forma pela qual muitas pessoas entram no mundo do investimento. Ao criar suas próprias empresas, os investidores *insider* criam ativos que podem movimentar, vender ou tornar disponíveis ao público mediante a abertura do capital.

Em seu livro, *What Works on Wall Street*, James P. O'Shaughnessy observa os retornos, analisados do ponto de vista da capitalização de mercado, de vários tipos de investimento. Ele mostra que ações de pequenas empresas sobrepujam de longe

---

[1] Da maneira como é definida aqui, este tipo de investidor não pode utilizar estas informações de forma legal para, por exemplo, ganhar dinheiro na bolsa com as ações da empresa. Na verdade, o autor refere-se ao investidor que ganha dinheiro com a própria empresa, e não no mercado de capitais. Sendo assim, para que diretores ou executivos sejam assim considerados, no sentido em que o autor utiliza o termo, é necessário que, de alguma forma, participem do capital social e dos lucros da empresa. (N.E.)

Capítulo 25

as outras categorias. Um trecho do seu livro está incluso para referência mais adiante neste capítulo.

De modo geral, os retornos mais elevados são os das empresas cuja capitalização de mercado está abaixo de US$25 milhões. O lado negativo destas ações é que elas não atraem os fundos mútuos e são difíceis de serem descobertas pelo investidor mediano. O'Shaughnessy afirma que "elas estão torturantemente distantes do alcance de quase todo o mundo". O volume de negócios dessas ações é muito pequeno, de modo que os seus preços de compra e venda em geral estão muito distantes. Esse é um exemplo de como 10% dos investidores podem controlar 90% das ações.

Se não for possível descobrir esse tipo de ação para aplicar, então pode se recorrer à alternativa seguinte. Montar uma pequena sociedade por ações e desfrutar dos retornos superiores como investidor *insider*.

Como Eu Fiz

Cheguei à independência financeira como investidor *insider*. Lembre que comecei com pouco, comprando imóveis como um investidor sofisticado. Aprendi a usar empresas de responsabilidade limitada e sociedades por ações para maximizar as isenções tributárias e a proteção dos ativos. Então, criei várias empresas para adquirir experiência. Com a formação financeira que o pai rico me proporcionou criei empresas como um investidor *insider*. Só me tornei investidor qualificado depois de ter alcançado o sucesso como investidor sofisticado. Nunca me considerei um investidor especializado. Não sei escolher ações e decidi não comprar ações como alguém que está fora. (Por que iria fazer isso? Começar como um investidor *insider* é muito menos arriscado e muito mais lucrativo.)

Se eu pude aprender a investir estando por dentro da empresa, o leitor também pode. Lembre que quanto mais controles possuir sobre seus investimentos, menos riscos aparecerão pela frente.

Os Controles do Investidor Insider

1. Sobre si mesmo
2. Quocientes de receita/despesa e ativos/passivos
3. Gestão do investimento

O Guia de Investimentos

4. Impostos
5. Momentos de comprar e de vender
6. Corretagem
7. ETC (Estatuto jurídico, Tempo oportuno e Características)
8. Termos e condições de contratos
9. Acesso à informação

Dados relativos ao retorno, em 31 de dezembro de 1996, de US$10 mil investidos em 31 de dezembro de 1951, atualizados anualmente em termos de capitalização de mercado (em milhões de dólares).

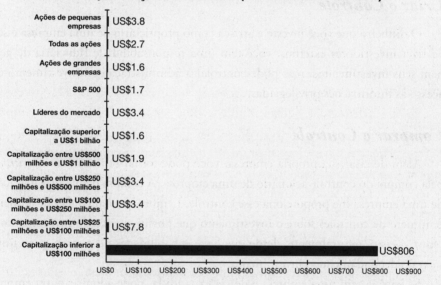

Fonte: *What Works on Wall Street*, por James P. O'Shaughnnessy

Os Três Es do Investidor Insider

1. Educação
2. Experiência
3. Excesso de dinheiro

Capítulo 25

Nos Estados Unidos, a SEC define um *insider* como qualquer pessoa possuidora de informações, relativas a uma empresa, que ainda não tenham se tornado públicas; são as chamadas informações privilegiadas. A Lei do Mercado de Capitais de 1934 tornou ilegal o uso de informações não disponíveis ao público com fins lucrativos. Isso inclui não só pessoas da própria empresa como qualquer pessoa que receba uma dica e a utilize com fins lucrativos.

Utilizo a palavra *insider* para definir investidores que têm controle sobre a gestão do negócio. Este investidor controla a direção da empresa. Um investidor de fora não tem esse controle. Eu diferencio os negócios a partir de dentro da empresa que são legais e ilegais.

Criar o Controle

O dinheiro que você investe e arrisca como proprietário de uma empresa é seu. Se tiver investidores externos, você tem uma responsabilidade fiduciária de gerir bem seus investimentos, mas pode controlar a administração do investimento e o acesso às informações privilegiadas.

Comprar o Controle

Além de criar sua própria empresa, você pode tornar-se um investidor *insider* pela compra do controle acionário de uma empresa. A compra da maioria das ações de uma empresa lhe proporciona esse controle. Lembre que à medida que aumenta o número de controles sobre o investimento que possui, o risco do investimento se reduz — isto, naturalmente, desde que haja as habilidades necessárias para administrar adequadamente o investimento.

Se você já tem uma empresa e deseja expandi-la, pode adquirir outra empresa por meio de uma fusão ou aquisição. Os problemas envolvidos nas fusões e aquisições são numerosos para serem tratados aqui. Entretanto, é muito importante obter competente assessoria jurídica, tributária e contábil antes de proceder a qualquer operação deste tipo.

Para passar do estágio de investidor *insider* ao de investidor ideal, é preciso decidir se vendemos parte ou toda a empresa.

As seguintes perguntas podem ser úteis para seu processo de decisão:

1. Você ainda está empolgado com o negócio?
2. Deseja iniciar outra empresa?
3. Pensa em se aposentar?
4. A empresa é lucrativa?
5. A empresa está crescendo rápido demais para sua capacidade de gestão?
6. Sua empresa está necessitada de vultosos recursos financeiros que poderiam ser mais atendidos por uma venda de ações ou pela venda para outra empresa?
7. Sua empresa tem tempo e dinheiro para um processo de abertura de capital?
8. Sua atenção pode ser desviada das operações do dia a dia da empresa para cuidar da venda da empresa ou da abertura de seu capital sem prejuízo do funcionamento da empresa?
9. O ramo de atividades de sua empresa está em expansão ou em declínio?
10. Qual o impacto de seus concorrentes sobre uma venda ou uma oferta pública de ações?
11. Se sua empresa é forte, você pode passá-la para seus filhos ou outras pessoas da família?
12. Há familiares (filhos) bem treinados e com capacidade administrativa para assumir a empresa?
13. A empresa está precisando de habilidades administrativas que você não tem?

Muitos investidores *insider* ficam muito felizes administrando suas empresas e carteiras de investimentos. Não têm qualquer desejo de vender parte de sua empresa por uma oferta pública ou privada de ações, nem querem vendê-la em sua totalidade. Este é o tipo de investidor que Mike, meu melhor amigo, se tornou. Ele está muito feliz na gestão do império financeiro que ele e seu pai fundaram.

Capítulo 26
O INVESTIDOR IDEAL

O investidor ideal é uma pessoa como Bill Gates ou Warren Buffett. Estes investidores criaram empresas gigantes em que outros investidores desejam investir. O investidor ideal é alguém que cria um ativo que se torna tão valioso que literalmente vale bilhões de dólares para milhões de pessoas.

Tanto Gates como Buffett se tornaram ricos não por causa de seus altos salários ou seus bons produtos, mas por terem criado grandes empresas e aberto seu capital.

Embora não seja muito provável que muitos de nós venhamos a construir uma Microsoft ou uma Berkshire Hathaway, todos nós temos a possibilidade de criar empresas menores e nos tornarmos ricos vendendo suas ações privadamente ou abrindo seu capital ao público.

Meu pai rico costumava dizer: "Algumas pessoas constroem casas para vendê-las; outros fabricam carros, mas o mais completo é criar uma empresa cujas ações sejam desejadas por milhões de pessoas."

Os Controles do Investidor Ideal

1. Sobre si mesmo
2. Quocientes de receita/despesa e ativos/passivos
3. Gestão do investimento
4. Impostos
5. Momentos de comprar e de vender
6. Corretagem

Capítulo 26

7. ETC (Estatuto jurídico, Tempo oportuno e Características)
8. Termos e condições de contratos
9. Acesso à informação
10. Controle sobre dar retorno, filantropia e redistribuição de riqueza

Os Três Es do Investidor Ideal

1. Educação
2. Experiência
3. Excesso de dinheiro

Vantagens e Desvantagens de uma IPO

Há vantagens e desvantagens em "abrir o capital", que veremos com mais detalhes posteriormente. Contudo, aqui listaremos algumas das vantagens e desvantagens de uma oferta pública inicial (IPO).

Vantagens:

1. Permite aos proprietários da empresa "converter em dinheiro" parte do patrimônio que têm na empresa. Por exemplo, o primeiro sócio de Gates, Paul Allen, vendeu algumas de suas ações para comprar empresas de TV a cabo.
2. Levanta capital para expandir a empresa.
3. Quita dívidas da empresa.
4. Aumenta o patrimônio líquido da empresa.
5. Possibilita que a empresa ofereça opções de ações como benefícios para os seus funcionários.

Desvantagens:

1. As operações se tornam públicas. É preciso revelar informações que antes eram sigilosas.
2. A IPO é muito cara.
3. Seu foco deixa de ser a condução das operações da empresa passando a concentrar-se em facilitar e atender as exigências da empresa de capital aberto.
4. Os relatórios trimestrais e anuais e outras obrigações relativas à IPO são trabalhosos.
5. Há o risco de se perder o controle da empresa.
6. Se as ações não tiverem um bom desempenho nas bolsas de valores, há o risco de ser processado pelos acionistas.

Para muitos investidores, as vantagens financeiras potenciais de abrir o capital muitas vezes ocultam qualquer desvantagem potencial de uma IPO.

Trilhando o Meu Caminho

O resto deste livro mostra como meu pai rico me orientou a passar de investidor *insider* e sofisticado a investidor ideal. Ele não precisava mais ocupar-se em guiar seu filho Mike. Mike estava satisfeito em ser um investidor *insider*. Você verá o que o pai rico considerava importante, o que eu precisei aprender e alguns dos erros que cometi ao longo de minha trajetória. Espero que você possa aprender com meus sucessos e com meus erros em seu próprio caminho para tornar-se um investidor ideal.

Capítulo 27

COMO ENRIQUECER LENTAMENTE

Meu pai rico costumava recapitular comigo os vários níveis dos investidores. Ele queria ter certeza de que eu entendia como eles tinham ganhado suas fortunas. Meu pai rico enriquecera investindo, inicialmente, como investidor *insider*. Ele começara com uma pequena empresa e aprendera quais eram os benefícios tributários disponíveis. Logo adquiriu confiança e se tornou, ainda jovem, um verdadeiro investidor sofisticado. Ele construiu um incrível império financeiro. Meu pai verdadeiro, por outro lado, trabalhou arduamente toda sua vida como funcionário público e pouco tinha a mostrar.

Quando fiquei mais velho, a diferença entre o pai rico e o pai pobre era cada vez mais evidente. Finalmente, perguntei ao meu pai rico por que ele estava cada vez mais rico enquanto meu verdadeiro pai trabalhava cada vez mais.

Na introdução deste livro, contei o episódio do passeio na praia com o pai rico, em que este me mostrou o terreno que acabara de adquirir. Nesse passeio pela praia, percebi que o pai rico se tornara dono de um investimento que só uma pessoa rica poderia fazer. O problema é que o pai rico não era, ainda, uma pessoa realmente rica. Foi por isso que lhe perguntei como ele podia ter feito uma aquisição tão dispendiosa, algo que meu pai verdadeiro que ganhava bem mais que o pai rico não poderia.

Foi durante esse passeio na praia que o pai rico me revelou a base do seu plano de investimento. Ele disse: "Também não posso comprar este terreno, mas minha empresa pode." Como afirmei na introdução, foi então que despertou minha curiosidade sobre o poder dos investimentos e me tornei um estudioso da profissão. Durante aquele passeio na praia, aos doze anos, eu estava começando a aprender os

Capítulo 27

segredos do modo de investir de algumas das pessoas mais ricas do mundo e por que estavam entre os 10% que controlam 90% do dinheiro.

Cito mais uma vez Ray Kroc, fundador do McDonald's[1], dizendo virtualmente a mesma coisa à turma de MBA de meu amigo. Ray Kroc disse naquela ocasião: "Meu negócio não são os hambúrgueres. Meu negócio são os imóveis." É por isso que o McDonald's possui alguns dos terrenos mais valiosos do mundo. Ray Kroc e o pai rico entendiam que o objetivo de uma empresa é adquirir ativos.

O Plano de Investimentos do Pai Rico

Quando eu era um garoto, ainda no ensino fundamental, o pai rico já me passava ideias sobre a diferença entre ser rico, pobre ou de classe média. Durante uma dessas lições de sábado, ele disse: "Se você quiser ter segurança no emprego, siga a orientação do seu pai. Se quiser ser rico, terá que seguir meus conselhos. As chances de que seu pai consiga ao mesmo tempo segurança no emprego e riqueza são poucas. As leis não o favorecem."

Uma das seis lições do pai rico, apresentadas no livro *Pai Rico, Pai Pobre*, foi a lição do poder da sociedade anônima. Em *Independência Financeira*, escrevi sobre as diferenças tributárias que regem os vários quadrantes. Meu pai rico recorreu a essas lições para me mostrar a diferença entre seu plano de investimentos e o plano de investimentos de meu pai verdadeiro. Essas diferenças influenciaram significativamente a trajetória de minha vida após ter completado minha instrução formal e ter servido ao meu país como militar.

"Minha empresa compra ativos com dólares antes que minha receita tenha sido tributada", disse o pai rico, enquanto traçava o seguinte diagrama.

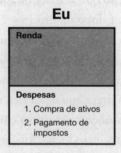

---

[1] Ray Kroc não fundou o McDonald's, ele adquiriu dos irmãos McDonald's o direito de representá-los e vender a franquia. (N.E.)

"Seu pai compra ativos, após ter pagado os impostos, assim", disse meu pai rico.

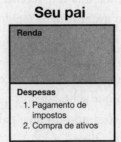

Quando garoto eu não entendia realmente o que pai rico tentava me ensinar; porém, percebia a diferença. Como ficava confuso, fiz inúmeras perguntas ao pai rico. Para me ajudar a entender um pouco melhor, ele traçou o seguinte diagrama:

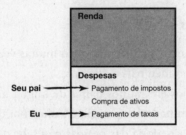

"Por quê?", perguntei ao pai rico. "Por que o senhor paga seus impostos só no final e papai paga os impostos logo no começo?"

"Porque o seu pai é empregado, e eu sou dono de empresa", disse meu pai rico. "Lembre-se sempre de que embora vivamos em um país livre, nem todos estão sujeitos às mesmas leis. Se você quiser ser rico, ou enriquecer rapidamente, é necessário seguir as mesmas leis que os ricos utilizam."

"Quanto o meu pai paga em impostos?", questionei.

"Bem, seu pai é um alto funcionário público e, portanto, é dos mais bens pagos, de modo que acredito que pague de 50% a 60% do total de seu salário em impostos, de um jeito ou de outro", disse meu pai rico.

"E quanto o senhor paga?", perguntei.

"Bem, essa não é a pergunta certa", disse meu pai rico. "A pergunta certa é: 'Quanto da sua receita é tributável?'"

Fiquei confuso, e perguntei: "Qual é a diferença?"

Capítulo 27

"Bom", disse meu pai rico, "eu pago impostos sobre a receita líquida e seu pai paga os impostos sobre o total daquilo que recebe. Essa é uma das grandes diferenças entre seu pai e eu. Posso avançar mais rápido porque compro ativos com a renda bruta e pago os impostos sobre a renda líquida. É por isso que para ele é muito difícil enriquecer. Ele dá uma parte considerável de sua renda ao governo antes de qualquer coisa, dinheiro que ele poderia usar para comprar ativos. Eu pago impostos sobre a receita líquida, ou o que sobra, depois que compro os ativos. Primeiro, compro os ativos e depois pago os impostos. Seu pai paga primeiro os impostos e, assim, sobra pouco para comprar ativos."

Aos dez ou onze anos, na verdade, eu não entendia grande coisa do que o pai rico estava dizendo. Só sabia que aquilo não parecia justo, e foi o que eu disse.

"Isso não é justo", protestei.

"Concordo", disse meu pai rico, assentindo. "Não é justo, mas é a lei."

As Leis São as Mesmas

Ao tratar deste tema em meus seminários, ouço muitas vezes: "Essa pode ser a lei nos Estados Unidos, mas no meu país é diferente."

Como apresento seminários em muitos países de língua inglesa, costumo responder dizendo: "E como o senhor sabe que não é assim? Por que pensa que as leis são diferentes?" O fato é que a maioria das pessoas não sabe quais leis são iguais e quais leis são diferentes, de modo que costumo fazer um histórico sucinto de economia e legislação.

Destaco que na maioria dos países de língua inglesa a legislação se alicerça no direito consuetudinário inglês, a legislação espalhada pelo mundo pela Companhia Britânica das Índias Ocidentais. Também assinalo a data exata em que os ricos começaram a ditar as regras: "Em 1215, foi assinada a Carta Magna, o documento mais famoso da história constitucional inglesa. Ao assinar a Carta Magna, o Rei John cedeu parte de seu poder aos ricos barões ingleses. Atualmente, se reconhece de modo geral que a Carta Magna mostrou a viabilidade da oposição ao abuso do poder real."

Explico, então, a importância da Carta Magna da mesma forma que meu pai rico me explicou. "Já desde a Carta Magna, os ricos ditam as regras." Ele também dizia: "A regra de ouro espiritual é: 'Faz aos outros o que gostarias que fizessem a ti.' Outras pessoas dizem que a regra de ouro financeira é: 'Quem tem o ouro é quem dita as regras.' No entanto, penso que a verdadeira regra de ouro financeira seja: 'Quem faz as regras é que consegue o ouro.'"

A Empresa Compra os Seus Ativos

Quando eu estava com 25 anos e prestes a dar baixa dos Fuzileiros Navais, o pai rico me fez lembrar da diferença entre duas trajetórias de vida.

Ele disse: "É assim que seu pai tenta investir e adquirir ativos."

Meu pai rico acrescentou: "É assim que eu invisto."

"Lembre-se sempre de que as regras são diferentes para os vários quadrantes. Portanto, preste atenção ao decidir o próximo passo de sua carreira. Embora o emprego em uma companhia aérea possa ser agradável em curto prazo, em longo prazo talvez não lhe permita enriquecer como deseja", disse ele.

Como as Leis Tributárias Mudaram

Embora o pai rico não tivesse concluído seus estudos formais, ele era um grande estudioso de economia, história mundial e legislação. Quando eu frequentava a Academia de Marinha Mercante dos Estados Unidos, em Kings Point, Nova York,

Capítulo 27

onde estudei comércio internacional, o pai rico ficou muito empolgado ao saber que o currículo incluía direito marítimo, direito comercial, economia e legislação societária. Como eu tinha estudado essas matérias, foi muito mais fácil para eu pôr de lado a ideia de me tornar piloto da aviação comercial.

A Razão Está na História

Uma das diferenças entre os Estados Unidos e o resto do mundo colonizado pelos ingleses é que os colonos americanos protestaram contra o excesso de impostos organizando o Boston Tea Party. O rápido crescimento da economia americana entre os anos 1800 e 1900 pode ser atribuído aos baixos impostos vigentes. Muitos empreendedores de todo o mundo desejando enriquecer rapidamente acorreram aos Estados Unidos. Contudo, em 1913, foi aprovada a 16ª Emenda à Constituição, que possibilitou a tributação sobre os ricos e esse foi o fim do estado com baixos impostos. Porém, os ricos sempre encontraram maneiras de fugir à armadilha, e é por isso que as leis são diferentes para cada um dos quadrantes, favorecendo especialmente o quadrante D, o quadrante dos ultrarricos dos Estados Unidos.

Os ricos se vingaram da alteração tributária de 1913, alterando lentamente a legislação e pressionando novamente os demais quadrantes.

De modo que a lenta ascensão dos impostos foi algo assim:

Em 1943, a Lei do Pagamento de Impostos Correntes foi aprovada. Em vez de lançar impostos apenas sobre os ricos, o governo americano foi autorizado a tributar todos os que estão no quadrante E. Os empregados, aqueles que estão no quadrante E, não podem mais se pagar primeiro, porque o governo é o primeiro a receber. As pessoas ficam chocadas quando verificam o quanto lhes é tirado tanto em impostos diretos quanto em indiretos.

O Guia de Investimentos

Em 1986, a Lei de Reforma Tributária foi aprovada nos Estados Unidos. Essa alteração afetou significativamente todos os profissionais — médicos, advogados, contadores, arquitetos, engenheiros etc. Essa lei impediu aos que se encontram no quadrante A de recorrer às mesmas disposições válidas para os que se enquadram no quadrante D. Por exemplo, alguém situado no quadrante A que tenha a mesma renda de outra pessoa situada no quadrante D terá de pagar impostos a uma alíquota inicial de 35% (50% se forem incluídos os descontos para seguridade social). Por outro lado, quem estiver no quadrante D possivelmente pagará 0% de imposto sobre uma renda de montante equivalente.

Em outras palavras, a regra de ouro — "Quem faz as regras é quem consegue o ouro" — voltou a ser realidade. As regras são dadas pelo quadrante D, como vem sendo desde 1215, quando os barões obrigaram o rei a assinar a Carta Magna.

Algumas dessas leis e das mudanças foram explicadas com mais detalhes nos livros *Pai Rico, Pai Pobre* e *Independência Financeira*.

A Decisão Está Tomada

Mesmo depois de ter resolvido adotar o plano de investimentos do pai rico em lugar daquele do meu pai pobre, o pai rico fez uma análise simples de minhas chances de sucesso na vida que reforçou essa decisão. Esboçando o quadrante CASHFLOW, ele disse: "Sua primeira decisão é descobrir em qual quadrante você tem mais chance de alcançar sucesso financeiro de longo prazo."

E, apontando para o quadrante A, prosseguiu: "Você não tem conhecimentos pelos quais qualquer empregador se disponha a pagar muito, de modo que, sendo funcionário de uma empresa, jamais ganhará o suficiente para investir. Além disso, você é relaxado, se desinteressa facilmente e não consegue concentrar sua atenção por muito tempo, você gosta de discutir e não segue instruções. Portanto, suas chances de sucesso financeiro no quadrante E não parecem boas."

Indicando agora o quadrante A, ele continuou: "Há um A em astúcia. Por isso tantos médicos, advogados, contadores e engenheiros se encontram no quadrante A. Você é brilhante, mas não é astuto. Nunca foi muito estudioso. Na palavra astro há também um A. Provavelmente você não será um astro do rock, um grande ator ou um campeão do esporte, de modo que suas chances de ganhar muito dinheiro no quadrante A também são fracas."

Capítulo 27

"Isto nos leva ao quadrante D", continuou meu pai rico. "Este quadrante é perfeito para você. Como você não tem nenhum talento ou conhecimento especial, suas chances de conseguir uma grande fortuna estão neste quadrante."

E esse comentário me deu certeza. Decidi que minha maior chance de obter grande riqueza e sucesso financeiro estaria nos negócios. A legislação tributária estaria a meu favor, e a falta de requisitos para progredir nos outros quadrantes facilitaria minha decisão.

Lições em Retrospectiva

Nos seminários que apresento atualmente, tento transmitir o que aprendi com meu pai rico. Quando me perguntam como invisto, em geral falo dos investimentos feitos por meio de empresas, ou, como dizia o pai rico: "Meus negócios compram meus ativos."

Invariavelmente, as pessoas levantam a mão e dizem coisas como:

- "Mas eu sou um funcionário, não tenho minha própria empresa."
- "Nem todos podem ter o próprio negócio."
- "Começar uma empresa é arriscado."
- "Eu não tenho dinheiro para investir."

A essas objeções ao plano de investimento do pai rico contraponho os seguintes argumentos.

Quanto à ideia de que nem todos podem ser donos de empresa, lembro que há menos de cem anos a maioria das pessoas possuía sua própria empresa. Apenas

O Guia de Investimentos

um século atrás, cerca de 85% da população dos Estados Unidos era composta por agricultores independentes ou pequenos comerciantes.

Só um pequeno porcentual da população era formado por empregados. Digo, então: "Parece que a Era Industrial — com sua promessa de empregos bem remunerados, vitalícios e aposentadorias — tirou a nossa independência." Acrescento também que o nosso sistema de ensino visa formar funcionários e profissionais, não empreendedores, de modo que é apenas natural que hoje as pessoas sintam que é arriscado criar uma empresa.

O ponto que destaco é o seguinte:

1. Há grandes chances de que todos tenham o potencial de ser grandes empresários se desejarem desenvolver as habilidades para isso. Nossos antepassados desenvolveram e dependiam de suas habilidades empresariais. Se você não for ainda dono de uma empresa, a questão é: você deseja passar pelo processo de aprender a criar uma empresa? Só você pode responder a esta pergunta.

2. Quando as pessoas dizem: "Não tenho dinheiro para investir", ou "Tenho que descobrir um imóvel que possa ser comprado sem dar entrada", digo: "Talvez o senhor deva mudar de quadrante e passar a investir a partir do quadrante que lhe permita fazê-lo antes de pagar os impostos. Então, terá bem mais dinheiro para investir."

Uma das primeiras considerações de seu plano de investimentos deveria ser a da escolha do quadrante que lhe permita ganhar dinheiro mais rapidamente. Desse modo, poderá investir para obter maiores retornos, com menos riscos, e você terá as melhores chances de se tornar muito rico.

Capítulo 28
MANTENHA SEU EMPREGO FORMAL E AINDA ASSIM FIQUE RICO

Após ter resolvido montar uma empresa, o problema com que me deparei foi a falta de dinheiro. Primeiro, eu não sabia como criar uma empresa. Segundo, eu não tinha dinheiro para dar início à empresa nem para me sustentar. Com frio na barriga e sem confiança em mim mesmo, procurei o pai rico e perguntei o que eu deveria fazer.

Sua resposta imediata foi: "Arrume um emprego."

Sua resposta foi um choque. "Pensei que o senhor estava sugerindo que eu montasse um negócio próprio."

"Sim, foi isso o que sugeri. Mas você precisa comer e ter onde morar", disse ele.

Ele me disse algo que passei para inúmeras pessoas. "A regra número um para tornar-se um empresário é nunca se empregar por dinheiro. Procure um emprego pelas habilidades que ele lhe possa ensinar."

O primeiro e único emprego que tive após dar baixa dos Fuzileiros Navais foi na Xerox. Procurei esse emprego pelo ótimo programa de treinamento em vendas que a empresa oferecia. O pai rico sabia que eu era muito tímido e que tinha pavor de ser rejeitado. Ele me aconselhou a aprender a vender, não pelo dinheiro, mas para superar meus receios pessoais. A cada dia eu tinha que ir de escritório em escritório, batendo nas portas e tentando vender máquinas Xerox. Foi um processo de aprendizado muito doloroso, mas que me rendeu milhões de dólares ao longo dos anos. Meu pai rico gostava de dizer: "Se você não conseguir vender, você não

Capítulo 28

chegará a ser um empresário." Durante dois anos, fui o pior vendedor da sucursal de Honolulu. Fazia cursos de vendas adicionais, comprava fitas de treinamento e as ouvia. Finalmente, depois de diversas vezes quase ser despedido, comecei a vender. Embora continuasse ainda muito tímido, o treinamento em vendas desenvolveu habilidades de que eu precisava para enriquecer.

O problema é que por mais que eu trabalhasse com afinco e por mais máquinas que vendesse, sempre estava sem dinheiro. Não tinha dinheiro para investir ou montar uma empresa. Certo dia, falei para o pai rico que eu estava pensando em arrumar um bico para ganhar mais um pouco e poder começar a investir. Era por esse momento que ele estava esperando.

O que ele disse foi o seguinte: "O maior erro que as pessoas cometem é trabalhar demais para ganhar dinheiro." E continuou: "A maioria das pessoas não progride financeiramente porque quando precisa de mais dinheiro, arruma um bico. Se elas desejassem realmente avançar, continuariam em seu emprego e montariam um negócio que só exigisse parte de seu tempo."

Quando soube que eu estava adquirindo conhecimentos valiosos e continuava pensando seriamente em me tornar empresário e investidor, meu pai rico traçou o seguinte diagrama.

"É o momento de você começar a montar sua empresa — em tempo parcial", disse o pai rico. "Não desperdice seu tempo com bicos. Um bico mantém você preso ao quadrante E, mas um negócio em tempo parcial o leva para o quadrante D. Muitas grandes empresas começaram a partir de negócios em tempo parcial."

Em 1977, comecei minha empresa de carteiras de náilon e velcro, dedicando-lhe só parte de meu tempo. Muitos dos leitores conhecem, hoje, esse produto. De

O Guia de Investimentos

1977 a 1978, eu trabalhava arduamente na Xerox, chegando a me tornar o melhor representante de vendas da sucursal. Nas minhas folgas, eu também montava um negócio que se tornaria de âmbito mundial, multibilionário.

Quando as pessoas me perguntam se eu gostava dessa linha de produtos — que consistia em bolsinhas que podiam ser amarradas no cadarço dos tênis para carregar uns trocados, a chave e a carteira de identidade, carteiras multicoloridas e pulseiras de relógio de náilon —, a minha resposta é: "Não. Não estava apaixonado pela linha de produtos. Mas gostei do desafio de criar uma empresa."

Menciono isto especificamente porque hoje ouço muitas pessoas dizendo coisas como:

1. "Tenho uma ótima ideia para um novo produto."
2. "Você precisa ter paixão por seus produtos."
3. "Estou procurando pelo produto certo para começar a minha empresa."

Em geral, digo a estas pessoas o seguinte: "O mundo está cheio de ótimos produtos e de ótimas ideias para novos. Mas o que falta são ótimos homens de negócios. A principal razão para se começar um negócio em tempo parcial não é fazer um produto ótimo. É tornar você um ótimo empresário. Produtos ótimos há de montão. Os homens ótimos de negócios é que são poucos e ricos."

Se você olhar para Bill Gates, o fundador da Microsoft, verá que ele nem mesmo inventou seu software. Ele o comprou de um grupo de programadores e a partir daí criou uma das mais poderosas e influentes empresas da história mundial. Gates nem mesmo fez um produto ótimo, mas construiu uma grande empresa que contribuiu para torná-lo o homem mais rico do mundo. Portanto, a lição a ser tirada é que não vale a pena preocupar-se em criar um produto ótimo. Concentre-se em começar uma empresa para que possa aprender a ser um grande empresário.

Michael Dell, da Dell Computers, começou sua empresa em tempo parcial dentro do alojamento da Universidade do Texas. Ele teve que largar os estudos porque seu negócio em tempo parcial o estava tornando mais rico do que poderia ser com qualquer emprego que seu curso lhe proporcionasse.

A Amazon.com também começou como atividade de tempo parcial em uma garagem. E, hoje, aquele jovem se tornou um bilionário.

Capítulo 28

Lições em Perspectiva

Muitas pessoas sonham em criar sua própria empresa, mas nunca fazem por medo de fracassar. Muitas outras pessoas sonham em enriquecer, mas não conseguem porque lhes faltam habilidades e experiência. Na verdade, o dinheiro vem das habilidades empresariais e da experiência.

Meu pai rico me disse: "O ensino dado pela escola é importante, mas o ensino dado pela vida é ainda mais."

Montar uma empresa em casa, em tempo parcial, lhe permitirá aprender valiosas habilidades de negócios, tais como:

1. Boa comunicação
2. Liderança
3. Formação de equipes
4. Legislação tributária
5. Legislação societária
6. Legislação do mercado de capitais

Essas habilidades ou tópicos não podem ser aprendidos em cursos de fim de semana ou em um único livro. Continuo estudando-os até hoje e quanto mais os estudo, mais meus negócios melhoram.

Uma das razões pelas quais as pessoas aprendem tanto com um negócio de tempo parcial é que elas começam de dentro da empresa em sua própria empresa. Se alguém pode aprender a montar um negócio, abre-se um novo mundo de oportunidades financeiras virtualmente ilimitado. Contudo, um dos problemas de quem está nos quadrantes E e A é que as oportunidades estão muitas vezes limitadas pela capacidade de trabalho das pessoas e do número de horas que há no dia.

Capítulo 29
O ESPÍRITO EMPREENDEDOR

As pessoas investem por duas razões básicas:

1. Poupar para a aposentadoria
2. Fazer muito dinheiro

Embora a maioria de nós invista tendo em mente os dois objetivos, e ambos sejam importantes, parece que a maior parte das pessoas está mais preocupada com o primeiro. Elas guardam o dinheiro, como fazem os poupadores, e esperam que ele cresça ao longo do tempo. Investem, mas estão mais preocupadas com as perdas do que com os ganhos. Já conheci muitas pessoas a quem o medo de perder impede de agir. Ao investir, as pessoas precisam atentar às suas necessidades emocionais. Se a dor e o medo de perder são demasiado grandes, é preferível investir de modo conservador.

No entanto, quando observamos os ricos deste mundo, constatamos que as fortunas não foram feitas por investidores cautelosos. As grandes mudanças são promovidas por investidores dotados do que o pai rico chamava de "espírito empreendedor".

Uma das minhas histórias favoritas é a de Cristóvão Colombo, um explorador italiano corajoso que acreditava que o mundo era redondo e que tinha um plano ousado de encontrar uma rota mais rápida para chegar às riquezas do Oriente. Contudo, na sua época, acreditava-se que o mundo era plano. Todos pensavam que se Colombo seguisse seu plano ele chegaria ao limite da Terra. A fim de testar sua teoria de que o mundo era redondo, Colombo teve que procurar os reis da Espanha e convencê-los a investir em seu plano. Fernando e Isabel, os reis, proporcionaram o que chamamos de "capital inicial", e apoiaram seu empreendimento.

Capítulo 29

Na escola, o professor de história queria me convencer que o dinheiro se destinava a ampliar os conhecimentos por meio da exploração. O pai rico afirmava que era apenas um empreendimento comercial que precisava de capital. O rei e a rainha estavam certos de que se esse empreendedor, chamado Colombo, tivesse sucesso em chegar ao leste, navegando no sentido oeste, eles obteriam altos retornos sobre seu investimento. Colombo e os reis que o apoiaram tinham o verdadeiro espírito empreendedor. Não estavam investindo para perder dinheiro. Eles investiram porque queriam ganhar mais dinheiro. Estavam dispostos a aventurar-se ou arriscar-se com vistas a obter uma recompensa maior. Foi com esse espírito que investiram.

Por que Começar um Negócio

Quando comecei a fazer meus planos de montar uma empresa em tempo parcial, o pai rico insistiu na necessidade de empreender a atividade visando a um negócio de âmbito mundial. Ele disse: "Você cria uma empresa pelo desafio que isso representa. Você monta um negócio porque é empolgante, é desafiador e exigirá muito de você para ter sucesso."

Meu pai rico queria que eu montasse a empresa para pôr à prova meu espírito empreendedor. Ele costumava dizer: "O mundo está cheio de gente com ótimas ideias, mas apenas algumas pessoas ganham grandes fortunas com elas." De modo que me incentivou a montar uma empresa. Ele não estava preocupado com o tipo de produto a ser produzido ou em saber se eu gostava do produto. Ele não estava preocupado com que eu fracassasse. Ele queria apenas que eu começasse. Hoje encontro pessoas com ótimas ideias que têm medo de fracassar, ou que começam, fracassam e desistem. É por isso que o pai rico gostava de citar uma frase de Einstein: "Os grandes espíritos frequentemente se confrontam com uma oposição violenta das mentes medíocres." Ele queria que eu desse início à empresa, para confrontar-me com minha própria mente medíocre e, no processo, desenvolver meu espírito empresarial. O pai rico afirmava: "A principal razão pela qual tanta gente compra ativos em vez de criá-los é que não despertaram seu espírito empreendedor para pegar suas ideias e transformá-las em grandes fortunas."

Não Faça Isso por Apenas US$200 mil

Voltando à definição do investidor comum, o pai rico observou: "Tudo o que a pessoa precisa para ser um investidor comum é ter um salário de US$200 mil ao ano. Para algumas pessoas, isso é muito dinheiro, mas não é razão suficiente para começar a montar uma empresa. Se seu sonho se resume a um salário de US$200 mil, então fique nos quadrantes E ou A. Nos quadrantes D e I, os riscos são grandes demais para uma soma tão pequena. Se você quiser montar uma empresa, não o faça por US$200 mil. Os riscos são amiúde elevados para um retorno tão ínfimo. Faça-o visando um retorno muito maior. Faça-o por milhões, quem sabe, bilhões, ou não o faça de forma alguma. Mas se resolver começar um negócio próprio, você precisa despertar seu espírito empreendedor."

Meu pai rico também falou: "Não existe essa coisa de um empreendedor ou empresário pobre e bem-sucedido. Você pode ser um médico bem-sucedido e pobre, ou um contador bem-sucedido e pobre. Só há um tipo de empresário bem-sucedido, e ele é o rico."

Lições em Perspectiva

Muitas vezes me perguntam: "Quanto é demais?", ou "Quanto é o bastante?". Frequentemente, quem faz estas perguntas é alguém que nunca montou uma empresa bem-sucedida que gere muito dinheiro. Também tenho observado que as pessoas que fazem essas perguntas estão nos quadrantes E ou A.

Outra diferença entre as pessoas que estão no lado esquerdo e as que operam a partir do lado direito é que as pessoas do lado esquerdo em geral têm apenas uma demonstração financeira, pois auferem sua renda em apenas uma fonte. As que estão do lado direito têm múltiplas demonstrações financeiras e fontes de renda.

Capítulo 29

Minha esposa e eu somos empregados de várias sociedades anônimas nas quais também temos participação acionária. Portanto, temos demonstrações financeiras pessoais e outras de nossas empresas. Quando nossas empresas têm sucesso e geram fluxo de caixa para nós, precisamos de menos renda como empregados. Muitas pessoas dos quadrantes do lado esquerdo não sabem o que é auferir cada vez mais renda sem a necessidade de tanto trabalho.

Por mais que o dinheiro seja importante, não é o principal fator de motivação para se montar uma empresa. Penso que a pergunta pode ser melhor respondida quando é formulada de modo diferente. É uma pergunta parecida com à que se faz a um jogador de golfe: "Por que você continua jogando golfe?" A resposta está no espírito do jogo.

Embora precisasse de muitos anos e de alguns sofrimentos e dificuldades, o desafio e o espírito foram sempre os fatores que me impulsionaram a montar negócios. Hoje, tenho amigos que venderam suas empresas por milhões de dólares. Muitos deles descansam alguns meses e depois estão de novo em atividade. É a empolgação, o desafio e o potencial de altos retornos que conduzem o empreendedor. Antes de montar minha empresa de carteiras de náilon e velcro, o pai rico queria que eu tivesse certeza de começar com esse espírito.

O espírito empreendedor é um ativo valioso para a criação de negócios bem-sucedidos. Muitos capitalistas de sucesso são ainda empreendedores no fundo do coração.

Parte 3
COMO CONSTRUIR UM NEGÓCIO SÓLIDO?

Capítulo 30
POR QUE CRIAR UM NEGÓCIO?

Meu pai rico dizia: "Há três razões para se montar uma empresa além da simples criação de um ativo."

1. **Para obter um fluxo de caixa imensurável**

    Em seu livro, *How to Be Rich* ("Como Ficar Rico", em tradução livre), Paul Getty afirma que sua primeira regra é que a pessoa deve fazer os negócios para si própria. Ele continua afirmando que ninguém chega a ser rico trabalhando para os outros.

    Uma das principais razões pelas quais o pai rico fundou tantas empresas foi o excesso de dinheiro gerado por seus outros negócios. Ele também tinha tempo, porque suas empresas exigiam um esforço mínimo de sua parte. Isso lhe permitia ter tempo disponível para investir em mais e mais ativos livres de impostos. É por isso que ele ficou tão rico em tão pouco tempo. Ele dizia: "Cuide de seus próprios negócios."

2. **Para vendê-la**

    O problema de se ter um emprego é que não é possível vendê-lo, por mais que se trabalhe. O problema de se montar uma empresa no quadrante A é em geral o mercado que poderia adquiri-la ser muito limitado. Por exemplo, se um dentista forma uma clientela, o único interessado nela será outro dentista. Para o pai rico, esse era um mercado muito limitado. Ele dizia: "Para que algo tenha valor, é necessário que muita gente o deseje. O proble-

Capítulo 30

ma com os negócios do quadrante A é que muitas vezes a própria pessoa é o único interessado neles."

Meu pai rico falava: "Um ativo é algo que põe dinheiro em seu bolso ou que pode ser vendido por um montante maior que o que foi pago ou investido nele. Se você monta uma empresa de sucesso, sempre terá um bocado de dinheiro. Se você aprender a montar empresas bem-sucedidas, terá desenvolvido uma profissão que poucas pessoas conseguem ter."

Em 1975, quando eu estava aprendendo a vender máquinas Xerox, encontrei um rapaz que tinha quatro lojas de cópias em Honolulu. A razão pela qual ele tinha entrado nessa atividade é interessante. Na faculdade, ele cuidava da loja de cópias da universidade e aprendeu como funcionava o negócio. Quando se formou, não encontrou emprego em Honolulu, de modo que abriu uma loja de cópias no centro da cidade para fazer o que ele sabia fazer melhor. Logo passou a ter quatro dessas lojas, em quatro dos principais prédios de escritórios da cidade, todos em salas alugadas sob contratos longos. Uma grande cadeia de lojas de cópias chegou à cidade e lhe fez uma oferta irrecusável. Ele pegou os US$750 mil que lhe ofereceram, uma soma considerável para a época, pôs US$500 mil nas mãos de um gestor de fundos profissional e foi velejar em volta do mundo. Quando voltou, um ano e meio depois, suas aplicações já atingiam cerca de US$900 mil, de modo que voltou a velejar rumo às ilhas do Pacífico Sul.

Eu tinha sido a pessoa que lhe vendeu as copiadoras e tudo o que recebi foi a pequena comissão. Ele era o cara que montou o negócio, o vendeu e saiu velejando. Depois de 1978, não voltei a encontrá-lo, mas ouvi dizer que de tempos em tempos ele volta à cidade, confere suas aplicações e volta ao mar.

Como dizia o pai rico: "Sendo dono da empresa você não precisa estar certo 51% do tempo. Você só precisa estar certo uma vez." Ele também dizia: "Montar uma empresa é o caminho mais arriscado para a maioria das pessoas. Mas quem sobrevive e continua melhorando suas habilidades tem um potencial de riqueza ilimitado. Se você quiser evitar os riscos e ficar em segurança nos quadrantes E e A, poderá ter mais tranquilidade, mas haverá um limite para os seus ganhos."

3. **Para abrir o seu capital**

    Essa era a ideia que o pai rico fazia do investidor ideal. Foi montar uma empresa e abrir seu capital o que tornou Bill Gates, Henry Ford, Warren Buffett, Ted Turner e Anita Roddick muito, muito ricos. Eles são os acionistas que vendem ações, enquanto nós somos os acionistas que as compram. Eles eram os que estão por dentro, enquanto nós somos os que tentam espiar do lado de fora.

Você Nunca Será Velho ou Jovem Demais

Se alguém lhe disser que você não pode montar um negócio que outros desejem comprar, use esse pensamento mesquinho para se inspirar. É verdade que Bill Gates era muito jovem quando começou a Microsoft, mas o Coronel Sanders estava com 66 anos quando fundou a Kentucky Fried Chicken.

Nos próximos capítulos, descreverei o que o pai rico chamava de triângulo D–I. Uso esse triângulo como orientação para montar um negócio. Ele resume as principais habilidades técnicas exigidas.

Meu pai rico também considerava que um empreendedor bem-sucedido deve ter algumas características pessoais:

- **Visão:** Habilidade de ver o que os outros não veem.
- **Coragem:** Capacidade de reação mesmo sob dúvidas tremendas.
- **Criatividade:** Pensamento fora da caixa.
- **Aceitar críticas:** Ninguém obteve o sucesso sem ter sido criticado.
- **Adiar a gratificação:** Pode ser muito difícil aprender a renunciar às gratificações imediatas, de curto prazo, para obter um maior retorno em longo prazo.

Capítulo 30

Capítulo 31
O TRIÂNGULO D-I

O Segredo da Riqueza Sólida

O gráfico a seguir apresenta o que o pai rico denominava de triângulo D-I, a chave para a grande riqueza.

O triângulo D-I era muito importante para o pai rico porque fornecia uma estrutura para suas ideias. Ele dizia muitas vezes: "Há muitas pessoas com ideias ótimas, mas poucas com grandes fortunas. O triângulo D-I tem o poder de transformar ideias comuns em grandes fortunas. Ele é o guia que permite transformar uma ideia em um ativo." Ele representa o conhecimento necessário para ter êxito no lado D-I do quadrante CASHFLOW. Ao longo dos anos eu o modifiquei um pouco.

Eu estava com cerca de dezesseis anos, quando vi essa figura pela primeira vez. Meu pai rico a desenhou quando comecei a perguntar:

1. "Como é que o senhor pode ter tantos negócios quando outras pessoas mal dão conta de um?"
2. "Por que seus negócios crescem, enquanto os de outras pessoas ficam menores?"
3. "Como o senhor pode ter tanto tempo livre, enquanto outros donos de empresas trabalham sem cessar?"
4. "Por que tantas empresas fracassam em tão pouco tempo?"

Capítulo 31

Não fiz todas essas perguntas de uma vez; contudo, elas me vinham à mente quando eu observava seus negócios. O pai rico estava com cerca de quarenta anos e eu ficava espantado de vê-lo conduzir várias empresas em diferentes ramos de atividade. Ele tinha, por exemplo, restaurantes, lanchonetes, uma rede de loja de conveniência, uma empresa de transportes rodoviários, imóveis e uma imobiliária. Eu sabia que ele estava seguindo o plano de fazer com que suas empresas adquirissem seus verdadeiros investimentos, que para ele eram os imóveis, mas era impressionante o número de empresas que ele conseguia conduzir ao mesmo tempo. Quando perguntei como é que ele conseguia criar, possuir e administrar tantos negócios, sua resposta foi desenhar o triângulo D–I.

Hoje, tenho participação em várias empresas de ramos totalmente diferentes porque me oriento pelo triângulo D–I. Não sou dono de tantas empresas quanto o pai rico, mas seguindo a mesma fórmula esboçada pelo triângulo D–I posso ter mais do que eu desejo.

Conhecendo o Triângulo D–I

Obviamente, poderia, e seria necessário, escrever muito mais do que este livro sobre as informações resumidas no triângulo D–I. Contudo, veremos o essencial.

Missão

Meu pai rico afirmava: "Uma empresa precisa de uma missão espiritual e de uma corporativa para alcançar o sucesso, especialmente no início." Quando explicou o diagrama para mim e para seu filho, ele começou pela missão, que considerava o aspecto mais importante do triângulo e sua base. "Se a missão for clara e forte, o negócio resistirá a todas as provas que toda empresa enfrenta em seus primeiros dez anos. Quando uma empresa se torna grande demais e esquece sua missão, ou essa missão fica ultrapassada, a empresa começa a definhar." Meu pai rico ressaltou as palavras "espiritual" e "negócios". Declarou: "Muitas pessoas começam um negócio apenas para ganhar dinheiro. Apenas ganhar dinheiro não é uma missão suficientemente forte. O dinheiro por si só não oferece a chama, o impulso ou o desejo. A missão de uma empresa deve atender a uma necessidade das pessoas. E, se o fizer bem, o negócio começará a render."

O Guia de Investimentos

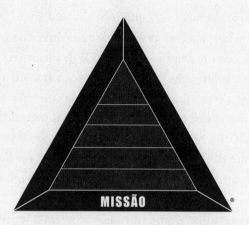

Em relação à missão espiritual, o pai rico disse: "Henry Ford era um homem movido primeiramente por uma missão espiritual, a de negócios vinha depois. Ele queria colocar o automóvel à disposição das massas e não apenas dos ricos. É por isso que sua declaração de missão foi democratizar o automóvel." E continuou: "Quando a missão espiritual e a de negócios são fortes e estão em sintonia, seu poder constrói grandes empresas."

A missão espiritual e a de negócios do pai rico estavam bem sintonizadas. Sua missão espiritual era proporcionar empregos e oportunidades para muitas das pessoas pobres a quem fornecia comida em seus restaurantes. O pai rico acreditava que a missão de uma empresa era muito importante, embora difícil de ver e de mensurar. Ele dizia: "Sem uma missão forte, uma empresa não terá muitas chances de sobreviver a seus primeiros cinco a dez anos." E acrescentava: "No início, a missão e o espírito empreendedor são essenciais à sobrevivência da empresa. O espírito e a missão devem ser preservados mesmo após a saída do empreendedor, ou a empresa morre." O pai rico também gostava de dizer: "A missão de uma empresa é um reflexo do espírito do empreendedor. A General Electric foi uma empresa alicerçada nas qualidades de Thomas Edison, e cresceu preservando o espírito do grande inventor, continuando a criar produtos novos e inovadores. A Ford Motor Company sobreviveu continuando a tradição de Ford."

Atualmente, acredito que o espírito de Bill Gates continua impulsionando a Microsoft no domínio do mundo dos programas para microcomputadores. Já quando Steve Jobs foi expulso da Apple e uma equipe de gestão convencional o substituiu,

Capítulo 31

a empresa decaiu rapidamente. Logo que Jobs voltou à empresa, o espírito voltou, novos produtos foram lançados, a lucratividade aumentou e o preço das ações subiu.

Embora a missão de uma empresa seja difícil de mensurar, impossível de ver e para todos os efeitos seja intangível, a maioria de nós a vivenciou. Podemos identificar a missão de alguém que tenta nos vender alguma coisa só para receber comissão e compará-la à de alguém que procura atender a nossas necessidades. À medida que há cada vez mais produtos no mundo, as empresas que sobrevivem e são bem-sucedidas financeiramente são aquelas que se concentram em atender a sua missão — e as necessidades de seus clientes — em vez de preocupar-se apenas com a receita da empresa.

A *Rich Dad*, empresa que Kim e eu fundamos, tem a seguinte missão: "Elevar o bem-estar financeiro de toda a humanidade." Ao seguir fielmente a missão espiritual e a de negócios de nossa empresa, obtivemos um sucesso que está longe de ser fortuito. Pela fidelidade à nossa missão, conseguimos atrair pessoas e grupos alinhados com missões semelhantes. Algumas pessoas consideram isso sorte. Eu digo que é fidelidade à missão. No decorrer dos anos, passei a acreditar que o pai rico estava certo em relação à importância de se ter uma missão espiritual e uma missão de negócios fortes e alinhados.

Com toda sinceridade, nem todos os meus negócios têm missões tão fortes como a *Rich Dad*. Algumas outras empresas em que tenho participação acionária têm missões de negócios mais fortes que suas missões espirituais.

Agora, percebo que o meu negócio de carteira de náilon e velcro para surfistas tinha uma missão muito diferente da que eu pensava. A missão daquele negócio era me educar para construir um negócio de âmbito mundial. Em outras palavras, conseguir o que queria. A empresa cresceu rapidamente, o sucesso foi rápido e estrondoso, do mesmo modo que sua queda. Contudo, apesar de dolorosa, sei que a experiência atendeu a sua missão. Depois que consegui me levantar dos escombros e reconstruir meus negócios, aprendi o que tinha me proposto a aprender. Como dizia o pai rico: "Muitos empreendedores não se tornam verdadeiros homens de negócios senão depois de terem perdido a primeira empresa." Em outras palavras, aprendi mais com o fracasso da minha empresa e sua reconstrução do que com o sucesso. Como dizia meu pai rico: "A escola é importante, mas o mundo real ensina mais." De modo que minha primeira experiência de negócios, depois de ter dado baixa nos Fuzileiros Navais, foi dispendiosa e sofrida, mas as lições aprendidas não têm preço. E a empresa atendeu a sua missão.

O Espírito Empreendedor

A missão de uma empresa contribui para mantê-la focada. Muitos fatores podem provocar distrações nos estágios iniciais de seu desenvolvimento. A melhor forma de pôr tudo nos eixos é rever a missão. A distração está ameaçando a missão? Se for o caso, procure cuidar dela o mais rápido possível para poder recolocar o foco e os esforços na missão.

Hoje em dia, observo que muitas pessoas se tornam milionárias, e até bilionárias, instantaneamente, apenas abrindo o capital da empresa em uma IPO. Às vezes, fico imaginando se a missão da empresa seria apenas a de gerar dinheiro para seus proprietários ou investidores ou se a empresa teria sido formada para atender a uma missão ou algum tipo de serviço. Receio que muitas dessas novas IPOs acabem fracassando, porque a única missão da empresa era ganhar dinheiro rapidamente. Além disso, é na missão da empresa que encontramos realmente o espírito do empreendedor.

Equipe

Meu pai rico sempre dizia: "Os negócios são um esporte coletivo." E continuava: "Investir é um esporte coletivo." E falava ainda: "O problema de se estar nos quadrantes E e A é que a pessoa individualmente joga contra um time."

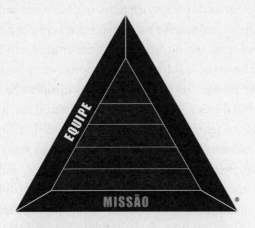

Capítulo 31

Meu pai rico desenhava o quadrante CASHFLOW para ilustrar esta questão:

Um dos pontos que o pai rico mais criticava no sistema de ensino era: "Nas escolas, eles querem que o estudante sozinho faça as provas. Se a criança tenta cooperar na hora da prova, dizem que está 'colando'." E dizia também: "No mundo real dos negócios, os donos de empresa cooperam na hora da prova, e todas as horas são de prova."

Uma Lição Muito Importante

Essa lição é fundamental para as pessoas que pensam em montar uma empresa poderosa e bem-sucedida. É uma das chaves do meu sucesso financeiro. Negócios e investimentos são esportes de equipe, e lembre-se de que nos negócios todos os dias são dia de prova. Para se ter sucesso na escola, é preciso fazer a prova sozinho. Nos negócios, o sucesso é resultado de provas feitas em grupo e não individualmente.

As pessoas que estão nos quadrantes E e A muitas vezes ganham menos dinheiro do que poderiam, porque tentam fazer as coisas sozinhas. Se trabalham em grupo, principalmente no quadrante E, formam um sindicato em lugar de uma equipe.

Muitos investidores tentam atualmente investir individualmente. Conheço casos e leio sobre os milhares de pessoas que negociam com ações por meio da internet. Este é um exemplo típico de pessoa que tenta negociar individualmente com equipes bem organizadas. É por isso que poucos são bem-sucedidos e tantos perdem dinheiro. Aprendi que quando se trata de investir, é preciso fazê-lo como membro de uma equipe. O pai rico gostava de dizer: "Se as pessoas querem ser investidoras sofisticadas ou mais do que isso, elas precisam investir como equipe." Na equipe do pai rico estavam seus contadores, advogados, corretores, assessores financeiros, corretores de seguros e gerentes de banco. Emprego o plural porque ele sempre tinha mais de um assessor. Quando tomava uma decisão, ela estava alicerçada no parecer da equipe. Hoje em dia, faço a mesma coisa.

Antes de um Grande Barco, um Bom Time

Vejo atualmente na televisão comerciais em que um casal navega por águas tropicais em seu grande iate. O anúncio parece querer atrair todos os que tentam enriquecer sozinhos. Sempre que vejo esses comerciais, penso no pai rico me dizendo: "A maior parte dos pequenos empresários sonha em possuir algum dia um iate ou um avião. É por isso que nunca os terão. Quando comecei meus negócios, sonhava em ter minha própria equipe de contadores e advogados, não um barco."

Meu pai rico queria que eu procurasse ter uma equipe de contadores e advogados trabalhando para mim — antes de pensar no iate. Para reforçar essa ideia, ele me fez procurar um contador para fazer minha simples declaração de rendimentos. Quando sentei com Ron, o contador, a primeira coisa que observei foi a pilha de pastas que estavam sobre a sua mesa. Imediatamente, entendi a lição do pai rico. Esse contador estava tratando, apenas naquele dia, de outras trinta empresas. Como é que poderia dar atenção ao meu negócio?

Quando, de tarde, voltei ao escritório do pai rico, vi algo que nunca observara antes. Enquanto esperava na recepção que sua secretária pessoal me fizesse entrar, vi uma equipe inteira de pessoas trabalhando apenas nos negócios do pai rico. Havia cerca de catorze guarda-livros trabalhando. E também havia contadores trabalhando em tempo integral e um diretor financeiro. Ele também tinha dois advogados que trabalhavam em tempo integral em seu escritório. Quando sentei à frente do meu pai rico, tudo o que eu disse foi: "Eles só estão cuidando dos negócios do senhor."

Meu pai rico assentiu com a cabeça. "Como já lhe disse, a maioria das pessoas trabalha arduamente e sonha em sair por aí em seu iate. Meu primeiro sonho foi ter uma equipe de contadores e advogados trabalhando em tempo integral. É por isso que agora tenho um belo iate e tempo livre. É uma questão de prioridades."

Como uma Equipe Pode Beneficiá-Lo?

Uma pergunta comum nos seminários que faço é: "Como é que o senhor consegue pagar essa equipe?" Quem faz a pergunta é, em geral, alguém que está nos

Capítulo 31

quadrantes E ou A. Repito, a diferença remonta às diferentes normas que regem os vários quadrantes.

Por exemplo, quando uma pessoa que está no quadrante E paga serviços profissionais, a transação é semelhante a isto:

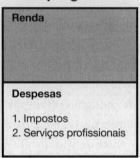

Proprietários de negócios pagam suas despesas corporativas antes de pagar impostos. Isso significa que eles têm mais dinheiro para pagar a sua equipe, e têm menos renda líquida sobrando para o governo reverter em impostos. A transação é assim:

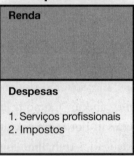

Há também diferenças entre o empresário do quadrante A e o do quadrante D. O empresário do quadrante D não hesita em pagar por esses serviços porque o sistema de negócios, todo o triângulo D–I, está pagando por eles. Já o empresário do quadrante A muitas vezes paga por esses serviços com o próprio sangue e suor, de modo que a maioria deles não pode se permitir contratar uma equipe em tempo integral, porque com frequência não ganha nem o que precisa para si mesma.

A Melhor Formação

Minha resposta é a mesma quando me fazem as seguintes perguntas:

- "Como é que o senhor aprendeu tanto sobre negócios e investimentos?"
- "Como é que o senhor aufere retornos tão altos com tão pouco risco?"
- "O que lhe dá confiança para investir naquilo que outros consideram arriscado?"
- "Como é que o senhor encontra os melhores negócios?"

A resposta é "minha equipe". Minha equipe é formada por contadores, advogados, gerentes de banco, corretores etc.

Quando as pessoas falam que "criar uma empresa é arriscado", elas muitas vezes estão pensando em fazê-lo sozinhas, um hábito que adquiriram na escola. Em minha opinião, não montar uma empresa é arriscado. Ao não montar uma empresa, a pessoa deixa de adquirir uma experiência sem preço do mundo real, e deixa de obter a melhor formação do mundo, aquela proporcionada pela equipe de assessores. Meu pai rico dizia: "As pessoas que querem segurança perdem a oportunidade de obter a melhor formação do mundo e desperdiçam um tempo valioso." E acrescentava: "O tempo é o nosso ativo mais valioso, especialmente quando envelhecemos."

Como alguém um dia lamentou: "As coisas mais inesperadas nos acontecem na velhice."

Tetraedros e Equipes

Muitas vezes me perguntam: "Qual é a diferença entre uma empresa do quadrante D e outra do quadrante A?" Minha resposta é "a equipe".

A maioria das empresas do quadrante A está estruturada como empresas individuais ou como sociedades. Elas poderiam ser equipes, mas não do tipo de equipe em que estou pensando. Da mesma forma que as pessoas do quadrante E muitas vezes se congregam em um sindicato, as do quadrante A organizam sociedades. Quando penso em uma equipe, penso em diferentes tipos de pessoa, com diferentes habilidades que se reúnem para trabalhar juntas. Em um sindicato ou em uma sociedade, como, por exemplo, um sindicato de professores ou um escritório de advocacia, em geral encontramos o mesmo tipo de pessoas e de profissionais.

Capítulo 31

Um de meus grandes mestres foi o dr. R. Buckminster Fuller. Há muitos anos ele se propôs a achar os "blocos de construção do universo". Em sua pesquisa, descobriu que na natureza não existem quadrados ou cubos. Ele dizia que "os tetraedros são os elementos básicos da natureza".

Quando olho para as grandes pirâmides do Egito, entendo um pouco mais o que Fuller queria dizer. Enquanto altos arranha-céus vêm e vão, aquelas pirâmides resistiram ao teste dos séculos. Enquanto um arranha-céu pode ser destruído por algumas bananas de dinamite bem localizadas, as pirâmides não se abalariam.

O dr. Fuller procurava a estrutura estável do universo, e a encontrou no tetraedro.

Os Diferentes Modelos

A seguir, apresentamos uma representação gráfica das diferentes estruturas empresariais.

1. Esta é uma empresa de propriedade individual:

2. Esta é uma sociedade:

3. Esta é uma empresa do quadrante D, um time:

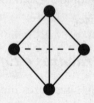

O prefixo "tetra" quer dizer quatro. Em outras palavras, há quatro pontos. Depois de estudar com o dr. Fuller, comecei a entender a importância das estruturas com um mínimo de quatro elementos. Por exemplo, verificamos que o quadrante CASHFLOW tem quatro partes.

O Guia de Investimentos

Portanto, uma estrutura empresarial estável seria semelhante ao seguinte diagrama:

Uma empresa bem administrada terá funcionários excelentes. Neste caso, diria que o E representa "excelente" e "essencial", porque os funcionários são os responsáveis pelas atividades do dia a dia da empresa. O E também representa "extensão" porque os funcionários são uma extensão do dono da empresa e a representam perante os clientes.

Os especialistas provêm em geral do quadrante A. Cada um dos especialistas o orientará alicerçado em seus conhecimentos profissionais. Embora os especialistas possam não participar do dia a dia, eles são fundamentais para levar sua empresa para o rumo certo.

A estrutura tem melhores chances de ser estável e duradoura se os quatro pontos trabalharem alinhados. Embora os investidores proporcionem os recursos financeiros, os donos da empresa devem trabalhar com os especialistas e funcionários para desenvolver a empresa e fazê-la crescer de modo que proporcione retornos sobre o investimento original.

Outra relação interessante que descobri no tetraedro é aquela com os quatro elementos que formam o mundo em que vivemos, e que os antigos acreditavam ser terra, ar, fogo e chuva (água). Para que uma empresa individual ou uma sociedade seja bem-sucedida, a pessoa precisaria ser todos os quatro — investidores, donos de negócio, empregados e especialistas —, o que é difícil.

287

Capítulo 31

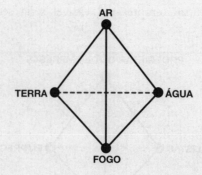

Embora na maioria de nós se encontre os quatro elementos, cada um de nós tende a ter o predomínio de um deles. Eu, por exemplo, sou fogo, nasci sob o signo de Áries e sou regido por Marte. Isso quer dizer que tenho tendência a começar as coisas, mas não completá-las. Com um tetraedro tenho mais facilidade de alcançar o sucesso do que se fizesse tudo só. Minha esposa, Kim, por outro lado, é terra. Nosso casamento é bom porque ela me prende à terra e acalma as pessoas que estão à minha volta. Ela diz muitas vezes: "Falar com você é como falar com um maçarico." Sem ela, eu explodiria e perturbaria os que trabalham comigo. Conforme a empresa crescia, as pessoas iam e vinham, até que finalmente se formou a equipe certa. Uma vez estabilizado o modelo, a empresa começou a florescer, crescendo rapidamente com estabilidade.

Não estou dizendo que esta é a única fórmula para o sucesso de uma empresa. Contudo, é suficiente olhar as pirâmides do Egito para que um sentimento de força, estabilidade e duração venha à mente.

Apenas Dois Elementos

Muitas vezes, digo brincando que quando se juntam apenas dois elementos, como em uma sociedade, se geram fenômenos estranhos. Por exemplo:

- Ar e Água = Bolha
- Ar e Terra = Poeira
- Água e Terra = Lama
- Terra e Fogo = Lava ou cinzas
- Fogo e Água = Vapor
- Fogo e Ar = Chama

Uma Equipe Tem Níveis Diferentes

Uma das primeiras coisas que procuro, como investidor, é a equipe que está por trás da empresa. Se a equipe é fraca ou lhe falta experiência e histórico, raramente invisto. Encontro muitas pessoas que estão tentando levantar dinheiro para um novo produto ou empresa. O maior problema da maioria delas é que lhes falta experiência e que não há por trás delas uma equipe que inspire confiança.

Muitas pessoas desejam que eu invista em seu plano de negócios. Uma das coisas que a maioria afirma é: "Logo que a empresa estiver funcionando, pretendo abrir seu capital." Essa afirmação sempre me intriga, de modo que pergunto o que qualquer pessoa perguntaria: "Quem, na sua empresa, tem experiência de abertura de capital e de quantas empresas já abriu o capital?" Se a resposta a essa pergunta for tímida, sei que estou ouvindo conversa-fiada e não um plano de negócios.

Outra coisa que observo em um plano de negócios é o item chamado "salários". Se os salários forem altos, sei que se trata de pessoas que querem levantar capital para se pagarem altos salários. Pergunto, então, se estão dispostos a trabalhar de graça ou a reduzir seus salários pela metade. Se a resposta não for convincente, ou for um não categórico, sei qual é a verdadeira missão da empresa. É provavelmente a de proporcionar bons salários.

Investidores aplicam em gestão. Eles observam a equipe à frente do negócio e querem ver experiência, paixão e compromisso. Para mim, é difícil acreditar que haja grande compromisso em pessoas que tentam levantar dinheiro para pagar os próprios salários.

Uma Palavra sobre Jogos

Os jogos são importantes porque incentivam a aprendizagem colaborativa. No mundo real, ser capaz de cooperar e ajudar tantas pessoas quanto possível, em vez de prejudicá-las, é uma habilidade humana muito importante.

Os jogos têm essa capacidade de aprendizado cooperativo porque quanto mais ensinamos, mais aprendemos. Muito da vida dos nossos filhos já é gasto em isolamento. Eles passam horas sozinhos na frente de um computador, assistindo à TV, e fazendo testes. Então nos perguntamos por que tantas crianças são antissociais. Para ter sucesso, todos nós precisamos aprender a nos relacionar com muitos tipos diferen-

Capítulo 31

tes de pessoas. Por esta razão, jogos como o *CASHFLOW*®[1] são fundamentais, porque exigem um trabalho de equipe. Precisamos aprender a operar como indivíduos e membros de um time — e podemos sempre melhorar essas habilidades.

O Dinheiro Segue a Gestão

Eu costumo falar que "o dinheiro segue a gestão" no mundo capitalista. Para alcançar o sucesso, uma empresa precisa ter as qualificações necessárias nas áreas-chave.

Quando não se tem o dinheiro para contratar o talento necessário, é possível atraí-lo convidando-o para o comitê de assessoria sob a promessa de que quando o capital suficiente for levantado essas pessoas passarão a fazer parte da empresa. As chances de sucesso são muito maiores se sua equipe de gestão tiver um histórico de sucessos no ramo de atividades em que a empresa se propõe a atuar.

A equipe também incluirá os assessores externos. É fundamental contar com a orientação de contadores, assessores tributários, financeiros e jurídicos. Se sua empresa atua no ramo de imóveis, os corretores são parte importante da equipe. Embora esses assessores possam ser "caros", sua orientação lhe proporcionará substanciais retornos ao contribuir para a estruturação de um negócio forte que evita as armadilhas que surgem no caminho.

Liderança

E isto leva à outra parte do triângulo D–I — a liderança —, porque toda equipe precisa de um líder.

---
[1] A Editora Alta Books não se responsabiliza pela circulação e conteúdo de jogos indicados pelo autor deste livro. (N. E.)

O Guia de Investimentos

Uma das razões porque preferi uma academia militar federal em vez de uma faculdade comum foi a noção do pai rico de que eu precisava desenvolver habilidades de liderança se desejasse me tornar um empreendedor. Depois de formado, fui para os Fuzileiros Navais e me tornei piloto para testar minhas habilidades no mundo real, em um lugar chamado Vietnã.

Ainda lembro que o oficial que comandava meu esquadrão dizia: "Senhores, a tarefa mais importante que têm pela frente é pedir a sua tropa que arrisque sua vida pelos senhores, pela equipe e pela nação." E continuava: "Se os senhores não os inspirarem a fazer isso, eles provavelmente atirarão nos senhores pelas costas. As tropas não seguem um líder que não lidera." O mesmo se aplica aos negócios de hoje e sempre. Há mais empresas que fracassam por motivos internos do que externos.

No Vietnã, aprendi que uma das mais importantes qualidades de um líder é a confiança. Como piloto de helicóptero com uma tripulação de quatro pessoas, eu precisava confiar minha vida à minha equipe e eles as suas a mim. Se essa confiança fosse quebrada, eu sabia que provavelmente não voltaria vivo. O pai rico dizia: "A tarefa de um líder não é ser a melhor pessoa, mas extrair o melhor das pessoas." E dizia também: "Se você for a pessoa mais esperta de sua equipe de negócios, sua empresa está com problemas."

Quando as pessoas perguntam como adquirir habilidades de liderança, sempre digo o mesmo: "Apresente-se como voluntário." Na maioria das organizações é difícil encontrar pessoas realmente dispostas a liderar. A maioria das pessoas se esconde pelos cantos esperando que ninguém se lembre delas. Portanto, eu digo: "Na igreja, proponha-se a liderar projetos. No trabalho, candidate-se a liderar projetos." Claro que isto não o tornará necessariamente um grande líder, mas se você aceitar o feedback e se corrigir, poderá vir a sê-lo.

Apresentando-se como voluntário, você pode obter um feedback em relação às suas qualidades de liderança na vida real. Se você se candidatar para a liderança e ninguém o seguir, você terá que aprender algumas coisas na vida real e corrigir outras. Nesse caso, peça feedback e apoio para se corrigir. Fazê-lo é um dos grandes traços do líder. Vejo muitas empresas que têm dificuldades ou que fracassam porque seu líder não aceita feedback de seus pares ou dos trabalhadores da empresa. O comandante de meu esquadrão nos Fuzileiros Navais dizia muitas vezes: "Os verdadeiros líderes não nascem assim. Os verdadeiros líderes querem liderar e estão dispostos a aprender, e, para tanto, é preciso aceitar o feedback crítico."

Capítulo 31

Um verdadeiro líder também sabe ouvir os outros. Já disse antes que não sou um bom homem de negócios ou um bom investidor, sou razoável. Estou apoiado nos meus assessores e em minha equipe, que me ajudam a ser um líder melhor.

Visionário, Líder de Torcida e Capataz

O líder é um visionário, um chefe de torcida e um capataz.

Como visionário, o líder deve se manter focado na missão da empresa. Como chefe de torcida, deve inspirar a equipe enquanto esta procura cumprir sua missão e anunciar os sucessos obtidos. Como capataz, o líder deve ser capaz de tomar as decisões duras em relação às questões que desviam a equipe da sua missão. Essa capacidade singular de empreender ações decisivas sem perder o foco da missão é o que define o verdadeiro líder.

Com missão, equipe e líder certos, você estará a caminho de criar um negócio sólido no quadrante D. Como disse anteriormente, o dinheiro segue a gestão. É neste ponto que se pode começar a atrair o dinheiro de investidores externos. São necessários cinco elementos para desenvolver uma empresa forte: fluxo de caixa, comunicação, sistemas, aparato jurídico e produtos. Cada um deles será tratado separadamente nos capítulos seguintes.

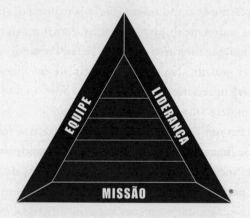

Capítulo 32
GESTÃO DO FLUXO DE CAIXA

Meu pai rico costumava dizer: "A gestão do fluxo de caixa é uma habilidade fundamental e essencial para quem deseja ter sucesso nos quadrantes D e I." É por isso que ele insistia em que Mike e eu lêssemos demonstrações financeiras de outras empresas visando a aprender melhor a gestão do fluxo de caixa. De fato, ele passou boa parte do tempo tentando nos tonar financeiramente proficientes. Em suas palavras: "A proficiência financeira lhe permite entender os números, e os números contam a história da empresa, alicerçada em fatos."

Se você perguntar à maioria dos banqueiros, contadores, ou outras pessoas ligadas ao mundo das finanças, eles confirmarão o fato de que muita gente tem dificuldades financeiras simplesmente por falta de conhecimentos financeiros mínimos. Tenho um amigo, um respeitado contador na Austrália. Um dia ele me disse: "É impressionante ver uma empresa afundar apenas porque seus proprietários são im-

Capítulo 32

proficientes financeiros." E continuou: "Muitos pequenos empresários fracassam porque não sabem distinguir lucro de fluxo de caixa. Em consequência, muitas empresas lucrativas quebram."

Meu pai rico martelava em meus ouvidos a importância da gestão do fluxo de caixa. Ele dizia: "Para alcançar o sucesso, os empresários precisam entender que há dois tipos de fluxo de caixa. Há o fluxo de caixa concreto e há o fluxo de caixa fantasma. É a consciência desses dois fluxos de caixa que o torna rico ou pobre."

Uma das habilidades que os jogos *CASHFLOW*®[1] ensinam é como reconhecer as diferenças entre os dois tipos de fluxo de caixa. Jogá-los repetidamente ajuda muitas pessoas a começar a sentir as diferenças. É por isso que o mote do jogo é: "Quanto mais você joga este jogo, mais rico se torna." Você fica mais rico porque sua mente começa a sentir o fluxo de dinheiro fantasma, muitas vezes invisível.

Meu pai rico também gostava de dizer: "A habilidade em conduzir uma empresa por meio de demonstrações financeiras é uma das principais diferenças entre o pequeno e o grande empresário."

Dicas do Fluxo de Caixa

O fluxo de caixa está para a empresa assim como o sangue está para o corpo humano. Nada tem maior impacto sobre uma empresa do que a incapacidade de pagar os salários dos funcionários no fim do mês. A gestão adequada do fluxo de caixa começa no primeiro dia da existência da empresa. Quando Kim e eu fundamos a *Rich Dad*, concordamos que nenhuma compra seria feita sem que fosse justificada por um aumento nas vendas. De fato, às vezes damos risadas ao nos lembrar de nossa estratégia para aumentar as vendas de livros, no início de 1998, de modo a poder comprar uma copiadora de US$300. A estratégia funcionou, e em dezembro daquele ano já podíamos substituir a velha máquina de US$300 por outra de US$3 mil. É essa atenção aos detalhes, nas primeiras fases da atividade, que dará o tom do sucesso.

Um bom gestor de fluxo de caixa examina sua posição diariamente, olhando todas as suas fontes de receita e as necessidades de dinheiro para a próxima semana, mês e trimestre. Isso lhe permite planejar qualquer necessidade de maiores recursos

---

[1] A Editora Alta Books não se responsabiliza pela circulação e conteúdo de jogos indicados pelo autor deste livro. (N. E.)

antes que se configure uma crise de caixa. Esse tipo de exame é imprescindível para uma empresa que cresce rapidamente.

Listei algumas dicas que podem ajudá-lo a estruturar sua empresa em termos de gestão do fluxo de caixa. Cada um desses passos se aplica tanto a uma empresa internacional quanto a um único imóvel para aluguel ou a uma barraquinha de cachorro-quente.

Fase de atividades iniciais da empresa

- Adie o pagamento de um salário para si mesmo até que a empresa gere receita de vendas. Em alguns casos isso não será possível em razão de um longo período de desenvolvimento. Contudo, seus investidores lhe darão mais apoio se virem que você está participando desse processo de desenvolvimento, "investindo seu tempo".
- Nós recomendamos que você continue em seu emprego de tempo integral e comece a empresa como uma atividade de tempo parcial. Ao adiar o recebimento de um salário, você poderá reinvestir a receita gerada pelas vendas para expandir sua empresa.

Vendas e contas a receber

- Emita a fatura para o cliente logo após a entrega do produto ou a prestação do serviço.
- Exija pagamento à vista até que tenha analisado o crédito do seu cliente. Ordene que as solicitações de financiamento sejam preenchidas de modo adequado e confira as referências.
- Estabeleça uma quantia mínima para os pedidos antes de conceder crédito aos seus clientes.
- Determine multas por atrasos nos pagamentos — e as aplique.
- Enquanto sua empresa cresce, para acelerar a entrada de caixa, talvez seja conveniente que você peça aos clientes para pagar suas contas diretamente no seu banco.

Capítulo 32

Despesas e contas a pagar

- Muitos empresários esquecem que uma parte essencial da gestão do seu fluxo de caixa é o pagamento de suas contas. Pague suas contas no prazo. Peça vencimentos para o faturamento de suas compras. Depois de ter pagado suas contas pontualmente durante dois ou três meses, peça um prazo maior para o faturamento. Um fornecedor concede em geral de trinta a noventa dias para os bons clientes.

- Mantenha seus custos fixos os menores possíveis. Antes de adquirir algo novo, proponha uma meta de aumento das vendas para justificar a despesa. Sempre que possível, reserve os fundos de seus investidores para as despesas operacionais da atividade e não para as despesas gerais. Quando suas vendas aumentarem, você pode aplicar o fluxo de caixa gerado para a aquisição de equipamentos — mas só depois de ter determinado e alcançado metas de vendas mais elevadas.

Gestão geral do fluxo de caixa

- Tenha um plano de investimento para seu dinheiro em caixa de modo a aumentar seu potencial de ganhos.
- Consiga em seu banco uma linha de crédito, antes de necessitar dela.
- Para garantir que você possa agir rapidamente em caso de necessitar de um empréstimo bancário, fique de olho no quociente de ativos/passivos (um mínimo de 2:1 é conveniente) e no quociente de ativos circulantes/passivos circulantes (mais de 1:1).
- Estabeleça bons controles sobre o dinheiro da empresa.
  - A pessoa que controla os depósitos bancários deve ser diferente daquela que registra as contas a receber e o livro de caixa geral.
  - Os cheques devem ser cruzados imediatamente.
  - As pessoas autorizadas a assinar cheques não devem ser as mesmas que registram os desembolsos e cuidam do livro caixa.
  - A pessoa que faz a conciliação das contas bancárias não deve ter funções ligadas ao recebimento ou desembolso de dinheiro vivo. (Nosso contador externo cuida disso.)

Embora possa parecer muito complicado, cada passo da gestão do caixa é importante. Recorra a seu contador, a seu gerente de banco e a seu assessor financeiro pessoal para procurar orientação na estruturação do seu sistema de gestão de caixa. Uma vez estabelecido esse sistema, a contínua supervisão é essencial. Examine sua posição de caixa e suas necessidades de recursos todos os dias, e prepare-se com antecedência caso se façam necessários novos aportes para a expansão do negócio. Muitas pessoas descuidam da gestão do caixa quando o negócio começa a ter sucesso. E isso é a causa da maioria dos fracassos. A gestão adequada de caixa (e, por consequência, das despesas) é fundamental para o continuado sucesso da empresa.

Para os que pensam em franquias ou na organização do marketing de rede, boa parte do sistema de gestão de caixa já estará preparado. Em uma franquia ainda será necessário implementá-lo e acompanhá-lo. As organizações de marketing de rede muitas vezes fazem o acompanhamento da gestão de caixa por você. Nesses casos, o escritório da empresa se encarrega de sua contabilidade e lhe envia periodicamente relatórios. De qualquer modo, é importante que você tenha seus próprios assessores para estruturar sua gestão pessoal de caixa.

Capítulo 33
GESTÃO DA COMUNICAÇÃO

Meu pai rico costumava falar: "Quanto melhor você se comunicar, e com quantas mais pessoas o fizer, melhor será o seu fluxo de caixa." É por isso que a gestão do fluxo de caixa é o nível seguinte no triângulo D–I.

Segundo o pai rico: "Para se comunicar bem, é preciso ter um bom entendimento da psicologia humana. Nunca se sabe o que motiva as pessoas. O fato de que algo o empolga não quer dizer que entusiasma os outros. Para se comunicar bem, você precisa saber que botões apertar. Pessoas diferentes têm botões diferentes." Ele também dizia: "Muitas pessoas falam, mas poucas ouvem." E, ainda: "O mundo está cheio de produtos fabulosos, mas o dinheiro vai para os melhores comunicadores."

Fico sempre espantado ao ver como os homens de negócios destinam pouco tempo para melhorar suas habilidades gerais de comunicação. Quando sofri minhas primeiras frustrações ao vender de porta em porta os produtos da Xerox, em 1974,

Capítulo 33

tudo o que o pai rico disse foi: "Pessoas pobres são maus comunicadores." Repito essa afirmação negativa com a intenção de incentivar maior estudo e prática dessa interessante matéria.

Meu pai rico também disse: "O dinheiro flui para sua empresa à medida que a comunicação fluir dela." Quando vejo uma empresa em dificuldades, trata-se muitas vezes de má comunicação feita por ela, ou de falta de comunicação, ou das duas coisas. Em geral, verifico que há um ciclo de seis semanas entre comunicação e entrada de dinheiro. Pare de se comunicar hoje, e em seis semanas sentirá o impacto em suas receitas.

Contudo, as comunicações externas não são as únicas. A comunicação interna também é vital. Ao examinar as demonstrações financeiras de uma empresa, pode-se facilmente ver quais as áreas que se comunicam e quais não.

Uma empresa de capital aberto tem problemas de comunicação ainda maiores. É como se fossem duas empresas em uma: para o público e outra para os acionistas. As comunicações com esses dois grupos são de importância vital. Quando ouço pessoas dizerem que preferiam não ter aberto o capital da empresa, em geral querem dizer que estão tendo problemas de comunicação com os acionistas.

Como norma de ordem geral, o pai rico participava anualmente de um seminário sobre comunicação. Observei que logo depois de participar do seminário, minha receita aumentou.

Ao longo dos anos tenho participado de cursos sobre:

1. Vendas
2. Sistemas de marketing
3. Redação publicitária e campanhas
4. Negociação
5. Oratória
6. Mala direta
7. Condução de seminários
8. Levantamento de capitais

De todos esses tópicos, o número oito — relativo ao modo de levantar capital — é o mais interessante para os empresários em perspectiva. Quando as pessoas me perguntam como aprendi a levantar capital, digo que os itens de um a sete são importantes, pois para se levantar capital se precisa, de alguma forma, de todas essas habilidades. A maioria das empresas não decola porque o empreendedor não sabe levantar o capital, e como dizia o pai rico: "Levantar capital é a tarefa mais importante do empresário." Ele não queria dizer que os empresários estivessem correndo o tempo todo atrás de investidores. O que ele queria ressaltar é que um empreendedor está sempre garantindo a entrada de capital, seja por meio de vendas, de marketing direto, de vendas privadas, de vendas institucionais, de investidores etc. O pai rico dizia: "Até que o sistema de negócios esteja consolidado, o empreendedor é o sistema que assegura a entrada de capital. No início do negócio, assegurar a entrada de dinheiro é a tarefa mais importante do empreendedor."

Outro dia, um jovem me perguntou: "Quero montar minha empresa. O que o senhor aconselha que eu faça primeiro?" Retruquei com minha observação habitual: "Arrume emprego em uma empresa que lhe ofereça treinamento em vendas." Ele respondeu: "Odeio vendas. Não gosto de vender nem de vendedores. Eu só quero ser o presidente e contratar pessoal." Quando ouvi isso, dei-lhe um aperto de mão e desejei boa sorte. Uma das valiosas lições que o pai rico me deu foi: "Não discuta com pessoas que pedem conselhos, mas não querem ouvir o que você tem a lhes dizer. Termine logo a conversa e cuide de seus assuntos."

Conseguir se comunicar efetivamente com o maior número de pessoas possível é uma habilidade muito importante na vida. E vale uma atualização anual, o que faço participando de seminários. Como o pai rico já tinha me dito: "Se você deseja situar-se no quadrante D, a primeira coisa é saber se comunicar e falar a linguagem dos outros três quadrantes. As pessoas dos demais quadrantes se safam falando apenas a linguagem do seu quadrante, mas isso não é possível para quem está no quadrante D. Dito simplesmente, a principal — e talvez única — tarefa de quem está no quadrante D é comunicar-se com pessoas dos demais quadrantes."

Tenho recomendado a participação em marketing de rede como forma de ganhar experiência em vendas. Algumas dessas organizações têm excelentes programas de treinamento em comunicação e vendas. Já vi pessoas tímidas e introvertidas se transformarem em comunicadores poderosos e efetivos que não têm medo da rejeição ou do ridículo. Essa espécie de insensibilidade é vital para quem está no

Capítulo 33

quadrante D, especialmente quando as próprias habilidades de comunicação ainda não foram lapidadas.

Minha Primeira Tentativa de Venda

Ainda me lembro da primeira visita de vendas em uma das ruas de Waikiki Beach. Depois de passar quase uma hora criando coragem para bater à porta, finalmente entrei na pequena loja de objetos para turistas. Seu dono era um senhor idoso que já vira muitos vendedores como eu. Depois que despejei o discurso que decorara a respeito das vantagens da copiadora Xerox, tudo o que ele fez foi soltar uma gargalhada. Então disse: "Filho, você é o pior que já vi. Mas vá em frente porque se você superar seus medos terá um futuro brilhante. Se desistir, você pode acabar como eu, sentado atrás do balcão catorze horas por dia, sete dias por semana, 365 dias por ano à espera de turistas. Fico aqui porque tenho medo de sair e fazer o que você faz. Supere seus medos e o mundo se abrirá diante de você. Ceda a seu temor e o mundo se tornará menor a cada dia." Até hoje agradeço a esse sábio ancião.

Após ter começado a superar o meu medo de vender, o pai rico me fez aderir à organização dos Toastmasters para aprender a superar o meu receio de falar com grandes grupos. Ao reclamar com o pai rico, ele disse: "Todos os grandes líderes são grandes oradores. Os líderes de grandes empresas precisam ser grandes oradores. Se você deseja ser líder, precisa falar em público." Atualmente consigo falar tranquilamente diante de dezenas de milhares de pessoas em uma convenção devido a meu treinamento em vendas e a minha participação na organização dos Toastmasters.

Se o leitor pensa em iniciar seu próprio negócio no quadrante D, aconselho essas mesmas duas habilidades. Primeiro, aprenda a superar seus medos, a superar a rejeição e a comunicar o valor de seu produto ou serviço. Segundo, desenvolva sua capacidade de falar para grandes públicos e de mantê-los interessados no que você tem a dizer. Como o pai rico me disse: "Há pessoas a quem ninguém escuta, há vendedores que não vendem nada, há publicitários que não prendem a atenção de ninguém e há líderes corporativos a que ninguém segue. Se você deseja ter sucesso no quadrante D, não seja nenhum desses."

Meu primeiro livro, *Pai Rico, Pai Pobre*, teve críticas incríveis nas listas de best-sellers ao redor do mundo — incluindo o *New York Times*, o *Wall Street Journal*, o *USA TODAY*, o *Straits Times*, o *Sydney Morning Herald*, e dezenas de outros. Quando outros autores me perguntam o segredo da permanência nessas listas, respondo simplesmente com um trecho de *Pai Rico, Pai Pobre*: "Não sou um autor que escreve bem, sou um autor que vende bem." No ensino médio, levei bomba duas vezes porque era ruim de redação e não beijei nenhuma colega porque era tímido demais. Concluo com as palavras que o pai rico me disse: "As pessoas sem sucesso descobrem seus pontos fortes e passam a vida reforçando-os, ignorando muitas vezes suas fraquezas, até que um dia estas não podem mais ser ignoradas. Gente de sucesso descobre suas fraquezas e as transforma em pontos fortes."

A aparência física de uma pessoa muitas vezes comunica bem mais que suas palavras. Muitas vezes, pessoas que me procuram com um plano de negócios ou para pedir dinheiro parecem ratos amassados pelo gato. Por melhor que seja seu plano, sua aparência física é um fator limitante. Com relação à capacidade de falar em público, diz-se que a linguagem corporal representa cerca de 55% da capacidade de comunicação, o tom da voz, 35% e as palavras, 10%. O Presidente Kennedy tinha 100% disso a seu favor, o que o tornava um comunicador poderoso. Embora nem todos nós possamos ser fisicamente atraentes como ele, podemos fazer um bom esforço para nos vestir e apresentar adequadamente de modo a ressaltar nossas ideias.

Um recente programa jornalístico da televisão mostrou pessoas atraentes e outras nem tanto, todas com currículos equivalentes, candidatando-se aos mesmos empregos. Foi interessante observar que os candidatos com melhor aparência tiveram mais ofertas de emprego.

Um amigo meu que participa do conselho de administração de um banco me contou que o presidente do banco foi contratado justamente por ter aparência de presidente de banco. Quando perguntei por suas qualificações, ele disse: "A qualificação foi sua aparência. Ele parece um presidente de banco e fala como um presidente de banco deveria falar. O conselho é que dirige o negócio. Só queremos que ele atraia clientes." Uso esse exemplo sempre que alguém diz que "a aparência não importa". No mundo dos negócios, a aparência é um meio de comunicação poderoso. Repetindo um velho clichê: "Você só tem uma única chance de causar uma boa primeira impressão."

A Diferença entre Vendas e Marketing

Falando ainda de comunicações, o pai rico insistia para que Mike e eu conhecêssemos a diferença entre vendas e marketing. Ele dizia: "Muitos empresários sofrem com baixas vendas ou comunicações pobres com o pessoal e os investidores. Se uma empresa tem um marketing forte e convincente, as vendas virão facilmente. Se

Capítulo 33

o negócio tem um marketing fraco, a empresa deve gastar muito tempo e dinheiro e trabalhar muito na coleta de vendas."

Ele também dizia para Mike e eu: "Uma vez que tenha aprendido a vender, precisa aprender a fazer marketing. Um dono de empresa do quadrante A muitas vezes é bom nas vendas, mas para ser um empresário de sucesso do quadrante D é necessário ser bom tanto em marketing quanto em vendas."

E então traçou o diagrama a seguir:

E continuou: "Vendas é o que você faz pessoalmente, frente a frente. O marketing é feito por meio de um sistema." A maioria dos homens de negócios do quadrante A é muito boa em vendas frente a frente. Para poder fazer a transição para o quadrante D, eles precisam aprender a vender por meio de um sistema que é chamado de marketing.

Em conclusão, a comunicação é um aspecto que merece estudo pela vida afora, porque é muito mais do que falar, escrever, vestir ou se apresentar. Como me disse o pai rico: "Só porque você fala, não quer dizer que alguém escute." Quando as pessoas perguntam como conseguir uma boa base em comunicação, eu as incentivo a começar pelas habilidades básicas da venda frente a frente e a de falar para um grupo. Também digo que é necessário observar cuidadosamente os resultados e prestar atenção ao feedback. Enquanto passamos pelo processo de nos transformar em bons comunicadores com essas duas habilidades, veremos que as habilidades de comunicação do dia a dia melhoram também. Quando todas três tiverem melhorado, o resultado será um aumento de nosso fluxo de caixa.

Marketing e Vendas

Uma boa impressão inicial é fundamental. Seus esforços de marketing e vendas serão muitas vezes a primeira impressão de sua empresa perante os clientes. Sempre que falar, sua paixão pelo negócio e sua aparência terão impacto duradouro em seu público. Qualquer material divulgado ou impresso que vier a produzir ou distribuir também será importante. É uma representação pública do seu negócio.

Marketing é venda por meio de um sistema. Assegure-se sempre de conhecer seu público e de ter uma ferramenta de marketing adequada a ele. Em todo programa de vendas ou de marketing inclua esses três elementos fundamentais:

- Identifique uma necessidade
- Forneça uma solução
- Responda à pergunta do seu cliente: "O que eu ganho com isso?" com uma oferta especial; também é útil criar um sentido de urgência para a resposta dos clientes.

Comunicação Externa e Interna

A maior parte da comunicação se destina ao público externo, mas a comunicação interna da empresa também é de vital importância. Alguns exemplos de cada uma delas são:

Comunicação externa

- Vendas
- Marketing
- Atendimento ao consumidor
- Relacionamento com os investidores
- Relações públicas

Comunicação interna

- Informar a toda a equipe os sucessos e ganhos
- Marcar reuniões regulares com os funcionários

Capítulo 33

- Manter a comunicação constante com os investidores
- Ter uma boa política de recursos humanos

Uma das formas mais poderosas de comunicação, e que afeta toda a empresa, é aquela sobre a qual temos pouco controle: a que se dá entre clientes existentes e potenciais. Na *Rich Dad*, atribuímos grande parte de nosso sucesso ao que nossos clientes falam de nós para outras pessoas. O poder dessa publicidade de boca é incomensurável. Ele pode levar uma empresa ao sucesso ou ao fracasso em pouquíssimo tempo. Por essa razão, o atendimento aos clientes é uma função de comunicação vital para qualquer empresa.

Quando se entra em uma franquia ou em uma organização de marketing de rede, os sistemas de comunicação são frequentemente predeterminados. Além disso, seus materiais de comunicação já foram comprovados pelo sucesso de outros franqueados ou membros da organização. Portanto, há uma grande vantagem inicial em relação a pessoas que estão tentando desenvolver seus próprios materiais. Essas pessoas não sabem se seu material terá sucesso até usá-los e avaliar os resultados.

Como Robert disse, a oratória é uma habilidade vital para um negócio de sucesso. O desenvolvimento pessoal e os programas de orientação oferecidos por franquias e organizações de marketing de rede são preciosas oportunidades de crescimento pessoal.

Capítulo 34
GESTÃO DE SISTEMAS

O corpo humano é um sistema de sistemas. O mesmo acontece com as empresas. O corpo humano é constituído por um sistema circulatório, um sistema respiratório, um sistema digestivo etc. Se um desses sistemas parar, é muito provável que todo o corpo venha a ser prejudicado. O mesmo vale para as empresas.

Uma empresa é um sistema complexo de sistemas inter-relacionados. De fato, cada item listado no triângulo D–I é um sistema separado que se relaciona com toda a empresa representada pelo triângulo. É difícil separar os sistemas, porque eles são interdependentes; assim como é também difícil dizer que um é mais importante do que o outro.

Para que uma empresa cresça, as pessoas devem ser responsáveis por cada um dos sistemas e um diretor-geral deve estar encarregado de assegurar que todos os sistemas operem em sua capacidade máxima.

Capítulo 34

Quando examino demonstrações financeiras, sou como um piloto sentado na cabine de comando do avião que verifica os indicadores de todos os sistemas em operação. Se um dos sistemas começa a funcionar mal, é preciso implementar processos de emergência. Muitas pequenas empresas em estágio inicial ou empresas do quadrante A fracassam porque o operador do sistema precisa monitorar e cuidar de demasiados sistemas. Quando um desses falha, como quando seca o fluxo de caixa, todos os demais começam a falhar simultaneamente. É como quando alguém fica resfriado e não se cuida. Logo se instala uma pneumonia e se esta não for tratada, o sistema imunológico da pessoa entra em colapso.

Acredito que os imóveis são um ótimo investimento para os iniciantes porque o investidor mediano aprende a mexer com todos os sistemas. O negócio — o sistema pelo qual o inquilino paga o aluguel — é um prédio em um terreno. O imóvel é bastante estável e inerte, de modo que dá mais tempo ao novo homem de negócios para corrigir as coisas quando algo começa a funcionar errado. Aprender a administrar imóveis por um ano ou dois ensina excelentes habilidades de gestão. Quando as pessoas me perguntam onde encontrar os melhores investimentos imobiliários, respondo: "Descubra um mau administrador de negócios e você encontrará uma pechincha em termos de imóvel." Mas nunca compre um imóvel apenas por se tratar de uma pechincha. Algumas pechinchas são pesadelos bem disfarçados.

Os bancos gostam de emprestar dinheiro com garantias imobiliárias porque de modo geral se tratam de um sistema estável que mantém seu valor. Muitas vezes é difícil financiar outros negócios porque podem não ser considerados sistemas estáveis. Muitas vezes, ouvi o seguinte: "O banco só empresta dinheiro quando não precisamos dele." Eu entendo de modo diferente. O banco sempre empresta quando se tem um sistema estável que tenha valor e que permita demonstrar que haverá dinheiro para amortizar o empréstimo.

Um bom homem de negócios pode gerir múltiplos sistemas efetivamente sem se tornar parte dele. Um verdadeiro sistema de negócios se parece com um carro. O carro não depende apenas da pessoa que dirige. O mesmo se aplica às empresas do quadrante D, mas não necessariamente às do quadrante A. Na maioria dos casos, a pessoa que está no quadrante A é o sistema.

Certo dia, estava pensando em criar uma pequena loja especializada em moedas raras para colecionadores, e o pai rico me disse: "Lembre-se sempre de que o quadrante D sempre obtém mais dinheiro dos investidores porque estes investem em bons sistemas e em pessoas que podem criá-los. Os investidores não gostam de investir em um negócio em que o sistema volta para casa de noite."

Toda empresa, grande ou pequena, precisa contar com sistemas que lhe permitam conduzir suas atividades no dia a dia. Mesmo em uma empresa individual, o seu dono precisa exercer diferentes funções em seu negócio. Em essência, a empresa individual são todos os sistemas em um.

Quanto melhor o sistema, menos dependeremos dos outros. Veja o sistema do McDonald's: "É igual em qualquer parte do mundo — e é conduzido por adolescentes." Isso é possível porque existe um sistema excelente. O McDonald's depende de sistemas, não de pessoas.

O Papel de um CEO

A tarefa de um CEO é supervisionar todos os sistemas e identificar pontos fracos antes que estes se transformem em falhas. Isso pode ocorrer de formas muito diferentes, mas é extremamente desconcertante quando a empresa está crescendo rapidamente. As vendas crescem, o produto ou serviço está obtendo atenção na mídia, e de repente a empresa não entrega. Por quê? Em geral, é porque os sistemas implodiram pelo aumento da demanda. Não há linhas telefônicas suficientes, ou atendentes; falta capacidade de produção ou tempo para atender à demanda ou não há dinheiro para fabricar o produto ou contratar mais funcionários. Qualquer que seja a razão, foi perdida a oportunidade de levar a empresa para o próximo degrau do sucesso em decorrência de uma falha em algum dos seus sistemas.

A cada novo patamar de crescimento, o CEO precisa começar a planejar os sistemas necessários para apoiar o próximo patamar de crescimento, de linhas telefônicas a linhas de crédito para a produção. Os sistemas impulsionam tanto a gestão do fluxo de caixa quanto a comunicação. À medida que os sistemas melhoram, menos esforço será exigido do CEO e dos funcionários. Sem sistemas de operação bem planejados e bem-sucedidos, sua empresa terá um trabalho intensivo. Com bons sistemas de operação, você obterá um ativo de negócios vendável.

Sistemas Típicos

Na próxima seção, apresentamos uma lista de sistemas típicos para empresas bem-sucedidas. Em alguns casos, os sistemas exigidos podem ser definidos de forma diferente da apresentada aqui, mas ainda são necessários para as operações da

Capítulo 34

empresa. (Por exemplo, os "Sistemas de Desenvolvimento de Produtos" podem ser equivalentes a "Processos de Fornecimento de Serviços" em uma organização de prestação de serviços. Embora os aspectos específicos possam diferir, os elementos básicos são os mesmos. Ambos exigem que a empresa desenvolva o produto ou o serviço que oferecerá a seus clientes.)

No caso de franquias e organizações de marketing de rede, muitos desses sistemas já estão preestabelecidos. Pelo custo da franquia ou da taxa de associação à organização de marketing de rede, se receberá um manual de operações que descreve os sistemas oferecidos ao negócio. É isso o que torna esses negócios "prontos para usar" tão atraentes para muita gente.

Se desejar criar sua própria empresa, examine a lista de sistemas. Embora já esteja executando muitas dessas funções, talvez ainda não as tenha definido como sistemas separados. Quanto mais as operações puderem ser formalizadas, mais eficiente será a empresa.

Sistemas Necessários para Otimizar a Eficiência de Toda Empresa

Sistemas de Operações Gerenciais Diárias

- Atendimento telefônico e de linhas 0800
- Recebimento e abertura de correspondência
- Aquisição e manutenção dos equipamentos e suprimentos de escritório
- Envio de fax e e-mail
- Entregas/recebimento de produtos
- Arquivamento e segurança de dados

Sistemas de Desenvolvimento de Produtos

- Elaboração de produtos e proteção legal dos mesmos
- Criação de embalagens e afins (catálogos, por exemplo)
- Determinação de métodos e processos de fabricação
- Melhora dos processos de compras e dos custos de produção

Sistemas de Fabricação e Estocagem

- Seleção de fornecedores
- Determinação das garantias oferecidas ao produto ou serviço
- Definição do preço do produto ou serviço (varejo e atacado)
- Estabelecimento do processo de formação de estoques
- Recebimento e guarda dos produtos em estoque
- Conciliação do estoque físico com os registros contábeis

Sistemas de Processamento de Pedidos

- Recebimento e cadastramento de pedidos — por correio, fax, telefone ou online
- Atendimento e embalagem dos pedidos
- Envio e entrega dos pedidos

Sistemas de Faturamento e Contas a Receber

- Faturamento dos pedidos dos clientes
- Recebimento de pagamento dos pedidos (em dinheiro, cheque ou cartão de crédito)
- Início do processo de cobrança de pagamentos em atraso

Sistemas de Atendimento ao Cliente

- Processo de devolução de mercadorias e de pagamentos dos clientes
- Resposta às reclamações dos clientes
- Substituição de produtos com defeitos ou execução de outros itens de garantia

Sistemas de Contas a Pagar

- Processos de aquisição e autorizações necessárias
- Processo de pagamento de matérias-primas e suprimentos
- Dinheiro para pequenas despesas, como trocos

Capítulo 34

Sistemas de Marketing
- Elaboração do plano geral de marketing
- Planejamento e produção de material promocional
- Desenvolvimento de prospectos e afins
- Criação de um plano de publicidade
- Estabelecimento de um plano de relações públicas
- Aplicação de um plano de mala direta
- Formação e manutenção de um banco de dados
- Formação de um site
- Análise e acompanhamento das estatísticas de vendas

Sistemas de Recursos Humanos
- Processo de contratação
- Treinamento de funcionários
- Folha de pagamento e planos de benefícios

Sistemas Contábeis Gerais
- Gestão do processo de contabilidade, com relatórios diários, semanais, mensais, trimestrais e anuais
- Administração do caixa para atendimento de futuras necessidades de financiamento
- Orçamento e previsão
- Acompanhamento de encargos sociais e retenção de pagamentos

Sistemas Corporativos Gerais
- Negociação, elaboração e execução de contratos
- Desenvolvimento e proteção de propriedade intelectual

O Guia de Investimentos

- Gestão de seguros e coberturas
- Pagamento de impostos federais, estaduais e outros
- Planejamento tributário
- Gerenciamento e guarda de registros
- Manutenção das relações entre investidores e acionistas
- Atenção à segurança jurídica
- Planejamento e administração do crescimento empresarial

Sistemas de Gestão do Espaço Físico

- Manutenção e planejamento de sistemas elétricos e telefônicos
- Planejamento de alvarás e autorizações
- Licenciamentos
- Garantia da segurança física

Pode ser interessante registrar as operações em um manual de políticas e procedimentos. Ele se tornará uma referência valiosa para sua equipe. Ao elaborar o manual, será possível descobrir formas de ajustar as operações e melhorar a lucratividade. E também se estará próximo de ter uma empresa do quadrante D.

Capítulo 35
GESTÃO JURÍDICA

Este nível do triângulo D–I, o da gestão jurídica, foi uma das lições mais poderosas do meu aprendizado. O pai rico identificou uma séria falha em minha empresa. Eu deixara de garantir os direitos legais sobre os produtos de náilon e velcro que desenvolvera, antes de começar a produzi-los. Mais especificamente: eu não patenteara alguns dos meus produtos (e não o fiz porque achei que pagar US$10 mil a um advogado para cuidar disso era caro demais e não tinha tanta importância assim). Logo, outra empresa copiou minha ideia e eu não pude fazer nada.

Atualmente, sou um evangelista do outro lado. Hoje em dia, especialmente na Era da Informação, os advogados que cuidam de patentes e contratos são os assessores mais importantes, porque contribuem para a criação dos principais ativos. Esses advogados, se forem bons, protegerão suas ideias e seus contratos de bandidos intelectuais, pessoas que roubam suas ideias e, portanto, seus lucros.

Capítulo 35

O mundo dos negócios está cheio de histórias de empresários espertos com grandes ideias que começam a vender seus produtos ou ideias antes de protegê-los. No mundo da propriedade intelectual, uma vez que a ideia é exposta, é quase impossível protegê-la. Há pouco tempo, uma empresa lançou uma planilha eletrônica para pequenas empresas. Comprei esse brilhante produto para minha empresa. Alguns anos mais tarde a empresa tinha quebrado. Por quê? Porque não patenteara a ideia e outra empresa, que não mencionarei, a pegou. Hoje, a empresa que pegou a ideia é uma líder destacada do ramo do software.

Diz-se que Bill Gates se tornou o homem mais rico do mundo com apenas uma ideia. Em outras palavras, ele não enriqueceu investindo em imóveis ou em fábricas. Ele simplesmente pegou a informação, a protegeu, e se tornou o homem mais rico do mundo quando estava com cerca de trinta anos. A ironia é que ele nem mesmo criou o sistema operacional da Microsoft. Ele o comprou de outros programadores, o vendeu à IBM e o resto é história.

Aristóteles Onassis se tornou um gigante da navegação com um simples documento legal. Era um contrato com uma grande empresa industrial que lhe garantia o direito exclusivo de transportar carga para todo o mundo. Tudo o que ele tinha era esse documento. Não possuía qualquer navio. Contudo, com esse documento ele conseguiu convencer os bancos a lhe emprestar dinheiro para comprar embarcações. E onde os conseguiu? Com o governo dos Estados Unidos após a Segunda Guerra Mundial. O governo dos Estados Unidos tinha uma sobra de navios das classes Liberty e Victory, usados para transportar materiais de guerra da América para a Europa. Só havia um problema. Para comprar os navios, era preciso ser cidadão americano e Onassis era grego. Isso impediu alguma coisa? Claro que não. Por entender as leis do quadrante D, Onassis adquiriu os navios por intermédio de uma sociedade anônima dos Estados Unidos que ele controlava. Esse é o outro exemplo das leis que oscilam conforme os quadrantes.

Proteja as Suas Ideias

Meu advogado de propriedade intelectual é responsável pela obtenção de patentes e marcas comerciais em todo o mundo para a *Rich Dad*. Não importa o quanto pagamos, o valor dos retornos que ele proporcionou à empresa não tem preço; ele nos propiciou muitos ganhos e protegeu nossos direitos para que pudéssemos continuar ganhando dinheiro, e nos orientou em várias negociações delicadas.

Resumo

Muitas empresas tiveram início e sobreviveram graças a um simples pedaço de papel. Um aparato legal pode ser a semente de um negócio de âmbito mundial.

Evitando Problemas Legais

Alguns dos ativos mais valiosos que possuímos são os ativos intangíveis chamados de patentes, marcas e direitos autorais. Esses documentos legais garantem proteção específica e a posse de sua propriedade intelectual. Sem este tipo de proteção, você corre o risco de perder tudo. Uma vez protegidos os nossos direitos, não apenas os outros não podem usar a nossa propriedade, mas esses direitos também podem ser vendidos ou licenciados, proporcionando a renda dos royalties. O licenciamento de direitos a um terceiro é o perfeito exemplo de seus ativos trabalhando para você.

Contudo, as questões jurídicas podem surgir em quase todos os aspectos de uma empresa. Obter assessoria jurídica competente é muito importante não só na fase de montagem do negócio, mas como parte de sua assessoria permanente. A princípio, os honorários jurídicos podem parecer elevados. Mas quando são comparados com as despesas de litígios decorrentes da perda de direitos, verificamos que fica muito mais barato estabelecer uma proteção prévia. Além da despesa monetária, também é preciso considerar o custo do tempo perdido. Em lugar de se focar na sua empresa, você será forçado a se concentrar em aspectos legais.

Essa é outra área em que franquias e marketing de rede podem contribuir para acelerar a implantação de um negócio. Em geral, quando você se torna franqueado ou adere a uma organização de marketing de rede, a maioria da documentação para o início das atividades lhe será fornecida. Isso não apenas poupa bastante dinheiro, mas também muito tempo, e lhe permite concentrar todos os esforços no desenvolvimento de seu negócio. É, contudo, aconselhável ter uma assessoria jurídica própria para examinar a documentação.

Algumas áreas específicas com que uma orientação jurídica adequada pode contribuir para evitar problemas nos aspectos legais de uma empresa são:

Capítulo 35

Empresa em Geral
- Escolha do tipo de empresa
- Acordos de compra e venda
- Licenças
- Questões regulatórias
- Contratos de aluguel e de aquisição do espaço

Proteção ao Consumidor
- Termos e condições
- Mala direta
- Leis de responsabilidade
- Proteção à propaganda enganosa
- Legislação ambiental

Contratos
- Com fornecedores
- Com clientes atacadistas
- Com funcionários
- Código Comercial
- Garantias
- Jurisdição

Propriedade Intelectual
- Contratos de terceirização
- Acordos de sigilo da informação
- Direitos autorais
- Direitos sobre novas criações
- Patentes
- Marcas
- Licenciamento da propriedade intelectual

Legislação Trabalhista
- Recursos humanos
- Contratação de funcionários
- Disputas trabalhistas
- Medicina do trabalho
- Remuneração

Títulos e Instrumentos de Dívida:
- Aluguel ou aquisição de equipamentos
- Documentação para empréstimos
- Colocações privadas
- IPOs

Questões com Acionistas
- Regimento da empresa
- Autoridade do conselho
- Emissão de ações
- Fusões e aquisições
- Encerramento de atividades

Capítulo 36
GESTÃO DE PRODUTOS

O produto da empresa, aquilo que o consumidor adquire, é o aspecto menos importante do triângulo D–I. Pode ser um item tangível, como um hambúrguer, ou intangível, como serviços de consultoria. É interessante observar que, ao avaliar uma empresa, muitos investidores medianos se concentram no produto e não no resto do negócio. O pai rico acreditava que o produto era o elemento menos importante a se examinar na avaliação de um negócio.

Muitas pessoas me procuram com ideias de novos produtos inovadores. Digo que o mundo está cheio de ótimos produtos. As pessoas também afirmam que sua ideia ou produto é melhor que os existentes. Pensar que um produto ou um serviço melhor é muito importante é em geral algo que surge nos quadrantes E e A, em que ser o melhor ou mais bem-sucedido é importante para seu êxito. Porém, nos quadrantes D e I, a parte mais importante de um novo negócio é o sistema que está

Capítulo 36

por trás do produto ou ideia, ou o restante do triângulo D–I. Ressalto, então, que a maioria de nós pode preparar um hambúrguer melhor do que o do McDonald's, mas poucos de nós podem criar um sistema de negócios melhor do que esse.

Orientação do Pai Rico

Em 1974, resolvi aprender a criar um negócio seguindo o modelo do triângulo D–I. O pai rico me advertiu: "Aprender a criar uma empresa de acordo com esse modelo é um risco alto. Muitas pessoas tentam, mas poucas conseguem. No entanto, apesar do alto risco inicial, se você aprender a montar o negócio, seu potencial de ganhos será ilimitado. Os que não estão dispostos a correr esse risco, os que não querem adotar uma curva de aprendizado tão íngreme, estarão sujeitos a um risco menor, mas seus retornos também o serão."

Ainda lembro a sucessão de momentos de grande euforia e profunda depressão por que passei no aprendizado da criação de um negócio sólido. Lembro-me de ter redigido anúncios que nunca venderam nada. Não me esqueço dos folhetos que não conseguiam transmitir o que eu desejava dizer. E lembro-me das dificuldades para aprender a levantar o capital e a gastar sabiamente o dinheiro dos investidores na esperança de criar uma empresa sólida. Também me recordo de ter voltado aos investidores para dizer que tinha perdido seu dinheiro. Serei sempre grato aos investidores que entenderam e me disseram para voltar quando tivesse outra oportunidade de investimento para eles. Contudo, em todo o processo, cada erro foi uma valiosa experiência de aprendizado e de formação de caráter. Como dizia o pai rico, o risco inicial era muito alto, contudo, se eu perseverasse e continuasse aprendendo, as recompensas seriam ilimitadas.

Em 1974, eu era muito fraco em todos os patamares do triângulo D–I. Penso que os meus pontos mais fracos eram a gestão do fluxo de caixa e das comunicações. Atualmente, apesar de não ser ótimo em nenhum dos elementos do triângulo, diria que os meus pontos mais fortes são justamente esses dois. Minhas empresas são bem-sucedidas porque posso criar sinergias em todos os patamares. O que quero ressaltar aqui é que, mesmo que houvesse fraquezas no início, e que ainda tenha fraquezas no presente estágio do meu desenvolvimento, continuo no meu processo de aprendizagem. Aos que desejam adquirir grande riqueza, só posso incentivá-los a começar, praticar, errar, corrigir, aprender e melhorar.

Quando olho para os 10% de americanos que controlam 90% das ações dos Estados Unidos e 73% de sua riqueza, entendo exatamente de onde veio sua riqueza. Muitos a adquiriram da mesma forma que Henry Ford e Thomas Edison (cujo patrimônio era maior do que o de Bill Gates, na época). A lista inclui Bill Gates, Michael Dell, Warren Buffett, Rupert Murdoch, Anita Roddick, Richard Branson entre outros que adquiriram riqueza do mesmo modo. Eles encontraram seu espírito e sua missão; criaram um negócio e permitiram que outros compartilhassem dos sonhos, riscos e retornos. Você pode fazer o mesmo se o desejar. Basta seguir o diagrama com que o pai rico me orientou — o triângulo D–I.

Helen Keller disse: "A verdadeira felicidade não se atinge pela autogratificação, mas pela fidelidade a um objetivo meritório."

A Expressão da Missão

O produto está no topo do triângulo D–I porque é a expressão da missão da empresa. É o que se oferece ao consumidor. O resto do triângulo D–I alicerça os fundamentos do sucesso de longo prazo de seu negócio. Se sua comunicação com o mercado for forte, seus sistemas serão implementados de forma a facilitar a produção, as encomendas e as entregas. Se seu caixa for gerenciado com competência, você será capaz de vender seu produto com sucesso e fomentar uma forte curva de crescimento para seu negócio.

O Triângulo D–I e Suas Ideias

Meu pai rico dizia: "É o triângulo D–I que dá forma às suas ideias. É o conhecimento do triângulo que permite a criação de um ativo que compra outros ativos." O pai rico me orientou no aprendizado da criação e montagem de muitos triângulos D–I. Muitos desses negócios fracassaram porque eu não consegui juntar as peças harmoniosamente. Quando as pessoas me perguntam o que levou algumas de minhas empresas ao fracasso, vejo que a razão está em algum ou alguns dos setores do triângulo.

Em vez de desanimar permanentemente como algumas pessoas, o pai rico me incentivou a continuar praticando, construindo esses triângulos. Em lugar de me chamar de fracassado, após o primeiro insucesso, meu pai rico me estimulou a recomeçar. Ele disse: "Quanto mais você praticar, construindo triângulos D–I, mais fácil será criar ativos que compram outros ativos. Se você praticar com diligência,

Capítulo 36

será cada vez mais fácil ganhar mais dinheiro. Quando você for bom em pegar uma ideia, construir um triângulo em torno dela, as pessoas o procurarão para investir com você e então terá a certeza de que não é necessário ter dinheiro para ganhá-lo. As pessoas lhe darão o dinheiro para ganhar mais dinheiro, para você e para elas. Em vez de passar sua vida trabalhando por dinheiro, você terá mais capacidade de criar ativos que geram mais e mais dinheiro."

O Triângulo D–I e a Charada 90/10 Andam de Mãos Dadas

Certo dia, quando o pai rico estava me ensinando mais a respeito do triângulo D–I, ele fez um comentário que achei interessante. Ele disse: "Dentro de cada um de nós há um triângulo D–I." Sem entender o que ele estava querendo dizer, continuei fazendo perguntas. Apesar da clareza de suas explicações, levei algum tempo para entender o que ele estava realmente querendo dizer. Hoje, sempre que encontro uma pessoa, uma família, uma empresa, uma cidade ou um país que tem problemas financeiros, penso que isso significa que faltam um ou mais segmentos do triângulo D–I ou que esses estão fora de sintonia com o restante. Quando alguns dos elementos não funcionam, há grandes chances de que a pessoa, a família ou o país estejam entre os 90% dos que dividem entre si os 10% do dinheiro disponível. De modo que se você, sua família ou sua empresa passam atualmente por dificuldades, examine o modelo do triângulo D–I e analise o que pode ser mudado ou melhorado.

Resolvendo o Enigma do Triângulo D–I

O pai rico me apresentou outro motivo para começar a dominar o triângulo D–I que considero fundamental. Ele disse: "Seu pai acredita em trabalho árduo como forma de ganhar dinheiro. Quando tiver dominado a arte de construir triângulos D–I, você verificará que quanto menos se trabalha, mais dinheiro se ganha e mais valioso se torna aquilo que está construindo." No início, não entendi muito o que o pai rico queria dizer, mas depois de alguns anos de prática compreendi melhor. Hoje, encontro pessoas que trabalham arduamente para construir uma carreira, subir a escada da hierarquia corporativa ou criar uma reputação na profissão. Em geral, essas pessoas estão nos quadrantes E e A. A fim de enriquecer, precisei aprender a construir e implementar sistemas que funcionassem sem a minha presença. Depois de ter construído e vendido o meu primeiro triângulo D–I, percebi o que o pai rico queria dizer ao falar que com menos trabalho eu ganharia mais dinheiro. Ele chamava essa forma de pensar de a "solução do enigma do triângulo D–I".

Se você for uma pessoa viciada em trabalho árduo, ou o que o pai rico chamava de "gente ocupada em suas ocupações e não na construção de alguma coisa", então sugiro que você se sente com outras pessoas com o mesmo problema e discuta como trabalhar menos poderia levá-lo a ganhar mais. Verifiquei que a diferença entre as pessoas que estão nos quadrantes D e I e aquelas que estão nos E e A é que estas tendem a estar com "a mão na massa". O pai rico costumava dizer: "A chave do sucesso é a preguiça. Quanto mais você estiver com a mão na massa, menos dinheiro ganhará." É por isso que ele poderia criar tantos ativos que compram outros ativos. Ele não poderia tê-lo feito se fosse como meu pai pobre, um homem que trabalhava arduamente. Uma das razões pelas quais as pessoas não entram no clube 90/10 é por sua tendência a "pôr as mãos na massa" quando deveriam estar tentando fazer mais com cada vez menos. Se você quer se tornar uma pessoa que cria ativos que compram outros ativos, precisará encontrar maneiras de fazer menos para ganhar mais.

Resumo do Triângulo D–I

O Triângulo D–I como um todo representa um sólido sistema de sistemas, sustentado por uma equipe com um líder, todos trabalhando junto em prol de uma missão comum. Se um membro de uma equipe é fraco ou ausente, o sucesso geral de um negócio pode estar em risco.

Gostaria de ressaltar aqui três pontos importantes do triângulo D–I:

1. **O dinheiro sempre segue a gestão**

    Se qualquer uma das funções de gestão dos cinco níveis individuais do triângulo D–I for fraca, a empresa será fraca. Se você está tendo dificuldades financeiras pessoais, ou não tem o excesso de fluxo de caixa que deseja, poderá encontrar os pontos fracos analisando cada patamar. Uma vez identificada a debilidade, é possível transformá-la em uma força, ou contratar alguém que tenha essa força.

Capítulo 36

2. **Alguns dos melhores investimentos e empresas são aqueles que você abandona**

   Se um dos cinco patamares for fraco e a gerência não estiver preparada para fortalecê-lo, é melhor sair desse investimento. Vezes sem conta tratei dos cinco patamares da gestão do triângulo D–I com uma equipe de gerência com a qual pensava investir, e ouvi discussões em vez de argumentos. Quando os donos de uma empresa ou as equipes de negócios são fracos, em qualquer um dos cinco patamares, eles se tornarão defensivos face aos questionamentos. Se não se empolgarem com a ideia de identificar e corrigir os pontos fracos, em geral abandono o investimento. Tenho na parede de casa a fotografia, tirada em Fiji, de um porco. E embaixo está escrito: "Não ensine os porcos a cantar. É um desperdício de seu tempo e uma amolação para os porcos." Há tantos investimentos bons lá fora que não vale a pena desperdiçar seu tempo ensinando porcos a cantar.

3. **O computador pessoal e a internet tornam o Triângulo D–I mais acessível, viável e gerenciável para todos**

   Em minhas palestras, digo que nunca foi tão fácil o acesso a grandes fortunas. Na Era Industrial, eram necessários milhões de dólares para construir uma fábrica de automóveis. Hoje, com um computador usado, uma xão com a internet, um cérebro, e um pouco de formação em cada um dos cinco patamares do triângulo D–I, o mundo pode ser seu.

   Se você deseja construir sua própria empresa, nunca houve tantas oportunidades de sucesso. Recentemente encontrei um jovem que vendeu sua pequena empresa de internet por US$28 milhões a uma grande empresa de softwares. Tudo o que ele me disse foi: "Ganhei milhões de dólares aos 28 anos. Quanto ganharei aos 48?"

   Se você deseja ser um empreendedor que monta empresas de sucesso ou investe em negócios, todo o triângulo D–I precisa ser forte e interdependente. Se o for, o negócio crescerá. E o bom é que se você jogar em equipe, não precisará ser especialista em qualquer aspecto do triângulo D–I. Só precisa da equipe, de uma visão clara, uma missão forte e um estômago de ferro.

O Guia de Investimentos

Do Triângulo D–I para o Tetraedro dos Negócios

Uma empresa com uma missão definida, um líder determinado e uma equipe qualificada e unida começa a tomar forma quando as várias partes do triângulo D–I se juntam. É nesse ponto que o triângulo se torna tridimensional e se transforma em um tetraedro.

Tudo se completa quando introduzimos a integridade. A definição de integridade é completude, bem como condições perfeitas e solidez. A definição mais comum é honestidade ou sinceridade. Embora as definições possam parecer diferentes, elas são de fato a mesma.

Uma empresa conduzida com honestidade e sinceridade quando alicerçada nos princípios do triângulo D–I se tornará completa, inteira e sólida.

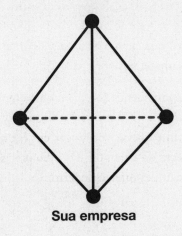

Sua empresa

325

Parte 4
COMO É UM INVESTIDOR SOFISTICADO?

Capítulo 37
COMO UM INVESTIDOR SOFISTICADO PENSA

"Agora que entende o triângulo D–I, você está pronto para começar a montar sua empresa?", perguntou o pai rico.

"Sem dúvida. Apesar de estar um pouco assustado", respondi. "Há muita coisa para lembrar."

"Este é o ponto, Robert. Após ter montado um negócio de sucesso, você terá as habilidades para montar todos os que desejar. Você também poderá analisar outros negócios, a partir do lado de fora, antes de investir neles."

"Isso ainda parece uma missão impossível", retruquei.

"Talvez você pense assim porque está cogitando montar uma grande empresa", continuou o pai rico.

"Claro que estou. Quero ser rico", afirmei veementemente.

"Para aprender as habilidades exigidas pelo triângulo D–I, você precisa começar com algo pequeno. Até um quiosque de cachorro-quente ou uma pequena imobiliária precisa do seu triângulo D–I. Todos os seus elementos se aplicam até a um negócio pequeno. Você cometerá erros. Se aprender com eles, poderá montar negócios cada vez maiores. No processo, você vai se tornar um investidor sofisticado."

"Então montando uma empresa me torno um investidor sofisticado?", perguntei. "É só isso?"

"Se você for aprendendo as lições e montar um negócio de sucesso, irá se tornar um investidor sofisticado", continuou o pai rico, enquanto pegava o tradicional bloco de papel. "O difícil é ganhar o primeiro milhão de dólares, os 10 milhões

Capítulo 37

seguintes serão fáceis. Vejamos o que é necessário para se tornar um homem de negócios bem-sucedido e um investidor sofisticado."

Como É um Investidor Sofisticado?

"Um investidor sofisticado é aquele que entende os dez controles do investidor. Ele entende e tira partido das vantagens do lado direito do quadrante CASHFLOW. Vamos fazer uma revisão de cada um dos controles do investidor para que você entenda melhor como pensa um investidor sofisticado", explicou o pai rico.

Os Dez Controles do Investidor

Os dez controles do investidor são:

1. Sobre si mesmo
2. Quocientes de receita/despesa e ativos/passivos
3. Gestão do investimento
4. Impostos
5. Momentos de comprar e de vender
6. Corretagem
7. ETC (Estatuto jurídico, Tempo oportuno e Características)
8. Termos e condições de contratos
9. Acesso à informação
10. Controle sobre dar retorno, filantropia e redistribuição de riqueza

Controle do Investidor #1

Sobre Si Mesmo

"Como investidor, o mais importante dos controles é o que você tem sobre si mesmo." É ele que determina o seu sucesso como investidor e é por isso que a Parte 1 do livro tratou dele. O pai rico dizia muitas vezes: "Não é o investimento que é arriscado. É o investidor."

A maioria de nós aprendeu na escola a ser empregado. Só há uma resposta certa e cometer erros é algo horrível. Não nos tornamos financeiramente proficientes na escola. São necessários trabalho e tempo para mudar a forma de pensar e alcançar a proficiência.

Um investidor sofisticado sabe que há múltiplas respostas certas, que o melhor aprendizado resulta dos erros cometidos e que a proficiência é fundamental para o sucesso. Ele conhece suas demonstrações financeiras e entende que toda decisão financeira deve ter, em última análise, um impacto sobre elas. Para enriquecer, é preciso aprender a pensar como uma pessoa rica.

Controle do Investidor #2

Quocientes de Receita/Despesa e Ativos/Passivos

É um controle desenvolvido mediante a proficiência financeira. O pai rico me ensinou que há três padrões de fluxo de caixa, o dos pobres, o da classe média e o dos ricos.

Os pobres gastam cada centavo que ganham. Eles não têm ativos.

Capítulo 37

O Padrão do Fluxo de Caixa dos Pobres

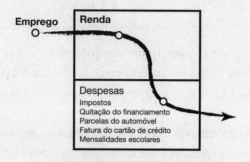

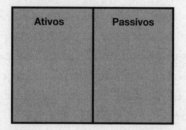

O Padrão do Fluxo de Caixa da Classe Média

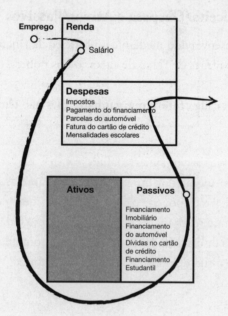

332

As pessoas da classe média acumulam dívidas à medida que se tornam mais bem-sucedidas. Um aumento salarial lhes permite tomar mais empréstimos bancários, de modo que podem comprar mais bens, como carros maiores, casas de veraneio, barcos. O salário entra e é gasto nas despesas correntes e no pagamento de prestações.

Assim como sua renda aumenta, também aumenta sua dívida. É isso que se chama de Corrida dos Ratos.

O Padrão do Fluxo de Caixa dos Ricos

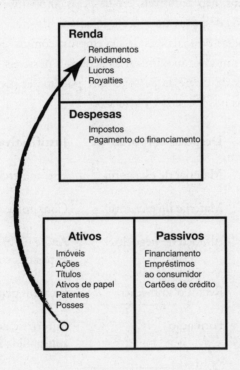

Os ricos põem os seus ativos para trabalhar por eles. Eles controlam suas despesas e se concentram em adquirir ou criar ativos. Suas empresas pagam a maior parte de suas despesas, e eles têm poucos passivos pessoais, quando os têm. Eu decidi desde cedo que queria um padrão de fluxo de caixa como o das pessoas ricas.

O padrão do fluxo de caixa do leitor pode ser uma combinação destes três tipos. Qual é a história que a sua demonstração financeira conta? Você controla as suas despesas?

Capítulo 37

Compre Ativos, Não Passivos

Os investidores sofisticados adquirem ativos que trazem dinheiro para seus bolsos. É bem simples assim.

Transformando Despesas Pessoais em Corporativas

Os investidores sofisticados entendem que as empresas podem deduzir todas as despesas gerais e necessárias ao funcionamento do negócio. Analisam suas despesas e convertem as pessoais, não dedutíveis, em despesas corporativas dedutíveis, sempre que possível. Nem toda despesa é uma dedução autorizada.

Examine as despesas pessoais e as de sua empresa com os seus assessores financeiros e tributários de modo a maximizar as deduções possíveis.

Alguns exemplos de despesas pessoais que podem ser consideradas despesas corporativas legítimas nos Estados Unidos são:

Despesas pessoais	Despesas corporativas	Justificativa
Computador	Material de escritório	Uso comercial
Telefone	Material de escritório	Contato de clientes
Alimentação fora de casa	Almoço de negócios	Anote o objetivo da reunião e as pessoas com quem almoçou
Despesas médicas	Reembolso médico	Faça um plano de saúde
Anuidades escolares	Formação	Autorize e documente a aplicabilidade nos negócios
Custos de moradia	Escritório em casa	Siga as normas — organize as despesas e peça reembolso baseado no metro quadrado

Estes são apenas alguns exemplos dos tipos de despesa de empresas norte-americanas que são dedutíveis para o proprietário. As mesmas despesas não são dedutíveis no caso de empregados. Suas despesas devem ser adequadamente documentadas e ter um propósito legítimo. Você já pensou nas despesas que atualmente paga pessoalmente e que poderiam ser consideradas dedutíveis se fosse dono de uma empresa?

Controle do Investidor #3

Gestão do Investimento

Um investidor *insider* que tem suficiente participação para assegurar o controle das decisões gerenciais tem este controle. Pode ser o único dono ou pode ter uma participação acionária que lhe permita envolver-se no processo de tomada de decisões.

As habilidades aprendidas por meio da montagem de uma empresa de sucesso com auxílio do triângulo D–I são essenciais para este investidor.

Uma vez que o investidor detém todas estas qualificações, ele terá maior capacidade de avaliar a eficácia da gestão de outros investimentos em potencial. Se a gerência se mostra competente e bem-sucedida, o investidor terá mais tranquilidade para investir aí.

Controle do Investidor #4

Impostos

O investidor sofisticado conhece legislação tributária, seja pelo estudo formal, seja perguntando e ouvindo a resposta de conselheiros qualificados. O lado direito do quadrante CASHFLOW oferece certas vantagens tributárias que o investidor sofisticado utiliza totalmente para minimizar os impostos que paga e sempre que possível diferir seu pagamento.

Capítulo 37

Nos Estados Unidos, aqueles que estão nos lados D e I do quadrante gozam de muitas vantagens tributárias que não estão disponíveis para quem se encontra dos lados E e A. Três dessas vantagens são:

1. As "contribuições sociais" (Seguridade Social, assistência aos idosos, seguro-desemprego e acidentes de trabalho) não incidem sobre a renda passiva ou renda de portfólio (lado direito do quadrante CASHFLOW), mas incidem sobre a renda do trabalho (lado esquerdo do quadrante CASHFLOW).

2. Pode ser possível diferir o pagamento de impostos, até indefinidamente, recorrendo à legislação relativa a imóveis e a empresas (um exemplo seria o de um plano de participação nos lucros promovido por sociedade anônima).

3. As empresas podem pagar várias despesas com o dinheiro disponível antes da dedução dos impostos ao contrário do que ocorre com quem está no quadrante E. Alguns exemplos são os apresentados no Controle do Investidor #2.

Os investidores sofisticados sabem que cada país, estado e cidade têm legislações tributárias diferentes e estão preparados para transferir seus negócios para o lugar mais adequado em função de suas atividades.

Reconhecendo que os impostos são a maior despesa dos quadrantes E e A, os investidores sofisticados podem procurar reduzir sua receita a fim de reduzir o montante de imposto de renda pago ao mesmo tempo em que aumentam seus fundos para investimento. Veja o exemplo dado no caso do Controle do Investidor #7.

Controle do Investidor #5

Momentos de Comprar e Vender

O investidor sofisticado sabe ganhar dinheiro tanto em mercados em alta quanto em mercados em baixa.

Ao montar um negócio, o investidor sofisticado tem muita paciência. Às vezes, chamo esta paciência de "gratificação adiada". Um investidor sofisticado entende que a verdadeira recompensa financeira ocorre depois que o investimento, ou a empresa, torna-se lucrativa e pode ser vendida ou seu capital aberto ao público.

Controle do Investidor #6

Corretagem

O investidor sofisticado que opera como investidor *insider* pode encaminhar a venda ou a expansão da empresa.

Quando investe em outras empresas, ele acompanha atentamente o desempenho de seu investimento e orienta seu corretor quanto ao momento de comprar ou vender.

Atualmente muitos investidores confiam a seus corretores a decisão de comprar ou vender. Esses investidores não são sofisticados.

Controle do Investidor #7

ETC (Estatuto jurídico, Tempo oportuno e Características)

"Depois do controle sobre si próprio, o controle sobre o ETC é o mais importante", repetia sempre o pai rico. Para controlar o estatuto jurídico, o tempo oportuno e as características da sua renda, você precisa entender a legislação societária, tributária e de seguros.

O pai rico conhecia bem os benefícios a serem auferidos pela escolha do estatuto jurídico, do ano fiscal adequado e da conversão do máximo de renda do trabalho em rendas passiva e de portfólio. Isso combinado com a capacidade de entender demonstrações financeiras e de "pensar em termos de demonstrações financeiras" contribuiu para que o pai rico construísse mais rapidamente seu império financeiro.

Para ilustrar o que um planejamento financeiro adequado usando o ETC pode fazer, examinaremos alguns estudos de caso sobre James e Cathy.

Caso #1: Propriedade Exclusiva

James e Cathy são donos de um restaurante, mas não trabalham nele. O restaurante é uma propriedade individual. A receita líquida gerada é de US$60 mil. Eles têm uma única demonstração financeira.

Capítulo 37

Demonstração financeira de James e Cathy

Receita	
Receita líquida da empresa (após o pagamento do financiamento do restaurante e depreciação de US$12 mil)	US$60.000

Despesas	
Contribuições para seguridade social	US$9.200
Imposto de renda	US$5.000
Total de impostos pagos	**US$14.200**
Financiamento da casa própria	US$10.200
Despesas de consumo	US$3.000
Automóvel	US$3.000
Alimentação	US$12.000
Seguro residencial	US$8.000
Despesas com advogado e contador	US$2.000
Instrução	US$1.000
Atividades filantrópicas	US$1.000
Total de despesas de consumo	**US$40.200**

Fluxo de caixa líquido   US$5.600

Ativos	Passivos
Prédio do restaurante Equipamentos do restaurante	Financiamento da casa própria Financiamento do restaurante

Caso #2: Pessoal + Duas Empresas

James e Cathy procuraram assessorias financeira e tributária para estruturar o negócio de modo a maximizar o fluxo de caixa e minimizar os impostos a pagar.

Eles formaram duas empresas. Uma é dona do restaurante e a outra do prédio em que ele se localiza. James é o gerente-geral das duas empresas.

James e Cathy têm três demonstrações financeiras que impactam sua posição financeira: uma declaração financeira pessoal, uma segunda para o restaurante e uma terceira para o edifício do restaurante (imóvel).

Como James e Cathy Se Beneficiaram ao Criar Esta Estrutura de Duas Corporações?

1. James e Cathy podem transformar certas despesas financeiras em legítimas despesas da empresa (seguro-saúde, pagamento de advogados e contadores, formação e deduções relativas ao escritório em casa e ao automóvel).

2. Conseguiram reduzir em US$7.885 o total de impostos pagos.

3. Colocaram US$12 mil em um fundo de aposentadoria.

4. Os itens 2 e 3 foram possíveis mesmo que sua renda pessoal se reduzisse a zero.

5. O imóvel da empresa está no nome de James. O do restaurante, de Cathy.

Vejamos como eles foram capazes de realizar tudo isso, observando três demonstrações financeiras.

Capítulo 37

Demonstração financeira pessoal

Receita	
Salário do gerente-geral:	
Restaurante	US$20.000
Imóvel	US$10.000
Reembolso das despesas com o escritório	US$1.000
Reembolso das despesas com o automóvel	US$1.000
Receita total	**US$32.000**

Despesas	
Contribuições para a seguridade social	US$2.300
Imposto de renda	US$1.500
Total de impostos pagos	**US$3.800***
Financiamento da casa própria	US$10.200
Despesas de consumo	US$3.000
Automóvel	US$3.000
Alimentação	US$12.000
Total de despesas de consumo	**US$28.200**

Fluxo de caixa líquido   US$ 0

Ativos	Passivos
Empresa	Financiamento da
Imóvel da empresa	casa própria

O Guia de Investimentos

Demonstração financeira do restaurante

Receita
Serviços de alimentação — US$180.000

Despesas
Contribuição para a Seguridade Social	US$1.500
Imposto de renda	US$225
Impostos totais	**US$1.725***
Salário do gerente-geral	US$20.000
Aluguel	US$155.000
Reembolsos	US$1.000
Pagamento a advogados e contadores	US$1.000
Despesas totais	**US$177.000**

Fluxo de caixa líquido — US$1.275

Ativos	Passivos

Demonstração financeira do imóvel

Receita
Receita de aluguéis — US$155.000

Despesas
Contribuições para a Seguridade Social	US$750
Imposto de renda	US$40
Impostos totais	**US$790***
Salário do gerente-geral	US$10.000
Financiamento + depreciação	US$120.000
Reembolsos	US$1.000
Pagamento a advogados e contadores	US$1.000
Contribuição com a Previdência Social	US$12.000
Plano de saúde	US$8.000
Formação educacional	US$1.000
Caridade	US$1.000
Despesas totais	**US$154.000**

Fluxo de caixa líquido — US$210

Ativos	Passivos
Prédio do restaurante Equipamentos	Financiamento

*Impostos totais das três demonstrações = US$6.315

Capítulo 37

Agora, vamos comparar o Caso #1, de uma propriedade exclusiva, com o Caso #2, de duas empresas.

	Caso #1	Caso #2	Diferença
Impostos pagos	US$14.200	US$6.315	US$7.885
Receita:			
Fundos de aposentadoria	0	US$12.000	
Pessoal	US$5.600	0	
Restaurante		US$1.275	
Imóvel		US$210	
Fluxo de caixa total	**US$5.600**	**US$13.485**	**US$7.885**

O resultado final deste plano financeiro de James e Cathy é que eles somaram US$7.885 à sua riqueza ao poupar idêntica quantia no pagamento de impostos. Ainda mais importante, eles protegeram seus ativos pessoais, passando seus negócios para as sociedades. Ao possuir sociedades legalmente constituídas, seus ativos pessoais estarão a salvo mesmo se a empresa perder algum processo nos tribunais. Por exemplo, se um cliente adoecer no restaurante, ele pode processar a empresa proprietária do restaurante. Mas qualquer indenização que tiver que ser paga, o será com os ativos da empresa. Estarão preservados a empresa que é proprietária do prédio bem como os ativos pessoais de James e Cathy.

O exemplo é muito simplificado e só serve como ilustração. É muito importante que o leitor busque assessoria jurídica e tributária antes de estruturar seu plano financeiro. É preciso levar em conta muitos aspectos complexos para assegurar que tudo fique dentro da lei.

Todos esses números me parecem muito complicados, de modo que incluí o diagrama que o pai rico me mostrou quando descreveu suas empresas de restaurantes e de imóveis. Aprendo melhor por meio de imagens do que de números, e talvez esse seja também o seu caso.

O Guia de Investimentos

Mais Controle, Não Menos

O pai rico costumava dizer: "Uma vez que pensamos automaticamente em demonstrações financeiras, podemos operar múltiplos negócios e avaliar rapidamente outros investimentos. Contudo, é crucial, quando já se pensa em demonstrações financeiras, saber que temos ainda mais controle sobre nossa vida financeira e que podemos ganhar cada vez mais dinheiro — que a média das pessoas nem percebe que pode ganhar."

Então, ele traçou o seguinte diagrama:

Pessoal
DECLARAÇÃO DE RENDA

Renda
Despesas

BALANÇO PATRIMONIAL

Ativos	Passivos
Restaurante	
Imobiliária	

343

Capítulo 37

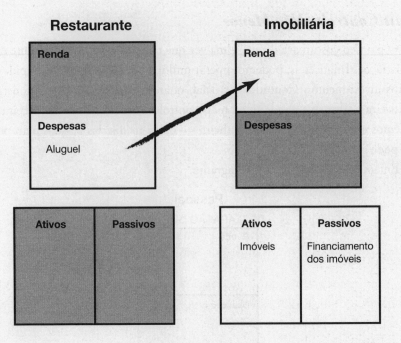

O pai rico prosseguiu, dizendo: "E, tecnicamente, o que estou fazendo?"

"O senhor pega a renda auferida em sua empresa de restaurantes e a converte em renda passiva de sua empresa imobiliária. Em outras palavras, o senhor está pagando a si mesmo."

"E isso é só o começo", disse o pai rico. "Porém, quero que tenha cuidado com o que faz a partir daqui, procure a melhor assessoria jurídica e tributária possível. É neste ponto que muitos investidores sem sofisticação começam a ter problemas."

Controle do Investidor #8

Termos e Condições de Contratos

O investidor sofisticado controla os termos e as condições dos acordos quando está dentro de um investimento. Por exemplo, quando vendi várias pequenas casas para adquirir um prédio de apartamentos, usei as disposições da Seção 1.031 da lei que me permitia rolar os ganhos. Não precisei pagar impostos sobre eles, porque eu controlava os termos e as condições dos contratos.

Controle do Investidor #9

Acesso à Informação

Como *insider*, o investidor sofisticado tem controle sobre o acesso à informação. É neste ponto que o investidor precisa entender as exigências legais impostas pela SEC nos Estados Unidos (outros países têm instituições semelhantes). No Brasil, é a CVM que regula a atuação do *insider*.

Controle do Investidor #10

Controle Sobre Dar Retorno, Filantropia e Redistribuição de Riqueza

O investidor sofisticado reconhece a responsabilidade social que acompanha a riqueza e a devolve à sociedade. Isto pode ser feito por doações filantrópicas ou caritativas. E parte será feita pelo próprio sistema capitalista, criando empregos e expandindo a economia.

Capítulo 38
ANÁLISE DE INVESTIMENTOS

"Os números contam a história", dizia o pai rico. "Se você aprender a examinar demonstrações financeiras, será capaz de ver o que acontece dentro de qualquer empresa ou investimento." O pai rico me ensinou como utilizava quocientes financeiros para administrar os seus negócios.

Seja um investimento em ações de uma empresa ou a aquisição de imóveis, sempre analiso as demonstrações financeiras. Posso verificar o quanto um negócio será lucrativo ou até que ponto uma empresa está alavancada, examinando apenas as suas demonstrações financeiras e calculando quocientes.

No caso de um investimento em imóveis, calculo o retorno *cash-on-cash* com base no montante que preciso pagar para dar a entrada.

Mas tudo se resume como sempre à proficiência financeira. Este capítulo tratará de alguns raciocínios importantes que todo investidor sofisticado faz ao escolher os investimentos do seu plano financeiro:

- Índices financeiros de uma empresa
- Índices financeiros de transações imobiliárias
- Recursos naturais
- Dívidas boas ou ruins
- Investir e poupar

Indicadores Financeiros de uma Empresa

A **margem bruta** é o lucro bruto antes das despesas não operacionais dividido pelas vendas, e indica o porcentual das vendas que resta após ser deduzido o custo

Capítulo 38

dos produtos vendidos. As vendas menos o custo dos itens vendidos são chamadas de *margem bruta*. Lembro que meu pai rico dizia: "Se o (lucro) bruto não estiver lá, não haverá líquido."

A grandeza da margem bruta depende de como a empresa se organiza e de outros custos em que incorre. Depois de calcular a margem bruta, nas suas lojas de conveniência, meu pai rico ainda tinha que levar em conta o aluguel do imóvel, os salários dos funcionários não operacionais, os serviços de utilidade pública, alvarás, pagamento de produtos estragados ou fora do prazo de validade e uma longa lista de outras despesas, e era ainda necessário gerar um bom retorno sobre o investimento original.

Nos sites comerciais de internet dos dias de hoje, esses custos adicionais são em geral bem menores, de modo que essas empresas vendem e geram lucro mesmo com uma margem bruta menor.

Quanto mais elevada a margem bruta, melhor.

$$\text{Porcentual de margem bruta} = \frac{\text{Margem bruta (Custo de venda dos produtos)}}{\text{Vendas}}$$

O **porcentual de margem operacional líquida** nos dá a lucratividade líquida das operações da empresa antes de levarmos em consideração os impostos e o custo do dinheiro. O *Earnings Before Interest and Taxes* (EBIT — "Lucro ou resultado antes dos juros e impostos", em tradução livre) é equivalente às vendas menos todos os custos do negócio, excluídos os custos de capital (juros, impostos e dividendos).

O quociente entre EBIT e vendas é chamado de margem operacional líquida. Em geral, empresas com altos porcentuais de margem operacional líquida são mais sólidas do que aquelas cujo porcentual é reduzido.

Quanto mais elevada for a margem operacional líquida, melhor.

$$\text{Porcentual de margem operacional líquida} = \frac{\text{EBIT}}{\text{Vendas}}$$

A **alavancagem operacional** é a porcentagem de custos fixos na estrutura de custos de uma empresa. Ela pode ser calculada dividindo-se a contribuição pelos custos fixos. A *contribuição* refere-se à *margem bruta* (vendas menos os custos dos bens vendidos) menos os *custos variáveis* (todos os custos que não são fixos são variáveis, e oscilam com as vendas). Os *custos fixos* incluem todos os custos de venda, gerais e administrativos que são fixos, e não se alteram com o volume de vendagem. Por exemplo, a maioria dos custos trabalhistas dos empregados de tempo integral relativos a instalações é considerada como custo fixo. Algumas pessoas se referem a eles como *despesas gerais*.

Uma empresa cuja alavancagem operacional é igual a um está gerando receita suficiente para cobrir seus custos fixos. Isso implica na ausência de retorno para os seus proprietários.

Quanto maior a alavancagem operacional, melhor.

$$\text{Alavancagem operacional} = \frac{\text{Contribuição}}{\text{Custos fixos}}$$

A **alavancagem financeira** refere-se ao grau em que um investidor ou uma empresa utiliza o dinheiro emprestado. O *capital total empregado* é o valor contábil de todas as dívidas que pagam juros (o que deixa de fora contas a receber de bens a serem revendidos e passivos relativos a salários, despesas e impostos devidos, mas ainda não pagos) mais a participação acionária de todos os acionistas. Se a dívida da empresa for de US$50 mil e a participação acionária dos acionistas for de US$50 mil, a alavancagem financeira será de dois (US$100 mil dividido por US$50 mil).

$$\text{Alavancagem financeira} = \frac{\text{Capital total empregado (Dívidas + Patrimônio líquido)}}{\text{Patrimônio líquido}}$$

A **alavancagem total** é o risco total que uma empresa carrega em seus negócios correntes. Ela indica o efeito total que qualquer variação nos negócios terá sobre a participação acionária dos proprietários (ações ordinárias ou compartilhadas). Se você for o dono da empresa e, portanto, estiver dentro dela, a alavancagem total de sua empresa estará, pelo menos em parte, sob seu controle.

Se você estiver olhando para o mercado de ações, a alavancagem total irá ajudá-lo a decidir se quer ou não investir. Empresas norte-americanas bem conduzidas e administradas de forma tradicional (com ações negociadas publicamente) apresentam, de modo geral, uma alavancagem total menor do que cinco.

Capítulo 38

> **Alavancagem total = Alavancagem operacional x Alavancagem financeira**

O **coeficiente de endividamento** mede apenas isso, a porção da empresa, como um todo (*passivo total*), financiada por terceiros, em proporção à parte financiada pelos que estão dentro dela (*patrimônio líquido total*). A maioria das empresas tenta manter um coeficiente de endividamento de um ou menos. Falando de modo geral, quanto menor o coeficiente de endividamento, mais conservadora é a estrutura financeira da empresa.

$$\text{Coeficiente de endividamento} = \frac{\text{Passivos totais}}{\text{Patrimônio líquido total}}$$

Os **índices de liquidez seco e corrente** mostram se a empresa possui ativos líquidos suficientes para pagar os passivos do ano entrante. Se a empresa não possui ativo circulante para cobrir os passivos correntes, pode haver problemas um pouco mais adiante. Por outro lado, se esses indicadores se mantiverem em uma proporção de dois para um isso será mais do que adequado.

$$\text{Índice de liquidez seco} = \frac{\text{Ativos líquidos}}{\text{Passivos correntes}}$$

$$\text{Índice de liquidez corrente} = \frac{\text{Ativos correntes}}{\text{Passivos correntes}}$$

O **retorno sobre o patrimônio** é frequentemente considerado um dos indicadores mais importantes. Permite comparar o retorno de dada empresa sobre o investimento dos acionistas com o de investimentos alternativos.

$$\text{Retorno sobre o patrimônio} = \frac{\text{Renda líquida}}{\text{Patrimônio líquido médio}}$$

O que Esses Indicadores Nos Contam?

O pai rico me ensinou a sempre examinar o desempenho desses indicadores durante pelo menos três anos. A direção e a tendência das margens, da contribuição, das alavancagens e do retorno sobre o patrimônio contam muito sobre a empresa, sua administração e até sobre seus concorrentes.

Muitos relatórios divulgados por empresas não incluem esses indicadores. Um investidor sofisticado aprende a calculá-los (ou contrata alguém experiente para fazê-lo) quando eles não são divulgados.

Um investidor sofisticado entende a terminologia dos indicadores e pode utilizá-los para avaliar o investimento. Contudo, esses indicadores não podem ser usados em um vácuo. São indicadores do desempenho de uma empresa. Devem ser examinados em conjunto com a situação do ramo de atividade. Ao comparar esses indicadores em períodos de pelo menos três anos e em conjunto com os de outras empresas do mesmo ramo de atividade, é possível determinar a força relativa da empresa.

Por exemplo, uma empresa com excelentes indicadores, nos últimos três anos, e com bons lucros pode parecer um investimento sólido. Contudo, ao examinar o ramo de atividade em que atua, verificamos que seu produto principal se tornou obsoleto por causa de um novo produto lançado pelo principal concorrente dessa empresa. Nesse caso, a empresa com um histórico de bom desempenho pode não ser um investimento sábio devido ao potencial de queda na sua participação de mercado.

No início estes indicadores podem parecer complexos, mas é surpreendente a rapidez com que podemos aprender a analisar uma empresa. Lembre que esses indicadores são a linguagem do investidor sofisticado. Desenvolvendo sua formação financeira, você pode aprender a "falar no idioma dos indicadores".

Indicadores Financeiros para Imóveis

Quando se tratava de imóveis, meu pai rico fazia duas perguntas.

1. O imóvel gera um fluxo de caixa positivo?
2. Se sim, a devida diligência foi feita?

O indicador mais importante para um imóvel era o retorno *cash-on-cash*.

Capítulo 38

$$\text{Retorno } cash\text{-}on\text{-}cash = \frac{\text{Fluxo de caixa líquido positivo}}{\text{Entrada paga}}$$

Digamos que alguém compre um prédio residencial por $500 mil para alugar. É dada uma entrada de $100 mil e se faz um financiamento sobre os $400 mil restantes. Após pagar todas as despesas e a prestação do financiamento, o imóvel gera uma receita mensal líquida de $2 mil. O retorno em dinheiro é de 24% ou $24 mil ($2 mil X 12 meses) dividido por $100 mil.

Antes de comprar o imóvel, é preciso decidir como ele será adquirido. A compra será feita por meio de uma sociedade anônima, de uma sociedade limitada, ou de uma empresa individual? É necessário consultar as assessorias jurídica e tributária para se certificar de que será escolhida a entidade legal que oferece maior proteção patrimonial e maiores vantagens tributárias.

Devida Diligência

Em minha opinião, o termo "devida diligência" é o mais importante no campo da proficiência financeira. É por meio do processo da *devida diligência* (a auditoria cuidadosa de um potencial investimento para confirmar todos os fatos relevantes) que o investidor sofisticado vê o outro lado da moeda. Quando as pessoas me perguntam como descubro bons investimentos, respondo simplesmente: "Eu os encontro por meio do processo de devida diligência." O pai rico dizia: "Quanto mais rapidamente você puder fazer a auditoria de qualquer investimento, seja uma empresa, um imóvel, uma ação ou um fundo mútuo, mais capaz você será de encontrar os investimentos mais seguros com o potencial de um fluxo de caixa ou ganhos de capital maiores."

Depois de verificar que um imóvel gerará um fluxo de caixa positivo para você, ainda será necessário realizar uma devida diligência do imóvel.

O pai rico tinha uma lista de verificação que ele sempre usou. Eu também tenho uma relação de itens para a devida diligência. É bem detalhada e inclui itens que não existiam anos atrás (como a "auditoria ambiental").

Se há dúvidas a respeito do imóvel, muitas vezes consulto especialistas e peço a meus advogados e contadores para examinar o negócio.

Itens para a Devida Diligência

1. Aluguéis pagos até a data
2. Depósitos caução
3. Informações sobre o financiamento do imóvel
4. Propriedades pessoais
5. Plantas baixas do imóvel
6. Apólices e agentes de seguros
7. Contratos de serviços de manutenção
8. Informações sobre os inquilinos: contratos, cadastro, certificado de inspeção do corpo de bombeiros
9. Lista de fornecedores e de empresas de serviços públicos, incluindo números das contas
10. Relação das alterações estruturais feitas no imóvel
11. Pesquisas e documentos de engenharia
12. Acordos de comissão
13. Contratos ou listagens de aluguel
14. Encargos de mão de obra
15. Planos de incorporação, incluindo plantas, especificações e memoriais descritivos dos aspectos de arquitetura, da mecânica, da eletricidade e de engenharia civil
16. Restrições de zoneamento e outras restrições ou autorizações necessárias a uma expansão do imóvel
17. Contratos de gestão
18. Recibos de pagamento de impostos e taxas relativos ao imóvel
19. Recibos de outros serviços públicos
20. Receitas e desembolsos em dinheiro relativos ao imóvel
21. Relação de despesas de capital relativas ao imóvel nos últimos cinco anos

Capítulo 38

22. Demonstrativo de receitas e despesas do imóvel dos dois anos anteriores
23. Demonstrativos financeiros e tributários relativos ao imóvel
24. Uma inspeção de cupins em forma e conteúdo razoavelmente satisfatório para o comprador
25. Todos os registros e documentos sob posse ou controle do vendedor que sejam necessários ou úteis à propriedade, operação ou manutenção do imóvel
26. Estudos de mercado sobre a área em que o imóvel se localiza
27. Orçamento de construção
28. Perfil dos inquilinos
29. Registros de ordens de serviços
30. Demonstrações bancárias dos dois últimos anos em relação à conta operacional do imóvel
31. Habite-se
32. Escritura
33. Cópias de todas as garantias em exercício
34. Auditoria ambiental (se existente)

Recursos Naturais

Muitos investidores sofisticados incluem em suas carteiras investimentos em recursos naturais. Eles investem em petróleo, gás, carvão e metais preciosos, dentre outros.

O pai rico acreditava no poder do ouro. A oferta do ouro, como recurso natural, é limitada. E como o pai rico afirmava, ao longo dos séculos as pessoas valorizam o ouro. Meu pai rico também acreditava que possuir ouro atraía outras riquezas.

A Dívida É Boa ou Ruim

Um investidor sofisticado reconhece dívidas, despesas e passivos bons. Lembro que o pai rico me perguntou: "Quantos imóveis residenciais que perdessem US$100 mensais você poderia sustentar?"

Naturalmente, minha resposta foi: "Poucos."

Então, ele perguntou: "Quantos imóveis locados que lhe rendessem US$100 mensais você poderia manter?"

E minha resposta foi: "Todos os que encontrar!"

Analise cada uma de suas despesas, seus passivos e suas dívidas. Para cada uma dessas despesas, os passivos ou as dívidas correspondem a uma renda ou a um ativo específico? Sendo assim, o fluxo de caixa resultante da receita e/ou do ativo é maior ou menor do que o fluxo de caixa correspondente à despesa/passivo/dívida?

Por exemplo, um amigo meu, Jim, tem um financiamento sobre um prédio residencial de US$600 mil, que exige um desembolso de US$5.500 mensais para pagamento de amortização e juros. O prédio gera uma renda de locação de US$8 mil mensais. Depois de descontadas todas as despesas, sobra um fluxo de caixa positivo de US$1.500. Eu diria que a dívida de Jim é uma dívida boa.

Investir e Poupar

Um investidor sofisticado entende a diferença entre poupança e investimento. Vejamos o caso de dois amigos, John e Terry, que se consideram investidores sofisticados.

John é um profissional muito bem remunerado e investe o máximo em seu plano de aposentadoria. John tem 42 anos, e, em 11 anos, já acumulou US$250 mil em seu fundo de aposentadoria. Até se aposentar, o fundo não lhe proporcionará retornos ou fluxo de caixa. E quando isso acontecer, ele terá que pagar todos os impostos relativos à renda recebida.

A seguir, está detalhada a situação de John, assumindo uma taxa de imposto média de 35% e um retorno anual comumente estabelecido de 8% sobre o investimento (embora o retorno possa realmente ser substancialmente menor).

Receita	**Salário de US$100.000**
Impostos	**35%**
Investimento: plano de aposentadoria	
• Contribuição máxima de 15%	**US$15.000**
• Retorno do plano de aposentadoria	**8%**
• Fluxo de caixa gerado pelo investimento	**Nenhum**

Capítulo 38

Terry tem a mesma idade de John e ganha o mesmo salário. Ela investiu em vários imóveis ao longo dos últimos onze anos e acaba de dar uma entrada de US$250 mil por um imóvel de US$1 milhão. Terry está auferindo um retorno *cash-on-cash* de 10% e espera uma valorização conservadora de seu imóvel de 4% ao ano. Ao aposentar-se, ela espera recorrer às transações com imposto de renda diferido para adquirir outro imóvel, tirando partido do patrimônio líquido positivo e do fluxo de caixa. Terry nunca aplicou em plano de aposentadoria e a renda de seus imóveis paga o imposto de renda.

Em resumo, a situação de Terry é:

Receita	**Salário de US$100.000**
Impostos	**35%**
Investimento: imóvel	**Propriedade de US$1.000.000**
• Pagamento de entrada	25% ou US$250.000
• Retorno do imóvel	10% de *cash-on-cash* ao ano
• Valorização anual	4%
• Fluxo de caixa gerado pelo investimento	US$25.000 ao ano

O quadro a seguir apresenta a acumulação de ativos, o fluxo de renda anual, depois de pagos os impostos, disponível para gastos e o fluxo de caixa da aposentadoria (também depois dos impostos) de John e Terry.

Início Ativos/Fluxo de caixa	1–19 anos Investimentos/ Fluxo de caixa	Aos 20 anos Ativos/Fluxo de caixa	Na aposentadoria Fluxo de caixa líquido
John US$250.000/ US$63.750	US$15.000/ US$63.750	US$1.968.000/ US$6.750	US$118.100
Terry US$250.000/ US$73.560	0/ US$73.560	US$2.223.000/ US$73.560	US$342.700

Como se vê, a família de Terry poderá gastar quase que US$10 mil a mais que a família de John, em todos os anos durante os próximos 20 anos. Depois disso, ambos se aposentarão com 62 anos e tendo trabalhado por 31 anos.

O Guia de Investimentos

Ao aposentar-se, John começa a sacar 8% dos fundos acumulados em seu plano de pensão, com o que receberá US$118.100 ao ano (US$157.400 antes de pagar impostos). Ele se propõe a não mexer no principal. Assim, depois de investir US$15 mil ao ano em seu plano de aposentadoria, ele reporá 150% da sua renda do trabalho.

Terry, que deu entrada de US$250 em seu imóvel, se beneficiou da valorização de 4% sobre o valor de US$1 milhão. Ao longo de vinte anos, a renda do aluguel do imóvel terá permitido pagar o financiamento de US$750 mil, de modo que, quando se aposentar, Terry poderá transformar esse seu patrimônio de US$1 milhão em um imóvel muito maior (no valor de US$8.892.000, de acordo com as projeções feitas). Esse novo imóvel gerará um fluxo de caixa anual de US$342.700 para Terry.

Enquanto que a aposentadoria de John será confortável, a de Terry será de riqueza.

Se por alguma razão John precisar de uma renda maior ao se aposentar, ele terá que sacar uma parte substancial do seu plano de aposentadoria. Terry precisaria apenas trocar seu imóvel por outro, sem pagar impostos, para recuperar o principal do financiamento já pago por seus inquilinos, aumentando, assim, sua renda.

O exemplo de John terá ensinado a seus filhos a ir à escola, tirar boas notas, procurar um bom emprego, trabalhar arduamente, "investir" no fundo de aposentadoria regularmente e, em consequência, ter uma aposentadoria confortável.

O exemplo de Terry ensinará a seus filhos que se eles aprendem a investir começando com pouco, a cuidar de seus negócios e a pôr seu dinheiro para trabalhar arduamente para eles, então ficarão ricos.

É fácil ver que investir em um imóvel gera um fluxo de caixa maior para Terry do que a poupança no plano de aposentadoria feita por John. Eu diria que Terry é investidor e John, poupador.

Um investidor sofisticado entende a diferença entre investir e poupar, e em geral leva em consideração as duas coisas ao fazer o seu plano financeiro.

Capítulo 39
O INVESTIDOR IDEAL

Com tudo isso, ainda restam algumas questões: como uma pessoa como Bill Gates se tornou o homem de negócios mais rico dos Estados Unidos? Ou como Warren Buffett se tornou o principal investidor norte-americano? Ambos vieram de famílias da classe média, não ganharam as chaves do tesouro da família. Porém, sem uma grande riqueza familiar por trás, eles chegaram ao máximo da fortuna em poucos anos. Como?

Eles conseguiram isso como muitos dos ultrarricos fizeram e outros tantos alcançarão no futuro. Eles se tornaram investidores ideais, criando um ativo que vale bilhões de dólares.

A revista *Fortune* publicou uma matéria de capa intitulada, em tradução livre, "Jovens e ricos, os quarenta americanos mais ricos com menos de quarenta anos". Alguns desses jovens bilionários foram os seguintes:

Nome	Idade	Riqueza (em bilhões)	Empresa
#1 Michael Dell	34	US$21,5	Dell
#2 Jeff Bezos	35	US$5,7	Amazon.com
#3 Ted Waitt	36	US$5,4	Gateway
#4 Pierre Omidyar	32	US$3,7	eBay
#5 David Filo	33	US$3,1	Yahoo!
#6 David Yang	30	US$3	Yahoo!
#7 Henry Nicholas	39	US$2,4	Broadcom
#8 Rob Glaser	37	US$2,3	RealNetworks
#9 Scott Blum	35	US$1,7	Buy.com
#10 Jeff Skoll	33	US$1,4	eBay

Capítulo 39

Você pode observar que os dez jovens mais ricos estão em empresas de computadores ou de internet. Contudo, há outros tipos de empresa na lista, como:

#26	John Schnattner	37	US$403 milhões	Papa John's Pizza
#28	Master P	29	US$361 milhões	Músico
#29	Michael Jordan	36	US$357 milhões	Atleta

Acho interessante observar que as pessoas ricas de empresas não relacionadas à tecnologia são o proprietário de uma pizzaria, um cantor de rap e um atleta. Os demais estão nos ramos de computadores ou de internet.

Bill Gates e Warren Buffett não entraram na lista por terem mais de 40 anos. Em 2000, Bill Gates estava com 44, e a sua fortuna era de US$85 bilhões. Warren Buffett estava com 70, e a sua fortuna somava US$31 bilhões, segundo a *Forbes*.

Eles Chegaram Lá à Moda Antiga

E como é que a maioria dessas pessoas conseguiu unir-se tão jovens às fileiras dos super-ricos? Elas o fizeram à moda antiga — do mesmo jeito que Rockefeller, Carnegie e Ford se tornaram, no passado, super-ricos, e como o farão os de amanhã. Eles criaram empresas e venderam suas ações ao público. Eles trabalharam arduamente para se tornar acionistas que vendem, em vez de acionistas que compram. Em outras palavras, pode-se dizer que, por serem acionistas que venderam suas ações, eles imprimiram o seu próprio dinheiro — legalmente. Eles criaram negócios valorizados e então venderam uma participação acionária a outros, aos acionistas que compram.

No livro *Pai Rico, Pai Pobre*, contei que, quando eu tinha nove anos, comecei a fabricar o meu próprio dinheiro derretendo tubos de chumbo de pasta de dentes e cunhando moedas em moldes de gesso. Meu pai pobre me explicou o que significava a palavra "falsificar". Meu primeiro negócio abriu e fechou no mesmo dia.

Meu pai rico, por outro lado, me disse que eu estava muito perto da verdadeira fórmula da riqueza: cunhar ou inventar a própria moeda — legalmente. E é isso o que o investidor ideal faz. Em outras palavras, por que trabalhar arduamente para ganhar dinheiro se você pode fazer o próprio dinheiro? Em *Pai Rico, Pai Pobre*, a Lição #5 do pai rico é: "Os ricos inventam a própria moeda." Meu pai rico me ensinou a inventar o meu próprio dinheiro por meio de imóveis ou pequenas empresas. Essa habilidade técnica é o domínio dos investidores *insider* e ideal.

O Guia de Investimentos

Como 10% Possuem 90% das Ações

Uma das razões pelas quais os 10% mais ricos possuem 90% de todas as ações, como informou o *Wall Street Journal*, é que esses 10% mais ricos incluem os investidores ideais, as pessoas que criaram as ações.

Outra razão é que apenas esses 10% podem (segundo as normas da SEC americana) investir em empresas em seus estágios iniciais, antes que suas ações sejam postas à disposição do público por meio de IPO. Neste grupo de elite estão os fundadores das empresas (também conhecidos como acionistas fundadores), os seus amigos ou uma lista selecionada de investidores. Essas são as pessoas que se tornam cada vez mais ricas, enquanto o resto da população muitas vezes tem dificuldades em chegar ao fim do mês, aplicando o pouco dinheiro que porventura sobra (se é que sobra) na compra de ações.

A Diferença entre Vender e Comprar

Em outras palavras, o investidor ideal é alguém que monta uma empresa e vende suas ações. Quando examinamos um folheto de lançamento de IPO, os investidores ideais são aqueles listados como os acionistas que estão vendendo as ações; eles não são compradores de ações. E como podemos ver por seu patrimônio líquido, parece haver uma tremenda diferença de riqueza entre os acionistas que vendem as ações e aqueles que as compram.

A Última Perna

Em 1994, senti que tinha completado com sucesso boa parte do plano que o pai rico e eu tínhamos formulado naqueles idos de 1974. Eu me sentia bastante à vontade com a minha capacidade de gerenciar a maioria dos elementos do triângulo D–I. Entendia bastante bem a legislação societária e podia conversar com advogados e contadores. Sabia as diferenças entre as diversas estruturas corporativas e quando usar uma em preferência a outra. Estava à vontade com a minha habilidade de comprar e administrar imóveis. Em 1994, nossas despesas estavam sob controle e, em sua maior parte, transformadas em gastos da empresa a serem pagos com dinheiro antes dos impostos. Pagávamos pouco imposto de renda simplesmente por não termos emprego no sentido comum da palavra. A maior parte de nossa renda tomava a forma de renda passiva, tínhamos alguma renda de portfólio, prin-

Capítulo 39

cipalmente fundos mútuos. E também renda gerada por algum investimento em negócios de outras pessoas.

Mas, certo dia, quando eu estava avaliando o meu tetraedro, vi claramente que uma de suas pernas estava realmente fraca — aquela relativa aos ativos de papel.

Meu tetraedro tinha o seguinte aspecto:

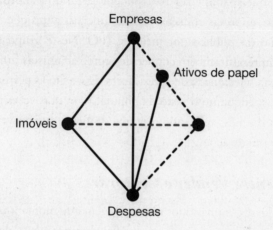

Em 1994, eu estava satisfeito com meu sucesso. Kim e eu tínhamos independência financeira e poderíamos deixar de trabalhar pelo resto de nossas vidas, a menos que sobreviesse alguma catástrofe financeira. Contudo, era óbvio que uma das pernas do meu tetraedro estava fraca. Meu império financeiro parecia desequilibrado.

Entre 1994 e 1995, passei um ano nas montanhas pensando em como reforçar essa perna, a dos ativos de papel. Tinha que decidir se queria realmente realizar todo o trabalho necessário para tal. Financeiramente, minha situação era boa e, na minha cabeça, não havia muita necessidade de títulos para estar financeiramente seguro. Estava bem como estava, e poderia enriquecer muito mais sem eles.

Depois de um ano de dúvidas e vacilações, decidi que precisava reforçar essa perna dos ativos de papel. Se não o fizesse, estaria desistindo de algo. Isso era uma ideia perturbadora.

Precisava também resolver se queria investir do lado de fora, como faz a maior parte das pessoas que compra ações. Em outras palavras, precisava decidir se queria ser um acionista comprador ou se deveria aprender a investir do lado de dentro. Em qualquer hipótese, seria uma experiência de aprendizado, quase que um começar de novo.

O Guia de Investimentos

É relativamente fácil entrar no ramo dos imóveis ou das pequenas empresas. É por isso que aconselho às pessoas que desejam realmente adquirir experiência quanto aos dez controles do investidor a começar por aí. Contudo, passar para o lado de dentro de uma empresa antes que seu capital seja aberto ao público, por meio de uma compra de ações pré-IPO, é outra história. Geralmente, os convites para investir em empresas cujo capital ainda não foi aberto ao público são reservados a uma pequena elite e eu não pertencia a ela. Eu não era suficientemente rico e o meu dinheiro era demasiado novo para pertencer ao grupo. Além disso, não tinha as conexões familiares ou universitárias necessárias. Meu sangue é vermelho, não azul; não sou branco nem jamais passei por Harvard. Precisava descobrir como fazer parte do grupo de elite que é convidado a investir nas melhores empresas antes que elas abram seu capital.

Por alguns momentos, senti pena de mim mesmo, me autodiscriminando, sem confiança. Meu pai rico já falecera e eu não tinha a quem pedir orientação. Depois desses momentos de autopiedade, percebi que vivia em um país livre. Se Bill Gates tinha podido largar a faculdade, fundar uma empresa e abrir seu capital ao público, por que é que eu não podia fazer o mesmo? Não é para isso que vivemos em um país livre? Não podemos escolher entre ser ricos ou pobres? Não é por isso que os barões em 1215 forçaram o rei João a assinar a Carta Magna? Em fins de 1994, resolvi que, como ninguém ia me convidar a entrar no clube dos *insiders*, eu teria que descobrir um e pedir para ser convidado — ou então começar o meu próprio clube. O problema é que eu não sabia por onde começar — especialmente em Phoenix, Arizona, muito distante de Wall Street.

No dia de Ano-Novo, em 1995, meu melhor amigo, Larry Clark, e eu escalamos uma montanha perto de casa. Era nosso ritual de passagem de ano, quando discutíamos nossas realizações do ano anterior e fazíamos os planos para o ano seguinte. Ficamos cerca de três horas no topo da montanha, examinando nossas vidas, os acontecimentos do ano findado, e nossas esperanças, sonhos e metas para o futuro. Larry e eu somos amigos há mais de 25 anos (entramos juntos na Xerox, em Honolulu, em 1974). Ele se tornara meu melhor amigo porque tínhamos mais em comum do que Mike e eu, nesse estágio da vida. Mike já era muito rico, e Larry e eu estávamos começando praticamente a partir do nada, apenas com o desejo de enriquecer.

Larry e eu fomos sócios em vários negócios. Muitos deles fracassaram antes mesmo de sair do papel. Quando recordávamos esses negócios, ríamos da nossa

Capítulo 39

ingenuidade passada. Contudo, outros de nossos negócios foram muito bem-sucedidos. Fomos sócios na empresa de carteiras de náilon e velcro, em 1977, e a transformamos em um negócio de âmbito mundial. Começamos nossa amizade fazendo negócios juntos, e ficamos amigos desde essa época.

Quando a empresa das carteiras começou a ter problemas, em 1979, Larry voltou ao Arizona e começou a construir sua fama e sua fortuna como incorporador imobiliário. Em 1995, a revista *Inc.* o escolheu como o construtor que mais crescia e ele entrou para a prestigiada lista dos empreendedores de maior crescimento. Em 1991, Kim e eu mudamos para Phoenix por causa do clima e do golfe, mas principalmente pelos terrenos que o governo federal estava vendendo a preço de banana.

Naquele belo dia de Ano-Novo de 1995, mostrei a Larry o diagrama do meu tetraedro e lhe falei da necessidade de reforçar a perna dos ativos de papel. Falei do meu desejo de investir em uma empresa antes que ela abrisse o capital ao público ou, quem sabe, fundar minha própria empresa e abrir seu capital. No final da explicação, tudo o que Larry disse foi: "Boa sorte." Terminamos o dia fazendo uma lista das nossas metas em uma ficha e dando um aperto de mãos. Escrevemos nossas metas, porque meu pai rico sempre dizia: "Metas precisam ser claras, simples e postas no papel. Se não estiverem no papel e não forem revistas todo dia, não são verdadeiras metas. São desejos." Sentados no topo da montanha fria, falamos da meta de Larry de vender sua empresa e de se aposentar. Ao fim de sua explanação, apertei sua mão e disse: "Boa sorte." E juntos descemos a montanha.

Periodicamente, eu voltava ao que estava escrito naquela ficha. Minha meta era simples. Lá estava escrito: "Investir em uma empresa antes que seu capital fosse aberto e adquirir 100 mil ou mais ações por um preço unitário de menos de US$1." Até o final de 1995, nada tinha acontecido. Não tinha alcançado minha meta.

No dia de Ano-Novo do ano seguinte, Larry e eu sentamos no topo da mesma montanha e falamos de nossos resultados do ano anterior. A empresa de Larry estava a ponto de ser vendida, mas o negócio ainda não fora fechado. De modo que não tínhamos alcançado nossas metas para 1995. Larry estava próximo de alcançar seu objetivo, mas eu parecia estar longe do meu. Larry perguntou se eu desejava abandonar essa meta e escolher outra. Enquanto estávamos falando, percebi que embora eu tivesse posto minha meta no papel, eu não acreditava que ela fosse possível. Bem no fundo, eu não acreditava que tivesse inteligência suficiente, qualificações ou que alguém desejasse que eu entrasse para aquele grupo de elite. Quanto mais falávamos de minha meta, mais furioso eu ficava comigo mesmo por duvidar tanto de mim e me menosprezar tanto. "Mas, pensando bem", disse Larry, "você conseguiu o que queria. Sabe como montar e conduzir uma empresa lucrativa. Por que você não pode ser um ativo valioso para uma equipe que deseje abrir o capital de uma empresa?" Depois de reexaminar nossas metas e de apertar as mãos, desci a montanha envolto em dúvidas e perplexidades, porque nesse momento queria minha meta mais do que nunca. E também desci com mais determinação para tornar o meu objetivo real.

Por cerca de seis meses, nada aconteceu. De manhã, lia minha meta e passava às atividades diárias, que na época eram voltadas para a produção do meu jogo de tabuleiro *CASHFLOW*®. Um dia, minha vizinha Mary bateu à porta, e disse: "Tenho um amigo que você devia conhecer", perguntei por quê. Tudo o que ela respondeu foi: "Não sei. Acho que vocês iam se dar bem. Ele é um investidor como você." Confiei em minha amiga e aceitei me encontrar com ele em um almoço.

Uma ou duas semanas depois, almocei no clube de golfe de Scottsdale, Arizona, com seu amigo Frank — um homem alto, distinto, que fala bem e que tem uma idade próxima à que o meu pai rico teria se ainda fosse vivo. No decorrer do almoço, descobri que Frank passara a maior parte de sua vida adulta em Wall Street, em sua própria corretora, e que tinha fundado algumas empresas e aberto seu capital ao público. Ele possui empresas listadas nas bolsas dos Estados Unidos, do Canadá, na NASDAQ e no grande painel da Bolsa de Valores de Nova York. Ele não é apenas uma pessoa que criou ativos, ele era uma pessoa que investiu do outro lado da moeda dos mercados de valores. Senti que ele poderia me orientar em um mundo que poucos investidores chegam a conhecer. Ele poderia me levar para o outro lado do espelho, me mostrar os bastidores e aumentar a minha compreensão dos maiores mercados de capital do mundo.

Depois de se aposentar, ele mudou-se para o Arizona com a mulher e vive tranquilamente em sua propriedade no deserto, longe do burburinho da progressista cidade de Scottsdale. Quando Frank me contou que estivera envolvido na abertura de capital de cerca de cem empresas ao longo de sua carreira, soube por que estava almoçando com ele.

Não querendo parecer demasiado ansioso ou agressivo, procurei me controlar da melhor forma possível. Frank é uma pessoa muito fechada e só concede seu tempo a pouquíssima gente. O almoço terminou de modo agradável sem que eu falasse daquilo que queria realmente falar. Como já disse, eu não queria parecer ansioso ou ingênuo.

Capítulo 39

Nos dois meses seguintes, liguei para marcar outro encontro. Sempre um cavalheiro, Frank recusava com gentileza ou evitava marcar uma data. Finalmente, ele concordou e me disse como eu poderia chegar à sua residência, lá no meio do deserto. Marcamos a data e eu comecei a ensaiar o que diria.

Depois de uma semana de espera, finalmente fui visitá-lo. A primeira coisa que vi foi o aviso de "Cuidado com o cachorro". Meu coração batia enquanto eu percorria o caminho que levava à mansão e, então, me deparei com um grande vulto preto no meio do caminho. Era o cachorro que deveria me assustar e, de fato, ele era grande. Estacionei bem em frente ao cachorro, porque ele não saía do lugar. Cerca de vinte passos me separavam da porta da casa, e no meio estava o cachorro. Abri lentamente a porta da minha caminhonete e percebi que ele dormia profundamente. Desci da cabine, mas logo que pus o pé no chão, o cachorro se levantou e me encarou enquanto eu olhava para ele. Meu coração estava acelerado e eu me preparava para voltar a entrar na caminhonete quando de repente o cachorro começou a abanar o rabo e veio me cumprimentar. Passei alguns momentos sendo lambido pelo imenso cão de guarda.

Minha mulher, Kim, e eu temos uma regra quando se trata de negócios. "Nunca faça negócios com animais de estimação nos quais você não confia." Com os anos, verificamos que as pessoas e os seus bichos se assemelham. Certa vez, fizemos uma transação imobiliária com um casal que tinha vários animais de estimação. Ele gostava de cachorros pequenos, e ela adorava aves exóticas coloridas. Quando Kim e eu fomos a sua casa, os cachorros e os pássaros pareciam mansos, mas de perto eram malvados. Quando a gente se aproximava, eles começavam a latir ou a grasnar agressivamente. Uma semana depois de fechar o negócio, Kim e eu descobrimos que os donos eram exatamente iguais a seus bichos — bonitos por fora, mas malvados por dentro. Nas letras miúdas do contrato, havia cláusulas que nos prejudicaram bastante. Nem nosso advogado tinha percebido. O investimento acabou sendo bom, mas, a partir daí, Kim e eu temos essa política: se estamos em dúvida quanto às pessoas com quem fazemos negócio e se estas têm bichos de estimação, procuramos nos informar sobre estes. As pessoas são capazes de parecer simpáticas e dizer coisas falsas com um sorriso, mas os bichos não mentem. Com o decorrer dos anos, descobrimos que essa regra simples é bastante eficaz. Percebemos que o lado de dentro da pessoa é refletido pelo lado de fora do seu bicho. Portanto, meu encontro com Frank parecia ter começado bem.

Mas não foi bem assim. Perguntei a Frank se podia aprender com ele a ser um investidor *insider*. Disse que trabalharia de graça se ele me ensinasse o que sabia sobre o processo de abrir o capital de uma empresa. Expliquei que era financeiramente independente e que não precisava de dinheiro para trabalhar para ele. Frank se mostrou cético por cerca de uma hora. Ficamos discutindo o valor do seu tempo, questionando a minha capacidade de aprender depressa e a minha disposição de perseverar no processo. Ele receava que eu desistisse logo que eu conhecesse as dificuldades envolvidas, considerando que a minha formação era fraca no que se referia a finanças e mercados de capital como os de Wall Street. Ele disse também: "Nunca ninguém se ofereceu para trabalhar de graça para mim só pelo aprendizado. As pessoas só me pedem dinheiro emprestado ou emprego." Garanti que tudo o que eu desejava era a oportunidade de trabalhar para ele e aprender. Contei como o pai rico me orientara durante anos, e como eu trabalhara de graça boa parte do tempo. Finalmente, ele perguntou: "Até que ponto está disposto a aprender?"

Olhei-o firmemente nos olhos, e disse: "Faria qualquer coisa para isso."

"Bom", respondeu, "atualmente, estou pensando em um negócio com uma mina de ouro falida nos Andes peruanos. Se você quer realmente aprender comigo, voe para Lima na quinta-feira, inspecione a mina com minha equipe, fale com o banco, descubra quanto estão querendo por ela, volte e faça um relatório. E, aliás, toda a viagem é por sua conta."

Esbugalhei os olhos: "Voar para o Peru nesta quinta-feira?"

Frank sorriu: "Ainda está querendo juntar-se à minha equipe e aprender como se abre o capital de uma empresa?" Senti um nó no estômago e comecei a suar. Sabia que a minha determinação estava sendo testada. Era uma terça-feira e eu já tinha coisas agendadas para a quinta-feira. Frank esperou pacientemente enquanto eu ponderava minhas opções. Finalmente, ele perguntou, sorrindo: "Bom, ainda está querendo aprender?"

Sabia que era um momento definitivo. Sabia que devia aceitar ou me calar. Agora, eu estava testando a mim mesmo. Minha escolha não tinha nada a ver com Frank. Tinha tudo a ver com a futura evolução do meu desenvolvimento pessoal.

Em momentos assim, repito os versos do grande filósofo Johann Wolfgang Von Goethe:

*Até o momento do compromisso há hesitação,
uma chance de recuar, sempre ineficaz.*

Capítulo 39

Em relação a todos os atos de iniciativa e criação,
há uma verdade elementar,
cuja ignorância mata inúmeros sonhos e planos esplêndidos:
no momento em que a pessoa realmente assume um compromisso,
a providência também se põe em movimento...
Seja o que for que você faça ou sonhe em fazer, comece.
A audácia tem força, poder e magia. Comece agora.

É esta frase, "a providência também se põe em movimento", que me leva a dar um passo adiante quando o resto de mim quer recuar. Os dicionários definem "providência" como "orientação ou cuidado divino. Deus entendido como o poder que sustenta e orienta o destino humano". O que digo é que sempre que chego ao meu limite ou estou a ponto de dar um passo no desconhecido, tudo o que tenho comigo nesse momento é a confiança em um poder muito maior do que eu. Nesses instantes — momentos em que sei que devo saltar sobre o abismo —, respiro fundo e avanço. Isto pode ser considerado um ato de fé. Digo que é um teste da minha confiança em um poder muito maior do que eu. Em minha opinião, foram esses primeiros passos que fizeram toda a diferença na minha vida. Os resultados iniciais nem sempre foram os que eu teria desejado, mas, em longo prazo, a minha vida sempre mudou para melhor.

Eu tenho um profundo respeito por estes versos de Goethe:

Seja o que for que você faça ou sonhe em fazer, comece.
A audácia tem força, poder e magia. Comece agora.

E enquanto as palavras do poeta sumiam, olhei para a frente e disse: "Vou para o Peru esta quinta-feira."

Frank sorriu, e disse: "Aqui está uma lista das pessoas que você vai encontrar e de onde as encontrará. Ligue assim que voltar."

Isto Não É uma Recomendação

Definitivamente, esse não é o caminho que eu aconselharia a quem deseja aprender a abrir o capital de uma empresa. Há caminhos mais interessantes e fáceis. Contudo, foi esse o caminho que se apresentou para mim. Portanto, descreverei fielmente o processo por meio do qual acabei por alcançar a minha meta. Acho que todos devem confiar em suas forças e fraquezas mentais e emocionais. Estou simplesmente relatando o processo pelo qual passei após ter visto qual seria o próximo rumo da minha vida. Não foi árduo do ponto de vista mental, mas emocionalmente foi um desafio, como ocorre com muitas das mudanças significativas de nossa vida.

Meu pai rico costumava afirmar: "A realidade de uma pessoa é a fronteira entre a fé e a autoconfiança." E traçava um diagrama assim:

```
              R
              E
              A
              L
              I
Autoconfiança D    Fé
              A
              D
              E
```

Ele dizia, então: "As fronteiras da realidade de uma pessoa muitas vezes não mudam até que a pessoa renuncie à autoconfiança e se entregue cegamente à fé. Muitas pessoas não enriquecem porque acabam se deixando limitar por sua autoconfiança e não pela plenitude de sua fé."

Naquela quinta-feira, no verão de 1996, eu estava a caminho dos Andes peruanos para inspecionar uma mina que fora explorada pelos incas e, depois, pelos espanhóis. Estava me jogando com ousadia, sustentado pela fé, em um mundo que me era totalmente desconhecido. Contudo, devido a esse passo, um novo mundo de investimentos se abriu diante de mim. Minha vida não foi a mesma depois que resolvi dar esse passo. Minha realidade, em termos do que é possível financeiramente, não é mais a mesma. Minha perspectiva em termos da riqueza que podemos obter se expandiu. Quanto mais trabalho com Frank e sua equipe, mais longe essas fronteiras de riqueza se situam.

Hoje, continuo expandindo meus limites, e posso ouvir meu pai rico dizendo: "Uma pessoa só é limitada por sua realidade em termos do que é possível financeiramente. Nada muda até que a realidade da pessoa mude. E a realidade financeira de uma pessoa não muda até que ela se disponha a ir além de seus medos e dúvidas ou dos limites a que se impôs."

Capítulo 39

Frank Manteve a Sua Palavra

Voltando de viagem, apresentei meu relatório a Frank. A mina ainda era valiosa com veios de ouro fartos e comprovados, mas tinha problemas financeiros e enfrentava desafios operacionais. Desaconselhei a aquisição porque ela tinha problemas sociais e ambientais que exigiriam milhões de dólares para serem sanados. Para torná-la operacionalmente eficiente, seus novos proprietários teriam que reduzir o pessoal em pelo menos 40%. Seria como destruir a economia da cidade em que estava situada. Eu disse a Frank: "Durante séculos, essas pessoas moraram lá, a quase 5 mil metros acima do nível do mar. Gerações de seus antepassados estão ali enterradas. Não creio que seja oportuno sermos os que as obrigarão a abandonar o seu lar e o de seus antepassados para buscar trabalho no sopé da montanha. Teríamos mais problemas do que desejaríamos."

Frank concordou com as minhas conclusões e, mais importante, concordou em me ensinar. Logo, estávamos procurando minas e campos petrolíferos em outros lugares do mundo, e teve início um novo capítulo em meu processo de formação.

Do verão de 1996 ao outono de 1997, trabalhei como aprendiz com Frank. Ele estava ocupado com o desenvolvimento de sua empresa, a EZ Energy Corporation (um nome fictício), cujo capital estava para ser aberto ao público na Bolsa de Valores de Alberta (Canadá) quando cheguei. Como estava entrando em uma equipe já em andamento, não pude adquirir ações antes de IPO, ao preço para o investidor *insider*. Não seria adequado que eu investisse com os fundadores, pois eu era novato e não tinha sido testado. Contudo, consegui adquirir um considerável bloco de ações ao preço de IPO de cinquenta centavos de dólar (canadense) por ação.

Depois de encontrar petróleo na Colômbia e um campo de gás natural em Portugal, as ações da EZ Energy estavam sendo negociadas em torno de dois a 2,35 dólares canadenses, por ação. Se a descoberta em Portugal se mostrasse tão grande quanto indicada pelas prospecções, o preço da ação poderia alcançar, em algum momento do ano 2000, cerca de cinco dólares canadenses. Se, e isso é um se sujeito a muitas condições, o campo português fosse tão bom quanto esperávamos, o preço da ação poderia subir em dois ou três anos para algo em torno de 15 a 25 dólares canadenses. Esse é o lado positivo.

Mas há também um lado negativo nestas ações de microempresas. Nesses dois a três anos, o preço dessas ações poderia cair para zero. Muitas coisas podem acontecer com empresas nesse estágio de desenvolvimento.

Embora a EZ Energy seja uma empresa muito pequena, o aumento no valor para aqueles a quem Frank chama de "investidores iniciais" é até agora muito bom. Se tudo correr como se espera, eles ganharão bastante dinheiro. Os investidores iniciais (os investidores comuns pré-IPO) aplicaram US$25 mil por 100 mil ações, ou US$0,25 por ação. Investiram esse dinheiro confiando na fama de Frank, na força do conselho diretor da empresa e na experiência da equipe de exploração. Na época da colocação privada, e até a oferta pública, não havia garantias nem valor certo em que investir. Em outras palavras, no início, o investimento é apenas P (preço) e nenhum L (lucro). A princípio, a participação acionária só foi oferecida aos amigos de Frank e a seu círculo de investidores.

Nesse estágio do ciclo do investimento, os investidores investem nas pessoas da equipe. Elas — muito mais do que o produto, seja petróleo, ouro, um serviço de internet ou qualquer coisa imaginável — são muito mais importantes do que qualquer outro elemento da equação. A regra de ouro "O dinheiro segue a gestão" é extremamente importante neste estágio do desenvolvimento de uma empresa.

Em vez de falar das qualidades, das esperanças e dos sonhos desta empresa, penso que é melhor apresentar simplesmente os fatos relativos a essa empresa negociada na Bolsa de Valores.

Os fundadores da empresa deram tempo e energia em troca das ações da empresa. Em outras palavras, a maior parte dos fundadores trabalha de graça, investindo tempo e competências em troca de blocos de ações. O valor das ações quando emitidas é muito pequeno, de modo que ganham pouquíssimo, se é que ganham alguma renda. Eles trabalham sem remuneração, com a intenção de aumentar o valor de seu capital, o que gerará renda de portfólio em vez de renda do trabalho. Alguns poucos fundadores recebem um pequeno salário pelos seus serviços. Eles trabalham visando a remuneração maior que virá se eles fizerem um bom trabalho no desenvolvimento da empresa e em sua valorização.

Como a maioria dos diretores não recebe salário, é do seu maior interesse aumentar e continuar aumentando o valor da empresa. Seu interesse pessoal é o mesmo dos acionistas, que é um aumento constante do preço das ações. O mesmo se aplica a muitos dos executivos da empresa. Eles podem receber salários baixos, mas estão mais interessados no aumento do preço das ações.

Os fundadores são de extrema importância para o sucesso de uma empresa nova porque sua fama e competência dão credibilidade, impulso e legitimidade a um projeto que muitas vezes existe apenas no papel. Uma vez que o capital da empresa

Capítulo 39

é aberto ao público e a operação é bem-sucedida, alguns dos fundadores podem se afastar, levando consigo suas ações. Uma nova equipe de gestão os substitui e os fundadores passam à criação de uma nova empresa, repetindo o processo.

A História da EZ Energy

Após a fundação da empresa, ocorreu a seguinte sequência de eventos:

1. Os investidores iniciais aplicaram US$25 mil em 100 mil ações ou US$0,25 por ação. Neste estágio, a empresa tinha um plano preliminar, mas ainda não possuía qualquer licença de exploração. Não havia ativos. Os investidores iniciais investiram em gestão.

2. As ações estão sendo negociadas atualmente por algo entre 2 e 2,35 dólares canadenses por ação.

3. Portanto, o bloco de 100 mil ações dos investidores antecipados vale atualmente de 200 mil a 235 mil dólares canadenses — US$160 mil a US$170 mil. Agora, a tarefa dos diretores é continuar aumentando o valor da empresa e o preço de suas ações comercializando o petróleo encontrado, perfurando mais poços e descobrindo novas reservas de petróleo. No papel, os investidores ganharam cerca de US$140 mil em retorno do seu investimento de US$25 mil. Estão no negócio há cinco anos, de modo que a taxa anual de retorno seria de 45% se vendessem suas ações.

4. O problema para os investidores é que a empresa é pequena e as ações, pouco negociadas. Um investidor com uma carteira de 100 mil ações não poderia vender suas ações sem deprimir significativamente os seus preços. A valorização de todo o bloco de ações é sob vários aspectos apenas uma valorização no papel.

Se tudo correr como planejado, a empresa crescerá, e mais gente começará a se interessar pela empresa e suas ações. Isso facilitará a compra e a venda de grandes blocos de ações. É seguro afirmar que, devido às boas notícias em termos de descobertas, os maiores investidores da empresa estão segurando suas ações em vez de vendê-las.

Por que uma Bolsa Canadense?

Quando comecei a trabalhar com Frank, lhe perguntei por que preferia as bolsas canadenses às bem conhecidas NASDAQ ou Wall Street. Nos Estados Unidos, as bolsas de valores canadenses são muitas vezes vistas como os humoristas dos mercados de capitais americanos. E, contudo, Frank recorre a elas, porque:

1. As bolsas canadenses são líderes mundiais no financiamento de pequenas empresas de recursos naturais. Frank recorre a elas porque se dedica principalmente a esse tipo de atividade. Frank é como Warren Buffett, que tende a preferir negociar nos ramos de atividade que entende. "Entendo de petróleo e gás, ouro e prata", diz Frank. "Entendo de recursos naturais e de metais preciosos." Se Frank desenvolvesse uma empresa de tecnologia, provavelmente abriria seu capital em bolsas dos Estados Unidos.

2. A NASDAQ e a Wall Street ficaram muito grandes para dar atenção a pequenas empresas. Frank disse: "Quando comecei com esse negócio, na década de 1950, uma pequena empresa poderia obter a atenção dos corretores nas principais bolsas de valores. Hoje, as empresas de internet, muitas sem qualquer lucro, concentram mais dinheiro do que muitas das maiores empresas da Era Industrial. Portanto, as maiores corretoras não estão muito interessadas em pequenas empresas que precisam levantar apenas alguns milhões de dólares. As corretoras dos Estados Unidos só se interessam em lançamentos de US$100 milhões ou mais.

3. As bolsas de valores canadenses permitem que os pequenos empreendedores fiquem em atividade. Penso que Frank recorre às bolsas canadenses principalmente porque está aposentado. Ele fala frequentemente: "Não preciso do dinheiro, de modo que não preciso montar uma grande empresa apenas para ganhar muito. Gosto é do jogo, ele me mantém mais ativo, e onde mais meus amigos poderiam entrar em uma IPO de 100 mil ações por apenas US$25 mil? Faço isto porque ainda me divirto, gosto dos desafios e posso ganhar dinheiro. Adoro criar empresas, abrir seu capital ao público e acompanhar seu crescimento. E também gosto de ver meus amigos e suas famílias enriquecendo."

Frank também faz uma advertência. "Só porque as bolsas de valores canadenses são pequenas, não quer dizer que qualquer um possa entrar nelas.

Capítulo 39

Algumas das bolsas canadenses têm fama discutível por causa de transações passadas. Para trabalhar nelas, é preciso conhecer bem os meandros da abertura de capital de uma empresa."

4. O interessante é que o sistema canadense de mercados de capital está aperfeiçoando sua regulamentação, que é implementada mais atentamente. Em alguns anos, acredito que as bolsas canadenses crescerão à medida que mais e mais pequenas empresas do mundo inteiro se voltarem para as bolsas menores para levantar o capital de que necessitam.

Cuidado com o promotor das ações[1]. Nos poucos anos em que tenho me dedicado a essa atividade, me deparei com três pessoas que tinham as credenciais adequadas, e os títulos cabíveis, que contavam histórias convincentes, levantavam dezenas de milhares de dólares e não tinham a menor ideia de como iniciar um negócio e criar uma empresa a partir da estaca zero. Essas pessoas costumam viajar na primeira classe ou em jatinhos particulares, ficam nos melhores hotéis, promovem jantares luxuosos, bebem os melhores vinhos e levam uma vida luxuosa à custa do dinheiro de seus investidores. Mas a empresa logo fecha, pois não foi de fato desenvolvida. O fluxo de caixa se evapora. Essas pessoas partem para outra empreitada e repetem tudo novamente. Como distinguir um empreendedor sincero de um sonhador que te faz perder o tempo? Não sei. Dois em cada três me iludiram até suas empresas sumirem do mapa. O melhor conselho que posso dar é que é necessário examinar realizações passadas, conferir as referências e deixar que seu sexto sentido ou intuição o oriente.

5. Se uma pequena empresa cresce e prospera, pode mais adiante ser negociada nas bolsas maiores, como a NASDAQ ou a bolsa de Nova York. As empresas que passam das bolsas canadenses para as dos Estados Unidos em geral registram grande valorização (às vezes de mais de 200%).

A maioria das grandes empresas de hoje começou como pequenas empresas desconhecidas. Em 1989, a Microsoft era uma pequena empresa cujas ações eram vendidas a US$6 cada uma. Em 1991, as ações da Cisco eram vendidas por apenas US$3

---

[1] Não existe essa figura no Brasil. O mais próximo é o Banco de Investimentos responsável pela estruturação da abertura de capital de uma empresa, e que se esforça por "vender" a ideia de que a empresa tem futuro. (N. E.)

cada, e elas já foram desdobradas oito vezes. Essas empresas empregaram o dinheiro de seus investidores sabiamente, e se tornaram motores da economia mundial.

Um Processo Difícil

As exigências das maiores bolsas dos Estados Unidos para o registro de ações a serem negociadas tornaram a IPO um processo difícil para a maioria das empresas. Como informa o *Ernst & Young Guide to Taking Your Company Public*, a Bolsa de Valores de Nova York exige que a empresa tenha ativos tangíveis de US$18 milhões e uma receita, antes da incidência dos impostos, de US$2,5 milhões. A American Stock Exchange exige que o patrimônio dos acionistas seja de US$4 milhões e que o valor de mercado da IPO seja de no mínimo US$3 milhões. E a NASDAQ exige ativos tangíveis de no mínimo US$4 milhões e que o valor de mercado da IPO seja de no mínimo US$3 milhões.

Muitas empresas pequenas e médias que não atendem a essas exigências buscam oportunidades de fusões, que lhes permitam se fundir com uma empresa de capital aberto já existente. Com esse processo, a empresa pode negociar suas ações ao público ao assumir o controle da nova empresa de capital aberto resultante da fusão.

As empresas podem também procurar outras bolsas estrangeiras, como as canadenses, onde as exigências de entrada não são tão rigorosas.

Quem Compra no Canadá?

Em uma das palestras sobre investimentos que fiz na Austrália, alguém do público questionou minha sanidade mental por investir em metais preciosos e petróleo. A pergunta foi: "Se todos estão investindo em empresas de alta tecnologia e de internet, por que o senhor se preocupa com as rebarbas da economia?"

Expliquei que é sempre menos dispendioso ser um investidor que rema contra a maré; isto é, um investidor que procura ações pouco valorizadas. "Alguns anos atrás", falei, "quando todos negociavam ouro, prata e petróleo, os preços das licenças de exploração que alicerçam esses lançamentos de novas ações eram muito elevados. Era muito difícil encontrar um negócio a preço atrativo. Agora que os preços do petróleo, do ouro e da prata estão baixos, é fácil encontrar bons negócios e as pessoas estão mais dispostas a fazer concessões, porque essas commodities não estão na moda." O preço do petróleo começou a subir novamente, valorizando as ações de nossa empresa petrolífera.

Capítulo 39

Também, neste período, Buffett anunciou que estava comprando bastante prata. Em fevereiro de 1998, o investidor bilionário revelou que tinha comprado 130 milhões de onças de prata, que armazenara em um depósito em Londres. Em 30 de setembro de 1999, a *Canadian Business* publicou um artigo em que informava que o homem mais rico do mundo, Gates, tinha adquirido, por 12 milhões de dólares canadenses, 10,3% de uma empresa canadense de prata listada na bolsa de valores de Vancouver, Canadá. Gates estava adquirindo ações dessa empresa desde fevereiro de 1999. Quando anunciamos isso a nossos investidores, a notícia foi recebida como uma recompensa pelos anos de confiança depositados em nós.

Nem Sempre Se Ganha de Goleada

Nem todas as empresas em seu início atingem resultados tão bons quanto a EZ Energy. Algumas nem decolam depois de ter aberto seu capital ao público, e os investidores perdem boa parte, senão tudo, do dinheiro que aplicaram. Portanto, eles precisam ser qualificados, e devem saber que se trata de um tipo de investimento "ou tudo ou nada" que estamos levando ao mercado.

Como um dos sócios de Frank, falo agora aos investidores em potencial sobre as implicações de se ser um investidor inicial de novas empresas. Explico os riscos antes de discutir a atividade, as pessoas envolvidas ou as compensações. Muitas vezes, inicio a apresentação dizendo: "O investimento sobre o qual vou falar é altamente especulativo, destinado principalmente às pessoas que atendem aos requisitos do investidor comum." Se alguém não sabe que requisitos são esses, explico as normas da SEC. Também destaco a possibilidade de perda de todo o dinheiro investido, repetindo isso várias vezes. Se há ainda interesse, passo a explicar por que as aplicações em nosso investimento não deveriam nunca superar 10% do total de seu capital de investimento. Então, e somente então, se há ainda interesse, passo a explanar o investimento propriamente dito, seus riscos, a equipe que está à sua frente e os possíveis retornos.

No fim da apresentação, abro espaço para perguntas. Depois de respondê-las, volto a reiterar os riscos. E concluo dizendo: "Se perderem seu dinheiro, tudo o que posso oferecer é a primeira oportunidade de investir em nosso próximo negócio." Nesse momento, a maioria das pessoas está plenamente consciente dos riscos envolvidos, e diria que cerca de 90% dos presentes desiste de investir conosco. Aos 10% interessados, apresentamos ainda maiores informações e tempo para pensar e, se o desejarem, desistir.

O Guia de Investimentos

Muitas das badaladas IPOs de empresas de internet de nossos dias afundarão nos próximos anos, e os investidores perderão milhões ou até bilhões de dólares. Embora a internet ofereça um novo horizonte de oportunidades, as forças econômicas só permitem que algumas poucas empresas pioneiras sejam as ganhadoras. Portanto, quer a empresa que abra seu capital ao público seja uma mineradora de ouro, uma fornecedora de encanamentos ou uma empresa de internet, as forças do mercado são ainda as detentoras de boa parte do controle.

Uma Formação Sólida

A decisão de ir ao Peru acabou sendo algo ótimo para mim. Aprendi tanto sendo discípulo e sócio de Frank quanto com meu pai rico. Depois de passar um ano e meio como aprendiz de Frank e de sua equipe, ele me ofereceu sociedade em sua empresa de capital de risco.

Desde 1996, ganhei a experiência de uma vida acompanhando a abertura de capital da EZ Energy e sua transformação em uma empresa viável que poderá vir a ser uma das principais companhias petrolíferas. Em decorrência dessa parceira, não apenas me tornei um homem de negócios mais sábio, como aprendi muito sobre o funcionamento dos mercados de ações. Uma das minhas políticas é investir cinco anos no processo de aprendizado. Meus ganhos têm sido expressos no papel; contudo, a experiência adquirida com negócios e investimentos não tem preço. Talvez algum dia no futuro eu possa montar uma empresa para abrir o seu capital em uma bolsa dos Estados Unidos.

IPOs no Futuro

Atualmente, Frank e sua equipe de capital de risco, da qual faço parte, estão desenvolvendo outras três empresas, cujo capital será aberto ao público: uma empresa de metais preciosos com concessões de exploração na China, uma para explorar petróleo e gás na Argentina e outra de prata que adquire concessões de exploração na Argentina.

A empresa que exigiu mais tempo para se desenvolver foi a da China. Estávamos nos saindo muito bem em nossas negociações com o governo local, quando de repente, em 1999, um avião militar dos Estados Unidos bombardeou a embaixada chinesa em Kosovo. Dizem que os mapas não estavam atualizados. Qualquer que

Capítulo 39

tenha sido a razão, o incidente atrasou nossos negócios em dois anos. Contudo, continuamos fazendo progressos; lentos, mas firmes.

Quando as pessoas perguntam por que arriscamos tanto trabalhando na China, respondemos: "Em breve, será a maior economia do mundo. Embora os riscos sejam grandes, o retorno será assombroso."

Os investimentos atuais na China se assemelham aos investimentos ingleses na América, no século XIII. Estamos investindo em contatos e reputação. Estamos conscientes das diferenças políticas e dos problemas de direitos humanos. Como empresa, fazemos o possível para desenvolver relações firmes e comunicações transparentes com os nossos contatos na China, na esperança de ser parte da transformação da relação entre os dois países. A experiência de formação que tenho recebido não tem preço. É como ser parte da história. Às vezes, sinto até que é como se estivesse no mesmo navio de Colombo, viajando para um novo mundo.

Em geral, são necessários de três a cinco anos para abrir o capital de uma empresa. Quando isso ocorreu, alcancei o meu objetivo de me tornar um investidor ideal. Foi a minha primeira empresa de capital aberto, mas a nonagésima e alguma coisa para Frank.

Dados os riscos envolvidos, qualquer destes projetos em que estou atualmente trabalhando pode nunca abrir seu capital. E, se isso ocorrer, os cacos serão recolhidos e novos projetos iniciados. Nossos investidores conhecem os riscos envolvidos e também que seu plano de investimentos é pôr um pouco de dinheiro em vários desses pequenos empreendimentos. Também sabem que serão convidados a investir em qualquer novo lançamento que fizermos. Para dar de goleada, basta um projeto. Em investimentos como estes não é de forma alguma prudente pôr todos os ovos no mesmo cesto. É por causa desses riscos que a SEC fixa critérios mínimos para a participação de investidores em tais investimentos especulativos.

O próximo capítulo esboça rapidamente os passos necessários para, a partir de uma ideia, montar uma empresa e, quem sabe, acabar por abrir seu capital ao público. Embora não tenha sido um processo fácil para mim, tem sido muito empolgante.

O Rito de Passagem

Abrir o capital de uma empresa é o rito de passagem para um empresário.

Seria como o convite recebido pelo astro do time da faculdade para se tornar um jogador profissional na seleção. Segundo a revista *Fortune*: "Se a sua empresa for adquirida, ela o valida. Se a sua empresa abre o capital, é o mercado — o mundo — que valida você."

É por isso que o pai rico chamava a pessoa que podia criar a empresa da estaca zero e abrir seu capital ao público de investidor ideal. Esse título lhe escapou. Embora tivesse investido em várias empresas que acabaram abrindo o capital, nenhuma das empresas que fundou chegou a fazê-lo. Seu filho, Mike, assumiu seus negócios e continuou a expandi-los, mas nunca criou uma empresa para abrir seu capital. Portanto, tornar-me um investidor ideal significará que concluí o processo de treinamento do pai rico.

Capítulo 40
VOCÊ É O PRÓXIMO BILIONÁRIO?

Uma capa da revista *Forbes* mostrava a chamada: "The Billionaire Next Door." ("O Bilionário ao Lado", em tradução livre.) Havia nesse número um artigo intitulado, também em tradução livre, "Um século de Riqueza", com o subtítulo "De onde vêm as grandes fortunas?". No passado, o petróleo e o aço eram o alicerce de muitas fortunas americanas. Atualmente, é mais uma questão de quantos olhos você comanda.

A matéria dizia: "Se nos referimos àqueles que consideramos riquíssimos, é preciso olhar mais para o alto: para bilionários, que estão sendo produzidos mais rápido do que nunca, recorrendo a produtos mais efêmeros para ganhar seu dinheiro. Rockefeller precisou de 25 anos de prospecção, perfuração e distribuição de petróleo para ganhar seu primeiro bilhão... Garry Winnick entrou para o clube dos bilionários 18 meses após ter posto seu dinheiro na Global Crossing, uma empresa que... desenvolveu uma rede mundial de telecomunicações por fibra ótica."

Então, quanto tempo se leva para ficar bilionário atualmente? A resposta é "pouco". Isso se torna ainda mais evidente para alguém como eu, da geração dos *baby boomers*, que observa a idade dos novos bilionários. Por exemplo, o bilionário Jerry Yang nasceu em 1968 (um ano antes de eu terminar a faculdade) e David Filo, seu sócio, nasceu em 1966 (um ano depois de eu entrar na graduação). Juntos, eles fundaram o Yahoo!, e agora valem mais de US$3 bilhões cada. Ao mesmo tempo em que esses jovens são super-ricos, encontro pessoas que receiam não ter o suficiente em seus fundos de aposentadoria quando chegar a hora de parar de trabalhar, dali a dez anos. Aí é que está a diferença entre os abastados e os carentes do futuro.

Capítulo 40

Estou Abrindo o Capital da Minha Empresa

Em 1999, só escutava falar, e só lia, a respeito de IPOs. Trata-se, definitivamente, de uma mania. Como sou muito convidado a investir em negócios de outras pessoas, ouço muitas propostas deste tipo: "Invista em minha empresa, em dois anos abriremos o capital ao público." Outro dia, um CEO, futuro bilionário em perspectiva, me ligou e pediu que o recebesse para apresentar-me seu plano de negócios e oferecer-me a oportunidade de investir em sua futura empresa de internet. Acabada a apresentação, ele disse, com ar de quem revela um grande segredo: "E naturalmente o senhor sabe o que acontecerá com o preço de nossas ações depois da IPO." Tive a sensação de estar ouvindo um vendedor de carros me dizendo que o modelo que eu desejava era o último que tinha e que me faria um favor especial vendendo-o pelo preço de tabela.

IPO virou mania, a chamada mania das "novas emissões". Até Martha Stewart abriu o capital de sua empresa e ficou bilionária. Ela se tornou bilionária porque ensina etiqueta e boas maneiras às massas, que sentem a necessidade disso. Penso que seus serviços têm valor, mas fico pensando se valerão bilhões. Contudo, quem acompanha a definição da *Forbes 400* (a riqueza é determinada pelo número de olhos que se controla), Martha Stewart tem as qualificações para ser bilionária. Sem dúvida, ela comanda um número significativo de olhos.

Minha preocupação com todas essas IPOs de empresas de nova tecnologia e de internet é que a regra dos 90/10 ainda está em vigor. Demasiadas dessas novas empresas estão sendo criadas por pessoas com pouquíssima experiência em negócios. Creio que quando, no futuro, nós voltarmos nossos olhos para essa época, verificaremos que 90% de IPOs fracassaram, e apenas 10% sobreviveram. As estatísticas relativas a pequenas empresas mostram que, em cinco anos, nove de cada dez pequenas empresas fracassam. Se a estatística for válida para IPOs, essa mania poderá nos levar para a próxima recessão e para uma possível depressão. Por quê? Porque milhões de investidores medianos estarão deprimidos. Não apenas milhões de pessoas terão perdido seus investimentos, como isso poderá afetar a sua capacidade de comprar novas casas, automóveis, barcos e aviões. Isso pode arrastar consigo o resto da economia.

Após o colapso de 1987, em Wall Street, circulou uma piada que era mais ou menos assim: "Qual é a diferença entre uma gaivota e um corretor de valores mobiliários?" Resposta: "A gaivota ainda consegue pagar a entrada de um BMW."

O Guia de Investimentos

Oferta do Mês

Comecei a trabalhar em IPO em 1978, no Havaí. Meu pai rico queria que eu aprendesse o processo de criar uma empresa para abrir seu capital ao público, enquanto eu montava a minha empresa de carteiras de náilon e velcro. Ele disse: "Nunca abri o capital de uma empresa, mas investi em várias que o fizeram. Gostaria que você aprendesse como se faz junto da pessoa com quem estou investindo." A pessoa a quem me apresentou era Mark, alguém muito parecido com meu sócio Frank. A diferença é que Mark era alguém que trabalhava com capitais de risco. Eu sou um veterano do Vietnã, então, a princípio, esses termos tinham um significado diferente para mim.

Pequenas empresas procuravam Mark quando precisavam de capital para iniciar suas atividades ou expandir seus negócios. Como eu precisava de muito dinheiro para a expansão, meu pai rico me incentivou a procurá-lo e a aprender do seu ponto de vista. Não foi um encontro agradável. Mark era bem mais durão do que o pai rico. Ele olhou meu plano de negócios e minhas demonstrações financeiras e ouviu por cerca de 23 segundos meus gloriosos planos para o futuro. E, então, começou a me estraçalhar. Disse por que achava que eu era estúpido, um louco e que estava completamente por fora. Disse que eu nunca deveria ter largado meu emprego e que eu estava com sorte do pai rico ser seu cliente. De outro modo ele jamais teria desperdiçado tempo com alguém tão incompetente quanto eu. Depois, falou em quanto avaliava minha empresa, quanto dinheiro poderia levantar com ela, as condições do negócio e que ele se tornaria meu novo sócio com controle da empresa. Como eu disse, o termo capital de risco soava muito familiar para ele.

Nesses negócios de IPOs, bancos de investimento e capitalistas de risco apresentam uma folha de papel chamada de "planilha de condições". É similar ao papel que os agentes imobiliários chamam de opção de venda. Resumidamente, ali se relacionam os termos e as condições da venda de sua empresa, da mesma maneira que os agentes imobiliários listam os termos e condições para a venda da sua casa.

E, do mesmo modo como ocorre no mercado imobiliário, a planilha de condições é diferente para diferentes pessoas. No mercado imobiliário, se você quer vender apenas uma casa pequena em um bairro decadente e deseja um preço alto, as condições serão duras e inflexíveis. Contudo, se você for um incorporador imobiliário com milhares de casas para vender e a preços baixos, o agente imobiliário tenderá a apresentar condições mais suaves para ficar com o seu negócio. O mesmo

Capítulo 40

vale no mundo dos capitalistas de risco. Quanto mais bem-sucedido você é, melhores condições tem, e vice-versa.

Bem depois de examinar as condições de Mark, considerei que seus termos eram demasiadamente rigorosos. Não estava realmente disposto a lhe entregar 52% de minha empresa e acabar trabalhando para ele na empresa que eu criara. Esses eram seus termos. Não estou reclamando de Mark e talvez, olhando pelo retrovisor, eu devesse ter aceitado suas condições. Dado o que sei hoje, e o pouco que sabia então, se eu estivesse na posição de Mark, eu teria oferecido as mesmas condições. Penso que ele só me ofereceu alguma coisa em deferência ao pai rico. Eu era novo nos negócios, e um incompetente de sucesso. E digo "incompetente de sucesso" porque eu tinha uma empresa em crescimento e não era capaz de administrar esse crescimento.

Embora Mark fosse uma pessoa dura, gostei dele, e ele parecia gostar de mim. Concordamos em nos encontrar regularmente, e ele aceitou me orientar de graça enquanto eu progredisse. Sua orientação podia ser gratuita, mas era sempre rigorosa. Ele acabou confiando em mim à medida que meus conhecimentos e entendimento dos negócios aumentavam. Cheguei a trabalhar brevemente com ele em uma empresa petrolífera cujo capital estava sendo aberto ao público. Era uma empresa semelhante a essa em que trabalho atualmente. Ao trabalhar com ele, em 1978, comecei a sentir a empolgação que acompanha a preparação de uma IPO.

Em um de nossos almoços, ele falou algo que jamais esqueci. Em suas palavras: "Os novos lançamentos e o mercado de IPOs são como qualquer outro negócio. O mercado está sempre à procura da oferta do mês."

Mark estava querendo dizer que, em determinadas ocasiões, o mercado de ações prefere certas atividades às demais. E continuou explicando: "Se você quiser se tornar muito rico, parte de sua estratégia, como proprietário de empresa, é montar a empresa que o mercado deseja, antes que este a deseje."

Mark prosseguiu dizendo que a história torna famosos os pioneiros que criam a empresa que se constitui na oferta do mês. Disse que invenções como a da televisão criaram novos milionários tal como o petróleo e os automóveis os tinham criado no início do século. O conceito de Mark em relação à progressão da riqueza se aproxima da que aparece nesta lista resumida da revista *Forbes*:

- 1900 — Andrew Carnegie fez fortuna com o aço — US$475 milhões.
- 1910 — John D. Rockefeller se torna bilionário com o petróleo — US$1,4 bilhão.

O Guia de Investimentos

- 1920 — Henry Ford se torna bilionário na indústria automobilística — US$1 bilhão.
- 1930 — John Dorrance se enriquece enlatando sopas (Campbell's) — US$115 milhões.
- 1940 — Howard Hughes se torna bilionário com contratos na aviação militar, ferramentas e cinema — US$1,5 bilhão.
- 1950 — Arthur Davis faz sua fortuna com alumínio — US$400 milhões.
- 1960 — H. Ross Perot funda a EDS (em 1962) — US$3,8 bilhões.
- 1970 — Sam Walton abre o capital da gigante do comércio varejista Walmart — US$22 bilhões.
- 1980 — Ron Perelman faz sua fortuna negociando em Wall Street — US$3,8 bilhões.
- 1990 — Jerry Yang cofundou a Yahoo! — US$3,7 bilhões.

Obsoleto aos 35

Depois de 1978, não trabalhei mais com Mark. Como ele previra, meu sucesso empresarial começara a azedar, e eu estava cheio de problemas internos na empresa. Portanto, tive que dedicar toda a minha atenção à empresa, em vez de tentar levar a empresa de outra pessoa para abrir seu capital. Mas nem assim esqueci sua lição de que empresas são a oferta do mês. E enquanto batalhava para adquirir experiência fundamental nos negócios, muitas vezes ficava imaginando qual seria a próxima oferta do mês.

Em 1985, passei pela base dos fuzileiros navais em Camp Pendelton, Califórnia, onde estivera estacionado em 1971, logo antes de ir para o Vietnã. Meu amigo, e também piloto, James Treadwell era agora o oficial comandante de esquadrão naquela base. Ele nos levou, Kim e eu, para percorrer as instalações onde nós iniciáramos na pilotagem catorze anos antes. Caminhando próximo à pista, Jim mostrou a Kim um avião que se parecia com aqueles que pilotáramos no Vietnã. Abrindo a cabina, ele se virou para mim e falou: "Você e eu somos obsoletos agora. Nunca conseguiríamos pilotar estas aeronaves."

Jim continuou: "Estes novos pilotos cresceram pegando em joysticks. Você e eu crescemos jogando fliperama e sinuca. Nossos cérebros não são como os deles. É por isso que eles voam e eu fico sentado por trás de uma mesa. Como piloto, estou obsoleto."

Capítulo 40

Lembro-me claramente desse dia porque também me sentia obsoleto. Sentia que aos 37 anos estava velho e desatualizado. Lembro de ter pensado que meu próprio pai estava obsoleto aos 52 anos e eu atingira essa situação aos 37. Nesse dia, percebi claramente a rapidez das mudanças que estavam em curso. Também percebi que se eu não mudasse a mim mesmo, com a mesma velocidade, ficaria cada vez mais para trás.

Trabalhei com Frank, continuando minha formação nas áreas de IPO e do capital de risco. Estou ganhando ativos de papel porque estou adquirindo ativos de papel. Contudo, o mais importante é que estou obtendo experiência em mercados de capitais. Mesmo trabalhando com empresas de petróleo, gás e metais preciosos, a minha mente continua voltada para o futuro e imaginando qual será a próxima fronteira dos negócios. Fico pensando em qual será a próxima oferta do mês e considerando se farei parte da próxima explosão de riqueza. Quem sabe? O coronel Sanders tinha 66 anos quando começou o KFC (Kentucky Fried Chicken). Meu objetivo é ainda me tornar um bilionário. Talvez chegue lá, talvez não, mas trabalho todos os dias por esse objetivo. Tornar-se bilionário é algo bastante possível nos dias de hoje, se você tiver o plano certo. De modo que não desisto, e não tenho planos de ficar pobre ou mais obsoleto. Como dizia o pai rico: "O primeiro milhão é o mais difícil." Se for esse o caso, então o primeiro bilhão poderia ser a segunda tarefa mais difícil.

Você É o Próximo Bilionário?

Aos que têm ambições e aspirações semelhantes, ofereço as seguintes diretrizes para a abertura de capital de suas empresas. A informação foi cedida generosamente por meu sócio Frank, uma pessoa que abriu ao público o capital de cerca de cem empresas.

Embora haja muitíssimo o que aprender, estas diretrizes contribuirão para um bom começo.

Por que Abrir o Capital de uma Empresa?

Frank lista seis razões principais para fazê-lo:

1. *Você precisa de mais dinheiro.*

    Essa é uma das principais motivações para abrir o capital de uma empresa. Você já possui uma empresa lucrativa que precisa de capital para crescer. Você já procurou seu banco e levantou fundos por meio de uma colocação privada de ações e de capital de risco, mas o que está precisando agora é de uma soma realmente alta de um banco de investimento.

2. *Sua empresa é nova e você precisa de grandes somas para aumentar sua fatia de mercado.*

   O mercado lhe dá o dinheiro, embora sua empresa ainda não seja lucrativa, porque ele está investindo em seus ganhos futuros.

3. *Muitas vezes, a empresa utiliza suas próprias ações para adquirir outras empresas.*

   É o que o pai rico chamava de "emitir o próprio dinheiro". No mundo corporativo, fala-se de "fusões e aquisições."

4. *Você deseja vender sua empresa sem abrir mão do controle.*

   Em uma empresa de capital fechado, o proprietário muitas vezes abre mão do controle ou admite um novo sócio que deseja interferir na condução do negócio para aportar capital. Quando se obtém dinheiro do mercado público, o proprietário consegue os fundos mantendo o controle do negócio. A maioria dos acionistas tem pouquíssimo poder para influenciar as operações da empresa em que está investindo.

5. *Você quer arrecadar dinheiro por razões de propriedade, para prover os herdeiros.*

   A Ford Motor Company abriu seu capital porque a família tinha muitos herdeiros e pouca liquidez. Ao vender parte da empresa ao público, levantou o capital necessário para os herdeiros. É interessante observar a frequência com que as empresas de capital fechado recorrem a essa estratégia.

6. *Para enriquecer e ter dinheiro em caixa para investir em outra atividade.*

   Criar uma empresa se assemelha a construir um prédio residencial e pô-lo à venda. Quando se monta uma empresa para abrir seu capital ao público, contudo, apenas parte do ativo é cedida; essa parte do ativo é repartida em milhões de pedaços que são então vendidos a milhões de pessoas. O criador da empresa pode, portanto, ficar com a maior parte do ativo, permanecer ainda no controle e gerar quantidade significativa de dinheiro em caixa

Capítulo 40

por meio da venda de ações a milhões de compradores (em vez de vendê-la para um só comprador). Como dizem, as melhores coisas vêm nas menores embalagens.

Há restrições que se aplicam aos principais acionistas e executivos da empresa quando ela resolve fazer IPO. Embora sua participação na empresa possa registrar significativo aumento de valor em consequência de IPO, eles estão sujeitos a um rigoroso controle para venda de suas ações. Em geral, diz-se que essas ações são "restritas", o que quer dizer que não podem ser vendidas durante certo período.

Um acionista que deseja utilizar o dinheiro talvez fizesse melhor em vender a empresa ou fundi-la com outra, com ações de negociação livre em lugar de recorrer a IPO.

Pontos Adicionais a Considerar

Frank oferece estes pontos de reflexão para os que pensam em abrir o capital de uma empresa:

- **Quem na equipe já conduziu uma empresa?**

    Há uma grande diferença entre conduzir uma empresa e sonhar com um novo produto ou negócio. A pessoa já lidou com folhas de pagamento, funcionários, questões tributárias, contratos, negociações, desenvolvimento de produto, gestão do fluxo de caixa, obtenção de fundos etc.?

    Você pode observar que muito daquilo que Frank pensa ser importante se encontra no triângulo D–I do pai rico. Portanto, a pergunta fundamental é: você (ou alguém da equipe) já obteve sucesso na gestão de todo o triângulo D–I?

- **Quanto da sua empresa você deseja vender?**

    É aí que entram as planilhas de condições. Outras das coisas que verifiquei nestes três anos de trabalho conjunto é que Frank sempre sabe seu objetivo antes de iniciar a montagem da empresa. Portanto, ele está ciente de que seu objetivo é vender sua empresa nas bolsas de valores. Ele pode não saber como atingirá essa meta, mas esta já está definida. Digo isto porque muitos donos de empresa começam um negócio sem um objetivo definido. Começam o negócio porque acreditam que a empresa é uma boa ideia, mas não sabem como sairão dele. É fundamental para qualquer bom investidor ter uma estratégia de saída. O mesmo se aplica ao empreendedor que pensa em criar uma empresa. Antes de montá-la, tenha um plano sólido para sair dela.

Antes de abrir a empresa, é conveniente considerar algumas destas questões:

1. Você vai vendê-la, ficar com ela ou passá-la aos seus herdeiros?
2. Se for vendê-la, o fará por meio de uma colocação privada ou abrindo o seu capital?
    a. A venda privada pode ser tão difícil quanto a abertura do capital ao público.
    b. Encontrar um comprador qualificado pode ser difícil.
    c. Pode ser difícil encontrar financiamento para a empresa.
    d. Você pode querer sua empresa de volta se o novo dono não lhe pagar ou a administrar mal.

- **A empresa de capital aberto em perspectiva tem um plano de negócios bem pensado e bem formulado?**

    Esse plano deve incluir as seguintes descrições:

    1. A equipe e sua experiência
    2. *Demonstrações financeiras*
       O padrão são contas auditadas dos últimos três anos.
    3. *Projeções do fluxo de caixa*
       Aconselho projeções bastante conservadoras para os três anos seguintes.

    Frank afirma que os bancos de investimento não gostam de CEOs e empreendedores que inflam as projeções de ganhos futuros. Bill Gates da Microsoft muitas vezes subestima suas projeções de receita, que é uma estratégia excelente para manter firme o preço das ações. Quando os CEOs exageram e as expectativas de receita não se concretizam, o preço das ações costuma cair e os investidores perdem a confiança na empresa.

Capítulo 40

- **Qual é o mercado, sua dimensão e o crescimento possível para os produtos da empresa nesse mercado?**

    Embora exista mercado para os seus produtos, o mercado das ações de sua empresa é outro. Em momentos diferentes, certos tipos de empresa atraem mais compradores de ações do que outros.

    Quando se tem uma empresa cujo capital é aberto ao público diz-se muitas vezes que é como ter duas empresas em lugar de uma. Uma empresa é para seus clientes habituais, a outra, para seus investidores.

- **Quem faz parte do conselho diretor ou do conselho de assessores?**

    O mercado se pauta pela confiança. Se a empresa tem um conselho diretor ou de assessores sólido e respeitado, o mercado confia mais no sucesso futuro do empreendimento.

    Frank adverte: "Se alguém lhe diz: 'Vou abrir o capital de minha empresa', pergunte: 'Quem de sua equipe já participou da abertura de capital de alguma empresa, e quantas vezes fez isso?'. Se a pessoa não conseguir responder, peça para voltar com a resposta. A maioria nunca volta."

- **A empresa tem algum produto exclusivo?**

    Uma empresa deve possuir ou controlar algo que as outras não têm. Pode ser a patente de um novo medicamento ou produto, a concessão de um campo petrolífero ou uma marca como Starbucks ou McDonald's. Até pessoas respeitadas em sua especialidade podem ser vistas como ativos. Exemplos disso são pessoas como Martha Stewart, Steve Jobs quando começou a Apple Computers, e Steven Spielberg quando formou sua nova produtora de filmes. Investe-se nessas pessoas por causa de seu sucesso passado e de seu potencial futuro.

- **A empresa tem uma grande história para contar?**

    Estou certo de que Cristóvão Colombo tinha o que contar para seus financiadores, os reis da Espanha, antes que eles levantassem o capital necessário para a sua grande viagem. Uma boa história deve interessar, empolgar e levar as pessoas a pensar no futuro e a sonhar um pouco. Também deve haver integridade por trás da história, porque nossas prisões estão cheias de grandes contadores de histórias sem integridade.

O Guia de Investimentos

- **Os envolvidos na empresa têm paixão?**

    Essa é a coisa mais importante pela qual Frank procurava. Ele diz que a primeira e a última coisa que ele procura em qualquer negócio é a paixão do proprietário, dos líderes, da equipe. Frank diz: "Sem paixão, o melhor negócio, o melhor plano e as melhores pessoas não chegarão ao sucesso."

Eis um trecho da revista *Fortune* sobre os quarenta mais ricos com menos de quarenta anos:

> *Os MBAs não se enquadram no cenário do Vale (do Silício). Os MBAs tradicionalmente têm aversão ao risco. O motivo pelo qual a maioria das pessoas frequenta faculdades de administração é para garantir um salário anual de seis dígitos após a formatura. Os veteranos do Vale olham para o pessoal das faculdades de administração de empresas e não veem neles o fogo no olhar que eles mesmos tinham quando eram renegados românticos. Os egressos dos MBAs olham para o Vale do Silício e veem algo diferente daquilo que aprenderam na faculdade. Michael Levine foi para a eBay após se formar na Haas School de Berkeley. O ex-banqueiro de investimentos não fala com a mesma paixão demonstrada por verdadeiros empreendedores. Ele trabalha menos que os outros — sessenta horas por semana em lugar das costumeiras oitenta. "Adoraria ter, daqui a dez ou quinze anos, algo entre US$10 milhões e US$15 milhões bem investidos", declarou. "Não sei. Talvez ainda não tenha pegado o espírito da coisa."*

Meu pai rico diria que definitivamente ele não tinha entendido o espírito da coisa. O pai rico costumava chamar minha atenção para a diferença entre executivos de sucesso e empreendedores bem-sucedidos. Ele dizia: "Há uma diferença entre a pessoa que sobe os degraus da hierarquia corporativa e alguém que constrói a sua própria. A diferença é o que vemos no topo da subida. Um vê o céu azul, e o outro vê — bom, você conhece aquele velho ditado: 'Se você não for o cachorro que vai na frente, a vista é sempre a mesma.'"

Capítulo 40

Como Você Levanta Dinheiro?

Frank fala de quatro fontes de recursos:

1. **Amigos e familiares**

    São pessoas que o amam e que muitas vezes lhe darão o dinheiro sem fazer perguntas. Ele não aconselha esse método de levantar recursos. Tanto Frank quanto o pai rico diziam muitas vezes: "Não dê dinheiro para seus filhos. Isso os mantêm fracos e dependentes. Ensine a eles como levantar o dinheiro."

    O pai rico ia um passo mais longe nessa questão do dinheiro. Como se recordará, ele não pagava a mim e a seu filho por trabalharmos para ele. Ele dizia: "Pagar às pessoas para que trabalhem é treiná-las para pensar como empregados." Em vez disso, ele nos orientava a procurar oportunidades e a transformá-las em negócios. É o caso da história das revistas em quadrinhos que contei em *Pai Rico, Pai Pobre*, quando descobri que os quadrinhos mais velhos estavam sendo retirados da prateleira e destruídos pela loja. Eu vi uma oportunidade para iniciar um negócio, salvando os quadrinhos e criando uma "biblioteca", de onde as crianças poderiam alugar os quadrinhos para ler por uma pequena taxa e, em seguida, devolvê-los. Continuo fazendo isso até hoje. Procuro oportunidades de fazer negócios, enquanto outros buscam empregos bem remunerados.

    Meu pai rico não menosprezava os funcionários. Ele gostava de seus empregados. Só que ele estava orientando seu filho e a mim a pensar de modo diferente e ter consciência da diferença que há entre o proprietário de uma empresa e outras posições. Ele queria que tivéssemos mais, e não menos, opções.

    Nós criamos o jogo de tabuleiro *CASHFLOW® for Kids* para os pais que querem dar a seus filhos mais escolhas financeiras e evitar que eles se prendam a dívidas logo que saem de casa. Foi criado para os pais que suspeitam que os seus filhos possam ser o próximo Bill Gates, da Microsoft, ou a próxima Anita Roddick, de The Body Shop. O jogo oferece uma educação financeira precoce sobre a gestão do fluxo de caixa de que todo empreendedor precisa. A maioria das pequenas empresas falha devido à má gestão do fluxo de caixa. O jogo *CASHFLOW® for Kids* vai ensinar aos seus filhos a habilidade de gerenciamento do fluxo de caixa, antes de eles saírem de casa.

2. **Anjos**

   São pessoas ricas que têm paixão por ajudar novos empreendedores. A maioria das grandes cidades dos Estados Unidos conta com grupos que apoiam financeiramente novos empresários e os orientam quanto a como se tornarem empreendedores jovens e ricos.

   Os anjos entendem que uma cidade em que há empresas jovens é uma cidade que progride. O desenvolvimento das empresas de uma cidade contribui para seu crescimento. Esses anjos oferecem um serviço vital para qualquer cidade de qualquer tamanho.

   Muitos jovens deixam as cidades pequenas à procura de boas oportunidades de emprego em cidades maiores. Penso que essa perda de jovens talentos é provocada por um ensino que leva os jovens a procurar empregos. Se os jovens aprendessem a criar negócios, muitas pequenas cidades poderiam continuar progredindo porque poderiam conectar-se eletronicamente com o resto do mundo. Grupos de cidadãos organizados como grupos de anjos poderiam fazer maravilhas para revitalizar pequenas cidades de qualquer lugar do mundo.

   Quando olhamos para o que Bill Gates fez por Seattle, o que Michael Dell fez por Austin, Texas e o que Alan Bond fez por Fremantle, no oeste da Austrália, podemos ver o poder do espírito empreendedor. Empreendedores e anjos têm um papel importante na vitalidade de uma cidade.

3. **Investidores privados**

   As pessoas que investem em empresas de capital fechado são chamadas de investidores privados. Esses investidores qualificados são mais complexos que o investidor mediano. Eles são os que ganharão ou perderão o máximo.

   Portanto, é necessário adquirir tanto formação financeira quanto experiência empresarial antes de investir grandes somas em empresas privadas.

Capítulo 40

4. **Investidores públicos**

   São as pessoas que compram ações de empresas de capital aberto. É a massa do mercado de títulos. Como estes investimentos são negociados para as massas, em geral são objeto de maior atenção por parte das agências reguladoras como a SEC nos Estados Unidos (e a CVM no Brasil). As ações vendidas em bolsa são em geral de menor risco do que aquelas de empresas negociadas privadamente. Contudo, quando se trata de investimentos, há sempre risco. Isso pode parecer contraditório em relação ao que falei anteriormente sobre se ter mais controle, e, portanto, menos risco, sendo *insider*. Contudo, lembre-se de que um investidor particular nem sempre está no controle. A SEC exige rigoroso cumprimento das normas de transparência e informação para reduzir os riscos para os investidores em bolsa que, definitivamente, não têm qualquer controle sobre o investimento.

Recomendações do Frank

Quando estava perguntando a Frank os principais aspectos da abertura de capital de uma empresa, indaguei o que ele aconselharia a uma pessoa que desejasse levantar montantes significativos de capital. Ele disse: "Aconselharia que a pessoa que deseja abrir o capital de sua empresa se familiarizasse com as seguintes fontes de recursos."

São elas:

- **Memorandos de colocação privada**

  Eles podem ser o início das atividades formais para se levantar o capital. São uma espécie de "faça você mesmo" no que se refere a levantar dinheiro. Eles são uma forma de expor as condições que se deseja, na expectativa de encontrar um investidor interessado.

  Frank recomenda firmemente que se comece por contratar um advogado especializado em mercado de valores. É aí que começa sua formação se você está seriamente disposto a começar timidamente e crescer. Começa-se pelo pagamento de assessoria jurídica e pela obediência à sua orientação. Se você não gostar dos conselhos, é melhor procurar outro advogado.

O Guia de Investimentos

Muitos advogados lhe darão uma consulta de graça ou você pode convidá-los para almoçar. Esse tipo de assessor profissional é vital para sua equipe no início como quando a empresa crescer. Pessoalmente, aprendi pelo caminho mais difícil ao tentar fazer essas coisas sem assessoria para poupar alguns dólares. Esses poucos dólares poupados me custaram uma fortuna em longo prazo.

- **Capitalistas de risco**

   Eles, como meu amigo Mark, estão no negócio de proporcionar capital. As pessoas em geral recorrem aos capitalistas de risco depois de ter exaurido seus recursos pessoais, ou dinheiro da família ou dos amigos e o de seus gerentes de banco. Frank diz: "Os capitalistas de risco muitas vezes fazem exigências duras, mas se são bons merecem o que exigem."

   Um capitalista de risco muitas vezes se torna sócio e contribui para pôr sua empresa em forma para um novo nível de financiamento. Em outras palavras, tal como a pessoa contrata um personal trainer para pôr o corpo em forma e se tornar mais atraente, um capitalista de risco pode agir para pôr sua empresa em boa forma financeira e torná-la mais atraente para outros investidores.

- **Bancos de investimento**

   Geralmente, eles são o lugar para onde se vai quando se está pronto para abrir o capital da empresa ao público. Frequentemente, os bancos de investimento levantam dinheiro para IPOs e ofertas secundárias.

   (Oferta secundária é uma oferta pública de ações de uma empresa que já levantou capital por meio de uma oferta pública inicial.) Quando você lê jornais financeiros como o *Wall Street Journal*, muitos dos grandes anúncios encontrados são de bancos de investimento que informam ao mercado ofertas de ações que estão patrocinando.

Existe um outro tipo de financiamento, chamado mezzanine finance, por vezes referido como uma ponte financeira. Uma empresa geralmente procura este tipo de financiamento quando já passou dos seus estágios iniciais de desenvolvimento, mas ainda não está completamente pronta para uma IPO.

Capítulo 40

Um Primeiro Passo Importante

Se você já está pronto para tentar levantar capital para a sua empresa, talvez o melhor seja começar por um memorando de colocação privada. Frank dá as seguintes razões para proceder dessa maneira:

- Começa-se a entrevistar e falar com advogados especializados em legislação empresarial. É bom entrevistar vários deles. Sua formação e seus conhecimentos aumentarão com cada uma destas entrevistas. É bom perguntar por seus fracassos e não apenas por seus sucessos.

- Começa-se a conhecer os diferentes tipos de oferecimento que podem ser feitos e como estruturá-los do ponto de vista jurídico. Em outras palavras, nem todas as ofertas são iguais. Para cada finalidade há um tipo de oferta distinto.

- Inicia-se a avaliação do negócio e o desenvolvimento dos termos desejados para a sua venda.

- Começa-se a conversar com investidores em potencial bem como a pôr em prática a arte e a ciência de levantar capital. Primeiro, é preciso superar o medo de perguntar. Segundo, isso ajuda a superar o medo de críticas. E terceiro, aprende-se a lidar com a rejeição e com os telefonemas não retornados.

Frank faz uma advertência: "Já vi pessoas que fizeram a melhor apresentação de seu investimento, mas deixaram de conseguir o dinheiro no final. Uma das coisas que o empreendedor precisa aprender é como conseguir o dinheiro. Se a pessoa não tem essa habilidade, é bom vir acompanhada de alguém que possa fazê-lo."

Frank também diz o mesmo que o pai rico dizia: "Quem quiser entrar neste negócio precisa aprender a vender. Vendas são a habilidade mais importante e a que devemos aprender e melhorar continuamente. Levantar capital é vender um produto diferente para um público diferente."

As pessoas não alcançam o sucesso financeiro principalmente porque não conseguem vender. E não o fazem porque lhes falta autoconfiança, elas têm medo da rejeição e não conseguem levar o cliente a fazer o seu pedido. Quem desejar seriamente se tornar um empreendedor e precisa desenvolver confiança e habilidade de vendas faria bem em aderir a uma empresa de marketing de rede com um bom programa de treinamento, ficar lá uns cinco anos e aprender a se tornar um vendedor confiante. Um vendedor de sucesso não receia se aproximar das pessoas, não tem medo de ser criticado ou rejeitado nem de cobrar.

Ainda hoje, continuo trabalhando para superar meu medo da rejeição, para melhorar minha capacidade de lidar com os desapontamentos e encontrar modos de enfrentar meus surtos de baixa autoestima. Tenho observado uma correlação direta entre minha capacidade de lidar com esses obstáculos na vida e minha riqueza. Em outras palavras, se esses obstáculos parecem acachapantes, minha renda cai. Ao superar esses obstáculos, o que é um processo permanente, minha renda aumenta.

Como Achar um Frank ou um Mark para Orientá-lo

Depois de adquirir alguma experiência de negócios básica e algum sucesso, e achando que se está pronto para levar sua empresa ao mercado, é necessário encontrar orientação especializada. A orientação e os conselhos que me foram passados por Frank, um banqueiro de investimentos, e Mark, um capitalista de risco, não têm preço. Essa orientação criou mundos de possibilidades que não existiam anteriormente.

Quando você estiver pronto, pegue uma cópia do *Standard & Poor's Security Dealers*. Esse livro lista os distribuidores de valores por estado norte-americano. Pegue a publicação e descubra uma pessoa disposta a ouvir suas ideias e a conhecer sua empresa. Nem todos estarão dispostos a dar conselhos de graça, mas alguns o farão. A maioria são pessoas ocupadas e não têm tempo para segurar sua mão se você não estiver pronto. Portanto, sugiro que adquira alguma experiência prática de negócios e tenha algum sucesso para mostrar antes de procurar alguém que se disponha a participar de sua equipe.

Então, Será Você o Próximo Bilionário?

Só uma pessoa pode responder a essa pergunta — você. Com a equipe certa, o líder ideal e um novo produto ousado e inovador, qualquer coisa é possível.

Logo depois que percebi que minha meta de ganhar o primeiro milhão era possível, comecei a pensar em determinar a meta seguinte. Sabia que poderia chegar a ganhar US$10 milhões fazendo as coisas mais ou menos do mesmo jeito. Contudo, para chegar a US$1 bilhão precisaria de novas habilidades e uma nova maneira de pensar. É por isso que fixei essa nova meta apesar de todas as dúvidas que no fundo sentia. Uma vez que consegui a coragem de determinar a nova meta, comecei a

Capítulo 40

observar como os outros a tinham alcançado. Se não a tivesse me proposto, eu não teria considerado nem uma possibilidade remota e não teria encontrado os livros e artigos sobre como tantas pessoas a alcançaram.

Vários anos atrás, quando estava extremamente endividado, pensei que me tornar um milionário seria impossível. Portanto, olhando retrospectivamente, penso que alcançar de fato a meta não é tão importante como escrevê-la e começar a agir para chegar lá. Uma vez que fixei a meta, parece que minha mente encontrou maneiras de torná-la possível. Se eu tivesse dito que o objetivo de me tornar um milionário era impossível, acredito que isso teria se tornado uma profecia autorrealizável.

Depois de determinar a meta de me tornar bilionário, comecei a ter dúvidas profundas sobre minha capacidade. Contudo, minha mente começou a mostrar maneiras de tornar isso possível. Quando me concentro nesse objetivo, continuo vendo como ser um bilionário é possível para mim. Muitas vezes repito para mim mesmo:

Se você pensa que pode, você pode.
Se pensa que não pode, não pode.
De qualquer forma, você está certo.

Não sei quem é o autor da frase, mas o agradeço por tê-la pensado.

Por que É Possível Se Tornar um Bilionário

Uma vez determinada minha meta de chegar a ser um bilionário, comecei a ver as razões pelas quais atualmente é mais fácil do que nunca se tornar um.

1. A internet está tornando um mundo de clientes disponível para a maioria de nós.

2. A internet está criando negócios além dela. Tal como Henry Ford desencadeou um efeito em cadeia de produção em massa de automóveis, a internet magnificará esse efeito. Ela torna possível a 6 bilhões de pessoas tornarem-se o próximo Henry Ford ou Bill Gates.

3. No passado, os ricos e os poderosos controlavam os meios de comunicação de massa. Agora, com a internet, cada um de nós detém o controle sobre os nossos próprios sites.

4. Novas invenções geram mais novas invenções. Uma explosão de novas tecnologias melhorará outras áreas de nossa vida. Cada nova mudança

tecnológica permitirá que mais gente desenvolva mais produtos novos e inovadores.

5. À medida que mais pessoas prosperam, elas desejarão investir mais e mais dinheiro em empresas novas, não apenas para ajudá-las, mas para participar de seus lucros. Hoje, é difícil para a maioria das pessoas perceber que há, a cada ano, literalmente dezenas de bilhões de dólares desejosos de serem investidos em novas empresas.

6. Um novo produto não precisa ser de alta tecnologia. A Starbucks tornou um bocado de gente mais rica com apenas uma xícara de café, e o McDonald's se tornou o maior proprietário de imóveis a partir do hambúrguer e das batatas fritas.

7. A palavra-chave é "efêmero". Em minha opinião, essa é uma das palavras mais importantes para quem deseja se tornar rico ou super-rico. Os dicionários definem o significado da palavra como "algo que dura apenas um dia ou um tempo muito breve".

Um de meus mestres, o dr. R. Buckminster Fuller, muitas vezes empregava o termo "efemerização". Acho que ele utilizava a palavra no contexto da "habilidade de fazer muito mais com muito menos". Um termo muito mais comum é "alavancagem" ou habilidade de fazer muito com pouco. O dr. Fuller dizia que as pessoas são capazes de proporcionar mais e mais riqueza para mais e mais pessoas usando cada vez menos recursos.

Em outras palavras, com todas essas novas invenções tecnológicas, invenções que de fato utilizam pouquíssima matéria-prima, cada um de nós pode agora ganhar muito dinheiro com pouco tempo e esforço.

Do outro lado da moeda do efêmero, as pessoas que ganharão menos no futuro serão aquelas que usam mais matérias-primas e trabalho físico no processo de prover seu sustento. Em outras palavras, o futuro financeiro pertence àqueles que fazem o máximo com o mínimo de esforço.

Qual É o Meu Plano para Me Tornar Bilionário?

A resposta se encontra na palavra "efêmero". Para me tornar bilionário, preciso oferecer muito para muitos, com muito pouco. Preciso achar uma área de negócios que hoje esteja gorda, inchada, e ineficiente, onde as pessoas estejam insatisfeitas

Capítulo 40

com o sistema atual e cujos produtos precisem de aperfeiçoamento. A atividade que apresenta mais oportunidades é a maior de todas: o ensino. Se pararmos para pensar sobre todo o dinheiro que se gasta com ensino e treinamento, o montante assusta. Isso vai além de calcular as somas gastas com ensino público, universidades etc. Quando observamos o que se gasta em formação nas empresas, na área militar, nas famílias e nos seminários profissionais, o montante é o maior de todos. Contudo, o ensino é uma das áreas que ficou mais atolada no passado. O ensino tal como o conhecemos é obsoleto, dispendioso e pronto para a mudança.

Alguns anos atrás, um amigo meu, um negociador de moedas estrangeiras, me passou um artigo do site *The Economist*. A seguir, estão alguns trechos dele:

> *Michael Milken, o rei dos títulos podres, que em certa época ganhou US$500 milhões em um ano, está criando agora uma das maiores empresas educacionais do mundo, Knowledge Universe. Kohlberg, Kravis e Robert, uma empresa especializada em aquisição de empresas que assusta executivos do mundo inteiro, também é detentora de uma empresa de ensino chamada Kindercare. Em Wall Street, os analistas estão elaborando relatórios urgentes nos quais se afirma que o sistema de ensino está passando por uma mudança de paradigma no sentido da privatização e da racionalização. Por que todo mundo de repente está tão animado? Por causa dos paralelos que veem entre educação e saúde. Há 25 anos, a saúde estava presa principalmente nos setores público e voluntário. Hoje é uma indústria multibilionária, em grande parte privada. Muitas pessoas ricas, não apenas o sr. Milken e Henry Kravis, mas também Warren Buffett, Paul Allen, John Doerr e Sam Zell, estão apostando que a educação está se movendo na mesma direção. Empresas de uma variedade de indústrias convencionais estão investindo no negócio, incluindo a Sun, a Microsoft, a Oracle, a Apple, a Sony, a Harcourt General e o Washington Post Group. O governo dos Estados Unidos declara que o país gasta anualmente US$635 bilhões com ensino, mais do que o que destina a aposentadorias ou despesas militares, e prevê que esses gastos aumentem em 40% ao longo da próxima década. As empresas privadas atualmente respondem por apenas 13% do mercado, a maioria na área de treinamento e em sua maioria são pequenas empresas prontas para a consolidação. A International Data Corporation, uma consultoria de tendências, considera que essa participação se expandirá para 25% nas próximas duas décadas.*

O Guia de Investimentos

O artigo continua:

> *As escolas públicas dos Estados Unidos têm frustrado cada vez mais os pais e estão ficando para trás de acordo com os padrões internacionais. Os Estados Unidos gastam uma proporção maior de seu PIB com o ensino do que a maioria dos países, mas obtêm resultados medíocres. Crianças da Ásia e Europa muitas vezes ultrapassam as norte-americanas em testes padronizados. Nos Estados Unidos, mais de 40% das crianças de dez anos não passam em testes básicos de leitura, cerca de 42 milhões de adultos são analfabetos funcionais. Em parte, isso se deve ao fato de metade dos US$6.500 gastos anualmente por aluno se destinarem a serviços sem relação com o ensino, principalmente os administrativos. Atualmente, as barreiras entre os segmentos público e privado do ensino estão sendo erodidas. As 1.128 escolas especiais (um número que vem crescendo) podem experimentar uma gestão privada sem perder o dinheiro público. Não surpreende que haja grande oposição à incipiente privatização. Os sindicatos de professores têm um histórico impressionante de combate às ameaças a seu poder...*

Não Vá Aonde Você Não É Desejado

Em 1996, o meu jogo educativo de tabuleiro *CASHFLOW*®[1] foi submetido a um grupo de instrutores em uma universidade proeminente para que dessem um feedback. Sua resposta foi: "Não fazemos jogos na escola, e não estamos interessados em ensinar os jovens sobre dinheiro. Eles têm assuntos mais importantes para aprender."

Há uma regra prática em negócios: "Não vá aonde você não é desejado." Em outras palavras, é mais fácil ganhar dinheiro onde você e seus produtos são queridos.

A boa notícia é que mais e mais escolas têm começado a utilizar os nossos jogos como produtos de ensino em suas salas de aula. No entanto, a melhor notícia é que o público gosta de nossos produtos. Nossos jogos de tabuleiro têm boa vendagem para pessoas físicas — bem como para organizações comunitárias, igrejas e programas para jovens —, que querem melhorar a educação financeira para si e seus membros.

Soubemos que tínhamos completado o ciclo quando a Thunderbird School of Global Management utilizou *Pai Rico, Pai Pobre, Independência Financeira* e

---

[1] A Editora Alta Books não se responsabiliza pela circulação e conteúdo de jogos indicados pelo autor deste livro. (N. E.)

Capítulo 40

os jogos *CASHFLOW*[®2] no seu programa de empreendedorismo. Esta prestigiada universidade é reconhecida internacionalmente por seus cursos.

De Volta ao Plano

Vejo grandes necessidades nas áreas de gestão de dinheiro, negócios e investimentos — matérias que não são ensinadas na escola. Prevejo que nos próximos anos haverá um grande colapso das bolsas de valores e a triste realidade é que muitas pessoas não terão dinheiro suficiente para se aposentar e cuidar de sua velhice. Desconfio que daqui a dez anos haverá uma grande demanda por formação financeira relevante. Recentemente, o governo federal dos Estados Unidos informou à população que não se deve contar apenas com a seguridade social e a assistência médica (Medicare) no momento da aposentadoria. Infelizmente, esse anúncio chegou muito tarde para milhões de pessoas, sobretudo porque o sistema de ensino nunca lhes ensinou como gerenciar o dinheiro. Kim e eu pretendemos suprir essa formação — tanto com os produtos atuais quanto pela internet — a um custo muito menor do que o do atual sistema de ensino.

Uma vez que tenhamos esses produtos prontos para fornecimento pela internet, nos tornaremos uma empresa de internet e tecnologia e não apenas a editora que somos hoje. Quando pudermos fornecer nossos produtos dessa maneira, o valor e os multiplicadores do valor de nossa empresa aumentarão, porque conseguiremos fornecer um produto melhor a nosso mercado internacional, de modo mais conveniente e a um preço muito menor. Em outras palavras, seremos capazes de fazer mais com menos, o que é fundamental para ficarmos muito ricos.

Então, me tornarei um bilionário? Não sei. Continuo me empenhando para alcançar essa meta. Como me sairei se a atingir? Também não sei. Ainda é preciso ver. Mas sei isto: durante anos, reclamei e me queixei que a escola nunca me ensinou nada sobre dinheiro, negócios ou enriquecimento. Muitas vezes fiquei imaginando por que eles não ensinavam matérias que eu pudesse aproveitar depois de sair da escola em vez de ensinar coisas que eu nunca iria utilizar. Então, um dia alguém me disse: "Pare de reclamar e faça alguma coisa." E hoje estou fazendo. Penso que se eu ficava triste por não aprender muito sobre dinheiro, negócios e enriquecimento, outras pessoas também ficavam.

---

[2] A Editora Alta Books não se responsabiliza pela circulação e conteúdo de jogos indicados pelo autor deste livro. (N. E.)

O Guia de Investimentos

Concluindo, Kim e eu não queremos concorrer com o sistema de ensino. O atual sistema de ensino foi projetado para ensinar as pessoas a serem funcionários ou profissionais. Podemos vender nossos produtos efêmeros àqueles que desejam o que temos a oferecer, que é formação para pessoas que desejam ser empreendedores e ser donos de empresa ou investir nelas, em lugar de trabalhar no negócio dos outros. Esse é nosso mercado-alvo, e acreditamos que a internet é o sistema perfeito para atingi-lo sem passar pelo antiquado sistema de ensino. Esse é nosso plano. Só o tempo dirá se nós alcançaremos o nosso objetivo.

Se você deseja ser financeiramente independente, um multimilionário ou até o próximo bilionário, nós queremos ser sua empresa de educação financeira.

Capítulo 41
POR QUE AS PESSOAS RICAS VÃO À INSOLVÊNCIA?

Muitas vezes, ouço as pessoas dizerem: "Quando ganhar muito dinheiro, meus problemas financeiros terão acabado." Na verdade, seus novos problemas financeiros estarão apenas começando. Uma das razões pelas quais tantas pessoas que enriqueceram recentemente quebram de repente é porque empregam seus antigos hábitos financeiros para lidar com os novos problemas.

Em 1977, comecei meu primeiro grande negócio, minha empresa de carteiras de náilon e velcro para surfistas. Como disse em um capítulo anterior, o ativo criado era maior do que as pessoas que o criaram. Alguns anos mais tarde, criei outro ativo que cresceu rapidamente, e novamente ele ficou maior do que as pessoas que o criaram. Perdi novamente o ativo. Só com a terceira empresa eu aprendi o que o pai rico me ensinara.

Meu pai pobre ficava chocado com meus altos e baixos financeiros. Ele era um pai amoroso, mas lhe doía ver-me em um minuto no topo do mundo e, no minuto seguinte, na sarjeta. Já o pai rico se sentia feliz por mim. Ele disse depois das minhas duas criações e subsequentes derrotas: "A maioria dos milionários perde três empresas antes de começar a ter grandes ganhos. Você só precisou perder duas. A pessoa mediana nunca perdeu uma empresa. É por isso que 10% das pessoas controlam 90% do dinheiro."

Depois de ouvir minhas histórias de ganhos de milhões que logo são perdidos, as pessoas costumam fazer uma pergunta importante: "Por que as pessoas ricas vão à insolvência?"

Respondo com algumas hipóteses frutos da minha experiência pessoal.

Capítulo 41

Razão #1: As pessoas que foram criadas sem dinheiro não têm ideia de como lidar com muito dinheiro.

Muito dinheiro às vezes é um problema tão grande quanto a sua falta. Se a pessoa não foi treinada para lidar com altas somas ou não tem a assessoria financeira adequada, então são grandes as chances de que ela guarde o dinheiro no banco ou simplesmente o jogue fora. Como dizia meu pai rico: "O dinheiro não o torna rico. Na verdade, o dinheiro tem o poder de torná-lo rico ou pobre. A cada dia, milhões de pessoas comprovam o fato. A maioria tem dinheiro, mas o gasta só para empobrecer ou endividar-se mais." Há vários bilionários que provam este fato todos os dias. O problema é que as pessoas recebem dinheiro e compram passivos que pensam ser ativos. Daqui a alguns anos, tenho certeza de que muitos dos milionários jovens ou instantâneos de hoje estarão em dificuldades financeiras, porque lhes falta capacidade de gestão do dinheiro.

Razão #2: Quando a pessoa enriquece, a euforia emocional se assemelha a uma droga que a deixa animada.

Meu pai rico dizia: "Quando o 'barato do dinheiro' bate, as pessoas se sentem mais inteligentes quando na verdade estão se tornando mais estúpidas. Pensam que são donas do mundo e imediatamente saem gastando dinheiro como um faraó com seus túmulos de ouro."

Minha estrategista tributária e contadora me disse uma vez: "Tenho assessorado muita gente rica. Logo antes de quebrar, depois de terem ganhado toneladas de dinheiro, elas tendem a fazer três coisas. Primeira, compram um jatinho ou um iate imenso. Segunda, saem em um safári. E terceira, se divorciam da esposa e casam-se com uma mulher muito mais jovem. Quando vejo isso acontecer, começo a me preparar para a queda." Novamente, tal como na razão anterior, compram passivos, ou se divorciam de um ativo, que cria então um passivo, e então se casam com outro passivo. Agora têm dois ou mais passivos.

Razão #3: A coisa mais difícil para muita gente é dizer não para pessoas que amam quando estas pedem dinheiro emprestado.

Isso nunca me aconteceu, mas já vi muitas famílias e amizades se desfazerem quando alguém enriquece de repente. Como dizia meu pai rico: "Uma habilidade muito importante para quem enriquece é desenvolver a capacidade de dizer não para si mesmo e para as pessoas que ama." As pessoas que ganham muito dinheiro e começam a comprar iates e mansões não são capazes de dizer não para si próprias, muito menos para os familiares. Acabam se endividando mais, só porque de repente têm um bocado de dinheiro.

Não apenas as pessoas querem tomar dinheiro emprestado de quem tem dinheiro, como os bancos querem lhes emprestar dinheiro. É por isso que as pessoas dizem: "Os bancos emprestam quando a pessoa não precisa de dinheiro." Se as coisas dão errado, não apenas teremos dificuldade de cobrar os empréstimos feitos a amigos e familiares, como os bancos terão dificuldade de receber o que nos emprestaram.

Razão #4: A pessoa com dinheiro torna-se de repente um "investidor" com dinheiro, mas sem formação ou experiência.

Mais uma vez, isso tem a ver com a afirmação do pai rico de que as pessoas que enriquecem de repente pensam que seu QI financeiro também aumentou, quando de fato diminuiu. Quando uma pessoa tem dinheiro, começa a receber ligações de corretores de valores, de imóveis e de investimentos. O pai rico também tinha uma piada sobre os corretores: "A razão pela qual eles são chamados de 'corretores' é que eles são mais corretores do que você." Minhas desculpas a quaisquer "corretores" que estejam ofendidos, mas acho que o corretor da bolsa do meu pai rico é o que originou para ele este trocadilho.

Um amigo de minha família recebeu uma herança de US$350 mil. Em menos de seis meses, todo esse dinheiro foi perdido na bolsa de valores, por causa de um corretor que "engambelou" a pessoa que ficara rica de repente e que pensava que o dinheiro a tinha tornado mais inteligente. Para quem não sabe, há corretores que orientam a pessoa a comprar e vender ações regularmente para poder ganhar comissão em cada transação feita. Esta

Capítulo 41

prática é condenada e as corretoras multam seus corretores quando descobrem que eles a adotam — mas nem por isso ela deixa de existir.

Como foi dito no início deste livro, só porque alguém atende às qualificações do investidor comum (que é simplesmente uma pessoa com dinheiro), não quer dizer que entenda alguma coisa de investimentos.

É comum ver muitas empresas investindo de modo tão insensato quanto o fazem as pessoas físicas. Com tanto dinheiro no mercado, muitas empresas estão correndo para comprar outras na esperança de que sejam ativos. É o que se chama muitas vezes de fusões e aquisições. O problema é que muitas destas novas aquisições podem se tornar passivos. Muitas vezes a grande empresa que adquire uma pequena acaba tendo problemas financeiros.

Razão #5: O medo de perder aumenta.

Muitas vezes, a pessoa com a perspectiva de pobreza, no que diz respeito ao dinheiro, passou a vida com receio de se tornar pobre. Então, quando chega a riqueza repentina, o medo de empobrecer não diminui e, sim, aumenta. Como diz meu amigo que é psicólogo de pessoas que se dedicam ao *day trade*: "Você recebe o que receia." É por isso que tantos investidores profissionais contam com psicólogos em suas equipes; pelo menos é por isso que há um na minha. Tenho os mesmos receios que todos têm.

Razão #6: A pessoa não conhece a diferença entre despesas boas e ruins.

Muitas vezes, recebo a ligação do meu contador ou da minha estrategista tributária, que diz: "O senhor precisa comprar outro imóvel." Em outras palavras, eu tenho o problema de ganhar muito dinheiro e preciso investir mais dinheiro em algo como imóveis, porque o meu plano de aposentadoria não pode receber mais dinheiro. Uma das razões pelas quais os ricos ficam mais ricos é que eles fazem mais investimentos tirando partido da legislação tributária. Essencialmente, o dinheiro que teria sido destinado aos impostos é utilizado para comprar mais ativos, que permitem deduções na declaração de renda, reduzindo, legalmente, o imposto devido.

O tetraedro ilustrado anteriormente é para mim um dos diagramas mais importantes para a criação de riqueza, bem como para manter e aumentar a riqueza criada. Quando mostro esse diagrama, as pessoas costumam perguntar por que as despesas são parte da estrutura. A razão é que por meio delas que ficamos mais ricos ou mais pobres, tanto faz quanto dinheiro ganhemos. O pai rico gostava de dizer: "Se você quiser saber se no futuro uma pessoa ficará mais rica ou mais pobre, examine a coluna das despesas em sua demonstração financeira." As despesas eram muito importantes para o pai rico. Ele dizia muitas vezes: "Há despesas que enriquecem você, e outras o tornam mais pobre. Um empresário e investidor inteligente sabe que tipo de despesa deseja e as controla."

Meu pai rico me disse, certa vez: "A principal razão pela qual crio ativos é porque assim posso aumentar minhas despesas boas. O normal das pessoas é terem principalmente despesas ruins." Esta diferença entre despesas boas e ruins era uma das principais razões pelas quais o pai rico criava ativos. Ele o fazia porque seus ativos criados podiam comprar outros. Como ele me disse quando eu era apenas um garoto andando na praia e olhando para o valioso terreno que ele acabara de adquirir: "Eu também não posso comprar este terreno. Mas minha empresa pode."

Se você entende a legislação tributária aplicável que rege o quadrante D, logo percebe que uma das razões pelas quais os ricos enriquecem mais é porque as leis tributárias permitem, mais do que nos outros quadrantes, usar o dinheiro antes da incidência dos impostos para criar, construir ou comprar ativos. Na verdade, essas leis quase que exigem que você compre mais investimentos antes da incidência dos impostos, e é por isso que recebo esses telefonemas avisando que está na hora de comprar mais imóveis ou empresas. Por outro lado, o quadrante E deve na maior parte das vezes utilizar os dólares que restam, após o pagamento dos impostos para construir, criar ou comprar ativos.

O que Fazer com o Excesso de Dinheiro

"Se quiser ser rico, você precisa ter um plano para ganhar muito dinheiro e também para saber o que fazer com ele, antes de ganhá-lo. Se você não tiver um plano sobre o que fazer com os seus ganhos antes de auferi-los, muitas vezes gastará o dinheiro mais rápido do que o ganha." Uma das razões pelas quais o pai rico

Capítulo 41

queria que eu aprendesse a investir em imóveis é que assim eu poderia entender como investir em imóveis antes de ter muito dinheiro.

Atualmente, quando meu contador liga e diz: "O senhor tem muito dinheiro. Está na hora de investir mais", já sei o que fazer com esse dinheiro, que estruturas societárias empregar e o que comprar com o dinheiro. Ligo para o meu corretor e compro mais imóveis. Se compro ativos de papel, muitas vezes ligo para meu planejador financeiro e faço algum tipo de seguro, que depois me permite comprar ações, títulos ou fundos mútuos. Em outras palavras, as seguradoras têm apólices especiais para pessoas ricas que são donas de empresas. Quando uma empresa adquire um seguro, é uma despesa para ela e, muitas vezes, se torna um ativo para seu proprietário, proporcionando-lhe muitas vantagens tributárias. Resumindo, quando meu contador liga, boa parte do dinheiro já está sendo gasta de acordo com um plano predeterminado. É gasto sob a forma de despesas que tornam a pessoa mais rica e lhe dão mais segurança.

No decorrer dos anos, vi pessoas que montaram empresas muito bem-sucedidas e que ainda assim quebraram. Em vez de gastar o dinheiro na compra de outros ativos, como imóveis ou títulos, o gastaram em despesas empresarias frívolas ou compraram mansões maiores, iates, carros de luxo e fizeram novos amigos. Em lugar de se fortalecer financeiramente, elas enfraqueceram a cada dólar ganho e gasto.

O Outro Lado da Moeda

Meu pai rico costumava repetir: "É por meio da coluna das despesas que a pessoa rica vê o outro lado da moeda. A maioria das pessoas vê as despesas como algo ruim, que empobrece. Quando entender que as despesas podem enriquecê-lo, começa a aparecer o outro lado da moeda." Ele dizia também: "Examinar a coluna das despesas é como passar para o outro lado do espelho, como fez Alice, em *Alice no País das Maravilhas*. Logo que passou para o outro lado, ela viu um mundo estranho que refletia de vários modos o que se passava no lugar em que estava." Ambos os lados da moeda não faziam muito sentido para mim, mas o pai rico continuou: "Se você quiser ser rico, precisa conhecer as esperanças, os medos e as ilusões presentes nos dois lados da moeda."

Durante um de meus encontros com o pai rico, ele disse algo que mudou minha maneira de pensar, que era a de uma pessoa pobre, para o modo de pensar dos ricos. O que ele me disse foi o seguinte: "Ao ter um plano para enriquecer, ao entender a legislação tributária e societária, posso usar minha coluna das despesas para me tornar rico. A pessoa mediana empobrece com suas despesas. Essa é uma das maiores e mais importantes razões pelas quais alguns enriquecem e outros empobrecem. Se você quer enriquecer e continuar rico, precisa controlar as suas despesas." Entendendo esta afirmação, é possível entender por que o pai rico queria ter uma renda reduzida e despesas elevadas. Essa era a sua maneira de enriquecer. Ele dizia: "A maioria das pessoas acaba perdendo o dinheiro e indo à insolvência porque continua pensando como uma pessoa pobre, e os pobres desejam rendas altas e despesas baixas. Se você não mudar sua mente, terá sempre medo de perder dinheiro, tentando ser sovina, frugal, em vez de ser financeiramente inteligente e se tornar cada vez mais rico. Quando tiver entendido por que uma pessoa rica quer renda baixa e despesas altas, começará a ver o outro lado da moeda."

Um Ponto Crucial

Este último parágrafo é um dos mais importantes do livro. Na verdade, o livro foi redigido em torno deste parágrafo. Se o leitor não o entender, sugiro que se sente com algum amigo que também tenha lido este livro e discuta o assunto para aprofundar sua compreensão. Não espero que o leitor concorde necessariamente com ele. O bom seria começar a entendê-lo. É possível começar a entender que existe um mundo com muito dinheiro, e como fazer parte dele. Meu pai rico dizia: "As pessoas que não mudam sua maneira de ver o dinheiro só verão um lado da moeda. Verão o lado que só conhece um mundo de dinheiro escasso. Nunca verão o lado em que há um mundo com muito dinheiro, mesmo se ganharem muito."

Ao entender que pode existir um mundo de excesso de dinheiro, conhecendo um pouco de legislação tributária e societária, e por que o controle das despesas é tão importante, é possível ver um mundo inteiramente diferente, um mundo que poucas pessoas chegam a ver. E a visão desse mundo começa em nossa mente. Se nossa visão mental muda, então começamos a entender por que o pai rico sempre dizia: "Utilizo minhas despesas para ficar cada vez mais rico, e a pessoa mediana usa suas despesas para ficar cada vez mais pobre." Quem entender esta afirmação compreenderá por que penso que a proficiência financeira é importante dentro do nosso sistema de ensino. É por isso também que meu jogo educativo *CASHFLOW*® pode ajudá-lo a enxergar o mundo financeiro como algumas pessoas nunca o viram. A demonstração financeira é muito parecida com *Alice no País das Maravilhas*.

Capítulo 41

No jogo *CASHFLOW*®, o jogador se move da Corrida dos Ratos para a Pista de Alta Velocidade do mundo dos investimentos através do domínio da demonstração financeira.

Como a Renda Baixa e as Despesas Altas Podem Ser Boas?

Como o pai rico dizia: "O dinheiro é apenas uma ideia." Estes últimos parágrafos contêm algumas ideias muito importantes. Se entender completamente por que renda baixa e despesas altas podem ser boas, siga em frente. Se não entender, dedique algum tempo para discutir este ponto com alguém que já tenha lido o livro, afinal esta ideia é o ponto central dele. E também explica por que tanta gente rica quebra. Assim, faça seus melhores esforços para entender este ponto, porque não tem muito sentido ser criativo, construir um ativo e ganhar muito dinheiro — apenas para perder tudo. Quando examinei a regra 90/10, uma das coisas que verifiquei é que os 90% das pessoas que ganham 10% do dinheiro são as que desejam renda elevada e despesas reduzidas. É por isso que elas ficam exatamente onde estão.

Uma Orientação

Portanto, a pergunta é: "Como renda baixa e despesas altas enriquecem alguém?" E a resposta está no modo como o investidor sofisticado utiliza a legislação tributária e societária para levar essas despesas de volta à coluna da renda.

Por exemplo, este é um diagrama que mostra o que o investidor sofisticado tenta fazer.

O Guia de Investimentos

Os 10% que Ganham os 90%

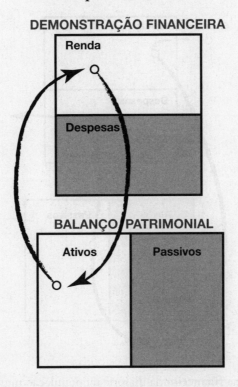

E voltamos à pergunta: "Como renda baixa e despesas altas enriquecem alguém?"

Se começarmos a entender como e por que isto ocorre, significa que estamos vendo um mundo de fartura financeira cada vez maior.

Compare o diagrama anterior com este aqui.

413

Capítulo 41

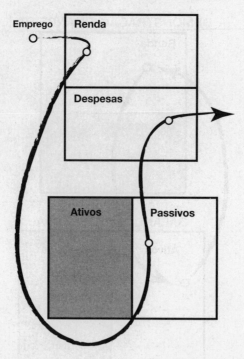

Este é o diagrama financeiro da maioria da população mundial. Em outras palavras, o dinheiro entra pela coluna de renda e sai pela coluna das despesas e nunca mais volta. É por isso que tanta gente tenta poupar, ser frugal e cortar despesas. Este é também o diagrama da pessoa que afirma categoricamente: "Minha casa é um ativo." Mesmo quando o dinheiro sai da coluna das despesas e não retorna a ela, pelo menos não imediatamente. Ou da pessoa que diz: "Todo mês perco dinheiro, mas o governo me concede uma dedução no cálculo do imposto pelo dinheiro perdido." Eles falam isso em vez de dizer: "Estou ganhando dinheiro com meu investimento e o governo me concede dedução tributária para que eu ganhe dinheiro."

Meu pai rico dizia que um dos controles mais importantes é encontrado nesta pergunta: "Qual é o porcentual de dinheiro que sai da sua coluna de despesas e volta para a de sua renda no mesmo mês?" O pai rico passou horas e dias falando disso comigo. Ao entender seu ponto de vista, passei a ver um mundo muito diferente que a maioria das pessoas não vê. Eu podia enxergar um mundo de riqueza cada vez maior, diferentemente das pessoas que trabalham arduamente, ganham muito dinheiro e mantêm as suas despesas baixas. Assim, faça-se a mesma pergunta: "Qual

414

é o porcentual de dinheiro que sai da sua coluna de despesas e volta para a de sua renda no mesmo mês?" Se entendermos como isto é feito, seremos capazes de ver e criar um mundo de riqueza crescente. Se tiver dificuldade de entender a ideia, procure discutir com alguém os modos de fazer isso. Se começar a entendê-la, começará a compreender o que o investidor sofisticado faz. Eu diria que é uma discussão que vale a pena e talvez seja interessante reler o livro e refazer a discussão frequentemente. Ele foi escrito para mudar o ponto de vista das pessoas, a visão de um mundo de "escassez de dinheiro" e abrir a perspectiva da criação de um "mundo de fartura".

Qual É o Valor de um Negócio de Marketing de Rede?

Quando falo em empresas de marketing de rede, digo muitas vezes: "Os senhores não sabem o valor de seu negócio de marketing de rede." Digo isso porque muitas empresas de marketing de rede só se concentram no montante de dinheiro que esse negócio pode gerar. Digo muitas vezes para eles que o importante não é o dinheiro que ganham, mas o montante antes da incidência dos impostos que podem investir. É isso o que o quadrante E não pode fazer. Para mim, essa é uma das maiores vantagens do marketing de rede. Se usado adequadamente, um negócio de marketing de rede pode torná-lo muito mais rico do que apenas a renda residual que ele gera. Tenho vários amigos que ganharam dezenas de milhões de dólares com marketing de rede e ainda estão quebrados hoje. Quando falo para o pessoal do ramo, costumo lembrar aos líderes do marketing de rede que uma parte vital de suas tarefas não é apenas ensinar as pessoas como ganhar muito dinheiro, mas é também ensiná-las a guardar o dinheiro que ganham. E é por meio de suas despesas que elas acabarão se tornando ricas ou pobres.

Por que Muitas Empresas São Melhores do que uma Só?

Não é apenas o pessoal do marketing de rede que deixou de perceber o verdadeiro valor do seu negócio. Já vi empreendedores que são competentes no que se refere à criação de empresas, mas que não veem o verdadeiro valor do negócio. Isso acontece porque atualmente só se pensa em montar empresas para vendê-las. Essa é a ideia de um proprietário de empresa que não tem os conhecimentos do investidor sofisticado quanto à legislação tributária e societária. Assim, em vez de montar uma empresa para comprar ativos, muitas vezes apenas montam a empresa para vendê-la, pagar os impostos e pôr o dinheiro no banco. E depois recomeçam tudo outra vez. Tenho

Capítulo 41

vários amigos que montaram empresas apenas para vendê-las. Dois de meus amigos venderam suas empresas e perderam todo o dinheiro auferido na venda no empreendimento seguinte. Eles perderam porque a regra 90/10 ainda vigora em relação à sobrevivência das empresas. Essas duas pessoas tinham saído do quadrante A para montar empresas no quadrante D. E venderam depois as empresas para pessoas do quadrante D. Seus compradores reconheceram o valor tantas vezes invisível de uma empresa do quadrante D. De modo que esses amigos que venderam suas empresas acabaram falidos, mesmo tendo ganhado vários milhões de dólares. As empresas que venderam tornaram seus novos donos ainda mais ricos.

Um dono de empresa e investidor sofisticado faria o possível para ficar com a empresa o máximo de tempo possível, usá-la para adquirir o máximo de ativos estáveis e, então, negociar a empresa pagando o mínimo possível de impostos e ficando com o máximo possível de ativos. Como dizia o pai rico: "A principal razão pela qual monto uma empresa é pelos ativos que ela me compra." Para muitos empreendedores, a empresa que montam é o seu único ativo porque eles utilizam uma estratégia de empresa única e deixam de lançar mão do poder de uma estratégia de investimento por meio de várias sociedades. (Repito, para recorrer a essa estratégia, é necessária uma equipe de assessores profissionais.) Isto reforça a ideia de que a grande vantagem do quadrante D é que a legislação tributária lhe permite usar o dinheiro antes da incidência dos impostos para torná-lo mais rico e, de fato, a lei o recompensa por investir o máximo de dinheiro possível. Afinal, são os ricos que fazem as regras.

O Poder das Despesas

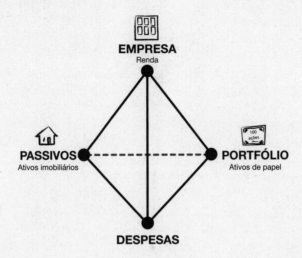

Isso explica por que as despesas podem ser um ativo ou passivo independentemente da quantidade de dinheiro que você ganhou. Uma das razões pela qual 90% das pessoas possuem apenas 10% é porque não sabem gastar o dinheiro que ganham. Como o pai rico diz: "Uma pessoa rica transforma lixo em dinheiro. Os outros transformam dinheiro em lixo."

Então, a resposta para a pergunta: "Por que as pessoas ricas quebram?" é a mesma razão pela qual as pobres continuam pobres e a classe média tem dificuldades financeiras. A razão pela qual os ricos, os pobres e a classe média quebram é que eles perdem o controle de suas despesas. Em vez de usá-las para enriquecer, eles as usam para ficar pobres.

Parte 5
DAR UM RETORNO

Capítulo 42
VOCÊ ESTÁ PREPARADO PARA DAR UM RETORNO?

Controle do Investidor #10

Controle sobre Dar Retorno, Filantropia e Redistribuição de Riqueza

Dan, um colega meu do colégio, estava de passagem pela cidade e me chamou para jogar golfe. Ele sempre jogou golfe melhor do que eu, e como eu não jogava há meses, hesitei em aceitar o convite. Mas como o objetivo do jogo era renovar a velha amizade e não concorrer em um torneio, acabei concordando.

Enquanto percorríamos o campo, e eu era humilhado pelo jogo brilhante de Dan, começamos a conversar sobre o atual estágio de nossas vidas. Quando contei para ele que me aposentara e estava fazendo negócios, abrindo o capital de uma empresa e montando outra, de capital fechado, ele ficou furioso. Dan me acusou de ser ganancioso, de só pensar em mim e de explorar os pobres. Depois de quase uma hora tentando ficar frio, eu não aguentei. Finalmente explodi: "Por que você pensa que os ricos são gananciosos?"

Sua resposta foi: "Porque vejo pobres o dia inteiro. E nunca vejo os ricos fazendo nada por eles." Dan é advogado e presta auxílio a pessoas que jamais poderiam pagar por um. "O hiato entre ricos e pobres é cada vez maior, e não vejo melhorias. Existem agora famílias que não têm qualquer esperança de sair da pobreza. Perderam de vista o sonho. E pessoas como você ganham mais e mais dinheiro."

Capítulo 42

Você só pensa nisso? Em montar negócios e enriquecer? Você está ficando tão ruim quanto o pai do Mike, um cara rico e ganancioso, que ficava sempre mais rico."

À medida que o jogo avançava, Dan foi se acalmando. Já no final, concordamos em almoçar no dia seguinte para eu lhe mostrar no que estava trabalhando.

No outro dia, mostrei meu jogo de tabuleiro a ele. "Para que o jogo serve?", perguntou, depois que nos sentamos à mesa.

Expliquei minha teoria de que a pobreza é resultado da falta de formação financeira. "Isso é uma condição adquirida", disse. "Aprende-se em casa. Como a escola não ensina nada sobre o dinheiro, tudo o que você sabe assimila de casa."

"Mas o que este jogo ensina?", insistiu Dan.

"Ensina o vocabulário da proficiência financeira", respondi. "Acho que as palavras são as ferramentas, ou ativos, mais poderosos que os seres humanos possuem, porque elas afetam o nosso cérebro, e é ele que cria a nossa realidade no mundo. O problema de muitas pessoas é que elas saem de casa e da escola sem nunca terem aprendido ou entendido o vocabulário associado ao dinheiro... o que acaba resultando em uma vida de dificuldades financeiras."

Dan examinou o tabuleiro colorido, enquanto a garçonete nos trazia mais café. "Então você planeja acabar com a pobreza por meio de um jogo de tabuleiro?", perguntou sarcasticamente.

"Não", respondi, com um sorriso malicioso. "Não sou tão ingênuo ou otimista. Criei este jogo tendo em vista as pessoas que desejam se tornar empresários ou investidores. A gestão do fluxo de caixa é uma habilidade básica para quem deseja ser rico."

"Ou seja, você criou este jogo para as pessoas que desejam enriquecer, e não para os pobres?", disse Dan, enquanto sua fúria retornava.

Novamente, sorri ante a sua reação passional. "Não, não e não", falei. "Não criei este jogo para excluir os pobres. Vou repetir. Criei este jogo para pessoas que querem ficar ricas, sem levar em consideração se são pobres ou ricas neste momento."

A expressão do rosto de Dan ficou mais calma, mesmo que pouco.

"Os meus produtos se destinam a pessoas que querem enriquecer", repeti. "Eles não podem ajudar ninguém, qualquer que seja a sua situação financeira, a menos que se deseje, antes, enriquecer. Meus produtos não ajudarão alguém rico ou da classe média, a menos que ele também queira ficar mais rico."

Dan balançava a cabeça. Estava ficando ainda mais furioso. Finalmente, falou: "Quer dizer que passei minha vida tentando ajudar as pessoas e você agora diz que eu não posso ajudá-las?"

"Não, eu não disse isso", respondi. "Não posso dizer quais os resultados que você está obtendo. Além disso, não cabe a mim julgar."

"Então, o que está querendo dizer?", perguntou Dan.

"Digo apenas que não se pode ajudar ninguém, a menos que a própria pessoa deseje ser ajudada", disse. "Se a pessoa não está interessada em ficar rica, os meus produtos não valem nada."

Dan ficou imóvel tentando assimilar a distinção que eu tentava fazer. "No meu mundo, da lei e da assistência jurídica, muitas vezes oriento as pessoas. E muitas pessoas não aceitam a minha orientação", disse Dan. "Há gente que volta em um ano ou dois e sua situação é a mesma. Eles voltam para a cadeia, são acusados de violência doméstica ou qualquer outra coisa. É disso que você está falando? A orientação não serve, a não ser que as pessoas estejam realmente dispostas a mudar suas vidas?"

"É isso mesmo o que quero dizer", falei. "É por isso que a melhor dieta e o melhor plano de exercícios físicos não funcionam a menos que a pessoa deseje realmente perder peso. Ou porque muitas vezes é apenas perda de tempo e uma perturbação para o resto da turma manter em sala de aula um aluno que não quer aprender a matéria. É difícil ensinar a alguém que não está interessado em aprender. E eu me incluo aí. Por exemplo, não tenho interesse em luta. Assim, você não pode me obrigar a aprender. Mas com o golfe é diferente. Dedico-me, pratico durante horas e pago uma boa nota em aulas particulares, porque quero aprender."

Dan me olhava sério. "Entendo", disse.

"Mas não lhe mostrei o jogo pelo que ele tem a ver com o enriquecimento", falei. "Quero lhe contar o que o meu pai rico ensinou a mim e ao Mike sobre generosidade. Sobre dar o dinheiro de volta."

Então, passei uns dez minutos explicando a Parte 5 do plano do pai rico, mostrando para ele que uma parte desse plano tinha a ver com generosidade, com caridade. Disse a Dan, apontando para o tabuleiro do jogo: "O pai de Mike nos ensinou cinco fases diferentes da riqueza e do dinheiro. A Parte 5 era a responsabilidade de dar o dinheiro de volta, depois de tê-lo ganhado. O pai do Mike acreditava com convicção que ganhar dinheiro e entesourá-lo era um mau uso do poder do dinheiro."

Capítulo 42

"De que modo você incluiu a Parte 5 do plano do pai de Mike no seu jogo?", perguntou Dan um pouco desconfiado. "Seu jogo de tabuleiro não apenas ensina as pessoas a enriquecer, mas também as ensina a ser generosas?"

Fiz que sim com a cabeça. "É uma parte do plano. Uma parte muito importante."

Tendo crescido comigo e com Mike, Dan sabia quem era o pai rico. Ele ouvira falar do plano de investimento que meu pai rico e eu elaboramos depois que voltei do Vietnã. Dan estava consciente do que eu passei para aprender a ser empresário e investidor. Ele ficara zangado quando falei das Partes 3 e 4, em que eu estava investindo em outras empresas e enriquecendo. Agora, estava tomando conhecimento da Parte 5.

"Como já disse, a Parte 5 talvez seja a parte mais importante do plano do pai rico, e foi propositalmente que a incluí no jogo", falei.

"E o que é essa Parte 5?", perguntou Dan. "Mostre no tabuleiro do jogo."

Então, apontei para os quadrados cor-de-rosa na Pista de Alta Velocidade do tabuleiro. O tabuleiro tem duas trilhas diferentes. Uma, circular, interna é chamada de Corrida dos Ratos; a outra, mais retangular é denominada de Pista de Alta Velocidade, que é onde os riscos investem. "Estes quadrados cor-de-rosa são a pista de alta velocidade", falei, apontando para um dos quadrados.

"Uma biblioteca infantil", Dan leu em voz alta, enquanto olhava para o quadrado que eu indicava.

Apontei para outro quadrado.

"Um centro de pesquisa contra o câncer", voltou a ler Dan.

"E temos este quadrado", falei, mostrando para outro deles.

"Uma doação de fé", Dan leu na linha logo abaixo de onde o meu dedo indicava.

"Quer dizer que você colocou quadrados filantrópicos na Pista de Alta Velocidade", perguntou Dan. "Na pista do investimento dos muito ricos?"

Fazendo que sim com a cabeça, acrescentei: "Sim. Há dois tipos de sonho na Pista de Alta Velocidade. Sonhos de prazer pessoal e sonhos de criar um mundo melhor com a sua riqueza excessiva."

Dan balançou a cabeça lentamente, dizendo: "Quer dizer que o pai do Mike ensinou a você e ao Mike não apenas a ser ricos, mas também a ser caridosos?"

Assenti com a cabeça ao mesmo tempo em que apontava rapidamente para os diferentes sonhos caritativos que se encontram na Pista de Alta Velocidade do tabuleiro do jogo. "Meu pai rico dizia que um dos controles mais importantes de um investidor era aquele sobre o dinheiro a ser devolvido à sociedade."

O Guia de Investimentos

"Ele tinha fama de ser um homem rico e ganancioso", comentou Dan. "Muitas pessoas falavam coisas horríveis dele, de como era avarento."

"É o que a maioria das pessoas pensava", retruquei. "Contudo, Mike e eu sabíamos que ele era diferente. Quanto mais dinheiro ganhava, mais ele distribuía. Mas o fazia em silêncio."

"Não sabia disso", falou Dan. "Ele dedicou seus últimos anos a devolver à sociedade todo o dinheiro que tinha juntado?"

"Bom, nem tudo", falei. "Ele deixou uma parte para os seus filhos. O que quero destacar é que muitas pessoas acreditam que os ricos são gananciosos. Essa convicção não lhes permite ver a realidade de que nem todos os ricos são ambiciosos. Se você abrir seus olhos, verá que muitos dos muito ricos fizeram vultosas contribuições para a sociedade. Veja o que Andrew Carnegie devolveu por meio de bibliotecas; Henry Ford criou a Fundação Ford, e os Rockefellers, a Fundação Rockefeller.

"John D. Rockefeller não apenas criou suas fundações filantrópicas para distribuir seu dinheiro, ele fez grandes doações à Universidade de Chicago, assim como muitos ex-alunos fazem doações para as universidades em que estudaram. Muitos dos ultrarricos fundaram suas próprias instituições de ensino superior, assim como Stanford fundou a Stanford University, e Duke, a Duke University. Os ricos sempre foram muito generosos com o ensino superior."

"A Vanderbilt University também foi criada por um empreendedor rico", acrescentou Dan. "Sei que os ricos criam empregos e fornecem bens e serviços que tornam a vida um pouco melhor. E agora você está me dizendo que eles muitas vezes devolvem o dinheiro à sociedade."

"É isso mesmo o que estou dizendo", retruquei. "E, contudo, muitas pessoas só veem o que elas acreditam ser o lado avarento dos ricos. Sei que há ricos gananciosos, mas também há pobres assim.

"E o seu pai rico devolveu dinheiro?", repetiu Dan.

"Sim", afirmei. "A Parte 5 foi a que lhe deu maior felicidade. Além disso, ser caridoso aumentou suas despesas, reduziu sua renda e o levou para o outro lado do espelho."

"O quê?", gaguejou Dan surpreendido. "Que espelho?"

"Esquece", falei. "Só sei que ser generoso o tornou feliz de vários modos."

"E para quem ele fazia as doações?", indagou Dan.

"Como seu pai fora vítima de câncer, a fundação do pai rico fez doações significativas para pesquisas sobre a doença. Ele também construiu um pequeno hospital do câncer no interior, para que o pessoal pudesse ficar mais perto dos familiares

425

Capítulo 42

hospitalizados. E, como era um homem muito religioso, construiu uma sala de aula maior para a escola dominical de sua igreja. Ele foi também um patrocinador das artes, adquirindo obras de muitos artistas de talento e fazendo doações a museus. E o melhor é que a sua fundação é tão bem administrada que mesmo depois de sua morte continuará ganhando dinheiro e fazendo doações. Assim, mesmo depois de morto, ele permanece contribuindo com a sociedade. As fundações que montou continuarão financiando causas meritórias por muitos anos ainda."

"Ele planejou ter muito dinheiro em vida e também depois de falecido", falou Dan.

"Sem dúvida, ele tinha um plano", concluí.

"E agora você incluiu em seu jogo *CASHFLOW*® tudo o que o seu pai rico lhe ensinou. Ele lhe orientou sobre como ganhar dinheiro, e dá-lo de volta", disse Dan.

"Fiz o possível para incluir no jogo os ensinamentos mais importantes do pai rico. E a importância de devolver à sociedade é um deles", respondi. "Ele me ensinou a controlar a aquisição de riqueza e também a sua devolução."

"Gostaria que mais gente fizesse a mesma coisa", suspirou Dan.

"E muito mais gente dará mais dinheiro de volta", falei. "Veja esta geração dos *baby boomers*. Muitos foram hippies na década de 1960, e hoje estão se tornando milionários. Daqui a poucos anos, a revolução da qual fizeram parte estará com toda a força e terá um farto fluxo de caixa. Muitos destes hippies do passado e outras pessoas da mesma geração são socialmente responsáveis. O que aprenderam na década de 1960, naqueles tempos pobres da faculdade, dará seus frutos nos próximos anos. Esses ideais e o dinheiro que têm hoje os tornarão uma poderosa força financeira, social e política no mundo. Penso que eles assumirão as funções caritativas que nosso governo não tem meios de assumir agora. Muitos desses ricos colocarão em prática os objetivos sociais que sonhavam quando eram pobres."

"E por que você acha que eles serão generosos?", perguntou Dan.

"Porque já está acontecendo", respondi. "Bill Gates sozinho prometeu bilhões de dólares para várias causas e tem uma equipe de tempo integral para distribuir o dinheiro. Se você olhar ao redor, verá que esta geração do *baby boom* dos empreendedores ricos estará se forçando a ser caridosa. Será muito desagradável socialmente ser rico e não ser generoso."

"Então, o pai do Mike era um homem indulgente, e ensinou a você e ao Mike a serem assim também."

O Guia de Investimentos

Eu assenti com a cabeça. "Sim, ainda que muitos o criticassem por ser rico, ele fazia suas doações em silêncio. Para ele, a generosidade fazia sentido financeiramente e lhe dava prazer."

"Não sabia disso", murmurou Dan quase que reverentemente, ao vê-lo de modo distinto. "E distribuir o dinheiro o tornava feliz?"

Concordei com a cabeça. "Nos últimos anos de sua vida, vi em seus olhos uma paz que nunca observara antes. Ele fez o bem durante toda sua vida, e o faria mesmo quando se despedisse deste mundo. Sua vida estava completa."

"Ele tinha muito orgulho do Mike e de mim", continuei. "Também disse que sabia que eu me parecia mais com o meu pai verdadeiro; que eu era um professor, e esperava que continuasse ensinando aos outros o que me ensinara. Ele queria que eu fosse como os meus dois pais — um homem rico e um mestre."

"E isso foi tudo?", perguntou Dan.

"Não", respondi. "Não, isso não foi tudo. Ele sempre teve medo de que eu desistisse no meio do caminho. Receava que eu não tivesse a persistência para tornar realidade meus planos de investimento, e que eu me juntasse aos que desistem, preferindo o mais fácil ao que é necessário."

"O último conselho que ele me deu foi: 'Vá em frente, cuide de seus negócios, seja fiel a seus sonhos e estes se tornarão realidade'", falei baixinho.

Trazendo-me de volta ao presente, Dan perguntou: "E seus sonhos se tornaram realidade?"

"Quase", respondi. "Ainda não sou o investidor ideal. Quando Kim e eu começamos a *Rich Dad*, nossa missão era 'elevar o bem-estar financeiro da humanidade.'"

"É uma missão bastante ambiciosa", comentou Dan, com as sobrancelhas levantadas.

"Eu sei que é isso o que parece, mas cumprimos nossa missão a cada dia. Todo dia recebemos telefonemas, cartas e e-mails de pessoas que começaram a agir para melhorar suas vidas financeiras. Estamos impressionados com a resposta das pessoas que compram nossos produtos. Toda vez que alguém diz que seu bem-estar financeiro aumentou, cumprimos a nossa missão."

"Nossa, é incrível, Robert! É bom ver você tão entusiasmado com a ideia de dar um retorno", disse Dan.

"Ainda estamos desenvolvendo a fundação e seus programas. O importante é apoiar o aprendizado sempre que pudermos. Kim e eu fomos abençoados em nosso sucesso, e queremos continuar buscando maneiras de dar um retorno, contribuindo para propiciar a proficiência financeira dos outros."

Conclusão
POR QUE NÃO É MAIS NECESSÁRIO DINHEIRO PARA GANHAR DINHEIRO

Recentemente, em um curso sobre investimentos, me perguntaram: "Em que empresa de internet o senhor aconselha investir?"

Respondi: "Por que investir na empresa de internet de outra pessoa? Por que não criar sua própria e chamar pessoas para investir nela?"

Como já disse anteriormente, há muitos livros que explicam como comprar ativos. Este livro procura mostrar como criar ativos que compram ativos. Portanto, por que não pensar em criar um ativo em vez de simplesmente comprá-lo? Digo isso porque nunca foi tão fácil criar nosso próprio ativo.

O Mundo Tem Dez Anos

Em 11 de outubro de 1998, a Merrill Lynch publicou um anúncio de página inteira em vários dos principais jornais dos Estados Unidos dizendo que o mundo tinha apenas dez anos. Mas por que dez anos? Porque tinham se passado cerca de dez anos da queda do Muro de Berlim. Esse é o evento que vários historiadores econômicos utilizam para marcar o fim da Era Industrial e o início da Era da Informação.

Até a Era da Informação, a maioria das pessoas tinha que investir do lado de fora da empresa. Agora que o mundo está com apenas dez anos, mais e mais pessoas podem investir do lado de dentro. Quando respondi: "Por que investir na empresa de internet de outra pessoa? Porque não criar sua própria e chamar pessoas para in-

Conclusão

vestir nela?", eu queria dizer, "Estamos agora na Era da Informação, então por que não ser um *insider* em lugar de ficar do lado de fora?"

Três Eras

Na Era Agrícola, os ricos eram os donos do castelo e cuidavam de grandes extensões de terra fértil. Essas pessoas eram conhecidas como monarcas e nobres. Quem não tivesse nascido nesse grupo, estava fora e tinha poucas chances de entrar. A regra 90/10 controlava a vida. Portanto, os 10% que estavam no poder estavam ali por casamento, nascimento ou conquista; os outros 90% eram servos ou camponeses que trabalhavam a terra, mas não possuíam nada.

Na Era Agrícola, quem fosse um bom trabalhador era respeitado, e a ideia de ser diligente passava de pai para filho.

Porque aparentemente 90% das pessoas trabalhavam para sustentar os outros 10% que pareciam não trabalhar, esta foi também a era em que os ricos começaram a ser odiados. Essa ideia também passava de pai para filho. Estas ideias continuam sendo populares e ainda passam de geração para geração.

Veio então a Era Industrial e a riqueza passou da terra agrícola para os imóveis. Melhorias como prédios, fábricas, armazéns, minas e residências para os trabalhadores eram colocadas acima da melhoria da terra. De repente, o valor das terras agrícolas férteis caiu, porque a riqueza passou para os proprietários dos imóveis que estavam sobre a terra. Na verdade, aconteceu algo interessante. De repente, o valor das terras agrícolas férteis se tornou inferior ao de terras menos valiosas, rochosas, onde a agricultura era difícil. Esses terrenos rochosos perderam valor porque eram mais baratos que os férteis. E também podiam sustentar construções mais altas como arranha-céus ou fábricas, e com frequência continham recursos naturais como petróleo, ferro e cobre de grande importância na Era Industrial. Quando as eras mudaram, o patrimônio de muitos agricultores caiu, para manter seu padrão de vida precisavam trabalhar mais arduamente e por mais tempo do que antes.

Foi na Era Industrial que a ideia de "vá para a escola para poder conseguir um emprego" se tornou popular. Na Era Agrícola, a educação formal não era necessária, porque os ofícios passavam de pai para filho; os padeiros ensinavam a seus filhos a fabricar o pão e assim por diante. Próximo ao fim dessa era, a ideia de "emprego", ou a ideia de um emprego para toda a vida, começou a se tornar comum. A pessoa ia à escola, conseguia esse emprego vitalício, se esforçava para subir na hierarquia corporativa ou na escala sindical, e, ao se aposentar, a empresa ou o estado atendiam a suas necessidades.

Na Era Industrial, os que não eram de origem nobre enriqueceram e se tornaram poderosos. Histórias de pessoas que passaram da pobreza à fortuna alimentavam a ambição. Os empreendedores começavam do nada e se tornavam bilionários. Quando Henry Ford resolveu produzir automóveis em massa, ele encontrou terrenos rochosos baratos, que os agricultores não queriam, perto de uma pequena cidade chamada Detroit, e uma nova indústria nasceu. A família Ford se tornou, em essência, a nova nobreza, e todos os que estavam em sua volta, que faziam negócios com ela, passaram também a fazer parte dessa nova nobreza. Novos nomes se tornaram tão prestigiados quanto os de reis e rainhas — nomes como Rockefeller, Stanford ou Carnegie. As pessoas muitas vezes os respeitavam e os desprezavam pela sua grande riqueza e poder.

Contudo, na Era Industrial, como na Era Agrícola, apenas uns poucos controlavam a maior parte da riqueza. A regra 90/10 se mantinha, embora, agora, os 10% não fossem selecionados pelo nascimento e sim por sua própria determinação. A regra se mantinha simplesmente porque eram exigidos grande esforço e coordenação, e bastante dinheiro, pessoal, terra e poder para criar e controlar a riqueza. Por exemplo, para montar uma fábrica de automóveis ou uma empresa de extração de petróleo ou minérios, que ainda usa intensivamente o capital, são necessários significativos montantes de dinheiro, muito terreno e muitas pessoas inteligentes e instruídas. E, além disso, muitas vezes são precisos anos de trâmites burocráticos — como estudos ambientais, acordos comerciais, legislação trabalhista e assim por diante — para estruturar o negócio. Na Era Industrial, o padrão de vida da maior parte das pessoas aumentou, mas o controle da verdadeira riqueza continuou na mão de poucos. Agora, as coisas mudaram.

A Regra 90/10 Mudou

Quando o Muro de Berlim caiu e a rede mundial de computadores se consolidou, muitas das regras mudaram. Uma das mudanças mais importantes foi a da regra 90/10. Embora seja provável que apenas 10% da população controle 90% do dinheiro, o acesso ou a oportunidade de se juntar a esses 10% mudou. A rede mundial de computadores alterou o custo de ingressar no grupo dos 10%. Hoje, não é preciso ter sangue azul como na Era Agrícola. Nem se exige altas somas de dinheiro,

Conclusão

terra e pessoal para fazê-lo. O preço do ingresso em nossos dias é uma ideia, e ideias são de graça.

Na Era da Informação, tudo do que se precisa é de informação ou de ideias para ser rico, muito rico. Portanto, é possível que pessoas que estão, em um ano, na obscuridade financeira, constem, no ano seguinte, na lista das pessoas mais ricas do mundo. Essas pessoas muitas vezes passam à frente daquelas que ganharam dinheiro em outras eras. Universitários que nunca tiveram um emprego viram bilionários. Estudantes de ensino médio superarão os universitários.

No início da década de 1990, li em um jornal uma matéria que afirmava: "Muitos cidadãos russos reclamam que durante o regime comunista sua criatividade fora sufocada. Agora que o regime caiu, muitos russos descobrem que não tinham qualquer criatividade." Pessoalmente, acredito que todos nós temos uma brilhante ideia criativa que é só nossa, uma ideia que pode ser transformada em ativo. O problema dos russos, como o de muitos cidadãos de todos os lugares do mundo, é que eles não têm o benefício da orientação do meu pai rico para ajudá-los a entender o poder do triângulo D–I. Penso que é muito importante que ensinemos a mais pessoas como ser empreendedores e como pegar suas ideias originais e transformá-las em empresas que criam riqueza. Se o fizermos, nossa prosperidade só fará aumentar, à medida que a Era da Informação se expande em volta do mundo.

Pela primeira vez na história do mundo, a regra 90/10 da riqueza pode estar perto de perder sua preponderância. Não é mais necessário ter dinheiro para ganhar dinheiro. Não é mais preciso ter vastas extensões de terra e recursos naturais para ficar rico. Não é mais crucial ter amigos em altas posições para enriquecer. Não importa mais onde você nasceu, que universidade frequentou, ou qual o seu gênero, raça ou religião. Atualmente, tudo o que se faz necessário é uma ideia, e o pai rico sempre dizia: "O dinheiro é uma ideia." Contudo, para algumas pessoas, a coisa mais difícil é mudar uma velha ideia. O velho ditado "Não se pode ensinar truques novos a um cachorro velho" contém uma grande verdade. Mas penso que é ainda mais acurado dizer: "Não podemos ensinar novos truques a quem se aferra a ideias velhas, seja um jovem ou um ancião."

Então, quando me perguntam: "Em que empresa de internet o senhor investiria?", minha resposta ainda é a mesma: "Por que não investir em sua própria empresa de internet?" Não estou sugerindo necessariamente que a pessoa crie uma nova empresa, tudo o que peço é que levem a ideia em consideração, que pensem na possibilidade de montar a própria empresa. Existem na verdade muitas oportunidades em franquias e marketing de rede pela internet. Quando as pessoas passam simplesmente a considerar a ideia de montar seu próprio negócio no quadrante D, suas mentes põem de lado o trabalho árduo e os limites físicos, e contemplam a possibilidade de riqueza ilimitada. Tudo o que é necessário é uma ideia. Não sugiro que as pessoas larguem seus empregos e se atirem à criação de uma empresa. Mas sugiro que os mantenham e pensem em montar um negócio como atividade paralela.

O Desafio das Velhas Ideias

No mercado de ações, ouve-se muitas vezes falar de "Nova Economia versus Velha Economia". Sob muitos aspectos, as pessoas que ficam para trás são as que continuam pensando em ideias da velha economia face a uma nova.

Meu pai rico lembrava constantemente a seu filho e a mim de que o dinheiro era apenas uma ideia. Ele também nos advertia quanto à necessidade de estarmos sempre atentos, de observar nossas ideias e de contestá-las quando necessitassem de ser contestadas. Sendo jovem e tendo pouca experiência à época, não entendia completamente o que ele queria dizer com isso. Hoje, mais velho e mais sábio, tenho um grande respeito por essa advertência quanto à necessidade de contestar as velhas ideias. Como dizia o pai rico: "O que é certo para você hoje pode ser errado amanhã."

Tenho acompanhado o crescimento da Amazon.com, uma empresa sem lucros nem imóveis, que a cada dia se expande mais rapidamente e cujo valor aumenta nas bolsas de valores, superando o de varejistas tradicionais como Sears e J. C. Penney. Um novo varejista de internet, sem lucros, é considerado mais valioso do que os varejistas da Era Industrial com lucros sólidos, anos de experiência, grande patrimônio imobiliário e mais ativos do que qualquer monarca da antiguidade. Mas o novo varejista da internet é mais valioso justamente por não necessitar de grande quantidade de imóveis, dinheiro ou pessoas para fazer seus negócios. Exatamente aquilo que determinava o valor dos varejistas da Era Industrial os torna agora, na Era da Informação, menos valiosos. Muitas vezes, ouvimos pessoas dizendo: "As regras mudaram." E, com frequência, fico imaginando o que o futuro reserva para esses velhos varejistas e seus investidores, à medida que mais e mais empresas de internet reduzem as margens de lucro, vendendo os mesmos produtos a preço menor. O que isso significará em termos de segurança no emprego, benefícios para os funcionários e fidelidade dos investidores no futuro? E o que acontecerá com o valor dos imóveis? Só o tempo dirá.

Conclusão

Muitas das novas empresas de internet fecharão e seus investidores perderão literalmente bilhões de dólares. Fecharão porque, em última instância, os negócios só sobrevivem com lucros e fluxo de caixa positivo. Mas muitas das empresas da Era Industrial também fecharão devido à concorrência de preços feita por esses varejistas online sem qualquer patrimônio imobiliário. Recentemente, escutei um varejista da velha guarda dizendo: "Faremos das compras uma sensação de entretenimento." O problema dessa ideia é que tornar as compras essa sensação é dispendioso e muitos compradores irão à procura da sensação, mas continuarão comprando online por um preço menor.

Tenho uma amiga querida que é há muitos anos minha agente de viagens. Contudo, outro dia ela teve que me cobrar uma taxa de serviço para emitir minha passagem porque as companhias aéreas deixaram de lhe pagar a comissão pela venda das passagens. Ela teve que dispensar vários de seus fiéis funcionários, e agora receia que eu passe a comprar minhas passagens online por um preço mais baixo.

Ao mesmo tempo, as empresas de viagens online surgiram com várias estratégias, como leiloar produtos perecíveis, como assentos vazios; assim, elas ficam ricas e a minha amiga demite funcionários, e pensa que seus fiéis clientes ficarão com ela porque se esforçará seriamente para proporcionar-lhes um serviço melhor. Tenho certeza de que ela se sairá bem, mas o negócio que ela iniciou há muitos anos como rede de segurança para sua aposentadoria se tornou agora um trabalho de tempo integral sem qualquer segurança de que terá algum valor quando ela decidir se aposentar.

As Coisas Mudaram

Considerando que não é mais preciso ter dinheiro para ganhar dinheiro, por que não ir em frente e ganhar muito dinheiro? Por que não procurar investidores para a sua ideia, de modo que todos possam enriquecer? O problema é que muitas vezes velhas ideias estão no caminho.

Como o mundo digital é relativamente jovem, o lado positivo é que não é tarde demais para mudar nossa maneira de pensar e começar a agir, se é que já não começamos. O lado negativo é que, às vezes, o mais difícil é mudar velhas ideias. Algumas das velhas ideias que precisariam ser contestadas são estas, que passam de geração para geração.

O Guia de Investimentos

- **Seja uma pessoa trabalhadora.**

  A realidade hoje é que as pessoas que fazem trabalho físico pesado são as que ganham menos e pagam mais impostos. Não estou dizendo para não se trabalhar arduamente. Tudo o que eu digo é que precisamos pôr em xeque continuamente nossas ideias mais antigas e quem sabe repensar novas. Pense em trabalhar intensamente, em tempo parcial, em um negócio só seu.

  Hoje, em vez de situar-nos apenas em um quadrante, é necessário conhecer bastante todos os quatro lados do quadrante CASHFLOW. Afinal, estamos na Era da Informação, e trabalhar arduamente em um único emprego a vida toda é uma ideia antiga.

- **Os ricos ociosos são preguiçosos.**

  A realidade é que quanto menos você estiver fisicamente envolvido em seu trabalho, mais chances terá de ficar muito rico. Repito, não estou dizendo para não se trabalhar arduamente. Estou sugerindo que nos dias de hoje todos precisamos aprender a ganhar dinheiro mentalmente, não apenas fisicamente. Os que ganham mais são os que empregam menos esforço físico. Trabalham menos porque trabalham pelas rendas passiva e de portfólio em lugar de por um salário. E, como você já deve saber, tudo o que o verdadeiro investidor faz é transformar a renda de suas atividades em rendas passiva e de portfólio.

  No meu modo de pensar, os ricos ociosos não são preguiçosos. É que seu dinheiro trabalha mais arduamente do que eles. Se você quer se juntar ao pessoal 90/10, precisa aprender a ganhar mais dinheiro mental do que fisicamente.

- **Vá para a escola e consiga um bom emprego.**

  Na Era Industrial, as pessoas se aposentavam aos 65 anos porque muitas vezes estavam muito esgotadas após anos colocando o motor dos carros nas linhas de montagem. Hoje, as pessoas estão tecnicamente obsoletas e prontas para a aposentadoria a cada dezoito meses, que é a velocidade com que a informação e a tecnologia se duplicam. Muitas pessoas dizem que atualmente um estudante já está obsoleto logo que se forma. Agora, mais do que nunca, a afirmação do pai rico é relevante: "A inteligência adquiri-

Conclusão

da nos bancos escolares é importante, mas a inteligência adquirida com a experiência de vida também." Somos uma sociedade de autodidatas, não uma sociedade que aprende com os pais (como na Era Agrícola) ou nas escolas (como na Era Industrial). As crianças estão ensinando seus pais a usarem computadores e as empresas procuram jovens high-tech mais do que executivos de meia-idade com formação universitária.

Para ficar à frente da curva da obsolescência, é importante o contínuo aprendizado na escola e na vida. Quando falo aos jovens, digo que eles têm que pensar como atletas profissionais e como professores universitários. Os atletas profissionais sabem que sua carreira estará terminada logo que atletas mais jovens os vençam. Os professores universitários sabem que seu valor aumenta quando envelhecem estudando. Ambos aspectos são importantes hoje em dia.

O Conselho do Pai Rico É Ainda Mais Verdadeiro Hoje

Aqueles que leram os meus dois primeiros livros, *Pai Rico, Pai Pobre* e *Independência Financeira*, sabem das minhas dificuldades tendo que ouvir dois pais e suas ideias em relação a dinheiro, negócios e investimentos. Em 1955, meu pai pobre dizia: "Vá para a escola, tire boas notas e arrume um emprego seguro." Por outro lado, meu pai rico dizia: "Cuide de seu próprio negócio." O pai pobre não considerava importante investir, porque ele acreditava que: "A empresa e o governo são responsáveis por sua aposentadoria e atendimento médico. Um plano de aposentadoria é parte de seu pacote de benefícios, e você tem direito a isso." Meu pai rico insistia: "Cuide do seu próprio negócio." O pai pobre acreditava no trabalho árduo. Ele dizia: "Consiga um bom emprego e faça carreira na empresa. Lembre que as empresas não gostam de funcionários que estão sempre mudando de emprego. As empresas recompensam o tempo de casa e a fidelidade." Meu pai rico dizia: "Cuide do seu próprio negócio."

O pai rico acreditava que devíamos contestar continuamente nossas ideias. O pai pobre defendia convictamente o valor e a importância da formação. Pensava sobre a ideia de respostas certas e erradas. Meu pai rico entendia que o mundo mudava e que precisávamos aprender continuamente. Ele não acreditava em respostas certas ou erradas. Ele considerava que havia respostas velhas e novas. Costumava dizer: "Você não pode impedir o envelhecimento físico, mas isso não quer dizer que deva envelhecer mentalmente. Para ficar jovem por mais tempo, basta adotar ideias jovens. As pessoas envelhecem ou ficam obsoletas porque se apegam a respostas que são certas, mas antigas."

Eis alguns exemplos de respostas certas, mas antigas:

- **Os homens podem voar?**

    A resposta certa antes de 1900 era não. Hoje, é óbvio que os seres humanos voam para todos os lugares, até para o espaço.

- **A Terra é plana?**

    Até 1492, a resposta certa era sim. Depois da viagem de Colombo ao Novo Mundo, o certo ficou obsoleto.

- **A terra é a base de todas as riquezas?**

    Antes da Era Industrial, a resposta era sim. Hoje, a resposta é um rotundo não. São precisos uma ideia e conhecimentos sobre os quadrantes D e I para tornar a ideia real. Uma vez que comprovemos que somos capazes, o mundo está cheio de investidores ricos desejosos de investir seu dinheiro em você.

- **Não é preciso ter dinheiro para ganhar dinheiro?**

    Ouço esta pergunta com frequência. A resposta é não. Acho que sempre foi não. Minha resposta é: "Não é necessário ter dinheiro para ganhar dinheiro. É preciso informação, tanto para ganhar quanto para mantê-lo." A diferença é que se tornou muito mais óbvio que não é preciso dinheiro ou trabalho árduo para ganhar muito dinheiro.

Não sei o que trará o amanhã; ninguém sabe. É por isso que a noção do pai rico de contestar e atualizar constantemente as ideias foi uma das coisas mais importantes que ele me passou.

Hoje, vejo muitos dos meus amigos ficando para trás tanto profissional quanto financeiramente só porque deixaram de pôr em xeque as próprias convicções. Suas ideias são muitas vezes respostas certas que são muito antigas e foram passadas de geração para geração, de uma economia para outra. Alguns garotos do ensino médio planejam nunca ter um emprego. O plano é ignorar toda a ideia de segurança no trabalho, coisa da Era Industrial, e se tornar bilionários e financeiramente independentes. É por isso que digo às pessoas para pensar em montar seu próprio negócio

Conclusão

de internet, seja por conta própria, por meio de uma franquia ou de uma empresa de marketing de rede, em vez de apenas procurar uma empresa na qual investir. O processo de pensamento de hoje é muito diferente, e pode desafiar algumas ideias muito "velhas". Essas ideias ultrapassadas muitas vezes tornam o processo de mudança difícil.

As Ideias Só Precisam Ser Melhores

Lembre sempre que uma vez dominadas as orientações dadas pelo triângulo D–I, você pode não ter virtualmente nada e transformá-lo em um ativo. Quando me perguntam qual foi meu primeiro investimento bem-sucedido, respondo simplesmente: "Meu negócio com revistas em quadrinhos." Peguei revistas em quadrinhos que seriam jogadas fora e criei em torno delas um ativo aplicando os princípios encontrados no triângulo D–I. A Starbucks fez o mesmo com uma xícara de café. De modo que as ideias não precisam ser novas e originais, apenas têm que ser melhores. E isso tem se verificado há séculos. Em outras palavras, as coisas não precisam conter alta tecnologia para serem melhores. De fato, muitas coisas que hoje nos parecem banais já foram alta tecnologia no passado.

Há muita gente que passa a vida copiando as ideias dos outros em vez de criar as próprias. Tenho dois conhecidos que têm como prática usar as ideias de outras pessoas. Embora possam estar ganhando muito dinheiro, há um preço a se pagar quando se usa as ideias dos outros sem pedir licença nem lhes dar o devido crédito. O preço que essas pessoas pagam é a perda do respeito das pessoas que sabem que essas ideias estão sendo aplicadas sem permissão. Já fiz negócios com duas pessoas das quais me afastei porque elas adotam essa prática de pegar ideias dos outros sem autorização e as apresentam como suas.

Como o pai rico costumava dizer: "É sutil a linha divisória entre cópia e roubo. Se você for criativo, precisa estar atento aos ladrões de ideias. Eles são tão ruins quanto as pessoas que assaltam a sua casa." Como há mais gente que rouba do que gente que cria, é cada vez mais importante contar na equipe com um advogado especializado em propriedade intelectual para proteger as criações.

Uma das mudanças tecnológicas mais importantes da história do mundo ocidental teve lugar durante as Cruzadas, quando os soldados cristãos se depararam com o sistema numérico indo-arábico. Esse sistema, assim denominado porque os árabes se depararam com ele quando invadiram a Índia, substituiu o que chamamos de números romanos. Poucas pessoas notam a diferença que esse novo sistema numérico fez em nossas vidas. Ele permitiu que as pessoas navegassem com mais exatidão, a arquitetura se tornou mais ambiciosa, a contagem do tempo mais acurada e a mente humana se aguçou, pensando de forma mais abstrata e crítica. Foi uma grande mudança tecnológica que teve efeitos tremendos sobre nossas vidas.

O sistema numérico indo-arábico não foi uma ideia nova. Ele foi simplesmente uma ideia melhor. E, ainda por cima, uma ideia de outra pessoa. Muitas das pessoas mais bem-sucedidas financeiramente não são necessariamente pessoas que têm ideias criativas, muitas delas costumam copiar ideias dos outros e transformá-las em milhões e até bilhões de dólares. O pessoal da moda costuma observar a juventude para detectar novas tendências que, depois, são transformadas em modelos produzidos em massa. Bill Gates não inventou o sistema operacional que o tornou o homem mais rico do mundo. Ele simplesmente o comprou dos programadores que o criaram, e então licenciou o produto para a IBM. O resto é história. A Amazon.com pegou a ideia de Sam Walton para o Walmart e a colocou na internet; Jeff Bezos enriqueceu muito mais rápido do que Sam Walton. Em outras palavras, quem diz que é necessário ser criativo para ficar rico? É necessário apenas aplicar melhor os princípios do triângulo D–I, pegar as ideias e transformá-las em riqueza.

Seguindo os Passos dos Nossos Pais

Tom Peters, autor do livro *In Search of Excellence* ("Em Busca de Excelência, em tradução livre), tem repetido com frequência: "A segurança no emprego morreu." Contudo, muitas pessoas continuam dizendo a seus filhos: "Estude para arrumar um emprego seguro." Muitas pessoas têm dificuldades financeiras simplesmente porque seguem as ideias de seus pais quanto ao dinheiro. Em vez de criar ativos que compram ativos, a maioria dos nossos pais trabalhou por dinheiro e com ele comprou passivos, pensando, inocentemente, que eram ativos. É por isso que muitas pessoas estudam e procuram bons empregos como seus pais fizeram ou os aconselharam a fazer. Muitos têm dificuldades financeiras ou vivem de contracheque em contracheque porque é isso o que os seus pais faziam. Quando dou meus cursos sobre investimento, um dos exercícios importantes é a comparação entre o que os alunos estão fazendo hoje e o que os seus pais faziam ou os aconselhavam a fazer. Muitas vezes, os alunos percebem que estão seguindo de perto os passos de seus pais

Conclusão

ou seus conselhos. E nesse ponto podem questionar essas velhas ideias que orientam suas vidas.

Para quem deseja realmente mudar, talvez a adoção de uma ideia melhor seja uma boa ideia. Meu pai rico sempre dizia: "Se você quiser enriquecer mais rápido, procure ideias que são melhores do que as que está adotando hoje." É por isso que até hoje leio biografias de empreendedores ricos, escuto histórias narrando suas vidas e presto atenção às suas ideias. Como dizia o pai rico: "As ideias não precisam ser novas, elas apenas precisam ser melhores — e uma pessoa rica está sempre procurando ideias melhores. As pessoas pobres muitas vezes se aferram a suas velhas ideias ou criticam as novas."

Só os Paranoicos Sobrevivem

Andy Grove, ex-presidente da Intel, deu a seu livro o título de *Só os Paranoicos Sobrevivem*. Ele tirou a ideia desse título da obra de Joseph A. Schumpeter, ex-ministro das finanças austríaco e professor da Harvard Business School. Schumpeter expôs essa ideia em seu livro *Capitalismo, Socialismo e Democracia*. (Ele foi o pai dos estudos modernos de crescimento e mudança na economia dinâmica, do mesmo modo que Lord Keynes foi o pai do estudo da economia estática.) Foi de Schumpeter a ideia de que o capitalismo é destruição criativa — um ciclo perpétuo de destruição de produtos ou serviços antigos, menos eficientes, e sua substituição por outros novos, mais eficientes. Schumpeter acreditava que os governos que permitem a existência do capitalismo, que derruba as empresas mais fracas e menos eficientes, sobrevivem e desabrocham. Governos que erguem muros para proteger os menos eficientes ficarão para trás.

Meu pai rico concordava com Schumpeter, e por isso era capitalista. O pai rico estimulava Mike e eu a colocarmos constantemente em xeque nossas ideias, porque, se não o fizéssemos, alguém o faria. Hoje, as pessoas com velhas ideias são as que estão ficando para trás mais rapidamente, mesmo que o mundo tenha pouco mais de dez anos. O mundo que se apresenta hoje me lembra a canção "Tempos Modernos". Um dos versos de sua letra diz: "Hoje o tempo voa, amor, escorre pelas mãos." Embora essa letra tenha sido escrita há quase quarenta anos, ela refletirá mais e mais os próximos quarenta anos. Em outras palavras, só porque você é, hoje, rico ou pobre, não quer dizer que o será no futuro próximo.

Seu Passado Não Importa

No futuro próximo, aqueles que não se arriscam a fracassar acabarão por fracassar. O pai pobre via o fracasso como um substantivo, e o pai rico o via como um verbo. E essa diferença teve um impacto profundo sobre suas vidas. Em *Future Edge* ("Limite Futuro", em tradução livre), Joel Barker escreveu: "Quando um paradigma muda, tudo volta ao zero. Seu sucesso passado não representa nada." Neste mundo de rápidas mudanças, os paradigmas se modificarão cada vez mais rapidamente, e os sucessos passados poderão não significar mais nada. Em outras palavras, só porque trabalhamos hoje em uma boa empresa, não quer dizer que amanhã ela continuará sendo uma boa empresa. Por isso, Grove intitulou o seu livro como *Só os Paranoicos Sobrevivem*.

Até os benefícios concedidos aos funcionários estão mudando. A Era da Informação não alterou apenas as regras dos planos de aposentadoria. A mudança afetou também outros benefícios. Um amigo que trabalha em uma companhia aérea falou: "Era fácil viajar de graça, que é uma das vantagens de se trabalhar no ramo. Mas, atualmente, quando as empresas leiloam os assentos vazios de um voo, os aviões estão cheios, e ficou mais difícil conseguir o meu benefício preferido."

As Regras Mudaram

Agora que este livro chega ao seu final, deixarei com o leitor algumas ideias sobre as mudanças que todos estamos enfrentando, transformações que começaram quando o Muro de Berlim caiu e a World Wide Web começou a sua ascensão. Em seu livro, *O Lexus e a Oliveira*, Thomas L. Friedman descreve várias diferenças entre a Era Industrial e a Era da Informação. Algumas das mudanças que presenciamos são:

1. *Era Industrial:* *Era da Informação:*
   Fórmula de Einstein E = mc² **Lei de Moore**

Durante a Guerra Fria, a teoria da relatividade de Einstein, $E = mc^2$, predominava. Em 1945, quando os Estados Unidos lançaram a bomba atômica sobre o Japão, o país se tornou o poder econômico do mundo e ganhou o domínio militar em relação à Inglaterra. Na década de 1980, todos pensavam que o Japão iria derrotar a economia americana e o índice Nikkei da bolsa de Tóquio disparou. Mas o predomínio econômico do Japão teve

Conclusão

curta duração, porque os Estados Unidos se redefiniram. E essa redefinição foi provocada pela mudança de $E = mc^2$ para a Lei de Moore. Esta lei nos diz que o poder dos microchips dobra a cada 24 meses. Hoje, os Estados Unidos são o maior poder mundial por sua liderança tecnológica e militar.

Se os Estados Unidos tivessem apenas permanecido na corrida armamentista, hoje poderiam ser uma nação falida como a antiga União Soviética. Quando caiu o Muro de Berlim, em 1989, os mercados de capital dos Estados Unidos se voltaram rapidamente para a Era da Informação. Essa liberdade para mudar rapidamente é o poder financeiro proporcionado por uma sociedade capitalista livre. O Japão e a Inglaterra são países que não podem mudar rapidamente porque ainda têm muitos laços com os dias do sistema feudal — conhecido como monarquia, uma instituição da Era Agrícola. Inconscientemente, esses países esperam pela liderança do monarca. Em outras palavras, as inovações são muitas vezes impedidas pelas tradições.

A ideia vale tanto para pessoas quanto para nações. Como dizia o pai rico: "As velhas ideias cortam o caminho das novas." Não estou sugerindo que devemos romper com as velhas tradições, mas sim que estamos na Era da Informação e que precisamos de ideias novas bem como das antigas.

2. *Era Industrial:*   *Era da Informação:*
   Peso dos mísseis   **Velocidade dos modems**

Quando o Muro de Berlim caiu, a fórmula $E = mc^2$ mudou para a Lei de Moore. O poder mundial passou do peso das ogivas nucleares para a velocidade dos modems. O bom disto é que um modem veloz custa bem menos do que grandes mísseis; a velocidade é mais importante que o peso.

3. *Era Industrial:*   *Era da Informação:*
   Dois poderes mundiais   **Ninguém no comando**

Durante a Guerra Fria, havia dois superpoderes: os Estados Unidos e a União Soviética. Hoje, a internet torna realidade a ideia de um mundo sem fronteiras e de uma economia global.

O Guia de Investimentos

Atualmente, a manada eletrônica, isto é, os milhares de gestores de fundos que controlam grandes somas de dinheiro, pode afetar a política mundial mais do que os políticos. Se a manada eletrônica não gostar da forma como um país administra suas finanças, ela levará seu dinheiro para outro lugar na velocidade da luz. Não são os políticos que, hoje, detêm o poder, como faziam na Era Industrial. Na Era da Informação, é o poder do dinheiro eletrônico global que muitas vezes dita a condução de um país.

Quando Bill Gates atravessou a fronteira dos Estados Unidos para o Canadá, o agente da Alfândega lhe perguntou se tinha algo de valor a declarar, ele pegou uma pilha de disquetes amarrados com elástico. "Isto vale pelo menos US$50 bilhões." O funcionário sacudiu os ombros pensando estar falando com um louco, e deixou o homem mais rico do mundo passar pela fronteira sem pagar qualquer imposto. O notável é que a pilha de disquetes amarrados por elástico valia pelo menos US$50 bilhões. Aqueles disquetes continham o protótipo do Windows 95, da Microsoft.

Pessoas riquíssimas como Gates muitas vezes têm mais dinheiro e mais influência sobre o mundo do que muitas grandes nações. Esse poder levou o governo dos Estados Unidos, o governo mais forte do mundo, a processar Gates por práticas monopolistas. Quando o processo começou, um amigo meu disse: "O apavorante é que Gates tem condições de contratar advogados melhores do que os do governo dos Estados Unidos." Isto porque o governo dos Estados Unidos é uma instituição da Era Industrial, e Gates, um indivíduo da Era da Informática.

Seguindo esta linha de raciocínio, George Soros acredita que muitas das grandes corporações têm mais dinheiro e poder do que muitas nações ocidentais. Isto quer dizer que hoje há empresas que poderiam prejudicar a economia de toda uma nação só para beneficiar alguns poucos acionistas. É esse o poder das grandes empresas.

Nos próximos anos, muitas mudanças, boas e más, deverão acontecer. Acredito que o capitalismo desencadeará todas as suas forças. Empresas velhas e obsoletas serão varridas. A concorrência, bem como a necessidade de cooperação, aumentará. Todas estas mudanças estão ocorrendo porque o gênio conhecido como tecnologia foi liberado da garrafa, e a informação e a tecnologia agora são baratas para que todos possam adquiri-las.

Conclusão

Boas-novas

A boa notícia é que, pela primeira vez, a regra 90/10 da riqueza não mais se aplica imperiosamente. Agora, é possível que mais e mais pessoas ganhem acesso ao grande mundo da riqueza infinita, a riqueza encontrada na informação. E a informação é infinita, não escassa, como a terra e os recursos eram há muito tempo. O problema é que as pessoas que se aferram a ideias antigas podem ser muito castigadas pelas mudanças em curso e por aquelas que se aproximam.

Se o pai rico estivesse vivo, ele poderia dizer: "Esta onda da internet se parece muito com a Corrida do Ouro da Califórnia, na década de 1850. A única diferença é que não precisamos sair de casa para participar dela; então, por que não participar?" E, provavelmente, ele continuaria falando: "Nos tempos de fartura econômica, só há três tipos de pessoa: as que fazem as coisas acontecerem, as que observam as coisas acontecendo e as que perguntam 'o que aconteceu?'"

Embora tenha começado apresentando a teoria da relatividade como uma ideia obsoleta da Guerra Fria, penso que Einstein, seu autor, foi um verdadeiro visionário. Já naquela época disse algo que é ainda mais verdadeiro hoje: "A imaginação é mais importante do que o conhecimento."

O que é realmente positivo é que pela primeira vez na história a internet propicia a um número cada vez maior de pessoas a capacidade de ver o outro lado da moeda, se estiverem com os olhos bem abertos.

Pegar minhas ideias e criar ativos com elas foi um dos maiores desafios que enfrentei. Embora nem sempre bem-sucedido, com cada novo empreendimento minhas habilidades aumentaram, e pude ver um mundo de possibilidades que poucos veem. De modo que o positivo é que a internet facilita o acesso de mais gente a um mundo de fartura que, durante séculos, só foi acessível a uma minoria. A internet possibilita que mais pessoas peguem suas ideias, criem ativos que compram outros ativos e vejam realizados os seus sonhos financeiros.

Estamos Apenas Começando

Karen e Richard Carpenter tinham em seu repertório uma ótima canção chamada "We've only just begun" ("Estamos apenas começando", em tradução livre). Aqueles dentre os leitores que pensam já estar muito velhos para recomeçar precisam lembrar que o Coronel Sanders começou tudo de novo aos 66 anos. A vantagem que temos sobre ele é que estamos agora na Era da Informação, quando o que importa é a juventude mental, não a idade física.

Seu Investimento Mais Importante

Você está fazendo um investimento importante ao ler este livro, quer concorde ou não com ele, quer o entenda ou não, e quer aplique ou não qualquer de suas informações. No mundo continuamente mutável da atualidade, o investimento mais importante que podemos fazer é em formação continuada e na busca de novas ideias. Então, continue pesquisando, e ponha sempre em xeque as suas velhas ideias.

Um dos principais pontos deste livro é que temos o poder de criar tanto um mundo de dinheiro escasso quanto um de abundância. Para criar este mundo de fartura, são necessários alguma criatividade, um alto padrão de formação financeira e em negócios, a busca de oportunidades, mais do que a de segurança, e maior cooperação, em vez de concorrência. Meu pai rico me orientou, dizendo: "Você pode optar por viver em um mundo de dinheiro insuficiente ou em um de fartura financeira. A escolha é sua."

Uma Palavra Final

No início deste livro, o conselho do pai rico ao investidor mediano foi: "Não seja mediano." Quer você invista para obter segurança, conforto ou riqueza, tenha sempre um plano para cada situação. Na Era da Informação, uma era de rápidas mudanças, menos garantias e maiores oportunidades, sua formação financeira e seus conhecimentos sobre investimentos são de importância vital.

SOBRE O AUTOR
Robert Kiyosaki

Mais conhecido como o autor de *Pai Rico, Pai Pobre* — o livro nº 1 de finanças pessoais de todos os tempos — Robert Kiyosaki revolucionou e mudou a maneira de pensar em dinheiro de dezenas de milhões de pessoas ao redor do mundo. Ele é um empreendedor, educador e investidor que acredita que o mundo precisa de mais empreendedores para criar empregos.

Com pontos de vista sobre dinheiro e investimento, que normalmente contradizem a sabedoria convencional, Robert conquistou fama internacional por sua narrativa direta, irreverência e coragem e se tornou um defensor sincero e apaixonado da educação financeira.

Robert e Kim Kiyosaki são os fundadores de *Rich Dad*, uma empresa de educação financeira, e os criadores dos jogos *CASHFLOW*®[1]. Em 2014, a empresa aproveitou o sucesso global dos jogos *Rich Dad* para lançar uma nova versão revolucionária de jogos online[2] e para celulares.

Robert tem sido considerado um visionário que tem o talento de simplificar conceitos complexos — ideias relacionadas a dinheiro, investimentos, finanças e economia — e tem compartilhado sua jornada pessoal rumo à independência financeira de um forma que encanta o público de todas as idades e histórias de vida. Seus princípios fundamentais e mensagens — como "sua casa não é um ativo", "invista para um fluxo de caixa" e "poupadores são perdedores" — despertaram uma enxurrada de críticas e zombaria... para depois invadir o cenário do mundo da economia ao longo da última década de forma perturbadora e profética.

---

[1] A Editora Alta Books não se responsabiliza pela circulação e conteúdo de jogos indicados pelo autor deste livro. (N. E.)

[2] Ver: http://www.richdad.com/apps-games/cashflow-classic (conteúdo em inglês).

Seu ponto de vista é de que o "velho" conselho — arrume um bom trabalho, poupe dinheiro, saia das dívidas, invista para o longo prazo em uma carteira diversificada — se tornou obsoleto na acelerada Era da Informação. As mensagens e filosofias do pai rico desafiam o *status quo*. Seus ensinamentos estimulam as pessoas a se tornarem financeiramente proficientes e a assumir um papel ativo para investir em seu futuro.

Autor de diversos livros, incluindo o sucesso internacional *Pai Rico, Pai Pobre*, Robert participa frequentemente de programas midiáticos ao redor do mundo — desde *CNN*, *BBC*, *Fox News*, *Al Jazeera*, *GBTV* e *PBS*, a *Larry King Live*, *Oprah*, *Peoples Daily*, *Sydney Morning Herald*, *The Doctors*, *Straits Times*, *Bloomberg*, *NPR*, *USA TODAY*, e centenas de outros — e seus livros frequentam o topo da lista dos mais vendidos há mais de uma década. Ele continua a ensinar e inspirar o público do mundo inteiro.

Para saber mais, visite www.seriepairico.com ou o site original, em inglês, acessando www.richdad.com